효율성·생산성·성과분석

강 상 목

法 文 社

아내, 민지, 다인에게

(To my wife, Minji, and Dain)

머리말

    현대의 다양한 조직들은 모두 고유의 목적과 목표를 가지고 있다. 그 목표에 이르는 빠른 방법은 조직의 효율성과 생산성을 높이는 것이고 이는 조직의 성과로 나타날 것이다. 조직의 성과에 대한 객관적이고 합리적인 측정은 매우 중요하다. 조직의 성과를 측정하는 방법은 다양하게 있을 수 있다. 그 가운데 가장 중요한 관점은 경제학이 추구하는 제한된 자원의 제약 하에서 그 자원을 가장 효율적으로 이용하는 것이다. 따라서 본서가 제시하는 성과분석의 핵심은 효율성과 생산성이다. 이 성과분석방법은 조직의 운영이 효율적인지를 정확하게 평가해 줄 수 있을 뿐만 아니라 이를 기초로 문제를 진단하고 그 대안을 제시하기에 유용한 정보를 제공할 수 있다. 따라서 본서가 제시하는 효율성, 생산성, 성과분석은 조직의 성과를 향상시키기 위한 근본단계로 이를 측정하는 방법을 제시한다. 이를 기초로 문제파악, 합리적 의사결정 및 대안마련이 가능해 진다.

    효율성과 생산성을 강의하면서 느꼈던 어려움은 조직의 성과를 측정하는 이론을 폭넓게 가르칠만한 마땅한 교과서가 없어서 이를 제대로 학생들에게 전달하기가 쉽지 않았다는 점이다. 이에 따라 저자가 지금까지 이 분야에서 80여 편의 논문을 게재하고 10년 넘게 강의를 해왔으므로 강의교재에 대한 필요가 절실하였기에 자신감을 갖게 되었다. 특히 기존의 교과서들은 나름은 전문성을 갖추고 있으나 처음 이를 접하는 학생들 입장에서는 기초이론이 너무 어렵게 기술되어 있다는 지적이 있었다. 이를 고려하여 본서에서는 이 분야를 처음 시작하는 독자도 이해가 가능하도록 쉽게 기술하려고 노력하였다. 또한 지금까지 이 분야에서 중요하게 제시되고 있는 이론들에 관한 최근의 사례를 포함시켰다. 포함된 이론들은 최근 국제저널에서 논의되는 것들이 많이 포함되어 있어서 학위논문을 준비하는 학생들에게도 유용한 지침을 제공할 수 있다.

    특히 본서가 기존의 국내외 교과서와 다르게 중점을 두고 있는 점들은 다음과 같다.

첫째, 효율성과 생산성, 성과분석은 경제, 경영, 행정 등의 사회과학뿐만 아니라 산업공학 등 자연과학분야에서도 활용되고 있기에 이를 고려하여 포괄적으로 적용이 가능하도록 생산용량을 포함하고 실제 적용사례를 제시하는 등 이론과 활용의 범위를 확대하였다.

둘째, 기존의 효율성과 생산성접근은 전공에 따라서 조직의 성과를 측정하는 목적이 조금씩 다르게 나타나고 있다. 학문영역에 따라서는 성과측정의 지표를 각자의 기준에 따라서 분류하고 있으나 이 분류의 논리적 근거가 미약하고 자의적인 경우가 없지 않다. 본서에서는 경제학의 기본이론인 미시경제에 의존하여서 기업의 생산, 비용, 수입, 이윤이론에 효율성과 생산성을 적용하여서 성과를 분석하기 때문에 투입과 산출의 인과관계를 명확하게 구분해 준다. 즉, 생산자이론에 기초하여 적정한 투입물과 산출물을 선정하고 주어진 제약조건 하에서 신뢰성 있는 최적해를 도출할 수 있도록 한다.

셋째, 본서의 내용은 효율성과 생산성을 구성하는 대표적인 두 가지 접근방법인 DEA와 SFA에 초점을 맞추었다. 이들 두 방법의 이론적 기초를 대비시켜서 기술하였고 기본이론을 설명한 후 기본이론이 변형되어 적용된 응용부분을 설정하여 다양한 적용사례를 소개하는 형태로 구성하였다. 기초이론을 배우는 독자들은 응용모형 부분은 뒤로 미룰 수 있을 것이다.

넷째, 본서의 활용은 주로 대학원과정에 있는 석박사 학생들이나 산업체 혹은 비즈니스컨설팅을 하는 전문가들에게 활용될 수 있는 내용으로 구성하였다. 특히 응용부문에서는 이론모형을 최근 주목받는 은행, 에너지와 환경분야, 의료분야 등에 적용한 모형을 주로 소개하였다. 이러한 이론모형은 다양한 산업, 기관에 적용이 가능하다.

다섯째, 본서는 효율성, 생산성, 성과분석의 이론모형을 기술하였으나 제시한 모형은 모두 실증분석이 가능한 모형들이다. 즉, DEA, SFA프로그램으로 실증분석이 가능한 모형들을 소개한 것이다. 그러나 본서에서는 이 프로그램을 직접 소개하거나 실행하는 방법을 분량을 고려하여 포함하지는 않았다. 향후 빠른 시일 내에 제시한 모형을 실행시킬 수 있는 실증을 위한 컴퓨터매뉴얼 교과서를 다시 제공할 예정이다.

본서에서 제시한 이론은 세상에 존재하는 모든 조직에 적용 가능하다. 민간조직, 공공조직, 국가, 지역, 의료보건, 교육, 금융, 에너지, 환경, 교통 등 그 적용 범위는 광범위하게 걸쳐있다. 따라서 본서에서는 이론모형을 설명할 뿐만 아니라 실제 실증에 필요한 실행프로그램이나 실증모형을 동시에 제시하고 있기 때문에 각 영역에 관심 있는 독자들은 이들을 각자의 목적과 필요에 따라서 활용할 수 있을 것이다. 즉, 실증을 위한 선형프로그램이나 제시한 구체적 함수형태를 활용하여 해를 구하거나 함수를 추정할 수 있도록 이론과 실행모형을 제시하고자 하였다.

본서의 집필과 발간에 많은 분들의 도움이 있었다. 본서를 본격적으로 집필하는 동기가 되었던 것은 대학원 강의와 글로벌경제컨설팅계약학과의 강의를 하면서 적절한 교과서에 대한 필요가 절실하였다. 부산대학교에서 이 분야로 박사학위를 받은 제자들인 김광욱박사, 박혜란박사, 백충기박사, 이주병박사, 조상규박사, 김문휘박사 등의 논문지도는 교과서를 완성하는 데 자극을 주었다. 원고내용을 읽고 수정사항을 알려준 조상규박사, 김광욱박사, 이주병박사와 박사과정의 조단, 석사과정의 김선회와 이민호에게 감사한다. 또한 이 분야를 선택하여 논문을 준비중인 대학원 경제학과의 지도학생들에게도 감사한다. 특히 저자가 만들고 지금까지 주임교수로 있는 글로벌경제컨설팅계약학과의 석박사과정의 졸업생과 재학생들은 어려운 내용을 잘 참아주며 수강하고 자신들의 논문을 잘 작성해 주었다. 이들에게 또한 감사한다. 또한 이 책의 출판을 맡아주신 법문사의 사장님 이하 편집을 맡아주신 배은영님, 영업부 권혁기 대리에게도 감사를 드린다.

책을 집필하는 과정에서 자신의 무지함을 더욱 깊이 깨닫게 되었다. 남겨진 모든 오류는 모두 저자의 부족한 소치이다. 이 책의 집필과정에 많은 노력과 시간을 투입하였다. 아직 보완이 필요한 부분들이 많이 남아있다. 앞으로 독자의 의견을 얻어서 보완할 생각이다. 이 분야를 공부하는 독자들이 이 분야의 지식을 효율적으로 이해하는 데 기여하는 책이 되기를 기대한다. 항상 학교일로 집안일에 소홀한 나를 이해하고 받아들여준 아내와 민지와 다인에게도 감사를 보낸다.

2015년 7월
부산대학교 연구실에서
강 상 목

차 례

제11장   모수적 생산용량

효율성 · 생산성 · 성과분석

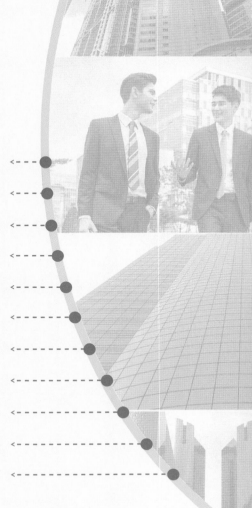

제 1 장

서 론

본서의 목적

최근 DEA(data envelopment analysis)와 SFA(stochastic frontier analysis)의 효율성, 생산성을 통한 조직의 성과분석 및 평가의 활용이 크게 증가하고 있다. 효율성과 생산성 접근방법은 조직운영의 결과물로 투입과 산출변수에 기초하여 최대성과를 보인 생산단위를 찾아내어서 실제 생산단위의 성과를 측정할 뿐만 아니라 개선부문과 개선가능정도 등을 정량적으로 보여줄 수 있다. 성과분석 기법이 조직 성과의 측정 및 평가에 활용되면 자원의 최적 활용을 통한 생산성과 경쟁력 제고에 크게 기여할 수 있다.

지금까지 효율성과 생산성, 성과분석에 관한 대표적 국내외 교과서들이 다수 존재한다. 국제적으로 DEA분야에서는 Färe et al.(1994)의 production frontier, Ray(2001)의 production analysis 등이 대표적이다. SFA분야에서는 Kumbahkar and Lovell(2000)이 있고 이들을 모두 포함한 책으로는 Coelli et al.(1998)이 있다. 그런데 이러한 기존의 교과서들은 각 분야에 깊이 있는 전문성을 제시하기는 하지만 이 분야를 이해하고자 하는 독자들에게 수요자 중심으로 쉽게 이론을 설명하기 보다는 너무 어렵거나 집필자 중심으로 설명이 이루어져서 이해하기가 어려운 면이 없지 않다.

한편, 국내적으로는 DEA 분야에서 박만희(2008), 이정동·오동현(2010) 등이 있고 SFA분야에서 이영훈(2014)이 있다. 이 두 분야를 모두 다룬 책들로는 유금록(2004), 김성호 외(2007)가 존재한다. 이들 서적 또한 각 분야에 특화된 내용을 중심으로 효율성의 중요한 분야인 DEA 혹은 SFA의 이론들을 제시하고 있다. 이들 교과서들도 나름의 장점을 가지지만 각 분야에 특화하여 기술하고 있고 주로 생산의 기술효율성에 치중하고 있다.

본서의 목적은 미시경제에서 제시하는 기업의 생산, 비용, 수입, 이윤함수들을 직접 측정할 수 있는 주요한 성과모형을 제시하고 이를 실증적으로 측정하는 데 유용한 효율성, 생산성, 성과분석에 관한 이론들을 소개하는데 있다. 특히 본서는 성과측정에서 중요한 지표인 생산측면 뿐만 아니라 비용, 수입, 이윤, 생산용량 등으로 그 분야를 확장하여 이론을 소개하는데 중점을 두고자 한다. 물론 DEA와 SFA의 이론을 균형되게 제시하는 것에 초점을 두었다. 본서는 미시경제에서 제시한 기업이론에 속하는 생산, 비용, 수입, 이윤함수들이 실제 어떻게 측정되고 실증적으로 적용될 수 있는지를 보여주는데 의미를 두었다. 따라서 본서는 학교에서 미시이론을 현실에 접목하거나 응용하는데 이용될 수 있을 뿐만 아니라 기업의 현장에서 기업의 성과를 측정하고 문제를 진단하며 대안을 제시하고자 하는 비즈니스컨설팅을 제공하는 회사나 업체에서도 유용하게 활용할 수 있는 내용들이라고 판단된다. 실제 외국의 컨설팅업체들은 이러한 성과모형들을 비즈니스 컨설팅에 널리 활용하고 있는 실정이다.

최근 이 분야에 관심이 크게 증가하면서 국내외적으로 많은 논문들이 발간되고 있다. 그런데 이러한 연구들이 현실의 문제에 이들 기법을 적용하는 데 있어서 논리적으로 혹은 이론적으로 적합한 것인지 논의나 검정도 없이 소프트웨어를 사용해서 기계적으로 해를 구하고 이용하는 사례들이 없지가 않다. 특히 기존의 교과서들이 성과의 생산측면을 중심으로 구성되어 있어서 비용, 수입, 이윤 등에 대한 분야를 소홀히 취급하는 경향이 있었다. 그 결과로 선행연구에서 성과를 측정하는 변수를 선정할 때, 생산효율을 측정하는데 비용, 수입, 이윤에 해당하는 변수를 사용하는 등 정확하지 못한 지표를 사용하는 문제점도 많이 발생하고 있다. 이는 지금까지 이 분야의 이론을 생산, 비용, 수입, 이윤 등 체계적으로 구분하여 확장하고 수요자 중심으로 기술한 책들이 많지 않기 때문에 나타난 것으로 생각한다. 따라서 본서에서는 독자들이 논리적 의미를 제대로 이해할 수 있도록 이 분야의 이론을 체계적이고 단계적으로 제시하고자 한다.

제2절 본서의 구성

본서는 다음과 같은 주제들을 다루게 된다.

제2장에서는 효율성과 생산성을 위한 기초이론을 제공하고자 한다. 세부적으로는 성과측정과 성과분석의 의의, 효율성과 생산성의 의미, 생산함수를 통한 효율성과 생산성의 구분, 전통적 생산성, 프런티어 접근의 효율성과 생산성의 관계, 전통적 생산성과 프런티어 생산성의 비교, 효율성 측정방법의 비교 등의 주제를 다루게 된다. 성과측정과 성과분석의 의의에서는 조직의 합리적 운영과 성과에 대한 평가를 바탕으로 이를 지속적으로 개선하는 활동을 추진하기 위하여 조직의 객관적 측정과 평가의 중요성을 설명한다. 효율성과 생산성의 의미에서 효율성과 생산성을 정의한다. 효율성은 파레토최적관점과 동일한 개념이고 최적 투입산출의 가치에 대한 실제 달성한 투입산출의 가치의 상대적 비율로 측정된다. 반면, 생산성은 산출물을 투입물로 나눈 것으로 정의되므로 결국 효율성은 실제생산성을 최대생산성으로 나눈 것과 같다. 이러한 관계는 물론 그림을 통하여 더욱 쉽게 확인하게 될 것이다. 나아가 전통적 생산성은 산출물 성장에서 투입요소의 성장을 차감한 잔차로 구성된다는 것을 제시하고 여기서는 효율성의 개념을 도입하지 않고 있음을 확인한다. 프런티어 접근의 효율성과 생산성 관계에서는 전통적 생산성과 다르게 프런티어 생산성이 효율성과 기술진보(전통적 생산성)로 구성되어 있음을 보여주게 된다. 마지막으로 효율성 측정방법의 비교에서는 DEA와 SFA 측정방법의 유사점과 차이점을 보이고 그 장단점을 소개한다.

제3장에서는 생산경제의 이론을 소개한다. 생산경제 이론은 생산함수, 비용함수, 수입함수, 이윤함수에 관한 전통적 이론을 포함한다. 제1절 생산함수이론에서는 생산함수와 생산집합의 개념을 설명하고 생산의 내부점과 프런티어 상에 위치한 점 간에 비교를 통하여 생산의 기술효율을 설명한다. 또한 단기와 장기생산

함수, 기술진보의 효과, 규모에 대한 수확변화 등의 이론을 포함한다. 제2절 비용함수에서는 비용최소화 원리, 비용함수의 특징, 단기비용과 장기비용함수의 관계 등을 주제로 설명한다. 제3절 수입함수에서는 최대수입과 최대수입을 가능하게 하는 최적생산물 수준의 결정원리를 소개한다. 제4절 이윤함수에서는 단기이윤 극대화의 조건을 설명한다.

제4장에서는 DEA에 기초한 비모수적 효율성과 생산성을 제시한다. 제1절에서는 Farrell(1957)유형의 비모수적 효율성을 기술하고 제2절에서는 비모수적 생산성을 설명한다. 제1절에서는 기술과 효율성의 정의, 투입물기술집합과 산출물기술집합의 소개 및 측정방법을 제시한다. 특히 투입물기술집합에 기초한 기술효율과 기술효율을 분해하여 규모효율, 혼잡효율로 구분한다. 나아가 비용효율, 수입효율, 이윤효율을 측정하고 이를 할당효율과 기술효율로 구분하는 모형을 소개한다. 동일한 원리로 산출물기술집합에 기초한 기술효율의 분해와 비용, 수입, 이윤효율의 측정, 이들의 분해 모형을 설명한다. 제2절에서는 Farrell의 효율과 Shephard 거리함수의 효율의 관계와 투입물 및 산출물 거리함수의 관계와 특징을 소개한다. 나아가 산출거리함수에 기초한 생산성변화와 Farrell의 투입 접근 생산성 변화를 보여준다. 또한 전통적 생산성의 정의와 프런티어 생산성의 정의가 일치함을 보여주게 된다. 제3절에서는 생산성변화와 기술진보의 유형을 보여주기 위하여 생산성 변화를 효율변화와 기술변화로 나누고 다시 기술변화를 산출편향기술변화, 투입편향기술변화, 기술변화의 규모로 분해한다. 투입편향기술변화의 경우 다시 중립적, 자본집약적, 노동집약적 기술변화로 세분화한다.

제5장에서는 방사선 효율이 아닌 방향거리함수에 의한 효율성과 생산성을 제시한다. 제1절과 2절에서는 방향거리함수와 방사선 거리함수의 차이점을 소개하고 방향거리함수의 의미와 특징을 설명한다. 방향성에 따른 방향거리함수의 효율 측정방법과 선형프로그램을 소개한다. 제3절에서는 방향거리함수를 이용한 생산성변화지수를 도출하고 이를 효율변화와 기술변화로 분해하는 모형을 보여준다. 제4절에서는 방향거리함수를 이용한 비용, 수입, 이윤효율을 정의하고 이를 기술효율과 할당효율로 각각 분해하는 모형을 설명한다. 마지막으로 비용, 수입, 이윤효율의 관계를 통하여 이윤효율은 비용이나 수입효율의 일반적인 형태로서 이들을 포괄하고 있음을 보여준다.

제6장에서 비모수적 효율성과 생산성을 적용한 다양한 모형들의 사례를 소개한다. 제1절에서 DEA 효율성을 측정하는 여러 가지 응용 모형의 사례를 제시한다. 이러한 응용모형의 사례는 다음과 같다. 1) 투입물은 고정되어 있지만 재할당이 가능한 투입물의 재분배를 통하여 효율성이 고정투입물의 재분배 이전의 효율과 재분배 이후의 효율을 비교하는 모형을 설명한다. 2) 비용제약 하에서 투입물을 재조정하는 모형을 소개한다. 이 모형은 비용의 제약을 받는 상태에서 투입물의 재조정을 통하여 비선호 투입물은 줄이고 선호하는 투입물을 증가시킬 수 있는 정도를 측정가능하게 한다. 이 모형과 함께 방사선, 수평선, 비용최소화 모형 등과 비교를 통하여 비선호 투입물과 선호투입물이 어느 정도 수준에서 결정되는지를 각각 살펴보게 된다. 3) 예산제약 하에서 이윤효율성모형을 전개한다. 이 모형의 목적은 예산지출의 제한이 있을 경우, 이윤효율에 미치는 영향을 파악하는 것이다. 즉, 예산지출이 있는 경우와 없는 경우에 극대이윤의 차이를 비교해 볼수 있다. 4) 정상산출물과 유해산출물을 동시에 생산하는 생산집합의 경우에 효율의 과소추정을 할 가능성이 존재할 수 있다. 이를 보완하는 과소추정조정모형을 제시한다. 이 모형은 방향거리함수를 적용하여 유도한다. 생산가능집합에서 분포할 가능지점을 4개로 구분하고 실제 DMU가 어디에 위치할 것인지를 판별할수 있는 방법과 현재 정산산출물을 최대로 유지하면서 유해 산출물을 추가로 줄일 수 있는 정도를 측정하는 방법을 소개한다. 5) 무역왜곡과 효율성의 문제에서는 국내효율성 뿐만 아니라 국제무역가격의 차이에서 오는 무역효율성을 포함한 모형을 제시한다. 국내적으로 효율적인 생산점이더라도 국제적으로는 비효율적인 생산점일 수 있음을 보여주고 국제무역을 고려할 경우 전체효율성은 국내효율성과 무역효율성이 동시에 고려되어야 하는 모형을 소개한다. 6) 비모수적 효율을 측정하는 또 하나의 방법으로 쌍곡선 효율모형을 제시한다. 쌍곡선 효율모형은 방향거리함수와 유사하게 상대적으로 투입물이나 유해산출물은 줄이면서 높은 산출량을 달성하는 생산단위에 대하여 보다 높은 효율을 부여한다. 투입물이나 유해산출물을 줄이면서 바람직한 산출물을 증가시키는 효율을 측정하는 접근법으로 쌍곡선 효율측정은 투입물과 유해산출물, 바람직한 산출물에 대하여 동시에 변화를 줄 수 있다. 7) 메타프런티어 효율성모형을 소개한다. 기술구조가 상이한 두 가지 이상의 유사한 생산집합이 존재할 때 직접 비교가 어려울 경우에 메타프런티어 효율성모형을 적용하여 메타프런티어 효율성을 측정하고 이를 개별 생

산집합의 효율성과 기술격차로 분해해서 적용해 본다. 여기서 개별 생산집합의 효율성과 메타 생산집합의 효율성의 차이는 기술격차로 간주된다. 8) 개별프런 티어에서 생산성변화가 측정되는 것과 마찬가지로 개별프런티어를 포락하는 메 타프런티어에서도 메타생산성변화가 측정가능하다. 두 기간에 상이한 메타프런 티어를 가질 경우 메타생산성변화를 측정할 수 있고 이 메타생산성 변화는 개별 생산성변화와 차이를 보일 경우 이들 간의 차이는 생산성 격차로서 측정됨을 보여 준다.

제7장에서 네트워크 효율성 분야에서 발전한 선행연구를 기초로 네트워크 효 율성의 구조와 유형별로 소개하고 게임접근의 비협조적 게임과 협조적 게임의 모형을 소개하고자 한다. 효율성을 측정하는 한 방법으로 지금까지 설명한 DEA 접근은 일반적으로 생산단위의 기술구조는 주어진 것으로 받아들이고 생산단위 의 효율성을 한 번에 측정하였다. 투입물이 산출물을 생산하는 중간 생산영역인 생산구조는 알 수 없는 블랙박스(black-box)로 간주하였다. 그러나 Färe and Grosskopf(1996), Wang, Gopal, and Zionts(1997), Färe et al.(2000) 등은 효율성 을 측정할 때 내부의 기술구조에 대한 과정을 고려하면 보다 정확한 효율성 정보 를 얻을 수 있음을 주장한다. Kao and Hwang(2008)도 효율성 측정에서 내부 기 술구조의 프로세스를 무시하고 기술을 하나로 간주하면 잘못된 결과를 얻을 수도 있음을 보여준다. 그러므로 보다 정확한 효율성을 측정하기 위해서는 단순한 DEA 모형이 아니라 생산과정을 세분화해보는 네트워크 DEA(network data envelopment analysis) 모형을 필요로 하게 된다.

기존 연구에서 발견할 수 있는 네트워크 효율성의 추이는 기술내부를 독립적 인 단계로 나누어서 단계 간에 겹침을 고려하지 않고 독립적으로 효율을 측정하 는 데서 출발하여 단계 간에 중간생산물 등으로 연계되고 영향을 주고받는 형태 의 연결된 네트워크 모형으로 발전되어 왔다. 이 가운데 네트워크의 일반적 2단 계 모형, 가치사슬구조모형, 연속형모형, 평행형모형 등 그 구조에 따라서 다양하 게 분화되고 있고 시간을 기준으로도 정태형, 동태형, 기술선택형(자원공유형) 등 으로 분류가 되고 있다. 특히 네트워크 효율성의 선행연구 가운데 Liang et al.(2006), Liang et al.(2008), Du et al.(2011)과 Jalali-Naini et al.(2013) 등은 게임 이론적 접근법을 응용하여 네트워크 효율성을 분석하고 있다.

제8장에서 비모수적 생산용량모형으로 산출접근 생산용량, 비용접근 생산용

량, 생산용량과 이윤극대화 등의 내용을 소개한다. 제1절 산출접근 생산용량에서는 Johansen(1968)이 정의한 것과 같이 가변투입요소에 제한이 없다고 할 때 고정투입요소를 가지고 단위시간당 생산할 수 있는 최대산출량을 생산용량으로 간주한다. 산출접근 생산용량 산출량을 도출하기 위하여 고정투입요소의 제약 하에 가변요소의 제한을 받지 않는 프런티어를 추정하는 모형을 보여준다. 제2절에서 경제적 접근의 생산용량으로서 비용접근 생산용량을 소개한다. Cassels(1937)은 경제적으로 의미가 있는 생산용량으로 장기평균비용이 최소가 되는 점의 산출량 수준을 생산용량으로 간주하였다. 이같은 비용접근 생산용량은 평균비용이 기간에 따라서 단기평균비용과 장기평균비용으로 구분되므로 생산용량도 단기평균비용의 최소점인 단기생산용량과 장기평균비용의 최소점인 장기생산용량으로 나뉠 수 있다. 이처럼 각각의 생산용량 산출량이 도출되면 이를 실제 산출량과 비교하여 생산용량 이용률을 도출할 수 있고 생산용량의 과소이용 혹은 과대이용의 정도를 측정하게 된다. 제3절에서는 생산용량과 이윤극대화의 관계를 다룬다. 생산용량에 이윤을 극대화하는 산출량 수준을 포함할 경우 실제산출량, 프런티어의 효율산출량, 이윤극대화산출량, 비용접근의 생산용량산출량, 산출접근의 생산용량 산출량이 존재하게 된다. 따라서 상이한 산출량의 위치를 확인하고 생산용량을 효율산출량과 이윤극대화산출량 등을 도입하여 분해하는 과정을 모형을 통하여 설명할 것이다.

제9장에서는 SFA의 모수적 효율성과 생산성을 설명한다. 제1절에서 SFA효율성의 기본 개념과 측정방법, 기술비효율 오차의 분포 유형 등을 횡단확률변경모형을 중심으로 하나씩 설명한다. 기술비효율의 존재는 잔차분포의 왜도를 통하여 확인할 수도 있고 기술비효율의 우도비 검정을 통하여 확인할 수도 있다. 기술비효율의 추정은 크게 두 가지로 분해된다. 첫째, 기존의 OLS추정을 활용하여 추정하는 방법이 있고 둘째, 최대우도함수 추정을 통하여 측정하는 방법이 있다. 먼저 전통적 회귀모형인 OLS을 이용하는 방법을 소개하면 횡단자료의 경우 기존의 OLS 추정을 변형한 수정OLS(COLS)를 통하여 추정하거나 패널자료의 경우는 기존의 패널모형인 고정효과모형과 확률효과모형에서 기술비효율을 추정할 수 있다. 반면에 최대우도함수 추정을 통하여 기술효율을 측정하려면 기술비효율 오차의 분포 가정이 필요하고 반정규분포, 절단정규분포, 지수분포, 감마분포 등의 가정이 필요한데 이들에 대한 소개를 한다. 이들의 분포함수에서 복합오차의 우도

함수를 도출하고 최종적으로 복합오차항에 대한 조건부 기술비효율 오차의 확률밀도함수를 구하여 기술효율을 정의하게 된다. 또한 기술비효율의 시간불변, 시간가변에 따른 모형, 패널SFA의 기술비효율 결정모형 등을 제시한다. 나아가 비용변경모형에서 횡단비용변경모형과 패널비용변경모형을 소개하고 이것이 전통적 회귀모형과 최대우도함수추정(MLE)을 통하여 추정될 수도 있음을 설명한다. 이윤변경모형에서도 비용변경과 같이 횡단이윤변경모형과 패널이윤변경모형을 설명하고 회귀모형과 최대우도함수 추정을 기술한다. 특히 이윤변경함수는 Berger and Mester(1997)에 따라서 완전경쟁을 전제하는 표준적 이윤함수와 불완전 경쟁을 고려하는 대안적 이윤함수의 두 가지 형태를 소개한다. 표준적 이윤함수에서 설명변수는 산출물가격과 투입물 가격이고 조정가능한 변수는 산출물과 투입물이지만 대안적 이윤함수에서 설명변수는 산출물과 투입물가격이고 조정가능한 변수는 산출물가격과 투입물이 된다.

제2절에서 모수적 생산성으로 SFA생산함수와 생산성변화를 소개한다. 구체적인 생산함수를 가정한 확률적 변경생산함수의 추정을 통하여 생산성변화를 측정하고 이를 효율변화와 기술변화로 분해하는 모형을 설명한다. 나아가 효율변화와 기술변화의 두 가지 구성요소로 제시한 생산성변화를 좀더 세분화하여 규모효율변화와 할당효율변화를 고려한 생산성변화로 세분화하는 모형을 소개한다. 이 분해모형은 생산성변화의 주된 요인을 파악하는데 유리한 이점이 있다.

제10장에서 모수적 효율성과 생산성을 응용한 다양한 사례에 관한 모형을 소개한다. 제1절에서는 모수적 효율성 응용모형으로서 다음과 같은 사례모형을 제시한다. 1) 확률적 거리함수모형을 도입한다. 이는 거리함수를 확률변경함수(SFA)에 도입하여 SFA접근의 한계점인 다수의 산출물을 포함할 수 있는 상황을 모형화하는 것이다. 2) 확률변경함수를 이용한 규모효율의 측정모형을 소개한다. Banker et al.(1984)은 규모효율의 정의로 생산성이 가장 생산적인 규모크기(the most productive scale size: MPSS)가 되는 때로 간주하였다. Ray(1988)에 따라서 이를 측정할 수 있는 이론모형을 간단히 소개한다. 3) 확률변경비용함수를 활용한 환경효율을 측정하는 모형을 제시한다. 오염물은 비용과 마찬가지로 최소화시켜야 할 부(−)의 산출물이므로 확률변경비용함수를 응용하여 환경효율을 측정할 수 있다. 비용효율성이 실제비용과 최소비용의 비율로 정의하듯이 확률변경비용함수에서 실제 오염물은 항상 최소오염물보다 위에 위치하게 되므로 환경효율도 실

제오염물과 최소오염물의 비율로 정의할 수 있다. 4) 확률변경비용함수의 환경효율을 확장한 에너지와 환경효율모형을 소개한다. 이 모형에서 첫째, 오염물을 종속변수로 두고 실제에너지를 사용하여 기술비효율이 존재하는 모형과 둘째, 최소에너지를 사용하여 기술비효율이 존재하지 않는 모형을 비교하여 에너지 효율을 도출할 수 있다. 첫째 모형에서 얻는 환경효율을 둘째 모형에서 얻는 에너지효율과 결합하면 두 가지 효율을 함께 얻게 된다. 5) 확률변경함수를 이용한 예산제약 하의 이윤효율성모형을 도입한다. DEA의 예산제약 하의 이윤효율성과 이 모형의 차이점은 생산함수를 구체적으로 결정하여 프런티어를 형성한다는 점과 추정모형에 예산제약변수를 투입한다는 점이 상이하다. 서로 비교하는 차원에서 이를 소개한다. 6) 확률적 변경함수를 이용한 메타프런티어 효율성모형을 소개한다. 비모수적 메타프런티어 효율성모형과의 비교를 위하여 이를 포함시켰다. 같은 업종이지만 지역이 상이할 경우에 하나의 프런티어를 사용하여 직접 비교하기는 쉽지 않다. 이런 경우에 메타프런티어를 사용하는데 확률변경함수 접근은 함수형태를 가정하여 프런티어를 형성하므로 비모수적 메타프런티어와 상이하다. 여기서는 초월대수의 확률변경함수를 소개한다. 7) 확률변경비용함수를 이용한 기술비효율 동시결정모형을 설명한다. 이 모형은 비용함수추정과 동시에 비용비효율의 설명변수들을 함께 추정할 수 있다는 이점을 갖는다.

제2절에서는 모수적 생산성의 응용모형으로서 두 가지 사례모형을 제시한다. 첫째, 생산성변화를 분해하는 모형으로 생산함수 접근의 이윤분해방법을 도입하여 생산성변화를 세분화한다. 즉, 산출변화, 산출가격변화, 투입가격변화 요인 등을 추가로 분해하는 모형을 설명한다. 둘째, 생산성변화의 분해에 비용최소화를 도입하여 이윤을 분해하는 방법을 소개한다. 따라서 이 분해방법에서 생산성변화는 산출가격변화, 산출변화, 투입가격변화, 규모변화, 기술변화, 효율변화로 분해가 된다.

제11장에서는 모수적 생산용량을 산출접근 생산용량과 비용접근 생산용량으로 나누어 제시한다. 확률변경생산함수에 기초한 생산용량은 고정투입물이 존재하는 단기 생산량을 추정하는 식을 통하여 추정하게 된다. 물론 가변투입요소는 제한을 받지 않아야 하므로 제외된다. 모수적 비용접근의 생산용량은 일반적인 비용함수를 이용할 수도 있고 확률변경함수에 기초한 비용함수를 이용할 수도 있을 것이다. 확률변경비용함수를 이용하면 비용비효율의 존재를 인정하고 비용최

소점을 찾는 것이 일반비용함수를 이용하는 경우와의 차이점이다. 여기서는 일례로 확률변경비용함수에 기초하여 단기생산용량을 추정하는 모형을 제시한다. 특히 생산용량은 평균비용의 최저점을 추정해야 하므로 단기평균비용함수를 이용한 모형을 선택하여 소개한다.

제 **2** 장

효율성과 생산성의 기초이론

효율성, 생산성과 성과분석의 의의

1. 성과 측정과 성과평가의 중요성

조직의 성과에 대한 합리적인 측정 및 평가의 중요성은 글로벌화되고 있는 최근 경제에서 볼 때 경쟁력 제고를 위하여 매우 중요한 요소가 되었다. 오늘날 창조경제와 혁신을 위주로 하는 조직의 변화에 대응하여 한정된 자원을 가장 효율적으로 활용하는 것 뿐만 아니라 올바른 성과측정/평가가 선행되어야 가능하다. 일반 기업 뿐만 아니라 공공기관 등 모든 조직은 합리적이고 효율적인 경영을 위하여 최선을 다해야 하며 경영효율은 성과측정을 통하여 확인이 될 수 있어야 한다.

이상적인 성과측정은 조직이 업무를 수행하는 효율을 정확히 측정할 수 있어야 하고 그 조직 성과가 개선되는 정도를 보여줄 수 있어야 할 것이다. 여기서 효율이란 투입한 시간이나 자원에 대비하여 달성한 성과를 대비시켜보는 것을 의미한다.

조직의 성과에 대한 측정기준으로 가장 널리 활용되고 있는 경영분석의 지표로서 재무적 비율들은 재무적 건전성은 보여줄 수 있으나 기업경영 전반에 대한 성과지표로 보기에는 한계가 있다. 또한 재무적 지표들은 조직의 재무성과에 대한 정보는 제공하지만, 성과가 개선될 수 있는 정도나 성과를 개선시키기 위하여 중점을 두어야 할 분야에 관한 정보는 구체적으로 제시해 주지 못한다.

여기서 기관 혹은 조직 성과의 측정기준으로 제시할 효율성과 생산성의 개념은 조직이 경쟁력을 향상시키기 위하여 필요한 조직의 운영과 관리 및 경제적 지출과 관련한 비효율성을 측정하고 이의 주된 원인을 찾아내며 나아가 이를 개선하기 위한 대안을 수립하는데 필요하다. 또한 조직의 합리적 운영과 성과에 대한 평가를 바탕으로 이를 지속적으로 개선하는 활동을 추진해 나가야 하기 때문에 조직의 성과에 대한 객관적인 측정과 평가는 매우 중요한 과제이다.

2. 효율성과 생산성의 의미

조직이나 기관의 성과를 측정하는 방법 가운데 가장 주목받는 것은 효율성(efficiency) 내지 생산성(productivity)이다. 효율성은 필요한 최소 자원투입으로 산출물을 생산할 수 있는 능력으로 정의된다. Farrell(1957)은 추가적인 투입물을 사용하지 않고도 효율성을 향상시킴으로써 산출물이 증가될 수 있는 여지를 측정할 필요성을 제기한 바 있다. 효율적 생산은 파레토 최적의 관점에서 정의된다. 파레토 최적 조건은 어떤 투입물을 증가시킴이 없이 그리고 어떤 다른 산출물을 감소시킴이 없이 해당 산출물이 증가될 수 없는 상태에 이를 경우 효율적이라 간주한다. 반대로 어떤 산출물을 감소시킴이 없이 그리고 어떤 다른 투입물을 증가시킴이 없이 해당 투입물이 감소될 수 있다면 효율적이지 못하다.

실제 효율성(efficiency)의 측정은 최적의 투입산출의 가치에 대하여 실제 달성한 투입산출의 가치 내지 성과의 비율로 이루어진다. 그런데 이러한 효율성은 다른 조직과 비교되어 평가되므로 그 효율성 값들이 다 상이할 수 있다. 따라서 엄밀하게 표현하면 실제 효율성은 최고의 성과(best practice)를 달성한 조직단위를 기준으로 비교되므로 이를 상대적 효율성이라 표현할 수 있다. 상대적 효율성은 가장 최대 성과를 보인 조직단위와 비교하므로 1 혹은 100%를 기준으로 전환한 수치로 표현이 된다. 대부분 경제활동이나 조직활동의 비교는 상대적 성과를 중요시하므로 상대적 효율성으로 주로 확인한다. 따라서 효율이 높다 혹은 낮다는 것은 이러한 효율성을 서로 상대적으로 비교하였을 때 평가가 이루어진다. 즉, 효율성이 높다는 것은 투입자원에 대비한 성과나 산출이 높다는 것을 의미한다. 이와 유사한 개념으로 효과성(effectiveness)은 목표한 성과에 비교하여서 달성된 성과의 비율을 의미한다. 효과성에서는 투입은 고려하지 않고 달성한 산출과 목표한 산출을 비교하는 것이다. 즉, 효과성은 실제산출/목표산출로서 측정하는 것이다. 따라서 이는 조직의 목표가 제대로 달성되었는지 여부를 측정할 때 사용하는 개념으로 이해할 수 있다.

나아가 생산성은 투입물을 가지고 산출물을 바로 나눈 것으로 정의된다.[1] 알려져 있듯이 생산성에는 총산출물을 모든 투입요소 전체로 나누어 도출하는 총요소생산성(total factor productivity)과 일부 투입요소로 나누어서 도출한 부분생산성으로 구분된다. 이는 사실 효율성과 비슷한 개념이나 효율성은 각 조직이 달성한 생산성 가운데 최대 생산성을 기준으로 상대적으로 표시한 것을 의미한다. 즉, Shephard(1970)의 정의에 따르면 효율성 = 실제생산성/ 최대생산성으로 표현할 수 있다.[2] 따라서 실제생산성 = 효율성 * 최대생산성의 관계를 갖는다. 따라서 어느 조직이나 기업이 효율적일 때 그 값을 1로 간주하고 비효율적일 때 0~1 사이의 값을 갖는다. 효율적이면 그 조직의 경우 실제생산성과 최대생산성은 같아진다. 반대로 비효율적이면 실제생산성이 최대생산성보다 작은 수준에 있음을 의미한다.

그런데 Solow(1957) 유형의 전통적 생산성 접근방법에서는 모든 생산단위가 일정한 투입물을 사용할 경우 실제산출량이 항상 최대산출량에 도달하는 것으로 간주하여 비효율성의 존재를 인정하지 않았다. 그러나 Ferrell(1957)이나 Shepard(1970) 등은 프런티어 접근방법을 통한 성과측정의 방법을 소개하면서 의사결정단위(decision making unit: DMU) 혹은 조직이 최대 성과에 이르지 못하는 현실적인 경우를 감안하여 비효율성의 존재를 인정하고 고려하였다.[3] 따라서 전통적 접근은 총요소생산성을 실제생산성과 동일하게 간주하였으나 프런티어 접

---

1) 생산성은 생산경제에서 평균생산물과 같은 개념이다.
2) 이는 앞에서 정의한 효율성의 개념과 일치하는 것이다. 즉, 생산성이 투입대비 산출로 표시되므로 효율성은 최대투입산출가치에 대한 실제투입산출가치의 비율이 된다.
3) Ferrell(1957)은 효율성을 최대투입산출가치/실제투입산출가치로 정의하고 있는 반면 Shepard(1970) 는 그와 정반대로 실제투입산출가치/최대투입산출가치로 표현한다.

근에서는 실제 생산성이 최대 생산성과 상이할 수 있고 그 갭은 비효율성의 존재 때문으로 간주하였다.[4] 즉, 실제생산성은 효율성과 최대생산성으로 구성된다. 가령, 조직이나 기업이 최대효율을 달성할 경우 문제가 없으나 최대효율에 이르지 못할 경우, 비효율로 인하여 생산성은 전통적 생산성 수준에 비하여 축소된다.[5]

한편, 생산경제학에서 이러한 생산성의 개념은 기술발전(technical progress) 내지 기술혁신(technical innovation)으로 간주되어 왔다. 반면 프런티어 접근에서 효율성은 기술효율성(technical efficiency)으로 간주하여 포함시킨다. 이에 따르면 효율성 향상 내지 기술효율의 향상은 기존의 앞선 기술을 따라잡는 것 즉, 생산가능곡선 내에서 생산가능곡선 상으로 이동을 의미하고 기술발전은 신기술의 개발 내지 혁신, 즉, 생산가능곡선 자체의 상향이동을 말한다.

한편, 여기서 제시하는 효율성과 생산성은 단지 생산기업의 생산활동에만 적용되는 것이 아니라 성과분석의 중요한 핵심지표로서 의사결정 단위의 중요한 과제를 선택하여 성과를 평가할 수 있다. 성과분석이 필요한 의사결정단위에는 기업 뿐만 아니라 정부기관, 지방자치단체, 공기업 및 동 하위 조직, 공장 나아가 금융기관 지점, 상점, 학교, 병원 등이 모두 이에 해당된다.

나아가 효율성과 생산성은 내부적으로 세분화해서 살펴볼 수도 있다. 효율성과 생산성을 세분화하는 이유는 비효율성이나 생산성 증가의 원인을 파악하는데 유용하게 활용될 수 있기 때문이다. 가령, 효율성은 크게 대별하면 기술적 효율성(technical efficiency)과 경제적 효율성(economic efficiency)으로 구분이 된다. 기술적 효율성은 순수하게 기술적인 관점에서 의사결정단위의 성과를 최대 성과 단위에 비교하여 제시한다. 여기서 기술적 관점이란 조직의 관리관행이나 조직의 운영, 생산라인의 배치, 운영규모 등과 같은 요인들이 포함되고 이들이 비효율을 발생시키는 요인으로 분류된다. 즉, 기술적 효율성에는 판매가격, 투입요소가격 등 수입과 비용 등과 같은 요소는 포함되어 있지 않다. 반면에 경제적 효율성에서는 기술적 관점 뿐만 아니라 수입과 비용 등의 요소를 포함하여 효율성을 측정하게 된다. 경제적 효율성의 범주에는 비용효율성(cost efficiency), 수입효율성(revenue efficiency), 이윤효율성(profit efficiency) 등이 포함된다. 그런데 이들은 기술적 효율성 뿐만 아니라 투입요소의 상대적 비율을 고려한 배분효율성(allocation

---

4) 전통적 생산성 접근방법에서 기술발전 혹은 기술혁신은 최대생산성과 동일한 것으로 간주한다.
5) 효율성과 생산성, 생산성변화의 관계는 강상목(2003), 강상목·이영준(2005)을 참조바란다.

efficiency)을 내포하고 있다. 즉, 각각의 비용, 수입효율성 등은 기술효율성과 배분효율성으로 분해될 수 있다. 이와 같은 분해는 효율성 뿐만 아니라 생산성의 경우도 동일하게 적용이 가능하다.

3. 생산함수를 통한 효율성과 생산성의 구분

분석의 단순화를 위하여 투입물이 하나이고 산출물도 하나인 생산공정을 가정하자. [그림 2.1]에서 보는 바와 같이 생산함수는 각 투입물에 대응하는 산출물의 관계를 보여주고 있다. 전통적 접근에 의하면 투입물은 항상 생산함수의 생산변경(production frontier) 상에 위치한 최대산출물을 달성하는 것으로 간주하였다. 가령 투입물이 x_1만큼 투입되면 산출물은 y_1이 달성가능하다. 이 y_1 산출물은 최대 산출물이다. 그러나 현실에서는 일정한 투입물이 항상 최대산출물을 보장하지는 않고 생산변경의 내부에서 산출물을 생산하는 경우가 빈번히 발생한다. 프런티어 접근은 이처럼 생산변경의 내부에서 생산하는 경우를 비효율성이 존재한다고 간주하고 생산변경 상에서 생산이 이루어지면 효율성이 달성된 것으로 여긴다. 효율성은 주어진 x_1에서 산출물의 상대적 크기로 측정된다. 이는 원점에서 A점과 B점을 각각 연결한 직선의 기울기의 상대적 비와 동일하다. 즉, A점에서 상대적 효율성은 $(y_0/x_1)/(y_1/x_1)$으로 측정된다. 각각의 분모와 분자의 값은 x_1투입물 수준에서 A점과 B점에서 각각 측정한 생산성을 의미한다. 이 생산성의 상대적 비율이 효율성이 되는 것이다.

그런데 A점은 비효율적인 점이고 B점과 C점은 효율적인 점이다. B점과 C점을 비교하면 두 점은 모두 효율적인 점이지만 C점과 B점의 차이점은 C점이 B점보다는 생산성 수준이 높다는 점이다. 왜냐하면 생산성은 y/x로 표시되고 B점과 C점의 기울기는 생산성을 의미하며 C점의 기울기가 더 크기 때문이다.

따라서 만약 투입물 조정이 가능하다면 이를 통한 생산성 향상이 가능함을 의미한다. 특히 다수의 투입물이 동시에 조정된다면 이는 규모의 조정을 통한 생산성 향상이 가능함을 의미한다. 그러나 단기에는 일정 투입물이 고정되어 있는 상태에서 규모조정은 불가능하지만 장기에 모든 투입물이 조정가능하다면 규모경제의 선택으로 생산성이 가장 최고가 되는 점을 달성할 수 있다. 물론 이 생산성이 최고가 되는 C점은 생산변경 상에 있으므로 당연히 효율적인 점이다. 즉, C점

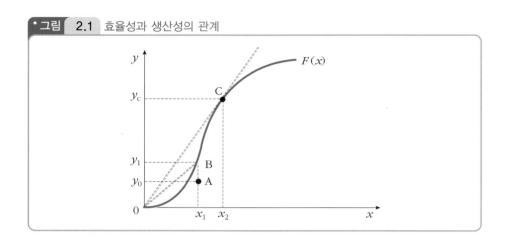

•그림 2.1 효율성과 생산성의 관계

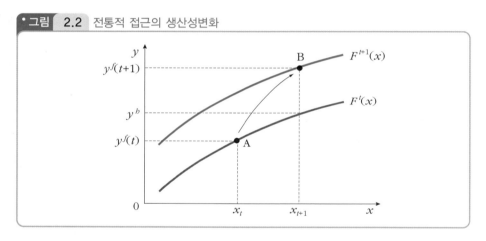

•그림 2.2 전통적 접근의 생산성변화

은 생산변경함수 가운데서 가장 생산성이 높은 점이면서 효율적인 점이 된다.

　나아가 시간변화를 하나의 요소로 도입하게 되면 효율성도 변화하고 생산성도 변화할 수 있다. 기간에 따른 생산성의 변화는 주어진 투입물 수준에서 전반적으로 모두 산출물이 이전 기간에 비하여 증가하는 것을 의미하므로 생산변경 자체가 상향으로 이동하게 된다. [그림 2.2]와 같이 전통적 접근은 생산성변화를 기술변화(technical change) 내지 기술진보와 동일한 것으로 간주하였다. 전통적 접근에서는 생산성변화를 측정하면서 효율성변화(efficiency change)를 감안하지 않았다. 그러나 프런티어 접근에서는 효율성과 효율성변화를 고려해 넣기 때문에 전통적 접근과는 다르다. 따라서 효율성변화를 제외하고 생산성변화를 측정하면 이를 포함한 생산성변화와는 차이를 보일 것이다. 효율성의 존재가 현실에 더 가까운 상태라고 본다면 효율성변화를 제외하고 측정하는 생산성변화는 부정확한 지표가 된다. 아무튼 효율변화를 제외하고 두 기간에 걸친 생산물의 성장(Δy)은 기술변화(기술진보)와 투입요소증가분으로 구분된다. [그림 2.2]에서 t기 프런티어에서 단순히 투입요소만 증가할 경우 달성되는 산출량 수준이 y^b이므로 이를 기준으로 프런티어의 갭과 투입요소의 차이로 인한 부분을 분해하면 다음과 같다. 즉,

$$\Delta y = y^f(t+1) - y^f(t)$$
$$= y^f(t+1) - y^b + y^b - y^f(t)$$
$$= TP + \Delta\, input$$

여기서 TP는 기술진보의 기여분이고 $\Delta\, input$는 투입요소기여분이다.

다음으로 프런티어 접근에 의한 생산성변화를 설명하고자 한다. 여기서는 생산변경함수(production frontier function)를 이용하여 효율성과 생산성을 보여주고 시간변화를 고려한 생산성변화를 전통적인 기술변화와 효율성변화로 분해하여 보여줄 수 있다. [그림 2.3]은 시간에 따른 생산변경함수의 이동을 통한 생산성변화, 기술변화, 효율변화의 관계를 보여준다. 분석의 단순화를 위하여 하나의 투입요소를 사용하여 하나의 산출물을 생산하는 생산변경함수를 가정한다. 편의상 생산함수는 투입요소의 추가에 따라서 산출증가가 점차 감소하는 형태로 표시하였다. t기에 생산자의 생산이 A점에서 이루어지다가 $t+1$기에 생산이 B점으로 이동하였다고 하자. 생산성 변화를 측정하는 전통적 접근과 프런티어 접근의 차이점은 전통적 접근에서 두 기간의 생산점이 모두 생산변경곡선 상에 위치한 점에서 이루어지지만 프런티어 접근에서는 생산변경곡선의 내부에서 이루어진다는 점이다.

기술진보 내지 기술변화에 의하여 생산함수가 이동하므로 t기의 투입물(x_t)에서 최대 산출물보다는 $t+1$기의 투입물(x_{t+1})에서 달성되는 최대산출물이 당연히 더 크다고 간주된다. 뿐만 아니라 기술진보에 따르면 t기의 투입물 수준인 x_t수준에서 최대산출물 $y^f(t)$에 도달하는 $t+1$기의 산출물 수준 ($y^b(t+1)$)의 크기가 더 크다. 이는 투입물이 동일하더라도 산출물 수준은 더 높게 달성된다는 기술진보의 효과를 그대로 보여준다. 프런티어 접근에 따라서 실제 생산활동이 두 기간 모두 비효율적인 상태에서 이루어진다면 생산점 A와 B에서 모두 실제 산출량 수준

은 최대 산출량 수준에 비하여 낮은 수준을 보일 것이다.

만약 두 생산점에서 두 기간 사이에 효율성이 증가하게 되면 즉, t기에 효율성보다 $t+1$기의 효율성이 증가하게 되면 이는 효율성의 증가가 발생하게 된다. 즉, 이를 효율의 증가라고 간주한다. 반대로 그 역의 경우는 효율성의 감소가 있고 이를 효율의 감소로 간주한다. 또한 두 생산점에서 효율요소를 제외하고 생산변경 위에서 측정한 생산성 가운데 A점의 생산성 보다 B점의 생산성이 커지게 되면 전통적 생산성의 증가 내지 기술변화의 증가가 일어났음을 의미한다.[5] 이처럼 생산성의 변화는 효율변화와 기술변화로 분해할 수 있다. 나아가 투입요소의 조정을 통한 생산성의 증가가 일어나면 앞에서 설명한 바와 같이 투입요소 조정에 의한 생산성 향상이 가능하게 되므로 규모효과도 포함시킬 수가 있게 된다.[6]

●그림 2.3 프런티어접근의 생산성변화, 기술변화, 효율변화

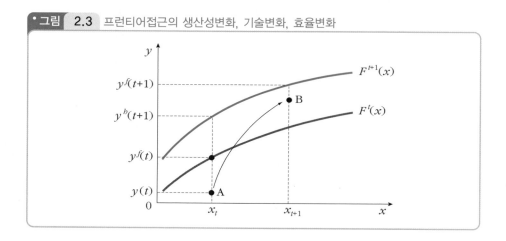

---

5) 전통적 생산성 증가를 프런티어 접근에서는 기술변화의 증가 내지 향상이라고 한다.
6) 물론 규모효과 내지 규모경제효과는 투입요소가 2개 이상 동시에 조정이 되는 것을 전제로 한다. 생산성변화의 구성요소에 기술변화와 효율변화 뿐만 아니라 규모효과를 포함시키면 이는 규모효율변화로 포함된다. 이에 대한 자세한 것은 생산성변화의 분해에서 다시 설명하게 될 것이다.

1. 전통적 방법의 생산성

총요소생산성(total factor productivity)이 하나의 실용적인 개념으로 정립되고 여러 나라에서 측정되기 시작한 것은 Solow(1957) 와 Kendrick(1961)의 연구 이후부터라고 알려지고 있다. 이후에 Jorgenson and Griliche(1967)이 총요소생산성의 측정방법 개선과 실제적 응용면에서 많은 공헌을 한 것으로 평가되고 있다.

총요소생산성 증가율의 추계방법은 크게 생산함수 접근법(production function approach)과 성장회계 접근법(growth accounting approach)으로 구분할 수 있다. 생산함수 접근법은 투입과 산출 사이의 안정적인 관계와 특정 함수형태를 가정하여 계수를 직접 추정함으로서 생산구조를 분석한다. 성장회계 접근법은 총생산함수의 존재를 가정한다는 점에서는 생산함수 접근법과 동일하나 특정 함수형태의 계수를 추정하지 않는다는 점에서 다르다. 여기에서는 생산함수를 단순히 산출량 성장에 대한 요인별 기여도를 계산하기 위한 하나의 회계양식 같은 것으로만 활용하는 방식이다. 여기서 사용할 성장회계 접근법은 대체로 1차동차 콥-더글러스 생산함수를 가정하며 또한 경쟁적인 시장조건을 가정함으로써 투입물의 상대가격이 한계생산성을 적절히 반영한다고 본다. 성장회계방식은 생산기술에 대한 계량경제학적 설정과 추정을 요구하지 않기 때문에 생산함수 접근법을 사용했을 때 발생할 수 있는 복잡성을 감소시킨다는 점에서 많이 활용되고 있다.[7] 여기서는 강상목ㆍ박명선(2007)이 제시한 성장회계 접근모형에 기초하여 기간별 총요소생산성 증가율을 제시할 것이다.[8]

생산함수는 본원적 투입 생산요소인 노동(L), 자본(K) 등에 의해서 생산될 수 있는 총산출(y)의 최대량을 나타내며, 노동과 자본 등에 체화되지 않은 기술진보를 나타내는 매개변수 A(t)를 포함한다. 여기서 체화되지 않은 기술진보란 기술진

---

[7] 총요소생산성의 분석과 관련하여 지금까지 이루어진 대부분의 연구는 성장회계접근방식에 기반하고 있다. 김광석ㆍ홍성덕(1992), 홍성덕ㆍ김정호(1996)의 경우에는 성장회계분석과 생산함수방식을 각각 적용하여 총요소생산성을 측정하고 있지만 역시 분석의 근간은 성장회계분석에 두고 있다.

[8] 그러나 성장회계분석법은 기본적으로 규모의 수익불변, 중립적 기술진보, 완전경쟁시장에서의 기업이윤극대화라는 신고전학파의 생산이론의 가정을 기반으로 하고 있기 때문에 이 가정들이 위배된다면 추정치 자체가 과소 혹은 과대평가되는 문제를 안고 있다. 총요소생산성 추정의 문제점은 김종일(1995)을 참조 바란다.

보가 어떤 특정 생산요소와 물리적으로 결합되어 있지 않다는 것을 의미하며 따라서 생산요소에 비례적으로 영향을 미친다. 기술진보의 이러한 형태를 이른바 '힉스의 중립적(Hicks-neutral) 기술가정'이라고 한다. 이러한 가정 하에서 생산함수는 다음과 같이 나타낼 수 있다.

$$y = H(A, L, K) = A(t) \cdot F(L, K) \quad \cdots\cdots\cdots\cdots\cdots\cdots\cdots\cdots\cdots\cdots\cdots\cdots \quad (2.1)$$

여기서 L: 노동, K: 자본, $A(t)$: 기술계수를 나타낸다. 식(2.1)에서 기술수준은 투입물에 대한 산출물의 비율로 나타낼 수 있다. 즉, $A(t) = \dfrac{y}{F(L, K)}$ 이다. 기술진보에 대한 측정치는 시간경과에 따른 생산함수의 변동률, 또는 $\dfrac{\partial \ln H}{\partial t}$ 이 된다. 기술진보가 힉스의 중립적 기술가정을 따를 때, 이러한 변화는 기술매개변수의 변동률과 같다. 즉, $\dfrac{\partial \ln H}{\partial t} = \dfrac{\partial \ln A}{\partial t}$ 이 된다.

그러나 기술매개변수는 직접적으로 관측할 수 없기 때문에 총요소생산성 증가는 산출에 대한 디비지아지수(Divisia index)와 투입에 대한 디비지아지수의 성장률간 차이로부터 유도된다. 이를 식으로 나타내면,

$$\frac{\dot{A}}{A} = \frac{\dot{y}}{y} - \left(\frac{\partial y}{\partial L} \cdot \frac{L}{y} \right) \cdot \frac{\dot{L}}{L} - \left(\frac{\partial y}{\partial K} \cdot \frac{K}{y} \right) \cdot \frac{\dot{K}}{K} \quad \cdots\cdots\cdots\cdots \quad (2.2)$$

완전경쟁 생산요소 시장에서는 다음의 관계가 성립한다.

$$\frac{\partial y}{\partial L} = w, \quad \frac{\partial y}{\partial K} = r \quad \cdots\cdots\cdots\cdots\cdots\cdots\cdots\cdots\cdots\cdots\cdots\cdots \quad (2.3)$$

식(2.2)와 (2.3)에서

$$\frac{\dot{A}}{A} = \frac{\dot{y}}{y} - \left(\frac{wL}{y} \right) \cdot \frac{\dot{L}}{L} - \left(\frac{rK}{y} \right) \cdot \frac{\dot{K}}{K} = \frac{\dot{y}}{y} - v_L \cdot \frac{\dot{L}}{L} - v_K \cdot \frac{\dot{K}}{K} \quad \cdots\cdots \quad (2.4)$$

---

9) 생산량을 계측하는데 있어서 생산물 및 투입물 총계를 이용한 방법 가운데 가장 널리 이용되고 있는 것은 디비지아지수를 이용한 방법이다. 총요소생산성은 총산출물을 총투입물로 나눈 값으로 정의되므로 총요소생산성의 증가율을 총산출물의 증가율에서 총투입물의 증가율을 차감함으로서 구할 수 있다. 디비지아지수법에서는 산출물과 투입물이 복수인 경우, 각 투입물 및 산출물의 증가율에 이들이 전체에서 차지하는 비중을 가중치로 하여 합산함으로써 총산출물 및 총투입물 증가율을 계산한다.

여기서, $v_L = \dfrac{wL}{y}$, $v_K = \dfrac{rK}{y}$ 이다. 상기 식(2.4)는 디비지아지수이다. 디비지아지수는 연속적인 자료를 필요로 한다. 그러나 현실적인 자료는 이산적이기 때문에 산출량의 증가율과 투입요소의 증가율은 초월대수지수(translog index) 또는 Tornqvist지수를 사용해야 하고 요소분배율 대신에 두 시점간 평균분배율로 대체된다. 최종적인 총요소생산성 증가율은 다음과 같다.[9]

$$\ln A_i(T) - \ln A_i(T-1) = [\ln y_i(T) - \ln y_i(T-1)] - V_L^i[\ln L_i(T) - \ln L_i(T-1)] -$$
$$V_K^i[\ln K_i(T) - \ln K_i(T-1)] \quad\cdots\cdots\cdots\cdots\cdots\cdots\cdots (2.5)$$

$$단, \quad V_L^i = \frac{1}{2}[V_L^i(T) + V_L^i(T-1)]$$

$$V_K^i = \frac{1}{2}[V_K^i(T) + V_K^i(T-1)]$$

식(2.5)의 좌변의 총요소생산성의 증가율은 최종적으로 우변의 총산출량의 증가율에서 투입요소의 증가율을 차감한 것과 같다.

그런데 앞서 언급하였듯이 이러한 전통적 생산성 접근은 비효율성의 존재를 인정하지 않는다. 그러므로 전통적 접근은 최대생산성을 실제생산성과 동일하게 간주한다.[10]

2. 프런티어 접근방법의 효율성과 생산성의 관계

효율성(efficiency)은 최적의 투입산출의 가치에 대하여 실제 달성한 투입산출의 가치 내지 성과의 비율이라고 언급한 바 있다. 사실 효율성은 각 조직이 달성한 생산성 가운데 최대 생산성을 기준으로 상대적으로 표시한 것을 의미한다. 즉, 효율성＝실제생산성／최대생산성으로 표현할 수 있다. 전통적 접근과 다르게 프런티어 접근방법에서는 효율성이란 개념을 도입한다. 프런티어 접근에서는 효율성을 실제생산성과 최대생산성 간의 비율로 정의한다. 효율적이면 그 조직의 경우 실제생산성과 최대생산성은 같아진다. 반대로 비효율적이면 실제생산성이 최대생산성보다 작은 수준에 있음을 의미한다. 프런티어 접근방법 내에서도 비모수적 접근법인 자료포락분석(DEA: data envelopment analysis)과 확률변경분석(SFA:

---

10) 한편 이러한 전통적 생산성과 성장회계분석모형을 그대로 확장하여 강상목·윤성민(2008), 박혜란·강상목(2009)은 환경조정된 생산성성장모형을 제시하였다.

stocastic frontier analysis)의 두 방법 모두에서 효율성은 동일하게 정의된다.

프런티어 접근에서 효율성은 생산성과 밀접한 관계를 갖는다. 투입물(x_k)에 대한 산출물(y_k)의 상대적 비로 정의되는 생산성에 효율성이 연계되어 있다. 생산단위의 효율성은 실제생산성과 최대생산성의 비율로 정의된다. 비효율성이 존재할 때 실제생산성과 최대생산성의 차이를 확인할 수 있다. 나아가 비효율성의 존재는 상이한 시점 간의 생산성 변화에도 영향을 미치게 된다.

여기서는 강상목(2003)이 제시한 방법을 따라서 효율성과 생산성의 관계를 수식을 통하여 구체적으로 살펴보자. 먼저 일반적 생산가능함수가 다음과 같이 표시된다고 가정하자.

$$y^f = A \times F(x_i) \quad \cdots\cdots\cdots\cdots\cdots\cdots\cdots\cdots\cdots\cdots\cdots\cdots\cdots\cdots\cdots\cdots\cdots\cdots \quad (2.6)$$

$F(x)$는 투입요소함수, A는 총요소생산성 혹은 기술진보, x는 투입물, y^f는 생산가능곡선상의 최대산출물 수준으로 위의 생산가능함수는 전통적 Solow(1957) 형태의 생산함수와 동일하다. 그런데 DEA접근에서는 생산과정에서 실제 투입물이나 산출물이 최소투입물 혹은 최대산출물과 차이가 날 수 있는 현실을 반영하여 비효율성의 존재를 고려한다. 비효율성은 투입량과 생산량 모두에서 발생할 수가 있다. 여기서 산출량에 비효율이 발생하는 경우를 가정하여 산출물 접근의 효율성을 가지고 생산성과의 관계를 살펴볼 것이다. 산출물에 비효율이 존재하는 경우를 고려한 Farrell 형태의 효율성을 FE로 정의하면 다음과 같다. 즉,

$$FE_o(x,\ y) = Max\{\lambda\ :\ (x,\ \lambda y) \in F(x)\} \quad \cdots\cdots\cdots\cdots\cdots\cdots\cdots\cdots \quad (2.7)$$

여기서 λ는 산출물 효율의 실제값을 의미한다. 산출물 효율성을 생산성과 연계시키기 위하여 이를 변형하면 산출물 효율성은 실제 산출량 y와 함께 다음과 같이 정의될 수 있다.[11]

$$FE_o(x,\ y) = Max\{\lambda\ :\ (\lambda y) \le A \cdot F(x)\}$$

---

11) 이는 Shephard(1970)의 거리함수에 기초한 효율성에서 유도하면 Farrell효율의 역의 결과를 얻는다. 즉,

$D_o(x,y) = Min\{\theta : (y\ /\ \theta) \le A \cdot F(x)\}$
$\qquad\ = min\{\theta : (y\ /\ A \cdot F(x)) \le \theta\}$
$\qquad\ = min\{\theta : (y\ /\ y^f) \le \theta\}$
$\qquad\ = y\ /\ y^f$

$$= Max\{\lambda : \lambda \leq A \cdot F(x)/y\}$$
$$= Max\{\lambda : \lambda \leq y^f/y\}$$
$$= y^f/y \ \text{...} \ (2.8)$$

그러므로 $y^f = FE(\cdot) \cdot y$가 되고 이를 식(2.6)의 생산함수에 대입하면 총요소생산성(TFP: total factor productivity)인 A는 다음과 같이 유도된다.

$$A = FE \times (y)/F(x)$$
$$= FE \times TFP_a$$
$$= FE \times TP \ \text{...} \ (2.9)$$

프런티어 상의 총요소생산성(A)은 효율성에 실제생산성(TFP_a)을 곱한 것으로 나타나고 있다. 이 실제 생산성은 전통적 접근에서는 기술진보 내지 기술발전을 의미한다. 이를 다시 변형하면 효율성(FE)＝최대생산성/실제생산성의 관계를 보여주고 있다. FE는 산출물 효율성으로 1보다 크거나 같은 값을 갖는다. FE가 1일 때는 최대생산성과 실제생산성이 동일하고 전통적 생산성과 프런티어 생산성이 같다.

전통적 접근은 효율성이 항상 1이 된다고 가정하기 때문에 총요소생산성을 기술발전과 동일하게 간주한다. 반면 DEA와 SFA같은 프런티어 접근에서는 기술발전과 함께 기술효율을 포함한다. 식(2.9)의 양변을 로그취하고 미분하면 최대생산성변화＝효율변화＋실제생산성변화(기술변화)의 관계를 얻는다. 여기서 효율의 변화는 기존의 앞선 기술을 따라잡는 것 즉, 생산가능곡선 내에서 생산가능곡선 상으로 이동을 의미하고 기술발전은 신기술의 개발 내지 혁신, 즉, 생산가능곡선 자체의 상향이동을 말한다.

이처럼 비모수적 접근에서는 생산함수를 구체적으로 가정하지 않고 실제 관측 자료에 기초하여 프런티어를 형성하여 프런티어 상의 점과 내부의 점을 찾아서 비효율성을 측정한다. 모수적 접근이 비모수적 접근과 다른 점은 일정한 함수 형태를 가정하고 가정한 함수 형태에 기초하여 프런티어를 형성하여 프런티어 상의 점과 내부의 점을 비교해서 비효율성을 측정하는 것이다. 그러므로 모수적 접근에서도 효율성과 생산성의 관계는 동일하게 유도해 낼 수가 있다. 가령, 노동과 자본의 두 생산요소로 산출물을 생산하는 생산함수가 1차동차의 콥－더글러스 함수라고 가정하면 이는 다음과 같이 표현된다.

$$y^f = A \times F(x)$$
$$= A \times K^{\alpha} \times L^{1-\alpha} \quad\text{...} \quad (2.10)$$

전통적인 생산함수에서 산출량은 항상 프런티어 상의 최대 생산량을 의미하므로 y^f로 표시하였다. 우변의 A는 전통적 생산성이고 $F(x)$는 요소투입함수를 의미한다. 이 요소투입함수를 규모수확불변의 콥—더글러스 형태의 구체적 형태로 제시한 것이다. α와 $1-\alpha$는 자본과 노동의 생산탄력성이다.

그런데 프런티어 접근에서 y와 y^f는 상이하고 Farrell의 효율성이 $FE = y^f/y$로 정의되므로 이를 대입하면 동일하게 같은 결과를 얻는다. 즉,

$$A = FE \times (\frac{y}{K^{\alpha} \times L^{1-\alpha}})$$
$$= FE \times TFP_{\alpha}$$
$$= FE \times TP \quad\text{...} \quad (2.11)$$

이를 로그 취하고 미분하면 다음과 같이 생산성변화를 얻을 수 있다,

$$\frac{\dot{A}}{A} = \frac{\dot{FE}}{FE} + \frac{\dot{TP}}{TP} \quad\text{...} \quad (2.12)$$

좌변의 프런티어 생산성변화는 효율변화와 기술변화(기술진보변화)로 구성된다. 만약 효율변화가 0이라면 좌변의 프런티어 생산성 변화와 우변의 기술변화는 일치하게 된다.

제3절 전통적 생산성과 프런티어 생산성의 비교

이상과 같이 전통적 생산성과 프런티어 생산성의 가장 큰 차이점은 전통적 생산성은 효율성을 고려하지 않는다는 점이다. 그러나 프런티어 접근은 생산함수 자체 내에 비효율이 존재한다고 전제하기에 효율성을 고려한다. 이 차이가 실제

그림 2.4 생산량 성장의 분해

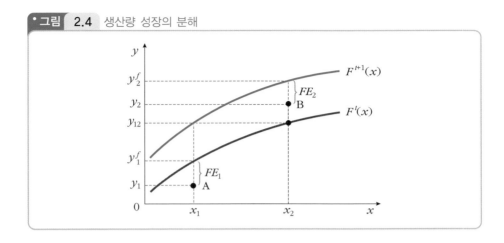

생산량과 최대생산량 내지 실제투입량과 최소투입량의 차이를 초래하게 된다.

이러한 차이는 전통적 접근에서 생산성변화는 기술진보 내지 기술변화와 동일하게 간주하지만 프런티어 접근에서는 생산성변화가 효율변화와 기술변화로 구성된다. 전통적 접근에서는 효율성이 항상 1이므로 효율성이 불필요하다. 즉, 프런티어 접근에서 총요소생산성(TFP)=효율성(TE) * 기술진보(TP)로 정의된다. 생산성변화를 보기 위해서는 이를 로그취하고 미분하면 총요소생산성변화=효율성변화+기술진보변화(기술변화)로 분해된다.

따라서 효율성과 효율변화의 차이만큼 생산성과 생산성변화가 차이를 보인다. 그러나 궁극적으로 생산성을 측정하는 방법에서는 전통적 접근과 프런티어 접근의 차이가 없다. 전통적 생산성변화와 프런티어 생산성변화를 보다 쉽게 이해하기 위하여 연속된 1기와 2기의 생산함수에 기초하여 생산량의 기여분을 분리해 보면 [그림 2.4]와 같다.

1기와 2기의 생산량을 y_1과 y_2로 두자. 두 기간에 생산량의 증가분은 생산성성장의 기여분과 투입요소의 기여분으로 나눌 수 있다. 이를 그림에서 보는 바와 같이 기술변화와 효율의 변화로 분해가 가능하다. 기술변화는 두 프런티어 곡선 위에 위치한 점에서 측정하지만 효율변화는 각 기간에 발생한 효율성의 차이를 기준으로 측정한다. 이에 따라서 생산량 증가분을 나누어 보면 다음과 같다.

$$\Delta y = y_2 - y_1$$
$$= (y_2^f - FE_2) - (y_1^f - FE_1)$$

$$= (y_2^f - y_{12}) + (y_{12} - y_1^f) + (FE_1 - FE_2)$$
$$= \Delta TP + \Delta input + \Delta FE$$
$$= \Delta TFP^f + \Delta input \cdots\cdots\cdots\cdots\cdots\cdots\cdots\cdots\cdots\cdots (2.13)$$

두 기간 생산량의 증가분은 y_2에서 y_1을 뺀 것과 같고 이를 세분화하면 프런티어 상에 있는 두 점을 기준으로 기술변화를 얻고 프런티어 내부의 효율을 비교하여 효율변화를 얻는다. 투입요소 변화분은 같은 프런티어 상에서 투입요소의 x_1에서 x_2로 증가분에 의한 생산량 증가분을 얻을 수 있다. 생산량 증가분이 크게 생산성 증가분과 투입요소 증가분으로 나누어지고 생산성 증가분은 기술변화분과 효율변화분으로 분해된다.

결국 효율성이 없다면 효율변화도 없고 생산성 증가와 기술변화는 동일하게 된다. 전통적 생산성과 프런티어 생산성의 차이는 효율성이다.

제4절 효율성 측정방법의 비교

효율성을 측정하는 방법으로는 크게 모수적 접근 방법인 확률변경분석(SFA: stochastic frontier analysis)과 비모수적 접근 방법인 자료포락분석(DEA: data envelopment analysis)이 널리 이용되고 있다. SFA는 특정함수를 가정하고 투입·산출 자료를 이용하여 미지의 모수를 추정하는 계량경제학적 방법이다. 비효율의 원인을 통제 가능한 조직 내 비효율과 통제 불가능한 외부 환경 즉, 확률오차(random error)에 기인하는 것으로 구분한다. SFA는 추정치의 유의성 검정, 비효율오차(inefficiency error terms)와 확률오차를 구분 가능하다는 장점이 있는 반면, 콥-더글러스, 초월대수(translog)와 같은 특정 함수 형태를 명시해야 하고 비효율오차의 확률분포 선택에 따라서 추정치가 민감하게 반응할 가능성이 있다.

이에 반하여 DEA는 주어진 자료로 계산된 비모수적 프런티어를 구축하는 선형 프로그램으로서, 계산된 프런티어와 실제 자료를 비교하여 효율성이 추정된다. DEA는 특정 함수 형태를 가정할 필요가 없고 다수의 투입·산출의 관계를 다룰 수 있는 반면, 이상치(outliers)에 민감하고 기술효율성과 통계적 오차를 구분하

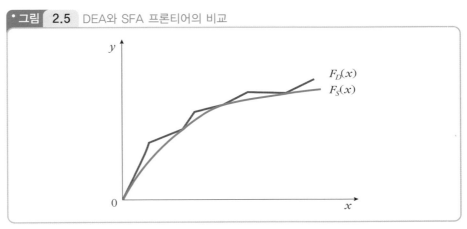

•그림 2.5 DEA와 SFA 프론티어의 비교

$F_D(x)$
$F_S(x)$

출처: 성신제 · 강상목(2011).

지 못하며 추정치에 대한 유의성 검정을 할 수 없다는 한계가 있다. 이러한 단점이 있음에도 DEA 방법은 특정한 함수 형태와 확률 분포를 가정할 필요가 없고 다산출 · 투입을 다룰 수 있어서 민간기업과 공공기관의 효율성 분석에 널리 이용되고 있다.

DEA와 SFA 프런티어의 차이를 명확히 이해하기 위하여 두 프런티어를 표시하면 [그림 2.5]와 같다. $F_D(\cdot)$는 DEA 프런티어를 말하고 $F_S(\cdot)$는 SFA 프런티어를 가리킨다. 가령, 프런티어 내부에 한 점이 있다고 가정할 경우 그 점에서 프런티어 상에 위치한 한 점을 비교할 경우 그 거리는 $F_D(\cdot)$프런티어가 $F_S(\cdot)$ 프런티어보다 먼 경우가 많다. 따라서 기술효율을 프런티어 상의 최대 산출량에 대한 실제산출량으로 표시할 경우에 DEA에 기초한 기술효율이 SFA의 기술효율 보다 작다. 즉, SFA 프런티어는 확률오차 부분을 제거한 평균추세를 기준한 프런티어를 사용하기 때문에 DEA 프런티어 보다 축소된다고 볼 수 있다. 두 기술효율의 차이는 프런티어의 차이에 따라서 달라지게 된다.

요약하면 DEA는 다음과 같은 장점을 가지고 있다.

첫째, 여러 투입요소와 산출요소를 다룰 수 있다. 특히 화폐단위 뿐만 아니라 물량자료를 다룰 수 있다.

둘째, 투입과 산출에 대한 함수적 관계의 가정을 필요로 하지 않는다.

셋째, 의사결정단위(DMUs: decision making units)들이 동료나 동료 그룹과 직접적으로 비교된다.

넷째, 투입과 산출 요소들이 각기 다른 측정 단위를 가질 수 있다.

그러나 단점으로는

첫째, 포함된 관측치에 따라서 효율성이 달라지거나 이상치(outrier)에 민감하게 반응한다.

둘째, 확률오차를 모두 비효율성 오차로 간주한다.

셋째, 관측치의 성과를 통계적 평균치와 연결시키기 보다는 표본자료 중 효율적으로 간주된 관측치를 기준으로 비효율 정도를 측정한다.

반면에 SFA의 장점으로는 다음을 들 수 있다.

첫째, 확률오차를 비효율성 오차로부터 분리할 수 있다.

둘째, 비효율성의 존재나 생산함수의 적합성에 대한 가설검정이 가능하다.

셋째, 자료포락분석에서는 생산가능집합의 볼록성을 가정한다. 그러나 이는 전체 영역에 걸쳐서 규모수익체증을 보이는 생산기술에는 맞지 않는다. 이러한 생산기술에는 SFA가 보다 적합하다.

SFA의 단점은 다음과 같다.

첫째, 여러 산출물을 동시에 포함시킬 수 없다.

둘째, 특정 함수를 가정해야만 하지만 그 함수가 적합한지 알 수는 없다.

셋째, 비효율성 오차의 분포를 가정해야 한다.

결과적으로 DEA의 장점은 SFA의 단점이고 DEA의 단점은 SFA의 장점이라 할 수 있다. 따라서 두 방법은 상호 보완적으로 사용될 필요가 있다. 특히 기후변동이나 천재지변 등으로 생산에 외부적인 요인이 크게 관여하여 확률오차가 문제가 되는 조직이나 주제(농업 등)에 대해서는 SFA를 사용하는 것이 바람직하지만 산출물이 여러 종류이거나 가격정의가 잘 안되고 비영리 서비스 분야 등의 경우에는 DEA방법을 사용한다. 그러나 대부분의 경우는 확률오차가 문제되지만 생산물이 두 개 이상인 경우나 결합생산의 경우도 많이 존재하므로 두 방법을 적절히 함께 사용하는 것이 보다 정확한 효율의 측정을 위하여 필요할 것이다.

이하의 제3장에서는 기술효율성, 비용효율성, 수입효율성, 이윤효율성 등 다양한 효율성과 생산성을 측정하는 기초이론이 되는 생산경제의 이론을 간단하게 소개하고자 한다.

제 **3** 장

생산경제의 이론

제 **1** 절   생산함수

1. 생산함수와 효율성

생산함수란 생산공정에 투입되는 투입물과 산출물 간의 함수적 관계를 의미한다. 보다 엄밀히 말하면 전통적으로 생산함수(production function)는 투입물과 같은 생산요소들의 배합에 의해서 생산될 수 있는 생산물의 최대생산량을 나타낸다. 생산요소는 생산에 투입되는 모든 투입요소들에 해당된다. 일반적으로 생산요소들로는 노동, 자본, 토지, 자연자원 등이 포함된다. [그림 3.1]과 같이 생산함수를 효율성과 연계시켜서 보면 생산함수에 따라 정의되는 생산곡선 상의 점을 포함한 내부의 영역은 일종의 생산가능집합(production possibility set)이 된다. 따라서 생산함수는 투입한 생산요소로 달성가능한 최대생산량을 의미하므로 생산가능집합 중에서 생산변경(production frontier)에 위치한 효율적인 점들로 구성되었다고 볼 수 있다. 즉, 생산요소의 투입과 생산량의 산출 간에는 일정한 기술적 관계가 존재하고 이를 함수형태로 표시한 것이 생산함수이다. 이 생산함수는 각

투입량이 투입될 때 가장 효율적으로 결합하여 얻게 되는 최대생산량을 보여준
다. 그러므로 생산함수는 기술적 효율성으로 정의되는 것이다. 가령 [그림 3.1]에
서 점 A′은 프런티어 상에 위치한 효율적인 점이고 점 A는 프런티어 내부에 위치
한 비효율적인 점이다. 이처럼 생산가능집합의 내부에 위치한 점들은 비효율적인

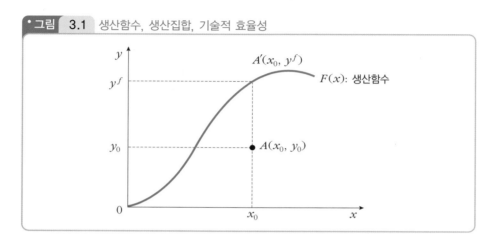

•그림 3.1 생산함수, 생산집합, 기술적 효율성

점들로 간주된다.

단순화를 위하여 노동(L)과 자본(K)의 두 가지 생산요소만 있다고 가정할 때 최
대생산량을 y라고 하면 생산함수는 다음과 같이 표시된다.

$$y = f(L,\ K)$$ ··· (3.1)

이 식은 노동과 자본의 두 생산요소와 생산량 간의 관계를 보여준다. 일반적으
로 노동과 자본이 증가하면 증가할수록 생산량의 수량도 증가한다. 생산함수에서
생산요소들의 결합이 다른 비율로 바뀌는 것도 가능하다. 실제 생산의 의사결정
자는 보다 비용이 적게 소요되는 투입요소를 많이 사용하려고 하고 비싼 생산요
소는 적게 사용하려고 할 것이다. 따라서 생산량은 여러 가지 투입요소의 배합으
로 생산될 수 있다.

그런데 식(3.1)의 생산함수 식은 생산단위의 어떤 주어진 기술수준 하에서 관
계를 보여주는 것임을 알아야 한다. 즉, 생산공정에서 투입물을 결합하여 생산물
로 전환하는데 사용되는 생산방법 내지 생산기술이 주어진 상태에서 생산요소와

생산물 간의 관계를 보여주는 것이다. 생산단위(production unit)의 생산기술이 진보하면 생산함수도 증가할 것이고 생산단위는 종전의 주어진 투입물의 수량으로 더 많은 생산량을 얻게 된다.[1] 가령, 새로운 생산기술을 의미하는 신기계의 도입은 주어진 투입물을 가지고 단위시간 당 더 많은 생산물을 생산 가능하게 한다.

앞서 언급하였듯이 최대성과를 추구하는 생산단위는 자원이 낭비되지 않도록 생산하기 때문에 생산활동이 효율적으로 운영된다고 간주한다. 따라서 생산함수에서 달성되는 생산량은 효율적이어서 기술적으로 가능한 최대생산량을 나타낸다.

2. 단기와 장기 생산함수

생산함수에 기초하여 생산활동을 좀더 구체적으로 살펴볼 필요가 있다. 먼저 생산요소도 성격에 따라서 크게 다르다는 것을 알아야 한다. 노동은 대체로 수월하게 수시로 그 투입량을 조절할 수 있는 반면에 자본스톡(공장이나 설비)은 단시일 내에 확장하기가 어렵다. 이러한 생산요소의 투입량을 증가시키려면 어느 정도 시간이 소요된다. 공장이 확장되어야 하고 자본설비도 확장되는 데 시간이 소요된다. 이에 따라서 생산이론에서 단기와 장기를 구별하는 일은 중요하다. 즉, 생산이론은 생산요소가 모두 조정가능한지 아니면 일부가 조정불가능한지를 기준으로 단기와 장기로 구분하고 있다. 단기(short-run)는 하나 또는 그 이상의 생산요소의 투입량이 변화될 수 없는 기간을 말한다. 즉, 단기에는 생산요소 중 일부가 주어진 상태로 고정되어 있다. 이러한 고정된 생산요소를 고정투입물(fixed input)이라 한다. 반면 장기(long-run)란 모든 생산요소의 투입량을 변화시킬 수 있는 기간을 말한다. 일반적으로 자본투입량은 고정되어 있고 노동 투입량만 조정할 수 있는 단기와 두 생산요소의 투입량을 모두 조정할 수 있는 장기로 구분한다.

주의할 점은 단기와 장기에 적용되는 시간의 정의가 구체적인 시간단위로 직접 측정할 수 있는 것이 아니란 사실이다. 단기와 장기의 여부는 시간의 절대적인 크기가 아니라 투입되는 모든 요소를 조정할 수 있는 기간인가에 의존한다. 이는 개별 생산단위의 생산계획이나 여건에 따라서 단기와 장기가 구분된다는 것을 이해해야 한다.

---

[1] 여기서 생산단위는 조직과 기관을 의미하는 것이므로 기업, 국가기관, 교육기관, 병원, 민간단체 등 최대성과를 추구하는 모든 단위가 포함된다.

1) 단기생산함수

먼저 자본의 투입량이 고정되어 있는 단기생산함수의 특징을 살펴보자. 단기에는 공장의 자본시설이 한번 정해지면 쉽게 조정이 되지 않는다. 이 때 생산량을 증가시키거나 감소시키려면 노동 투입을 증가시키거나 감소시킬 수밖에 없다. 이처럼 자본이 고정된 단기 생산함수는 다음과 같이 표시된다.

$$y = f(L, \overline{K}) \quad\cdots\cdots\cdots\cdots\cdots\cdots\cdots\cdots\cdots\cdots\cdots\cdots\cdots\cdots\cdots\cdots\cdots \quad (3.2)$$

자본이 고정된 상태에서 노동과 생산량 간의 관계를 보여주는 단기생산함수를 표현하면 [그림 3.2]와 같다. (a)에서는 단기생산함수를 보여주고 있는데 x축에는 노동투입량을 y축에는 생산량을 나타낸다. (b)에는 노동의 평균생산물과 한계생산물을 보여준다. 총생산은 초기에는 노동투입이 증가함에 따라서 체증적으로 증가하다가 일정 투입량을 통과하고 나면 노동투입의 증가로 오히려 그 증가속도가 감소하는 구간에 이르고 일정 단계에 이르면 오히려 총생산이 감소하는 단계에 이르게 된다. 생산초기에 노동투입이 증가하면 생산량이 증가하는 이유는 초기에 모든 일을 소수의 노동력이 다 처리하므로 비효율이 발생하지만 노동투입이 증가하면서 여러 가지 일이 분업이 되고 비효율이 제거되기 때문이다. 그러나 생산이 일정수준을 넘어서면 총생산이 증가하지만 대체로 그 증가율이 점차 감소하는 한계생산체감이 나타난다. 너무 많은 노동투입이 일어나면 일이 중복되고 분업의

•그림 3.2 단기생산함수와 총생산, 평균생산, 한계생산

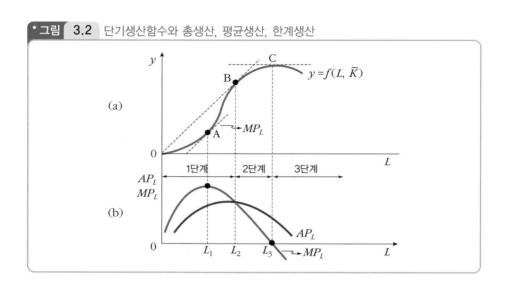

효율이 없어지면서 비효율이 발생하기 때문이다. 이러한 총생산 곡선은 생산활동에서 일반적으로 일어나는 현상을 그대로 표현한 것이다.

　　노동의 평균생산물은 생산량(y)을 노동량(L)으로 나눈 것이고 노동의 한계생산물은 노동량을 한 단위 추가했을 때 추가되는 생산량의 증가분(dy/dL)을 말한다. [그림 3.2]에서 보듯이 생산량과 평균생산물, 한계생산물은 일정한 관계를 갖는다. 평균생산물은 생산곡선의 각 점을 원점과 연결한 직선의 기울기 값이고 한계생산물은 생산곡선의 각 점에서 그은 접선의 기울기로 나타낸다.

　　평균생산물곡선은 원점에서 B점에 이르기까지는 증가하지만 그 이후에는 점차 감소한다. 이 B점에서 평균생산물이 극대가 되고 한계생산물과 일치하게 된다. 이는 점B에서 그은 접선과 원점과 점B를 연결한 선의 기울기가 일치하기 때문이다. 생산이론에서는 원점에서 평균생산물이 극대가 되는 점까지를 생산의 1단계로 구분하고 이후 총생산물이 극대되는 점까지를 생산의 2단계로 구분한다. 이 단계에서 총생산물은 증가하지만 평균생산물은 점차 감소한다. 그 다음 한계생산물이 음(−)이 되는 구간을 생산의 3단계로 나눈다. 이 3단계에서는 총생산물이 감소하게 된다. 이를 평균생산물과 한계생산물을 가지고 살펴보면 1단계에서는 노동투입이 증가하면 평균생산물과 한계생산물이 점차 증가하고 생산량을 증가시키면 유리한 상태가 된다. 2단계에서 평균생산물과 한계생산물은 감소하지만 총생산은 여전히 증가하므로 적정생산의 결정은 이 구간에서 이루어진다. 마지막 3단계는 한계생산물 자체가 음(−)이 되고 총생산물은 감소하므로 이 구간은

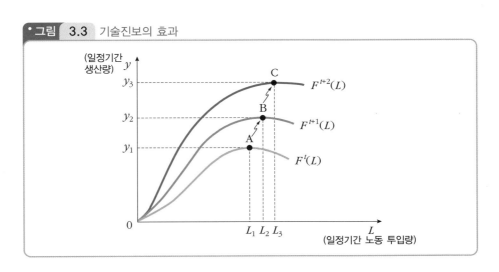

• 그림 3.3 기술진보의 효과

고려대상에서 제외된다.

물론 단기생산함수가 어떤 주어진 기술 하에서 노동투입의 한계수확체감 현상이 발생하더라도 [그림 3.3]에서 보듯이 기술진보가 있게 되면 단기생산곡선이 상향으로 이동하게 되고 평균생산물 자체가 증가하게 된다. 즉, 기술진보는 생산곡선 자체를 위로 상향 이동시키게 된다. 가령 시간이 지남에 따라서 노동 투입의 증가와 함께 기술진보가 동시에 이루어질 경우 생산량의 변화는 A점, B점, C점으로 이동하여 마치 노동의 한계수확체감이 존재하지 않는 것처럼 보이게 하지만 이는 기술진보의 효과이지 노동의 한계수확체감이 발생하지 않는 것은 아니다.

2) 장기생산함수

생산요소가 모두 가변적인 장기에는 모든 투입물이 변화될 수 있으므로 장기생산함수는 다음과 같이 표시된다.

$$y=f(L,\ K) \quad\cdots\cdots\cdots\cdots\cdots\cdots\cdots\cdots\cdots\cdots\cdots\cdots\cdots\cdots\cdots\cdots\cdots\cdots\cdots\cdots\cdots\cdots\cdots (3.3)$$

장기생산함수에서 노동과 자본이 모두 변화하는 상황을 보여주기 위해서는 두 투입요소가 결합하여 생산이 이루어지는 등생산량곡선으로 표현이 가능하다. 등생산량곡선은 동일한 생산량을 생산가능하게 하는 노동과 자본 두 생산요소의 여러 가지 결합을 보여준다. [그림 3.4]는 노동과 자본의 결합으로 같은 생산량을 생산가능한 점들을 연결한 등생산량(isoquant)곡선을 보여준다. 각 등량곡선은 주어진 기술수준에서 일정한 투입물을 이용하여 생산가능한 최대한의 생산량수준을 보여준다. 즉, 동일한 등량곡선 상에 위치한 점들은 상이한 노동과 자본을 결합하여 동일한 생산량 생산이 이루어진다. 등생산량 곡선이 우상향으로 이동할수록 생산량은 더 증가한다.

장기의 경우에는 노동과 자본이 모두 가변적인 투입물이고 노동의 한계생산물이 체감하듯이 자본의 한계생산물도 체감한다. 가령, 노동의 한계생산물이 체감하는 것은 일정한 자본수준에서 노동을 추가해 보면 생산량 수준의 증가가 체감함을 확인할 수 있다. 마찬가지로 주어진 노동수준에서 자본을 각각 1단위씩 추가하면 자본의 한계생산물이 체감하는 것을 확인할 수 있다. 따라서 장기와 단기 모두에서 노동의 한계생산물은 체감한다. 즉, 한 투입물을 고정시킨 상태에서 다른 투입물을 증가시킬 때 생산의 증가량은 점점 작게 증가한다.

•그림 3.4 두 생산요소에 의한 등생산량곡선

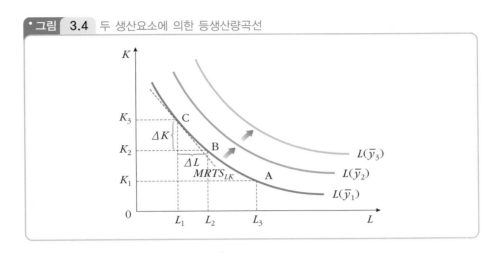

등량곡선의 기울기를 한계기술대체율(MRTS: marginal rate of technical substitution)
이라 한다. 의사결정자는 생산요소의 투입량을 상황에 따라서 변화시킬 수 있고
요소 간 대체를 고려할 수 있다. 등량곡선의 기울기는 주어진 생산량에 대하여 한
요소의 투입량이 다른 요소의 투입량과 교환될 수 있는 정도를 표시한다. 같은 등
량곡선 상에 위치한 점들에서 생산량은 항상 동일하므로 한 점에서 다른 점으로
이동하더라도 증가한 투입요소로 인한 증가한 생산량과 반대로 감소한 투입요소
로 인하여 감소한 생산량은 변화가 없게 된다. 가령, 노동을 증가시키고 자본을
감소시킬 경우 노동투입 증가로 인한 생산증가량($MP_L * \Delta L$)과 자본감소로 인한
생산량 감소량($MP_K * \Delta K$)은 동일하다.

$$(MP_L) * (\Delta L) + (MP_K) * (\Delta K) = 0 \quad \cdots\cdots\cdots\cdots\cdots\cdots\cdots\cdots\cdots\cdots\cdots\cdots\cdots (3.4)$$

$$MRTS = -\Delta K / \Delta L = MP_L / MP_K$$

이는 두 요소간의 한계기술대체율은 생산요소 간의 한계생산물의 비율과 동일
함을 의미한다. 또한 노동을 계속 증가시키고 자본을 노동으로 대체하면 한계기
술대체율이 감소하게 된다. 이는 노동의 추가적인 증가를 얻기 위하여 포기해야
하는 자본은 점차 더 중요해지게 되고 그 감소량은 점점 더 작아진다는 것을 의미
한다.

3. 규모경제

단기생산함수에서 생산요소의 결합생산과 관련하여 한계생산물 체증 내지 체감이 발생하였다. 장기생산함수에서도 이와 비슷하게 생산요소를 동시에 증가시키면 생산의 체증 혹은 체감 현상이 발생한다. 이를 단기와 구분하기 위하여 규모에 대한 수확(returns to scale)이라고 하고 규모 체증, 불변, 체감 등의 형태로 표현한다. 특히 모든 생산요소의 투입량을 증가시킬 때 투입량을 동일한 비율로 증가시킴으로써 생산의 규모변화를 확인해 보는 것이다. 그러므로 규모에 대한 수확은 장기에 모든 생산요소의 투입량을 같은 비율로 증가시킬 때 생산량이 증가하는 비율을 말한다.

첫째, 규모에 대한 수확체증은 투입물이 각각 두 배, 세 배가 될 때 생산량이 두 배 이상, 세 배 이상 증가할 경우를 말한다. 이는 더 큰 규모로 생산할 때 노동이나 자본이 모두 더 전문화할 수 있는 경우에 나타날 수 있다. 노동자들은 자신의 일에 더 전문화할 수 있고 자본도 더 전문화된 장비와 세분화된 기기를 사용할 경우가 이에 해당된다. 규모에 대한 수확체증이 있을 경우 규모가 큰 기업이 작은 기업보다 생산면에서나 비용면에서 더 유리하게 된다.

둘째, 규모에 대한 수확불변은 투입물이 각각 두 배, 세 배가 될 때 생산량도 동일하게 각각 두 배, 세 배 증가하는 경우를 말한다. 수확불변이 있을 때 기업의 규모는 생산요소 투입과 생산량 간에 일정한 영향을 준다. 즉, 한 공장이 두 개의 공장이 되면 두 배의 생산량을 가져다 주게 된다. 따라서 이 경우 작은 기업이나 큰 기업은 투입요소 당 같은 생산량을 가져다 주게 된다.

셋째, 규모에 대한 수확감소는 모든 투입물을 두 배, 세 배 증가시키면 생산량은 두 배 이하, 세 배 이하로 증가하는 경우를 말한다. 이 경우 규모가 클수록 오히려 단위 투입물 당 생산량 증가분이 감소하게 된다. 규모가 너무 확대되면 노동자 간 의사소통이 어려워지고 관료적인 면이 강화되면서 생산성은 더 떨어지게 된다.

규모에 대한 수확을 수리적으로 살펴보자. 여기서 기술진보 요소는 논외로 한다. 임의의 요소투입량 벡터를 x로 두자. 규모가 δ배 확대될 때, 즉 요소투입량이 δx로 증가할 때($1 \leq \delta$) 투입량과 생산량 간의 관계인 생산함수는 다음과 같다고 가정하자.

$$y = f(x) \quad \cdots\cdots\cdots\cdots\cdots\cdots\cdots\cdots\cdots\cdots\cdots\cdots\cdots\cdots\cdots (3.5)$$

이 생산함수에서 투입요소를 각각 δ배를 변화시킨다고 가정하자. 즉,

$$f(\delta x) = f(\delta x_1, \delta x_2, \cdots, \delta x_n) \quad \cdots\cdots\cdots\cdots\cdots\cdots\cdots\cdots\cdots (3.6)$$

이 때, δ는 투입요소를 증가시켜서 생산량을 증가시키는 규모요소이다. $f(\delta x)$ 는 투입요소를 δ배 증가시킨 생산량수준이다. 투입요소가 δ배 증가할 때 생산량의 변화는 다음의 세 가지가 발생할 수 있다.

첫째, 투입요소를 δ배 증가시키면 생산량도 동일하게 δ배 증가되는 경우이다. 이는 다음과 같이 표현된다.

$$f(\delta x) = \delta f(x) (= \delta y) \quad \cdots\cdots\cdots\cdots\cdots\cdots\cdots\cdots\cdots\cdots\cdots (3.7)$$

이 경우를 규모에 대한 수확불변(constant returns to scale)이라 한다. $\delta f(x)$는 δy 와 같고 이는 단지 투입이 δ배 증가한 생산량 $f(\delta x)$과 동일하다는 의미이다. 즉, 투입을 δ배 한 생산량은 단순히 현재의 생산량 y가 δ배 된 것과 같다는 의미이다. 이는 기존의 규모를 그대로 확장할 경우 동일하게 생산량이 달성되는 경우라고 할 것이다.

둘째, 투입요소가 δ배 증가할 때 생산량은 δ배 이상 증가하는 경우로서 다음과 같이 표현된다.

$$f(\delta x) > \delta f(x) (= \delta y) \quad \cdots\cdots\cdots\cdots\cdots\cdots\cdots\cdots\cdots\cdots (3.8)$$

이러한 경우는 규모에 대한 수확체증(increasing returns to scale) 혹은 규모경제 (scale economy)라고 한다.

셋째, 투입요소가 δ배 증가할 때 생산량은 δ배 보다 적게 증가하는 경우로서 다음과 같이 표현된다.

$$f(\delta x) < \delta f(x) (= \delta y) \quad \cdots\cdots\cdots\cdots\cdots\cdots\cdots\cdots\cdots\cdots (3.9)$$

이 경우 규모에 대한 수확체감(decreasing returns to scale) 혹은 규모불경제 (scale diseconomy)라고 한다.

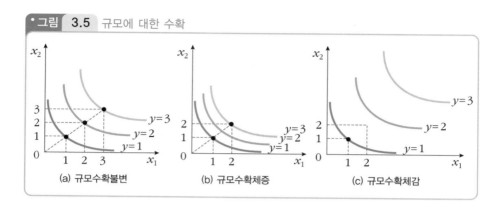

• 그림 3.5 규모에 대한 수확

(a) 규모수확불변　　(b) 규모수확체증　　(c) 규모수확체감

　　규모에 대한 수확의 유형을 그림으로 표현하면 [그림 3.5]와 같다. 규모에 대한 수확불변은 투입량의 비율로 생산량도 같은 비율로 증가한다. 규모에 대한 수확체증이 있을 때는 투입량이 일정비율로 증가하면 등량곡선의 간격은 점점 더 좁아진다. 즉, 생산량을 두 배, 세 배 증가시키는데 보다 적은 투입량이 필요한 것과 같음을 보여준다. 반대로 규모에 대한 수확체감이 있을 때, 투입량이 일정비율로 증가하면 등량곡선의 간격은 점점 확대된다. 즉, 생산량을 두 배, 세 배 증가시키는 데 보다 많은 투입량이 필요한 것과 같다.

제2절　비용함수

1. 비용함수와 비용최소화의 개념

　　조직이나 기관의 성과에 있어서 영리기업의 경우는 이윤이 존재하기 때문에 경제이론에서 제시하듯이 궁극적으로 이윤극대화를 통하여 측정하는 것이 일반화되어 왔다. 이러한 이윤극대화의 한 요소가 비용이다. 수입이 정해져 있을 경우 비용을 효과적으로 절감하는 것이 이윤극대화의 요소이다. 특히 비영리기관이나 공기업의 경우 성과를 측정하기가 어려운 경우가 많다. 따라서 성과가 불분명한 조직의 경우는 비용을 최소화하는 것이 대안적인 목표가 될 경우가 많다.

　　생산함수와 달리 비용함수(cost function)를 전제할 때 설명변수의 선택에 차이

가 있다. 생산함수는 투입물과 산출물에 대한 자료를 필요로 하지만 비용함수는
비용, 요소가격, 산출물에 대한 자료가 필요하다. 즉, 비용함수는 가격변수를 외
생변수(설명변수)로 한다는 점이 요소투입량을 외생변수로 사용하는 생산함수와
다르다. 여기서는 주어진 생산량 수준에서 비용을 최소화하는 비용함수를 살펴볼
것이다.

비용함수의 일반적 형태는 다음과 같이 정의된다. 즉,

$$C = f(y, w) \quad \text{(3.10)}$$

C는 비용, $y(=y_1, y_2, \cdots, y_m)$는 산출량 벡터, $w(=w_1, w_2, \cdots, w_n)$는 i 투입물
의 투입물 가격벡터를 의미한다. 비용은 산출량과 투입요소 가격의 증가함수이
다. $x(=x_1, x_2, \cdots x_n)$의 투입요소를 가지고 일정 산출량을 최소비용으로 달성한
다고 할 때 비용최소화 문제는 다음과 같이 표현된다.

$$MinC = Min(wx)$$
$$s.t.: f(x) \geq y \quad \text{(3.11)}$$

비용은 $C = wx$이므로 비용최소화는 일정한 생산량을 얻는데 투입요소와 투입
요소의 가격을 적절히 조절함으로써 달성된다.

비용최소화를 보다 쉽게 이해하기 위하여 두 개의 투입물 x_1, x_2와 그 요소가격
w_1, w_2만 존재하는 단순한 가정을 하자. 이 때 비용은 다음과 같이 표현된다.

$$w_1 x_1 + w_2 x_2 = C \quad \text{(3.12)}$$

이를 그림으로 표시하기 위하여 x_2에 대하여 변형하여 표시하면 다음과 같다.

$$x_2 = \frac{C}{w_2} - \frac{w_1}{w_2} x_1 \quad \text{(3.13)}$$

이 직선이 바로 등비용(isocost)선이고 그 기울기는 $-(w_1/w_2)$이고 수직 절편
은 C/w_2이다.

[그림 3.6]은 등비용선과 등량곡선이 만나는 최소비용점과 최소투입요소량(x_1^*,
x_2^*)을 보여준다. 하나의 등비용선에서는 동일한 비용이 소요되고 투입물 가격이 일

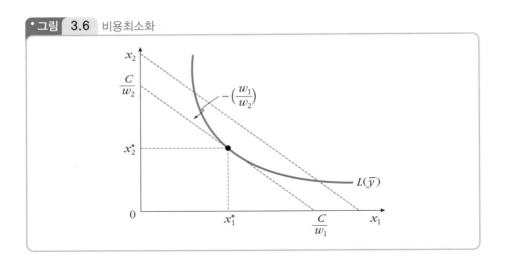

그림 3.6 비용최소화

정할 때 투입요소가 증가할수록 비용선은 우상향의 방향으로 평행해서 확대된다.

이미 알려졌듯이 등비용선과 등량곡선이 만나는 점에서는 등비용선의 기울기와 등량곡선의 기울기가 일치하므로 다음이 성립한다.

$$-\frac{MP_1}{MP_2} = \frac{w_1}{w_2} \quad\cdots\cdots\cdots\cdots\cdots\cdots\cdots\cdots\cdots\cdots\cdots\cdots\cdots (3.14)$$

즉, 등량곡선의 한계기술대체율이 등비용선의 요소가격 비율과 동일하다. 이는 사실 라그랑지 승수를 사용해서도 도출이 가능하다. 비용최소화를 위한 라그랑지 함수를 다음과 같이 설정할 수 있다.

$$L = w_1 x_1 + w_2 x_2 - \lambda(f(x_1, x_2) - y) \quad\cdots\cdots\cdots\cdots\cdots\cdots\cdots\cdots (3.15)$$

이를 x_1, x_2, λ에 대하여 각각 미분하면 비용최소화의 1차조건을 다음과 같이 얻는다.

$$w_1 - \lambda \frac{\partial f}{\partial x_1} = 0$$
$$w_2 - \lambda \frac{\partial f}{\partial x_2} = 0$$
$$f(x_1, x_2) - y = 0 \quad\cdots\cdots\cdots\cdots\cdots\cdots\cdots\cdots\cdots\cdots\cdots\cdots (3.16)$$

위 수식의 마지막 세 번째는 제약조건이고 첫째와 둘째를 정리하면 다음과 같

은 조건을 얻는다. 즉,

$$\frac{\partial f/\partial x_1}{\partial f/\partial x_2} = \frac{w_1}{w_2} \cdots\cdots\cdots\cdots\cdots\cdots\cdots\cdots\cdots\cdots\cdots\cdots\cdots (3.17)$$

이 식의 좌변은 등량곡선의 기울기인 한계기술대체율이므로 앞서 언급한 식 (3.14)와 동일한 결과를 얻었다.

2. 비용함수의 주요 특징

비용함수는 생산함수와 역의 관계를 갖기에 이를 쌍대성(duality)의 관계로 설명하기도 한다. 즉, 생산이 증가할 때 비용은 감소하고 생산이 감소할 때 비용은 증가하는 것으로 표현된다. 이하에서는 비용함수의 특징을 하나씩 설명하고자 한다.

비용함수를 이용하면 평균비용과 한계비용을 도출할 수 있는데 이는 다음과 같이 정의된다.

$$AC = \frac{C(w,\ y)}{y} = AC(w,\ y)$$

$$MC = \frac{\partial C(w,\ y)}{\partial y} = MC(w,\ y) \cdots\cdots\cdots\cdots\cdots\cdots\cdots\cdots\cdots (3.18)$$

평균비용은 비용을 생산량으로 나눈 것으로 단위비용을 의미한다. 한계비용은 생산량 1단위를 증가시킬 때 추가되는 비용의 증가분을 말한다. 비용함수가 요소가격과 생산량의 함수이기 때문에 이들도 동일하게 요소가격과 생산량의 함수가 된다.

비용함수도 생산함수와 동일하게 요소가격에 대하여 1차동차성의 특징을 보인다. 비용함수식에서 요소가격벡터를 δ배하게 되면 비용도 δ배로 증가하는 것을 확인할 수 있다. 즉,

$$
\begin{aligned}
C(y, \delta w) &= Min(\delta wx) \\
&= \delta \cdot Min(wx) \\
&= \delta \cdot C(y,\ w) \cdots\cdots\cdots\cdots\cdots\cdots\cdots\cdots\cdots\cdots (3.19)
\end{aligned}
$$

이는 δ가 일정한 상수이기 때문에 요소가격을 δ배 한 것은 비용을 δ배 한 것과 같아진다. 이러한 특징은 평균비용함수와 한계비용함수도 요소가격에 대하여 1차 동차성의 동일한 특징을 가지고 있다. 예를 들어 평균비용함수의 1차동차성은 다음과 같이 이해될 수 있다.

$$AC(\delta w, \ y) = \frac{C(\delta w, \ y)}{y} = \frac{\delta \cdot C(w, \ y)}{y} = \delta \cdot AC(w, \ y) \cdots\cdots (3.20)$$

이러한 비용함수의 특징에 기초할 때 생산요소 가격이 일정 비율로 변화하면 총비용, 평균비용, 한계비용도 같은 비율로 각각 변화하게 됨을 알 수 있다. 즉, 각 생산요소 가격이 같은 비율로 변화하면 비용곡선도 같은 비율로 평행이동한다는 것을 의미한다.

3. 단기와 장기 비용함수의 관계

지금까지 비용함수의 이론설명에서는 모든 생산요소의 투입량이 자유롭게 조정되는 경우를 가정하고 논의를 전개하였다. 그런데 생산함수와 마찬가지로 비용함수도 생산요소의 투입량의 조절여부에 따라서 단기와 장기비용함수로 구분한다. 현실적으로 생산요소는 물리적으로 신속하게 조정할 수 없는 경우가 있고 요소 투입을 분리할 수 없는 등 여러 가지 이유로 투입량이 고정된 경우가 많이 발생한다. 비용함수에서도 마찬가지로 생산요소의 일부가 고정되어 있는 경우를 단기비용함수, 모든 생산요소가 가변적인 경우를 장기비용함수로 정의한다.

분석을 단순화하기 위하여 두 가지 투입물 x_1, x_2가 사용되고 그 중 x_2는 고정 요소로 가정하자. 물론 장기에는 x_2도 가변적인 요소이다. 이 때 단기비용함수는 다음과 같이 정의된다.

$$C_S(\ y, \ \bar{x}_2) = Min(w_1 x_1 + w_2 \bar{x}_2)$$
$$s.t. \colon f(\ x_1 + \bar{x}_2) \geq y \cdots\cdots\cdots\cdots\cdots\cdots\cdots\cdots\cdots\cdots\cdots\cdots\cdots\cdots (3.21)$$

C_S는 x_2가 고정된 단기비용함수를 의미하고 이 단기비용함수는 주어진 생산량과 투입요소가격에서 x_1을 조정하여 비용최소화가 가능하다. 물론 고정된 것으로 간주한 x_2가 가변적인 요소가 된다면 단기비용함수는 장기비용함수로 바뀌게

된다.

단기비용은 가변비용과 고정비용의 합으로 다음과 같이 정의된다.

$$C_S(w, y, \bar{x}_2) = w_1 x_1 + w_2 \bar{x}_2$$
$$= VC(w_1, y, \bar{x}_2) + w_2 \bar{x}_2 \cdots\cdots\cdots\cdots\cdots\cdots (3.22)$$

여기서 x_2와 w_2는 고정요소의 투입량과 가격을 의미한다. 단기비용은 우변의 첫째항인 단기에 조정이 가능한 비용인 가변비용(VC: variable cost)과 두 번째항의 고정비용(FC: fixed cost)으로 구성된다. 따라서 단기비용은 고정요소인 x_2가 주어진 상태에서 x_1을 통한 비용최소화에 직면한다. 요소가격이 주어진 상태에서 산출량이 x_1과 동시에 조정되는 경우에도 x_1이 비용의 주된 결정인자가 됨을 알 수 있다.

단기비용과 장기비용의 차이점은 일정 생산량 수준에서 장기최소비용은 모든 생산요소가 최적으로 조정된 상태이고 단기최소비용은 x_2가 어느 수준에 고정되어 있고 가변요소인 x_1만 최적으로 조정된 상태의 비용을 말한다. 식(3.22)에서 만약 x_2도 장기와 동일하게 최적으로 조정된 수준이라면 단기비용과 장기비용은 동일한 수준이 될 것이다. 이 때 장기비용과 단기비용은 다음과 같이 표현된다. 즉,

$$C(w, y) = \underset{x_2}{Min}\{VC(w_1, y, x_2) + w_2 x_2\} \cdots\cdots\cdots\cdots\cdots\cdots (3.23)$$

좌변은 장기비용으로 $w_1 x_1 + w_2 x_2$이고 우변은 단기의 가변비용과 고정비용으로 구성된 상태이다. 두 값이 일치하는 점에서 x_2는 동일해야 하므로 x_2에 대하여 미분했을 때 비용최소화의 1차조건은 0이 되어야 한다. 즉,

$$\frac{\partial C(w, y)}{\partial x_2} = \frac{\partial VC(w_1, y, x_2)}{\partial x_2} + w_2 = 0 \cdots\cdots\cdots\cdots\cdots (3.24)$$

따라서 단기비용이 장기비용과 같아지기 위해서는 다음이 성립해야 한다.

$$-\frac{\partial VC(w_1, y, x_2)}{\partial x_2} = w_2 \cdots\cdots\cdots\cdots\cdots\cdots\cdots (3.25)$$

이는 x_2로 미분한 한계가변비용이 x_2의 요소가격과 일치해야 함을 의미한다. 특히 좌변은 고정요소 1단위 증가가 초래하는 감소되는 가변비용의 변화분을 의

하는 것으로 일종의 투입요소 x_2의 암묵가격 내지 한계수입이라 할 수 있다, 결과적으로 고정요소의 암묵가격이 그 요소의 시장가격과 같아야만 단기비용은 장기비용과 일치하게 된다.

이렇게 유도된 x_2의 최적 투입량 x_2^*가 단기와 장기에 일치하게 된다면 단기비용과 장기비용은 동일해 진다. 즉,

$$C(w, y) = C_S(w, y, x_2^*) \quad\cdots\cdots\cdots\cdots\cdots\cdots\cdots\cdots\cdots\cdots \text{(3.26)}$$

여기서 좌변은 장기비용이고 우변은 x_2^*에서 단기비용을 의미한다. 만약 요소가격 w가 일정하다면 생산요소 x_2의 최적투입량은 y의 수준에 따라서 정해질 것이다. y가 y_1일 때 x_2의 최적투입량이 x_2^*라고 한다면 이 때 장기비용과 단기비용의 크기는 다음과 같이 표시할 수 있다.

$$C(w^*, y) \leq C_S(w^*, y, x_2^*) \quad\cdots\cdots\cdots\cdots\cdots\cdots\cdots\cdots\cdots \text{(3.27)}$$

이 수식에서 양변이 일치하는 경우는 생산량이 y_1일 때만 성립하고 그 외의 생산량 수준에서는 단기비용이 장기비용보다 클 것이다. 이처럼 매번의 생산량 수준에서 이와 동일한 관계가 성립될 것이므로 생산량 변화에 따른 단기비용과 장기비용의 관계를 표시하면 [그림 3.7]과 같이 표현된다. 단기비용과 장기비용은 최적투입요소수준에서 일치하고 그 외점에서는 단기비용이 장기비용보다 큰 관계를 항상 보인다. 물론 단기비용은 각각의 고정요소가 주어진 상태에서 각각의 단기비용곡선의 형태를 갖는다. 따라서 단기비용은 장기비용보다 볼록한 형태가

• 그림 3.7 단기평균비용, 단기한계비용과 장기평균비용, 장기한계비용의 관계

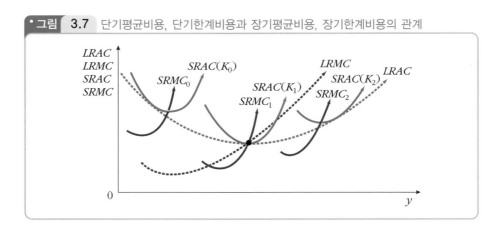

되고 장기비용곡선은 단기비용을 아래에서 포락한 형태가 된다.

　단기평균비용(SRAC)과 장기평균비용(LRAC)이 단기비용과 장기비용을 각각 생산량으로 나눠준 것이므로 동일한 관계가 적용되고 단기한계비용과 장기한계비용곡선도 그 관계가 유도될 수 있다.

　[그림 3.7]에서 볼 수 있듯이 장기평균비용은 단기평균비용을 포락하고 각 단기평균비용이 한 점에서 장기평균비용과 만나지만 그 외 점에서 항상 단기평균비용이 더 높다. 그리고 단기의 평균비용과 한계비용의 관계는 장기의 평균비용과 한계비용의 관계에 그대로 적용된다. 이는 장기비용에서 장기평균비용과 장기한계비용이 정의에 따라서 유도되기 때문에 그러하다.

제3절　수입함수

　앞서 주어진 생산물수준에서 비용최소화를 달성하는 문제를 살펴보았다. 비슷하게 주어진 투입물 수준에서 수입을 최대화하는 문제를 다루어 볼 수 있다. 경제학자들은 비용함수나 이윤함수는 많이 다루었으나 수입함수는 자주 다루지를 않았다. 아마도 수입은 이윤함수의 일부로 포함되어 있기 때문일 것이다. 그러나 이윤함수에 앞서서 수입함수 자체에 초점을 맞춰서 그 의미를 확인하는 것은 매우 중요하다 특히 비용효율과 마찬가지로 수입효율을 측정하기 위해서는 수입함수에 대한 이해가 선행되어야 한다.

　수입함수(revenue function)는 생산물 가격과 투입물의 함수로 가정된다. 즉,

$$R = f(p,\ x) \quad\cdots\cdots\cdots\cdots\cdots\cdots\cdots\cdots\cdots\cdots\cdots\cdots\cdots\cdots\cdots\cdots (3.28)$$

R은 수입이고 p는 생산물 가격, x는 투입물이다. 수입은 p와 x의 증가함수이다.

　수입함수는 생산물 가격벡터(p)가 주어진 상황에서 수입을 극대화한다고 가정한다. 이는 다음과 같이 표현할 수 있다.

$$R(p,\ x) = Max(py)\ \ such\ that\ \ T(y,\ x) = 0 \quad\cdots\cdots\cdots\cdots\cdots (3.29)$$

$R(p, x)$는 최대 수입이고 p는 생산물가격벡터, y는 생산물벡터이다. 투입물을 결합하여 생산물을 생산하는 기술구조 하에서 p와 x를 조정하여 수입을 극대화한다. 수입극대화문제를 단순하게 분석하기 위하여 의사결정단위가 두 개의 생산물 y_1과 y_2를 생산물가격(p_1, p_2)을 통하여 수입을 얻는다고 가정하면 총수입은 다음과 같이 표시된다.

$$R = p_1 y_1 + p_2 y_2 \cdots\cdots\cdots\cdots\cdots\cdots\cdots\cdots\cdots\cdots\cdots\cdots (3.30)$$

이를 y_2에 대하여 변형하면 다음과 같이 y_1과 y_2에 대한 수입곡선을 얻을 수 있다. 즉,

$$y_2 = \frac{p_1}{p_2} y_1 + \frac{R}{p_2} \cdots\cdots\cdots\cdots\cdots\cdots\cdots\cdots\cdots\cdots\cdots (3.31)$$

• 그림 **3.8** 생산가능곡선과 수입극대화

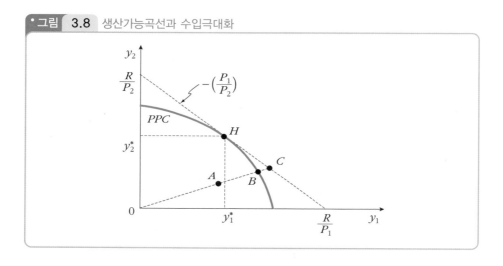

그런데 수입극대화는 생산가능곡선이 [그림 3.8]과 같이 주어졌다고 하면 생산가능곡선상에 있는 점과 접하는 수입곡선이 최대수입을 가능하게 하는 점이다. 만약 생산단위의 생산물 조합이 A점에 있다고 할 때 수입극대화 문제는 다음과 같이 나타낼 수 있다.

$$Max\ R = p_1^0 y_1^0 + p_2^0 y_2^0,\ such\ that\ (y_1^0,\ y_2^0) \in T(x) \cdots\cdots\cdots (3.32)$$

여기서 도출한 최적해를 $(y_1^*,\ y_2^*)$라 한다면 생산가능곡선 상의 최대수입은 다음과 같이 표현된다. 즉,

$$R(p,\ x) = R^* = p_1 y_1^* + p_2 y_2^* \cdots\cdots\cdots\cdots\cdots\cdots\cdots\cdots\cdots\cdots\cdots (3.33)$$

그러므로 H점에서 최대수입(R^*)이 결정되고 그 점에서 y_1^*과 y_2^*의 최적 생산량 결합점이 결정된다.

제4절 이윤함수

이윤함수(profit function)에서는 이윤을 극대화하기 위하여 투입물과 생산물을 동시에 조정하는 문제를 다루고자 한다. 이윤은 수입에서 비용을 차감한 것으로 정의된다. 이윤함수는 수입과 비용에 의해서 결정되고 수입과 비용의 주된 설명변수는 투입물가격과 생산물가격으로 표시된다. 즉,

$$\pi = f(p,\ w) \cdots\cdots\cdots\cdots\cdots\cdots\cdots\cdots\cdots\cdots\cdots\cdots\cdots\cdots\cdots (3.34)$$

π는 이윤이고 p는 생산물가격벡터, w는 투입물가격벡터를 의미한다. 이윤은 p의 증가함수이고 w의 감소함수이다. 즉, 생산물가격이 증가하면 이윤이 증가하고 투입물가격이 증가하면 이윤은 감소한다. 그러므로 이윤함수란 p, w와 π의 관계를 보여주는 함수를 말한다.

최대 이윤은 다음과 같이 정의할 수 있다.

$$\pi(p,\ w) = Max\{py - wx\} \cdots\cdots\cdots\cdots\cdots\cdots\cdots\cdots\cdots\cdots (3.35)$$

$\pi(p,\ w)$는 최대이윤을 말하고 py는 수입벡터이며 wx는 비용벡터이다. 비용함수와 마찬가지로 투입물 중 일부의 고정 여부에 따라서 단기이윤과 장기이윤의 극대화문제를 구분할 수 있다. 먼저 단기의 이윤극대화 문제를 살펴보고자 한다. 논의를 단순화하기 위하여 투입물이 x_1, x_2가 있다고 하면 그 투입물의 가격은 각각 w_1, w_2라고 하자. x_2가 고정투입물이라 할 때 단기이윤의 극대화문제는 다음

과 같다.

$$Max_{x_1}\{py-w_1x_1-w_2\overline{x}_2\} \quad\cdots\cdots\cdots\cdots\cdots\cdots\cdots\cdots\cdots\cdots\cdots (3.36)$$

이러한 단기 이윤극대화의 해를 구하기 위하여 라그랑지 함수(Lagrange function)로 다음과 같이 표현할 수 있다. 즉,

$$L(x_1, y, \lambda) = \{py-w_1x_1-w_2\overline{x}_2\} - \lambda\{y-f(x_1, \overline{x}_2)\} \quad\cdots\cdots\cdots (3.37)$$

이와 같은 라그랑지 함수의 최적해를 구하기 위한 1차조건은 다음과 같다.

$$\frac{\partial L}{\partial y} = p - \lambda = 0$$

$$\frac{\partial L}{\partial x_1} = -w_1 + \lambda f'(x_1, \overline{x}_2) = 0$$

$$\frac{\partial L}{\partial x_1} = y - \lambda f(x_1, \overline{x}_2) = 0 \quad\cdots\cdots\cdots\cdots\cdots\cdots\cdots\cdots\cdots\cdots (3.38)$$

여기서 $pf'(x_1, \overline{x}_2) = w_1$, or, $f'(x_1, \overline{x}_2) = w_1/p$로 나타난다. 이는 이윤극대화의 조건이 좌변 x_1의 한계생산물가치가 우변 x_1의 투입물 가격과 같아야 함을 의미한다. x_1 투입물의 최적수요(x_1^*)와 산출물의 최적생산(y^*)은 다음과 같다.

$$x_1^* = x_1(w_1/p), \quad y^* = f(x_1^*, \overline{x}_2) = f(x_1(w_1/p)) = y(w_1/p) \quad\cdots\cdots (3.39)$$

그러므로 이윤함수를 생산물 가격과 가변투입물(x_1)의 가격의 함수로 표현하면 다음과 같다. 즉,

$$\pi(p, w)(=\pi^*) = py^* - (w_1x_1^* + w_2\overline{x}_2^*) \quad\cdots\cdots\cdots\cdots\cdots\cdots\cdots (3.40)$$

이러한 조건을 그림으로 보여주기 위하여 단기이윤식을 표시하면 다음과 같다.

$$\pi = py - w_1x_1 - w_2\overline{x}_2 \quad\cdots\cdots\cdots\cdots\cdots\cdots\cdots\cdots\cdots\cdots\cdots\cdots (3.41)$$

이 수식을 y에 대하여 전환하면 다음과 같다.

$$y = \frac{\pi}{p} + \frac{w_2}{p}\overline{x}_2 + \frac{w_1}{p}x_1 \quad\cdots\cdots\cdots\cdots\cdots\cdots\cdots\cdots\cdots\cdots (3.42)$$

이를 그림으로 표시하면 [그림 3.9]와 같이 표현된다. 여기서 횡축이 x_1이고 종축이 y이므로 생산함수에 접하는 접선은 x_1의 한계생산물을 의미하는 등이윤선 (iso profit line)이다. 이 등이윤선과 생산함수가 만나는 점에서 최대이윤이 결정되고 최적의 투입물과 생산량이 결정된다.

·그림 3.9 단기이윤 극대화

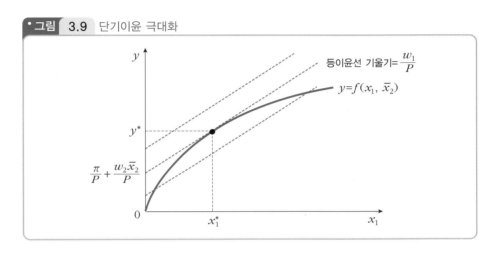

다음으로 장기이윤 극대화는 모든 투입물의 가변적인 상태를 의미한다. 따라서 장기이윤 극대화는 다음과 같이 표현된다.

$$\underset{x_1,\, x_2}{Max}\{py - w_1x_1 - w_2x_2\} \quad\text{..} (3.43)$$

단기이윤과 다른 점은 모든 투입물이 자유롭게 조정될 수 있다는 것이다. 이윤 극대화를 위한 최적 선택 조건은 단기의 경우와 동일하고 이번에는 각 투입요소에 대하여 최적화 조건이 적용된다는 것이다. 즉,

$$pf'(x_1,\, x_2) = w_1,$$
$$pf'(x_1,\, x_2) = w_2 \quad\text{..} (3.44)$$

이는 각각의 한계생산물의 가치가 각각의 투입요소의 가격과 일치해야 함을 의미한다.

[부록] 비용함수, 수입함수, 이윤함수의 특성

1. 비용함수의 특징

1) 비음 : 비용은 음이 되어서는 안된다. $C(w, y) \geq 0$

2) w에 대한 비감소성: 투입물가격 증가는 비용을 감소시키지 않는다.
즉, 만약 $w_0 \geq w_1$이면 $C(w_0, y) \geq C(w_1, y)$

3) y에 대한 비감소성: 생산량 증가에 따라서 비용도 증가한다. 즉,
$y_0 \geq y_1$이면 $C(w, y_0) \geq C(w, y_1)$

4) 동차성: 투입물 가격을 δ배 증가시키면 비용도 δ배 증가한다. 즉,
$C(\delta w, y) = \delta C(w, y)$ for $\delta > 0$

5) w에 대한 오목성: $C(\theta w_0 + (1-\theta)w_1, y) \geq \theta C(w_0, y) + (1-\theta)C(w_1, y)$ for $0 \leq \theta$
≤ 1. 비용곡선은 요소가격에 대하여 오목함을 의미한다.
(반면 산출량에 대해서는 볼록하다)

2. 수입함수의 특징

1) 비음: $R(p, x) \geq 0$

2) p에 대한 비감소성: 만약 $p_0 > p_1$이면 $R(p_0, x) \geq R(p_1, x)$

3) x에 대한 비감소성: 만약 $x_0 \geq x_1$면 $R(p, x_0) \geq R(p, x_1)$

4) 동차성: 생산물 가격을 δ배 증가시키면 수입도 δ배 증가한다. 즉,
$R(\delta p, x) = \delta R(p, x)$ for $\delta > 0$

5) p에 대한 볼록성: $R(\theta p_0 + (1-\theta)p_1, x) \leq \theta R(p_0, x) + (1-\theta)R(p_1, x)$ for $0 \leq \theta \leq 1$

3. 이윤함수의 특징

1) 비음: $\pi(p, w) \geq 0$

2) p에 대한 비감소성: 만약 $p_0 > p_1$이면 $\pi(p_0, w) \geq \pi(p_1, w)$

3) w에 대한 비증가성: 만약 $w_0 \geq w_1$면 $\pi(p, w_0) \leq \pi(p, w_1)$

4) 동차성: 생산물 가격과 투입물가격을 각각 δ배 증가시키면 이윤도 δ배 증가
한다. 즉, $\pi(p, w) = \delta \pi(\delta p, \delta w)$ for $\delta > 0$

5) (p, w)에 대한 볼록성: $\pi(\theta p_0 + (1-\theta)p_1, \theta w_0 + (1-\theta)w_1) \leq \theta \pi(p_0, w_0) + (1-\theta)\pi$
(p_1, w_1) for $0 \leq \theta \leq 1$

제 **4** 장

비모수적 효율성과 생산성

 생산효율 측정은 Koopmans(1951)가 선형계획법을 이용한 활동분석(activity analysis)을 제시하면서 시작되었다. 그는 생산경제에서 투입과 산출변수의 가격 과 량이 비음(≥ 0)으로 존재하고 생산경제를 극대화하는 것은 선형계획식에서 일 정한 투입물과 산출물의 제약조건 하에서 최적화하는 문제로 해결할 수 있다고 보았다. 이러한 생산효율의 개념에서 효율적인 생산점에서 산출물의 증가는 다른 산출물의 감소를 의미한다고 보았기에 이는 파레토 효율과 일치한다. 따라서 생 산효율성 조건은 Pareto-Koopmans 조건으로 명명되기도 한다. Koopmans (1951)는 효율성 측정을 통하여 사전적으로 산출을 확대하거나 투입을 축소할 수 있는 가능성을 확인함으로써 자원을 효율적으로 이용할 수 있음을 지적한 바 있 다. Debreu(1951)는 자원활용계수(coefficient of resource utilization)를 제시하고 이 값을 기준으로 비효율적 자원사용의 기준을 확인하고자 하였다. 나아가 Shephard(1953)가 제시한 거리함수(distance function) 개념도 효율성을 측정하는 방법으로 발전되었다.

 이러한 Koopmans(1951)의 활동분석을 통한 효율성의 측정이라는 기본 아이디 어를 실제 선형계획법을 적용하여 해를 구하는데 적용한 것은 Farrell(1957)이었 다. Cook and Seiford(2009)가 정리한 Farrell에 관한 주장에 의하면 문제를 해결하는 모든 시도가 실패하는 주된 이유가 다수의 투입물의 척도를 만족스러운 효율측정에 통합해서 사용하지 않는데 원인이 있다. 가령, 평균생산성을 측정하는데 단일 투입물이 아닌 모든 투입물을 사용해야 하고 다수 투입물의 가중치가 부여된 평균이 산출량과 비교되어 효율성이 측정되어야 함에도 단일투입물에 대한 노동생산성, 자본생산성 등 효율성을 분리하여 측정함으로써 효율성 측정이 만족스럽지 못한 결과를 얻었음을 지적하고 통합된 효율성을 측정할 것을 주장하였다. 또한 그는 회귀추정법으로 생산프런티어를 설정할 경우 생산점이 프런티어의 위아래에 분포하기에 이를 사용하기는 어렵고 실제 관측된 점들에 기초하여 이들을 포락하는 볼록집합을 형성하는 프런티어를 이용할 수 있다고 언급하였다. 그로부터 생산가능집합, 생산집합의 볼록성, 자유처분성 등 기초적 개념이 나왔다.

그러나 정작 Farrell은 다수의 투입물과 산출물에 적용할 수 있음에도 불구하고 그의 측정은 생산조직에 적용하는데 초점을 두었기에 단일 투입물과 산출물에 논의와 수치적 사례의 적용을 제한적으로 시도하였다. 이러한 아이디어를 Charnes, Cooper, and Rhodes(1978)에 와서 다양한 투입요소와 다양한 산출요소를 고려하는 상대적 효율성의 측정방법을 개발하고 이를 자료포락분석(DEA: data envelopment analysis)이라고 명명하였다. 즉, DEA가 가진 주된 핵심아이디어는 실제 생산프런티어 내부의 생산단위(DMU)들과 프런티어 상에 위치한 최대성과를 보인 생산단위들을 비교하여 상대적인 효율을 측정하는 것이다. 이들이 개발한 DEA모형은 그들의 성을 결합하여 CCR 모형이라 부르기도 한다. 이 CCR모형은 생산단위가 규모수확불변이라는 가정 하에서 효율성을 측정한 것이었기에 Banker, Charnes, and Cooper(1984)는 이러한 엄격한 가정을 완화하여 규모가 변적인 상태에서 효율성을 측정하는 모형을 제안하였다. 이 모형은 규모수확가변의 효율성 모형으로 역시 이들의 성을 따서 BCC모형으로 알려져 있다. BCC모형은 효율성을 규모효율과 순수기술효율로 구분할 수 있어서 비효율의 원인을 분해해 볼 수 있다.

그런데 이러한 효율성 측정의 비모수적 접근은 경제학적 방법으로는 종종 외면받기도 하였다. 왜냐하면 계량경제학적 접근이 급속도로 확대되는 경제학에서 통계적인 확률오차를 효율성 측정에 고려하지 않기 때문이다. 그러나 선형계획법을 이용한 최적화방법은 경제학에서도 꾸준히 사용되어 오고 있기에 Färe and Lovell(1978), Färe et al.(1985) 등이 선형계획법으로 효율성을 측정하는 방법을 제시하면서 발전하기 시작하였다. 이후 DEA 방법은 경제와 경영에서도 급속도로 확대되면서 생산, 비용, 수입, 이윤함수의 추정과 각각의 효율성, 생산성을 측정하는 시도로 확대되어 왔다.

뿐만 아니라 DEA가 확률오차를 고려하지 못한다는 문제점 때문에 DEA접근에 통계적 방법을 도입하고 효율성의 신뢰도를 높이기 위한 신뢰구간을 설정하거나 비이상적 관측치를 제거하는 방법, 붓스트랩(bootstrap)기법 등 다양한 통계적 방법들에 관한 연구가 이루어졌다.

한편, Aigner and Chu(1968)는 생산프런티어를 모수적 함수로 간주하고 관측점들을 그 모수적 프런티어 내부에만 위치하는 모형을 제시하였다. 이를 기초로 Afriat(1972), Aigner et al.(1977), Meeusen et al.(1977), Battese and Corra(1977) 등이 모수적 함수에 명시적으로 확률오차를 포함한 확률변경프런티어를 제시하였고 그 이후 Schmidt and Lovell(1979), Stevenson(1980), Jondrow et al.(1982), Greene(1990) 등이 이런 모수적 접근을 발전시킴으로써 DEA와 함께 경제와 경영 분야에서도 널리 활용되고 있다.

이 장에서는 효율성과 생산성의 비모수적 접근으로 발전된 이론에 기초하여 효율성과 생산성의 이론을 설명하고자 한다. 먼저, 효율성의 기초이론에서는 생산집합의 성격과 생산집합의 조건으로 강처분, 약처분 집합, 규모경제와 그에 따른 생산집합의 유형 등의 내용을 설명한다. 나아가 Farrell(1957)유형의 투입물과 산출물 효율성, 비용, 수입, 이윤효율을 설명할 것이다. 또한 Farrell과 Shephard 유형의 효율의 관계, 산출과 투입접근의 생산성변화, 전통적 생산성과 프런티어 생산성의 일치성, 생산성과 기술진보의 유형 등을 차례로 소개할 것이다.

제1절 비모수적 효율성

이미 언급하였듯이 효율성이란 필요한 최소자원으로 산출물을 생산할 수 있는 정도를 의미한다. Farrell(1957)은 투입물을 추가적으로 사용하지 않고도 산출물을 보다 증가시킬 수 있는 중요성을 강조하였다. 효율적 생산은 파레토최적으로 정의된다. 파레토최적조건은 의사결정단위가 투입물을 증가시키지 않고 산출물을 증대시킬 수 있다면 이를 파레토개선이라 하고 더 이상 산출물을 증가시킬 수 없는 상태를 파레토효율이라고 정의한다. 마찬가지로 산출물을 감소시킴이 없이 투입물을 감소시킬 수 없는 상태도 역시 파레토효율에 해당된다. 이에 따르면 어떤 산출물을 감소시킴이 없이 투입물을 줄일 수 있거나 어떤 투입물을 증가시킴이 없이 산출물을 증가시킬 수 있다면 이는 효율적이지 못하다.

효율성을 측정하는 한 방법인 DEA접근은 성과를 상대적 방법으로 평가, 측정한다. 가장 최대의 성과를 보인 관측치와 비교하여 실제관측치의 성과를 측정한다. 이러한 비모수적 효율성측정방법은 투입물접근과 산출물접근으로 분류할 수 있다.

1. 비모수적 효율성의 기초이론

1) 기술과 효율성

성과측정은 투입물을 가지고 일정한 산출물을 얻었을 때 이를 가지고 측정하게 된다. 그 투입물과 산출물은 조직이나 기관에 따라서 달라질 수 있다. 그런데 투입이 결합하여 산출로 전환될 때 생산공정에 특정한 기술 내지 기술구조가 관여된다. 즉, 투입이 산출로 전환되는 기술에 대한 지식이 필요하다. 이를 위하여 기술구조를 도입한다. 기술집합 T는 투입물이 산출물을 생산하는 생산결합집합을 말한다. 이는 다음과 같이 표현한다.

$$T= \{(x,\ y)\ :\ x\ can\ produce\ y\} \quad\cdots\cdots\cdots\cdots\cdots\cdots\cdots\cdots\cdots\cdots (4.1)$$

주된 문제는 비모수적 접근에서 실제 비교되는 생산단위의 투입물과 산출물 자료를 가지고 효율성을 측정하기 때문에 기술집합의 형태는 실제 사용한 자료에 의존해서 형성된다는 점이다. DEA접근에서는 자료에 어떤 확률오차(random error)가 없다고 간주하기 때문에 기술집합은 투입물과 산출물의 관측치를 기준으로 생산변경을 형성하여 정해진다. 따라서 기술을 구체적으로 모형화하는 것에 대해서는 할 수 있는 것이 별로 없다. 그러나 기술이 개별 관측치에 따라서 바뀌지 않도록 할 필요는 있다. 그러므로 주로 기술 내지 기술집합에 대하여 다음과 같은 가정을 한다.

첫째, 투입물과 산출물의 자유처분(free disposability)을 가정한다. 투입물과 산출물을 증가시키거나 감소시키더라도 새로운 생산점은 역시 기술집합에 속한다

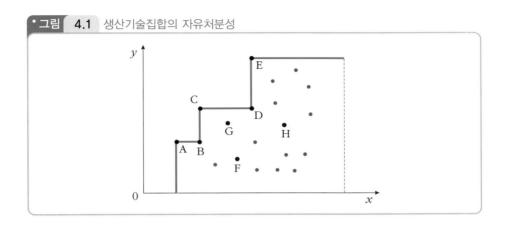

그림 4.1 생산기술집합의 자유처분성

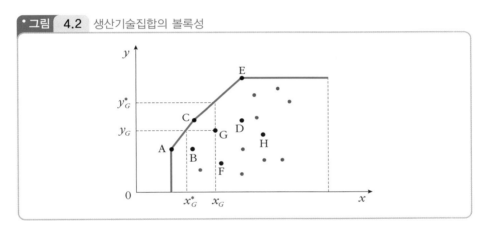

그림 4.2 생산기술집합의 볼록성

는 것이다. 자유처분성을 표현하면 [그림 4.1]과 같다. 포함된 생산점들은 생산집합을 정하는데 사용되고 그 어떤 생산점도 생산집합에서 배제되지 않는다. 가령, C점의 경우 B점과 D점의 하방향과 우방향의 생산이 모두 가능하다. 이것이 투입물과 산출물의 자유처분성을 의미한다.

둘째, 투입물-산출물 결합에 대한 볼록성(convexity) 가정이다. 이는 투입물-산출물 결합의 두 점이 적절한 생산점이라면 두 점을 혼합한 점도 적절한 생산점이라는 것을 의미한다. 이 때 기술집합이 볼록하다고 한다. 자유처분성과 볼록성 가정을 결합하여 기술집합을 표현하면 [그림 4.2]와 같다. 가령, 기술집합 내에 있는 두 점을 연결한 중간지점의 한 점도 역시 기술집합 내에 포함되는데 이를 볼록성이라 한다.

이런 기술집합이 보여주듯이 기술집합의 프론티어 상에 위치한 생산단위도 존재하지만 내부에 위치한 생산단위도 발생하게 된다. 가령 생산단위가 기업일 경우 프런티어 상의 기업을 우리는 최대성과기업으로 간주하고 내부에 존재하는 기업을 기술집합의 프런티어 상에 위치한 최대성과기업과 비교하여 개별 기업의 성과를 비교한다. 이러한 성과측정방법이 효율성이다.

효율성의 측정은 대표적으로 투입물기준과 산출물 기준을 사용한다. 즉, 효율성의 측정방법은 투입물 접근과 산출물 접근의 방법으로 구분해 볼 수 있다. 기술집합을 활용하여 이들 효율성을 측정하는데 투입물 접근의 효율성 측정은 최소투입물과 실제투입물을 비교하는 것이고 산출물 효율성 측정은 최대산출물과 실제산출물을 비교하는 것이다.

첫째, [그림 4.2]에서 투입물접근으로 효율을 측정할 경우 기술집합 내부에 존재하는 점G의 효율은 다음과 같이 측정한다.

$$FE_i = x^*_G / x_G \quad \cdots\cdots\cdots\cdots\cdots\cdots\cdots\cdots\cdots\cdots\cdots\cdots\cdots\cdots\cdots\cdots\cdots\cdots \quad (4.2)$$

투입물 효율 FE_i는 0~1 사이의 값을 갖게 된다.[1] 이를 변형하면 $x^*_G = FE_i \cdot x_G$와 같다. 즉, 효율성에 실제투입물을 곱하면 최소투입물이 된다.

둘째, 산출물 접근으로 효율을 측정할 경우 일정한 투입물 수준에서 기술집합 내부에 존재하는 실제산출물과 기술집합의 변경에 위치한 최대산출물을 비교하여 측정할 수 있다. 점G에서 산출물 접근 효율성은 다음과 같다.

$$FE_0 = y^*_G / y_G \quad \cdots\cdots\cdots\cdots\cdots\cdots\cdots\cdots\cdots\cdots\cdots\cdots\cdots\cdots\cdots\cdots\cdots\cdots \quad (4.3)$$

산출물 효율의 범위는 $FE_0 \geq 1$로서 1일 때 가장 효율적이다. $y^*_G = FE_0 \cdot y_G$로 변형이 된다. 점G는 비효율적인 점으로서 $(FE_0 - 1) \cdot y_G$만큼 산출량을 증가시킬 수 있는 여지가 존재한다.

2) 다수의 투입물과 산출물의 효율성 측정

현실적으로 우리는 다수의 투입물과 다수의 산출물을 가지고 성과를 측정해야 할 생산단위를 많이 가지고 있다. 가령, 가스를 공급하는 기업들은 가정용가스와

---

1) Farrell(1957)이 제시한 효율성 측정방법으로서 기준이 되는 최소투입물이나 최대산출물을 분자에 두고 실제 투입물과 산출물을 분모에 두고 측정하는 방법을 따른 것이다. 이와 반대되는 측정방법은 Shephard(1970)의 방법으로 이와 정반대로 분모와 분자를 바꾸어 측정한다.

산업용가스, 공공용가스 등을 생산한다. 장기수술과 심장수술을 하는 내과의원과 같이 상이한 의사와 간호사, 행정직원을 가진 병원도 존재한다. 다수의 투입물과 산출물을 동시에 생산하는 생산단위의 경우는 경제학에서 널리 사용되는 등량곡선과 생산가능곡선을 사용하여 효율성을 측정할 수 있다. 물론 이 경우도 투입물 효율성과 산출물 효율성이 측정될 수 있는데 투입물 효율성은 등량곡선에 기초하여 측정하고 산출물 효율성은 생산가능곡선에 기준한다. [그림 4.3]은 이 두 곡선에 의한 효율성의 측정을 보여 준다.

투입물 효율성은 좌변의 등량곡선에 기초하여 원점을 기준으로 곡선 내부에 있는 점과 곡선상에 있는 투입물을 비교하여 측정한다. 투입물이 두 가지 이상 존재하므로 효율성의 측정은 두 가지 이상의 투입물의 최소벡터와 실제벡터를 비교하여 측정할 수 있다. 즉,

$$FE_i = \frac{|x^*|}{|x|} \quad \cdots\cdots\cdots\cdots\cdots\cdots\cdots\cdots\cdots\cdots\cdots\cdots\cdots\cdots\cdots\cdots (4.4)$$

분자의 최소투입물벡터는 투입물 x_1과 투입물 x_2의 최소투입물을 모두 포함하고 분모의 실제투입물벡터도 역시 두 가지 실제 투입물을 모두 포함한다. 효율성의 값은 동일하게 0~1의 값을 갖는다.

같은 원리로 산출물 효율성은 생산가능곡선의 내부에 있는 점과 곡선의 변경상에 있는 점을 비교하여 측정한다. 즉, 주어진 투입물 수준에서 y_1과 y_2 산출물을 각각 생산한다고 할 때 실제 생산한 산출물 수준과 최대산출물 수준을 각각 동시에 비교하여 효율성을 측정한다. 다수의 산출물을 포함하는 효율성은 다음과

• 그림 4.3 다수의 투입물과 산출물에 기초한 효율성 측정

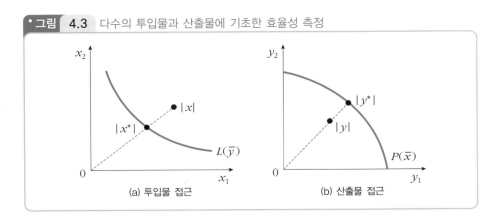

(a) 투입물 접근

(b) 산출물 접근

같이 측정한다. 즉,

$$FE_o = \frac{|y^*|}{|y|} \quad \cdots\cdots\cdots\cdots\cdots\cdots\cdots\cdots\cdots\cdots\cdots\cdots\cdots\cdots\cdots\cdots\cdots \quad (4.5)$$

분자의 최대산출물벡터는 산출물 y_1과 산출물 y_2의 최대산출물을 모두 포함하고 분모의 실제 산출물벡터도 역시 두 가지 실제 산출물의 실제량을 모두 포함한다. 측정값은 역시 1 이상의 값을 갖는다.

이상과 같이 설명한 기술은 논리적 전개를 위하여 기술집합의 용의와 정의가 필요하다. 이 부분에서는 의사결정단위가 소위 최대성과변경(the best practice frontier)이라고 부르는 것을 어떻게 구축하고 사용하는지를 구체적으로 확인할 필요가 있다. 이 최대성과변경을 때로는 기준기술(reference technology), 생산프런티어(production frontier), 최대성과기술(best practice technology) 혹은 단지 기술 내지 기술집합이라고 언급한다. 이러한 기준기술은 투입물을 사용하여 산출물을 만드는 다양한 조직에 대하여 만들어 낼 수 있다.

이 기준기술을 형성하는데 중요한 요소가 여러 투입물과 산출물이고 이들을 포함한 것이 기술집합이기에 투입물과 산출물들을 정의하고 그 다음으로 여러 가지 기준기술집합을 설명하고자 한다.

먼저 투입물은 다수가 존재할 수 있으므로 어떤 형태의 투입물이 다음과 같이 존재한다고 가정한다. 즉,

$$x_n, \quad n=1, \quad \cdots, \quad N$$

그러므로 x_n은 N개의 상이한 투입물이 존재한다는 것을 표현하고 있다. 이는 모든 형태의 투입물을 포함한 투입물벡터라는 개념으로 표시하면 보다 간단히 표현할 수 있다. 즉,

$$x = (x_1, \quad \cdots, \quad x_N)$$

분석의 대상이 되는 여러 관측치에 대하여 투입물로서 고용자수, 자본스톡, 사용된 토지, 에너지량 등 각각의 통계자료를 얻을 수 있다.[2] 이 투입물자료는 의사결정단위에 대하여 각각 필요로 하고 이들 자료는 정확하게 수집될 수 있어야

---

2) 관측치는 때로는 의사결정단위, DMU라고 표현한다.

한다.

둘째, 산출물도 다수의 산출물이 존재할 수 있으므로 투입물과 같이 어떤 형태의 산출물이 존재하는 것을 다음과 같이 표현하자.

$$y_m, \; m = 1, \; \cdots, \; M$$

y_m은 m개의 상이한 산출물이 존재한다는 것을 표현하고 있다. 이것도 모든 형태의 산출물을 포함한 산출물벡터라는 개념으로 표시하면 보다 간단히 표현할 수 있다. 즉,

$$y = (y_1, \; \cdots, \; y_M)$$

y는 $y_1 \sim y_M$을 모두 포함하는 산출물의 횡벡터를 의미한다. 지금부터 편의상 y를 산출물벡터라고 정의하면 모든 산출물을 포함하는 개념으로 이해하자. 산출물로는 생산한 제품(가령, 농업작물, 제조품 등), 치료한 환자수, 처리한 민원수 등 기관의 성격에 따라서 다양한 산출물이 성과로 제시될 수 있을 것이다.[3]

기준기술과 기준 관측치를 결정하기 위해서는 관측치 수를 표현하는 기호도 필요할 것이다. 포함될 관측치를 다음과 같이 표현하자.

$$k = 1, \; \cdots, \; K$$

k는 임의의 성과측정에 포함된 관측치를 의미하고 이는 1부터 K개의 관측치를 포함한다는 것을 의미하고 있다. 따라서 이를 투입물과 산출물 벡터와 같이 간단히 표현하면 다음과 같다. 즉,

$$k = (1, \; \cdots, \; K)$$

여기서 k는 관측치 벡터로서 모든 관측치를 포함한다는 것을 말한다. 예를 들어 K개의 상이한 관측치가 존재한다고 하자. 이 때 k의 관측치는 모든 투입물과 산출물을 내포해야 하므로 다음과 같이 표현할 수 있다. 즉,

$$x_k = (x_{k1}, \; \cdots, \; x_{kN})$$
$$y_k = (y_{k1}, \; \cdots, \; y_{kM})$$

---

3) 농업이나 제조업 등 생산 뿐만 아니라 병원, 정부기관 등 성과측정이 필요한 조직에 따라서 상이한 투입과 산출을 정할 수 있다. 가령, 병원과 정부기관의 예로서 강상목(2013c), 강상목(2014b) 등은 지방의료원과 종합병원의 성과측정에 적용하였고 박수남 외(2014)는 한국 대학의 비용성과를 분석하였다.

x_k와 y_k는 k 관측치의 투입물벡터와 산출물벡터를 의미한다, 그러므로 k관측치의 모든 투입물과 모든 산출물을 포함하고 있는 것이다. 가령, y_{k1}은 k관측치가 생산한 첫 번째 산출물의 생산량을 말하고 y_{kM}은 k 관측치가 생산한 M번째 산출물의 생산량을 의미한다.

이러한 투입물과 산출물을 모두 포함한 생산영역을 기준기술 내지 기술집합으로 포함한다. 기술집합은 투입물 접근 혹은 산출물 접근의 방식에 따라서 투입물 기술집합과 산출물 기술집합으로 구분한다. 이하에서는 이를 차례대로 설명할 것이다.

3) 투입물 기술집합과 투입물조건

투입물 기술집합은 일정한 산출물 벡터 y를 생산하는데 사용될 수 있는 투입물의 가능한 모든 집합을 의미한다. 그런데 투입물 기술집합 내에서는 경제적 효율성 조건으로 최소 투입물은 실제투입물보다 작아야 하거나 최대 산출물은 실제 산출물보다는 커야 한다는 등 일련의 조건을 만족시켜야 하므로 이를 투입물조건집합이라고 하기도 한다.

투입물기술집합은 투입을 최소화하거나 투입물 간의 대체가능성을 파악하는데 유용하게 사용할 수 있다. 이는 투입물과 산출물의 관측치를 가지고 형성한다. 즉,

$$(x_k,\ y_k),\ k=1,\ \cdots,\ K$$

이 기호는 k 관측치의 투입물과 산출물의 조합을 보여준다. 앞서 정의한 대로 x_k, y_k는 모두 k 관측치의 투입물벡터와 산출물 벡터이므로 모든 투입물과 산출물을 포함한다. 그런데 실제로 투입물 기술집합을 이용하는 이유는 투입물을 최소화하는데 목적이 있으므로 산출물은 일정하거나 주어진 것으로 간주하고 투입물을 최소화할 수 있는 여지를 찾는데 사용하기 때문이다. 투입물기술집합은 수식으로는 다음과 같이 표현된다.

$$L(y \mid C,\ S) = \{(x_1,\ \cdots,\ x_N) : \sum_{k=1}^{K} z_k y_{km} \geq y_m,\ m=1,\ \cdots,\ M,$$
$$\sum_{k=1}^{K} z_k x_{kn} \leq x_n,\ n=1,\ \cdots,\ N,$$
$$z_k \geq 0,\ k=1,\ \cdots,\ K\} \ \cdots\cdots (4.6)$$

투입물기술집합에서 z_k, $k=1$, ⋯, K는 일종의 밀도벡터로서 투입물 기술집합의 변경을 형성하는 역할을 한다. 즉, 주어진 산출물 수준에서 실제투입물에 대비되는 최소투입물 수준을 형성하는 일종의 가중치로서 작용한다. 따라서 식(4.6)에서 제약조건 내의 좌변에 위치한 k 관측치의 실제값과 밀도벡터가 결합된 합은 최대산출물과 최소투입물을 보여준다. 반면 우변은 실제 산출물과 실제투입물을 보여주고 있으므로 최대산출물은 실제산출물보다 크고 최소투입물은 실제투입물보다 작아야 한다는 경제적 조건을 만족해야 한다는 것을 의미한다. 좌변의 투입물 기술집합의 조건으로 추가된 C와 S는 각각 규모수확불변(CRS:constant returns to scale)과 강처분성(SD: strong disposiblity)을 의미한다. CRS는 뒤에서 구체적으로 설명하기로 하고 먼저 투입물의 강처분성을 여기서 설명하고자 한다. 투입물의 강처분성이란 투입물을 자유롭게 증가 내지 감소시키더라도 산출물에는 변화가 없다는 것을 의미한다. 이는 투입물이 현재 상태로 유지되거나 더 증가시키더라도 산출물을 감소시킬 수 없음을 의미한다. 즉, 투입물의 자유로운 조정이 산출물 생산에 혼잡(congestion)을 초래하지 않는다. 여기서 혼잡이란 너무 많은 투입물이 존재한다는 것이다. 투입물이 증가할 경우 산출물 생산을 저해하게 되는 현상을 말한다. 가령, 도로상의 너무 많은 차량들이 교통정체를 일으키는 것과 마찬가지로 생산과정에서도 투입물 증가가 오히려 산출물 감소를 초래할 수도 있다. 그러나 투입물의 강처분성이란 이러한 혼잡이 발생하지 않는 일반적인 경우를 가정하고 있는 것이다. 이와 같은 강처분성을 수식으로 표현하면 다음과 같다.

$$x \geq \hat{x} \in L(y \mid C, S) \ imply \ that \ x \in L(y \mid C, S) \ \cdots\cdots\cdots\cdots\cdots (4.7)$$

여기서 x가 변화하더라도 산출물에 변화를 주지 않고 투입물 기술집합에 속한다는 것을 의미한다. 이는 투입물이 자유롭게 처분될 수 있음을 의미한다. 이를 달리 표현하면 투입물의 강처분성이 작용하면 투입물이 증가하더라도 혼잡으로 산출물이 감소하지 않는다는 것이다.

이와 반대로 투입물의 혼잡이 존재하는 경우를 투입물의 약처분성(WD: weak disposibility)이라고 한다. 이 약처분성의 가정은 투입물의 비례적인 증가가 산출물을 감소시키게 됨을 의미한다. 이를 수식으로 표현하면 강처분성과는 다른 형태의 수식으로 나타낼 수 있다. 즉,

$$x \in L(y \mid C, W) \ and \ \lambda \geq 1 \ imply \ \lambda x \in L(y \mid C, W) \ \cdots\cdots\cdots\cdots (4.8)$$

이 약처분성은 혼잡을 허용하여 투입물의 증가는 산출물을 감소시키게 되는 것을 의미한다. 투입물 기술집합에서 W가 투입물의 약처분성을 의미한다. 약처분성과 투입물 기술집합을 결합시키면 다음과 같은 약처분성의 투입물 기술집합을 표시할 수 있다. 즉,

$$L(y \mid C, W) = \{(x_1, \cdots, x_N) : \sum_{k=1}^{K} z_k y_{km} \geq y_m, \ m = 1, \cdots, M,$$
$$\sum_{k=1}^{K} z_k x_{kn} = x_n, \ n = 1, \cdots, N,$$
$$z_k \geq 0, \ k = 1, \cdots, K\} \ \cdots\cdots\cdots\cdots (4.9)$$

약처분성의 투입물 기술집합이 강처분성의 기술집합과 다른 점은 집합 내에 제시된 투입물의 제약조건이 부등호에서 등호로 바뀌었다는 점이다. 이는 추가적 산출의 감소나 비용의 추가 등 어떤 대가를 치루지 않고는 투입물이 처분될 수 없음을 보여준다.

때로는 투입물에 따라서 어떤 투입물은 처분에 아무런 제약이 없는데 반하여 일부 투입물은 처분에 제약을 받을 수도 있다, 이런 경우 부분적으로 제약받는 투입물에 대해서만 등호로 제약을 표시하면 될 것이다. 즉, 일부 투입물이 어떤 비용 없이 처분될 수 있다면 이에 대해 부등호를 사용하고 다른 투입물이 혼잡을 야기한다면 이러한 제약을 등호로 표현할 수 있다. 즉,

$$\sum_{k=1}^{K} z_k \cdot x_{kn} = x_n, \ n = 1, \cdots, \hat{N}$$
$$\sum_{k=1}^{K} z_k \cdot x_{kn} \leq x_n, \ n = \hat{N} + 1, \cdots, N \ \cdots\cdots\cdots\cdots\cdots\cdots\cdots\cdots\cdots (4.10)$$

여기서 $n = 1, \cdots, \hat{N}$의 투입물은 혼잡이 있는 경우이고 $n = \hat{N} + 1, \cdots, N$의 투입물은 혼잡이 없기 때문에 비용부담 없이 처분될 수 있다.

약처분이 적용되는 투입물 기술집합 내지 등량곡선을 표시하면 [그림 4.4]와 같다. 정상적으로 강처분이 작용하는 투입물기술집합은 $L(y \mid C, S)$이지만 약처분이 작용할 경우 투입물기술집합은 $L(y \mid C, W)$로 기술집합이 축소되고 등량곡선이 우상향되는 부분을 갖게 된다. 이 우상향하는 부분에서 투입물의 한계생산물은 비양(≤ 0)이 된다. 따라서 투입물은 A점보다 B점이 더 투입되지만 생산량은 동일

• 그림 4.4 약처분의 투입물 기술집합

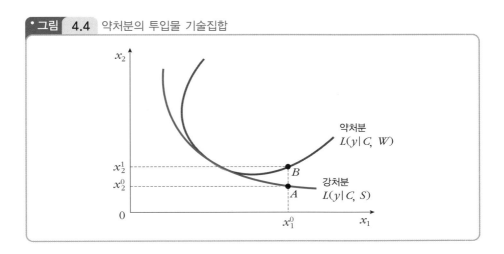

하거나 오히려 감소할 수 있다.

4) 규모경제(returns to scale)

DEA접근은 과거에 주로 생산프런티어 상에서 규모수확불변(CRS)의 기술에 대하여 효율을 측정하였다, 그러나 CRS가 현실적인 사례에서 항상 맞는 가정이 아니기 때문에 제한적이라고 할 수 있다. Banker, Charnes and Cooper(1984)는 최초의 CRS기술을 생산변경 상에 규모체증, 규모불변, 규모체감 기술의 경우로 일반화하여 제시한 바 있다. 여기서는 CRS, VRS, NIRS 기술 등 여러 규모의 기술을 소개하고자 한다.

논의의 단순화를 위하여 단일의 투입물과 산출물로 구성된 생산기술집합을 가정하자.

$$T = \{(x, y) : y \leq f(x) ; x \geq x_{\min}\} \quad \cdots\cdots\cdots\cdots\cdots\cdots\cdots\cdots (4.11)$$

여기서 $y^* = f(x)$이고 $f(x)$는 생산함수로서 x를 가지고 최대생산량(y^*)을 생산한다. $x_{\min}$는 최소투입물 수준을 의미한다.

생산함수에서 임의의 생산점(x, y)에서 평균생산성(AP: average productivity)은 다음과 같다.

$$AP = \frac{y}{x} \quad \cdots\cdots\cdots\cdots\cdots\cdots\cdots\cdots\cdots\cdots\cdots\cdots\cdots\cdots\cdots (4.12)$$

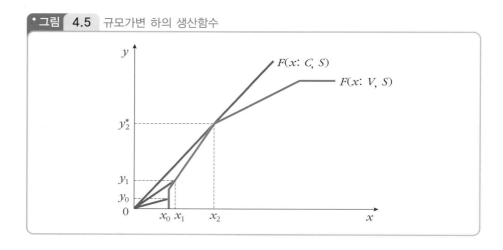

•그림 4.5 규모가변 하의 생산함수

[그림 4.5]는 규모가변 하의 생산함수를 보여주는데 $F(x:\ V,\ S)$는 규모가변의 생산함수이고 $F(x:\ C,\ S)$는 규모수확불변의 생산함수이다. [그림 4.5]에서 보듯이 만약 x의 조그만 증가가 AP의 증가를 가져온다면 이 점에서 부분적으로 규모체증 상태에 있다. 가령 x_0에서 x_1으로 이동하면 AP가 증가하므로 규모체증상태를 의미한다. 비슷하게 x의 증가가 AP감소를 초래하면 규모체감의 상태에 있는 것이다. x의 증가에도 불구하고 AP가 동일한 수준을 유지하고 불변이라면 규모불변의 상태임을 의미한다. [그림 4.5]에서 각각의 투입물에 대응하는 생산량이 있고 규모가변의 생산함수에서 원점에서 규모가변의 프런티어 상의 점을 연결한 선은 각각 평균생산물을 의미한다. x_2를 투입할 때 평균생산물은 최대가 되고 x를 더 증가시키면 평균생산물은 점차 감소하게 된다.

만약 평균생산성을 미분하면 규모체증에서는 양(+)의 값이 되고 규모체감에서는 음(−)의 값, 규모불변에서는 0의 값을 보일 것이다. 평균생산성을 미분했을 때 규모수확불변이 되려면 그 미분값이 0이 되어야 한다. 즉,

$$\frac{\partial AP}{\partial x} = \frac{\frac{x\partial y}{\partial x} - y}{x^2} = \frac{y}{x^2}\left(\frac{x\frac{\partial y}{\partial x}}{y} - 1\right) = 0 \quad \text{.........................} \quad (4.13)$$

만약 $x>0$라면 x에 대한 y의 탄력성 $e(x)$는 다음과 같이 정의된다.

$$e(x) = \frac{\partial y / y}{\partial x / x} = \frac{x \partial y}{y \partial x} = \frac{\partial \, \ln \, y}{\partial \, \ln \, x} \quad \cdots\cdots\cdots\cdots\cdots\cdots\cdots\cdots\cdots\cdots\cdots \quad (4.14)$$

따라서 AP를 미분한 값은 다음과 같다.

$$\frac{\partial AP}{\partial x} = \frac{y}{x^2}(e-1) \quad \cdots\cdots\cdots\cdots\cdots\cdots\cdots\cdots\cdots\cdots\cdots\cdots\cdots \quad (4.15)$$

여기서 탄력성(e)에 대한 세 가지 유형의 분류가 가능하다. 즉,

i) $e>1$ 경우 규모체증

ii) $e=1$ 경우 규모불변

iii) $e<1$ 경우 규모체감

이를 한계생산물과 평균생산물의 관계를 통하여 설명하면 먼저 한계생산물 (dy/dx)＞평균생산물(y/x)일 경우는 $e>1$이 되고 규모체증임을 알 수 있다, 즉, 투입물보다 산출물이 더 크게 증가한다. 반대로 두 경우가 동일하면 투입물 증가 와 산출물 증가가 일치하고 반대로 한계생산물보다 평균생산물이 더 크면 투입물 증가에 비하여 산출물 증가는 더 적게 이루어진다.

그런데 이러한 연속적인 생산함수는 실제 관측치를 가지고 도출할 경우 현실적으로 거의 불가능하므로 DEA에서 보다 현실적인 생산함수를 제시하면 [그림 4.6]과 같다. 연속적이지 않은 DEA 프런티어에서 평균생산물은 연속성을 갖지만

•그림 4.6 DEA 프런티어의 평균생산물과 한계생산물

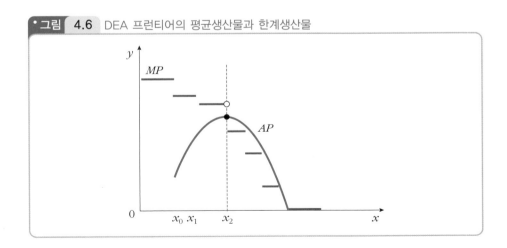

한계생산물은 불연속적인 형태를 갖게 된다는 것을 확인할 수 있다. 즉, 한계생산물은 x_2를 기준으로 좌측에서는 평균생산물 보다 큰 값을 가지고 우측에서는 보다 작은 값을 가진다. 그러나 한계생산물은 구간별로 일정한 값을 갖는 형태가 된다.

이제 다시 $L(y|\ C,\ S)$에서 규모경제 C에 대해 살펴보자. 특히 규모수확불변일 경우 투입물 기술집합은 다음과 같이 표현된다. 즉,

$$L(\delta y|\ C,\ S) = \delta L(y|\ C,\ S),\ \delta > 0 \quad \cdots\cdots\cdots\cdots\cdots\cdots\cdots\cdots\cdots (4.16)$$

CRS하에서 투입물의 비례적인 변화는 산출물의 비례적인 변화가 일어난다. 이전에 언급된 규모수확불변 하의 투입물 기술집합은 밀도벡터의 제약조건이 이를 만족시키고 있다. 규모수확불변은 밀도벡터 $z_k \geq 0$, $k=1,\ \cdots,\ K$의 조건이 이를 나타낸다. 즉, z_k는 어떤 양의 스칼라인 δ만큼 규모확장과 규모축소가 가능하다. 즉 δ만큼 투입과 산출을 조정하게 된다.

경제이론에서 이미 알려져 있듯이 규모수확불변 하에서 개별 기업은 0의 이윤을 보여주고 있기 때문에 여기서는 다른 규모경제를 고려하고자 한다. 특히 규모경제에 따라서 생산함수의 변경이 달라지기 때문에 상이한 규모경제를 가지고 개별 관측치가 규모체증과 규모체감의 상태에 위치한 것인지를 확인할 필요가 있다. 따라서 지금 소개하는 규모비체증이 이러한 역할을 하기에 이를 먼저 소개하고자 한다.

규모비체증은 투입물 기술집합을 가지고 다음과 같이 정의한다. 즉,

$$L(\delta y|\ C,\ S) \subseteq \delta L(y|\ C,\ S),\ \delta > 1 \quad \cdots\cdots\cdots\cdots\cdots\cdots\cdots\cdots (4.17)$$

여기서 부분집합은 속한다는 것을 의미하므로 좌변보다 우변이 더 포괄적인 집합이라는 것을 의미한다. 규모비체증에서 δ가 1 이상인 것은 일정상태 이상에서 체감현상이 발생하기 때문이다. 투입물을 확장하면 투입물 기술집합이 그 증가보다 적게 확장되는 것을 의미한다. 이 경우 기존의 산출물과 동일한 산출물을 규모확장하려고 하면 투입물은 산출물 규모보다 더 크게 확장해야 한다는 것을 의미한다. 즉, 동일한 산출물을 얻기 위해서 더 많은 투입물 확장이 요구된다. 이러한 특징을 투입물 기술집합에서 표현하려면 밀도벡터의 합에 대한 제약이 1보

다 작아야 한다는 조건을 추가함으로서 규모비체증의 기술집합을 정의할 수 있다. 즉,

$$L(y \,|\, N,\, S) = \{(x_1,\, \cdots,\, x_N) : \sum_{k=1}^{K} z_k y_{km} \geq y_m,\ m = 1,\, \cdots,\, M,$$

$$\sum_{k=1}^{K} z_k x_{kn} \leq x_n,\ n = 1,\, \cdots,\, N,$$

$$\sum_{k=1}^{K} z_k \leq 1,\ z_k \geq 0,\ k = 1,\, \cdots,\, K\} \ \cdots (4.18)$$

이처럼 밀도벡터 제약이 CRS 혹은 NIRS의 규모경제를 가져오는 것을 그림을 통하여 확인할 필요가 있다. [그림 4.7]은 투입물과 산출물의 생산함수와 함께 상이한 규모경제를 보여주고 있다. 프런티어를 연속함수로 표시하지 않은 것은 프런티어의 형성을 실제 관측치에 기초하여 도출하기 때문에 그런 것이다.

첫째, 규모수확불변은 투입량의 증가와 생산량의 증가가 항상 일정한 비율을 유지하는 형태이다. 그림에서 규모수확불변(CRS)의 집합은 0AE가 연결된 직선으로 표현된 내부공간 전체를 말한다.

둘째, 규모비체증는 투입이 증가할수록 생산량증가는 점차 감소하는 것을 보여준다. 규모비체증(NIRS)의 집합은 0ABC점이 연결된 선으로 구성된 내부공간이다. 0A구간은 규모수확불변과 같으나 그 이후 점차적으로 체감하는 형태이다. 즉, 규모수확불변과 다르게 관측치의 볼록결합과 이들의 방사선 축소의 형태를 보여준 것이다. 규모비체증 곡선에서 B점 이후 수평선 확장은 투입물에 대한 강

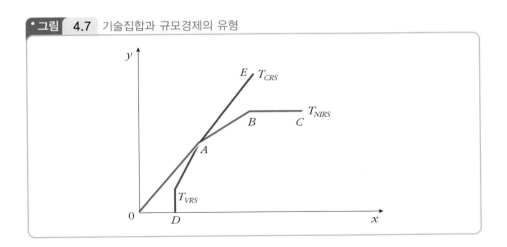

•그림 **4.7** 기술집합과 규모경제의 유형

처분으로 인하여 나타날 수 있는 부분이다. 규모비체증에서도 투입물에 대한 제약조건은 여전히 부등호로 표시되고 있다.

셋째, 규모수확가변은 초기에 투입의 증가는 더 큰 산출량 증가를 가져오지만 나중의 투입 증가는 더 작은 산출량 증가를 가져온다. 즉, 규모수확가변은 규모체증구간과 규모불변, 규모체감구간을 모두 포함하고 있다. 그림에서 DABC를 연결한 곡선의 내부공간이 규모가변집합이다.

결국 그림을 통하여 규모비체증의 기술집합이 규모수확불변의 기술집합에 포함된다는 것을 알 수 있다. 즉,

$$L(y|\,N,\,S) \subseteq L(y|\,C,\,S) \quad \cdots\cdots\cdots\cdots\cdots\cdots\cdots\cdots\cdots\cdots (4.19)$$

다음으로 밀도벡터의 합을 1로 제약을 두게 되면 규모수확가변(a variable returns to scale)의 기준기술을 얻게 된다. 이 기술은 다음과 같이 표현할 수 있다.

$$L(y|\,V,\,S) = \{(x_1,\,\cdots,\,x_N) : \sum_{k=1}^{K} z_k y_{km} \geq y_m,\ m=1,\,\cdots,\,M,$$

$$\sum_{k=1}^{K} z_k x_{kn} \leq x_n,\ n=1,\,\cdots,\,N,$$

$$\sum_{k=1}^{K} z_k=1,\ z_k \geq 0,\ k=1,\,\cdots,\,K\} \ \cdots (4.20)$$

여기서 투입물 기준기술 내의 V는 규모수확가변(VRS: varable returns to scale)을 의미한다. 따라서 규모수확가변과 강처분의 투입물 기준기술 내지 기술집합을 정의하고 있는 것이다. 이 규모가변의 기준기술은 밀도벡터의 합이 1과 같아야 한다는 제약조건에 의하여 프런티어 변경의 경계가 정해진다. 따라서 [그림 4.7] 상에서 규모불변, 규모비체증, 규모가변의 기술집합의 포괄범위와 밀도벡터의 제약범위를 통하여 세 기술구조는 다음과 같은 관계를 갖는 것을 확인할 수 있다. 즉,

$$L(y|\,V,\,S) \subseteq L(y|\,N,\,S) \subseteq L(y|\,C,\,S) \quad \cdots\cdots\cdots\cdots\cdots\cdots\cdots (4.21)$$

이러한 세 기술구조의 포함관계를 기초로 이후에 규모효율을 측정하는 것이 가능하고 나아가 관측치가 규모불변으로부터 벗어난 정도와 규모체증구간 혹은 규모체감구간에 위치하고 있는지를 파악할 수 있게 될 것이다.

5) 산출물 기술집합과 산출물조건

이전에 설명하였듯이 투입물 기술집합이나 산출물 기술집합은 같은 생산기술을 설명하는 상이한 방법이다. 투입물의 최소화나 투입물 간의 교환이나 할당에 초점을 둘 경우 투입물 접근을 택하고 반대로 산출물의 최대화나 산출물 간의 생산할당에 초점을 둘 경우 산출물 접근을 선택하는 것이다. 산출물 접근에서는 주어진 투입물 하에서 생산가능한 산출물의 결합을 보여주게 된다.

산출물 기술집합의 경우에도 투입물 기술집합과 동일하게 규모불변, 규모비체증, 규모가변의 세 가지 기술집합을 소개할 것이다. 먼저 규모불변과 강처분하의 산출물 기술집합은 다음과 같이 표현된다.

$$P(x \mid C,\ S) = \{(y_1,\ \cdots,\ y_M) : \sum_{k=1}^{K} z_k y_{km} \geq y_m,\ m=1,\ \cdots,\ M,$$
$$\sum_{k=1}^{K} z_k x_{kn} \leq x_n,\ n=1,\ \cdots,\ N,$$
$$z_k \geq 0,\ k=1,\ \cdots,\ K\} \ \cdots\cdots\cdots (4.22)$$

$P(x \mid C,\ S)$는 산출물 기술집합으로 C는 규모불변, S는 강처분성을 의미한다. 물론 여기서도 투입물의 제약조건이 여전히 부등호로 표시되어 강처분을 만족하지만 주된 초점은 산출물의 강처분성에 둔다. 산출물의 강처분성을 수식으로 표현하면 다음과 같다.

$$y \leq \hat{y} \in P(x \mid C,\ S)\ imply\ that\ y \in P(x \mid C,\ S) \ \cdots\cdots\cdots\cdots\cdots (4.23)$$

이를 수식대로 해석하면 산출물 기술집합에 속하는 임의의 산출물보다 실제 산출물이 작거나 같다면 그 실제산출물도 역시 동일한 산출물 기술집합에 속한다는 것이다. 이는 산출물이 자유롭게 조정이 가능하고 그 자유처분에 아무런 비용이나 제약이 따르지 않는다는 점을 내포하고 있다. 이러한 자유처분은 앞서 제시한 산출물기술집합에서 산출물에 대한 제약조건이 부등호로 표현되고 있다.

그런데 강처분 혹은 자유처분이 산출물의 처분성에 대한 가정이지만 이것만 가지고는 처분성에 따른 비용이 초래되는지 여부를 알 수가 없다. 이에 반대되는 개념으로 산출물의 약처분성 혹은 제약처분의 개념이 필요하다. 가령, 오늘날 환경을 오염시키는 오염배출량은 환경규제로 인하여 자유롭게 배출할 수 없는 상황이고 이는 자유처분이 아닌 약처분을 가정하는 것이 타당하다. 이러한 약처분성은 다음과 같이 정의된다.

$$y \in P(x \mid C, W) \; and \; 0 \leq \theta \leq 1 \; then \; \theta y \in P(x \mid C, W) \cdots\cdots (4.24)$$

이 식의 의미는 임의의 산출벡터 y가 약처분 기술집합에 속한다면 산출벡터 y를 θy로 축소시킨 생산도 약처분 기술집합에 속한다는 것이다. 즉 산출물벡터의 약처분성이 있을 경우 그 산출물벡터의 비례적인 축소도 당연히 약처분의 기술집합에 속한다는 것이다. 가령 오염물과 같이 특정 산출물의 경우는 자유처분이 어렵고 바람직한 산출물에 사용될 수 있는 자원을 사용해야 한다는 점에서 비용이 수반된다는 점을 함축하고 있다. 따라서 오염물과 산출물의 동시적 감소가 일어나게 되고 이는 약처분 기술집합에서 가능하다.

실제 산출물의 약처분성은 산출물에 대한 부등호를 등호로 바꿔주면 약처분성을 표현할 수 있다. 즉,

$$P(x \mid C, W) = \{(y_1, \cdots, y_M) : \sum_{k=1}^{K} z_k y_{km} = y_m, \; m = 1, \cdots, M,$$
$$\sum_{k=1}^{K} z_k x_{kn} \leq x_n, \; n = 1, \cdots, N,$$
$$z_k \geq 0, \; k = 1, \cdots, K\} \cdots\cdots (4.25)$$

[그림 4.8]은 산출물의 강처분과 약처분의 기술집합을 보여준다. 산출물의 강처분 기술집합은 $P(x : S)$이고 약처분 집합은 $P(x : W)$의 영역이다.[4] 즉, 강처분 기술집합은 0ABCD0 영역으로 표시되고 약처분 집합은 0EBC0영역이 이에 해당한다. 가령, y_1이 약처분이 적용되는 오염물이고 y_2는 강처분이 적용되는 산출물이라 할 때 AB영역에서 오염물을 원점으로 더 줄이더라도 y_2 산출물에는 아무런 영향이 발생하지 않는다. 따라서 이 영역은 두 산출물이 비례적으로 감소하는 것이 아니므로 강처분 영역이라 할 수 있다. 반면에 약처분 영역의 일부인 0EB선상에서 원점으로 오염물을 줄이고자 하면 산출물도 동시에 감소해야만 가능하다. 반대로 산출물을 증가시키려고 하면 오염물도 동시에 증가한다. 따라서 이 영역은 약처분의 정의에 부합하는 영역임을 알 수 있다. 그림에서 확인되듯이 강처분

---

4) 강처분성과 약처분성의 자세한 설명은 Färe et al.(1989, p.92), Boyd and McClelland(1999, p.127), Zaim and Taskin (2000, p.98), Sancho (2000, p.367), Zofio and Prieto (2001, p.68), 강상목·김은순(2002), 강상목(2005), 강상목·윤영득·이명헌(2005), 강상목 외(2005)를 참조바란다.

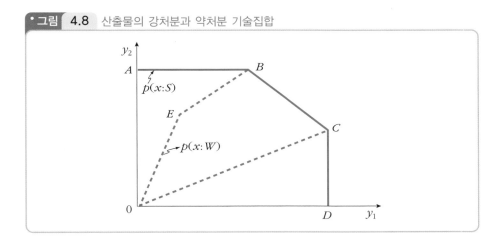

그림 4.8 산출물의 강처분과 약처분 기술집합

기술집합은 약처분 기술집합을 포함하고 있다. 즉,

$$P(x|C, W) \subseteq P(x|C, S) \quad \text{(4.26)}$$

이처럼 산출물에 따라서는 제약이나 규제 등의 영향으로 강처분이 적용되는 것도 있고 약처분이 적용되는 산출물도 존재하기 때문에 이들을 함께 포함시킬 경우 각각의 산출물에 대하여 강처분과 약처분을 분리해서 적용해야 한다. 즉, 약처분이 작용하는 산출물은 등호로 처리하고 강처분의 산출물은 부등호로 각각 처리해야 한다.

나아가 산출물 기술집합의 경우도 투입물 기술집합과 동일하게 규모경제의 적용이 가능하다. 규모경제도 규모불변, 규모비체증, 규모가변의 세 가지 유형으로 분류되고 밀도벡터의 제약조건도 각각 동일하게 적용된다. 이는 투입물 기술집합과 정확히 동일하다.

따라서 바람직한 산출물과 오염물을 동시에 생산하는 경우, 강처분과 약처분을 모두 포함해야 한다. 이 경우 오염물은 약처분성, 바람직한 산출물은 강처분성을 만족해야 한다. 즉,

$$\sum_{k=1}^{K} z_k \cdot y_{km} = y_m, \ m=1, \cdots, \hat{M} \quad \text{(4.27)}$$

$$\sum_{k=1}^{K} z_k \cdot y_{km} \geq y_m, \ m=\hat{M}+1, \cdots, M \quad \text{(4.28)}$$

$m=1, \cdots, \hat{M}$: 오염물로서 혼잡을 야기

$m=\hat{M}+1, \cdots, M$: 바람직한 산출물로서 비용없이 처분될 수 있음.

이러한 산출집합을 통한 규모경제의 세 가지 유형을 정리하면 다음과 같다.

기술	Return to scale	Z에 관한 제약
$P(x\,|\,C,\,S)$	C	$z_k \geq 0,\ k=1,\ \cdots,\ K$
$P(x\,|\,N,\,S)$	N	$\sum z_k \leq 1,\ z_k \geq 0,\ k=1,\ \cdots,\ K$
$P(x\,|\,V,\,S)$	V	$\sum z_k = 1,\ z_k \geq 0,\ k=1,\ \cdots,\ K$

2. Farrell접근의 투입물 효율

경제학자들에 의하면 의사결정단위는 이윤극대화 등 최적화하는 것을 목표로 한다. 즉, 이들은 목표를 가지고 있고 그 목표를 주어진 기술제약 하에서 달성할 수 있는 최선의 선택을 한다. 여기서 논의하는 모든 효율의 척도는 그러한 목표와 일치한다. 효율척도는 이윤극대화 문제 즉, 비용 혹은 자원사용 극소화 문제의 일부에 기초하고 있다. 효율은 기업들이 가장 적은 자원사용을 요구한다. 즉, 가능한 투입물(비용)을 절약 내지 줄일 것을 요구한다. 이것이 'input절약(input-saving)', 혹은 'input지향(input-oriented)'효율척도이다.

반대로 산출지향(input-oriented)효율척도는 주어진 투입물 하에 가능한 최대 산출물 혹은 수입을 생산하는 것을 의미한다. 특히 CRS 하에 투입지향효율척도, 산출지향효율척도는 동일한 결과를 준다.

먼저 투입물 기술효율을 측정하려면 기준기술로서 투입물 기술집합을 사용해야 한다. [그림 4.9]에서 규모불변(C)과 강처분(S)의 투입물기술집합이 $L(y\,|\,C,\,S)$이고 그 기술집합의 DMU가 A, B, C, D가 있다고 가정하자. DMU B, C, D는 투입물 기술집합의 경계 상에 위치하기에 효율적이다. 반면 DMU A는 투입물 기술집합의 내부에 위치하므로 비효율적이다.

효율성은 동일한 산출물을 생산하면서 투입물이 감소될 수 있는 최대비율로서 측정한다. 즉, 효율은 실제 투입물 사용에 대한 최소가능투입물의 상대적 비율로 정의된다. 즉,

$$FE_i = OB/OA$$

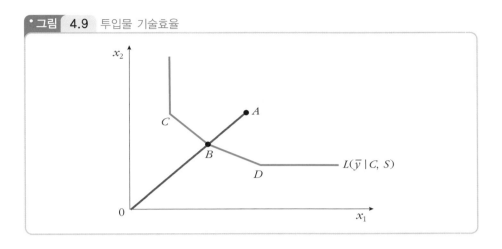

그림 4.9 투입물 기술효율

Farrell이 정의한 투입물 절약의 기술효율성(input-saving measure of technical efficiency)은 다음과 같다.

$$FE_i(y, x | C, S) = \min\{\lambda : \lambda x \in L(y | C, S)\} \quad \cdots\cdots\cdots\cdots\cdots (4.29)$$

이 효율성은 규모불변과 강처분 하에 측정한 것이다. λ는 효율성의 구체적 값으로서 실제 투입물(x)값을 최소화하게 된다. 효율성은 0~1값을 가지고 이를 x에 곱하여 줄일 수 있는 투입량을 측정한다. 만약 그 값이 1이면 효율적이고 1이하이면 비효율적이다.

DMU가 best practice 프론티어 상에 있다면 즉, 최대성과를 보이면 효율적이라 간주된다. 그러나 이러한 기준DMU가 주어진 산출물생산에 가장 적은 투입물을 사용하지 않는 경우도 존재한다. 이런 경우를 투입물(산출물) 여유분(slack)이라 한다. 투입물 slack은 [그림 4.10]에서 제시되고 있다. A, B, C, D, E의 5개 DMU가 있다고 하자. 점 B, C, D는 등량곡선 상에 위치하므로 효율적인 점이고 점A와 E는 등량곡선의 내부에 있으므로 비효율적이다. A점은 B점으로 이동함으로써 효율적이라고 간주할 수 있다. 그러나 B점은 C점과 비교하면 같은 생산량 y를 생산함에도 불구하고 x_2를 더 투입하고 있으므로 더 투입한 x_2는 slack에 해당한다. 즉, DMU B는 x_2를 적게 사용해도 DMU C와 동일한 y를 생산할 수 있다. 이 초과 투입물을 투입물 여유분(input slack)이라고 간주한다.

투입물 여유분의 측정은 두 단계를 통하여 이루어진다.

첫째, 1단계에서는 투입물의 효율성 측정을 위한 선형계획프로그램이 실행되어야 한다.

둘째, 2단계에서는 프런티어 상의 한 점에서 다시 투입물을 최소화함으로써 효율적인 생산 프론티어 점으로 이동하는 2번째 선형 프로그램을 실행한다.

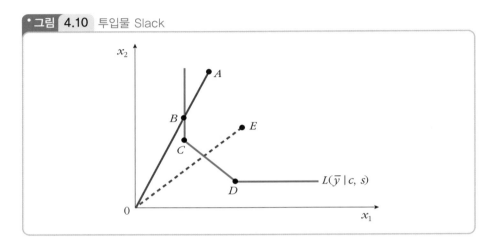

●그림 4.10 투입물 Slack

먼저 1단계로서 투입물 효율성을 측정하는 선형프로그램은 다음과 같다.

$$FE_i(y, x \mid C, S) = Min\theta$$
$$s.t.: \sum_{k=1}^{K} z_k y_{km} \geq y_m, \ m=1, \cdots, M,$$
$$\sum_{k=1}^{K} z_k x_{kn} \leq \theta x_n, \ n=1, \cdots, N,$$
$$z_k \geq 0, \ k=1, \cdots, K \cdots\cdots\cdots\cdots\cdots\cdots\cdots\cdots\cdots\cdots\cdots\cdots (4.30)$$

여기서 Farrell의 효율은 규모불변과 강처분 하에서 효율을 나타내며 그 구체적 값은 θ이다. 투입물 효율을 측정하기에 활성화 요소는 투입물이고 투입물에 θ가 붙어있다. 사실 θ는 투입물 효율을 의미한다. 왜냐하면 투입물 제약조건의 좌변이 밀도벡터와 결합한 최소투입물을 의미하므로 양변을 실제 x로 나누어주면 좌변이 최소투입물(x^*)/실제투입물(x)$\leq\theta$가 된다. 따라서 λ가 최소화되려면 x^*/x일 때이다. 이는 투입물 효율의 정의와 일치한다.

그 다음 단계에서는 1단계에서 도출한 $\theta \cdot x = x^*$의 값을 2단계의 투입물 여유분을 얻는데 사용한다. 투입물 여유분 효율성을 구하는 선형프로그램은 다음과 같다.

$$FE_i^S(y, x^* \,|\, C, S) = Min \; \rho$$
$$s.t.: \sum_{k=1}^{K} z_k y_{km} \geq y_m, \; m = 1, \cdots, M,$$
$$\sum_{k=1}^{K} z_k x_{kn} \leq \rho x_{kn}^*, \; n = 1, \cdots, N,$$
$$z_k \geq 0, \; k = 1, \cdots, K \cdots\cdots\cdots\cdots\cdots\cdots\cdots\cdots\cdots (4.31)$$

이 식에서 투입물 여유분 효율은 ρ로서 프런티어에 도달한 최소투입물(x^*)에서 더 줄일 수 있는 투입물이 있는지를 측정하게 된다. ρ^*는 최적효율로서 그 값이 1 이면 여유분이 존재하지 않고 1보다 작으면 여유분이 존재한다. 이 여유분 효율 과 최초의 효율을 곱하면 비방사선 효율이라고 하는데 그 값은 $\theta^* \cdot \rho^*$의 곱으로 표시된다. 만약 ρ^*가 1일 경우 방사선 효율과 비방사선 효율은 일치한다.[5]

한편 규모불변의 효율은 규모효율, 혼잡, 잔여 순수기술효율의 3가지 요소로 분해될 수 있다.[6] 이렇게 효율을 분해하는 이유는 비효율의 원인을 내부적으로 분해하여 살펴보고자 함이다. 효율을 분해하려면 규모불변, 규모가변의 효율이 필요하고 규모가 비효율을 보일 때 그 상태를 확인하기 위해서는 규모비체증을 사용하여 규모체증상태와 규모체감상태를 판별한다.

앞서 언급하였듯이 밀도변수 z_k에 대한 제약을 변화시킴으로써 규모비체증과 규모가변 등 기준기술의 규모특성에 변화를 줄 수 있다. 규모가변하의 투입물 효 율을 정의하면 다음과 같다.

$$FE_i(y, x \,|\, V, S) = min\{\lambda : \lambda x \in L(y \,|\, V, S)\} \cdots\cdots\cdots\cdots (4.32)$$

규모가변은 그 자체 내에 규모체증, 규모불변, 규모체감의 세 영역을 다 포함 하고 있다. [그림 4.11]에서 규모불변의 기술집합에서 효율을 측정한 것과 규모 가변에서 효율을 측정한 것은 다르다. 규모가변의 기술집합에서 효율을 측정한 것이 규모가변의 효율성이다. 생산프런티어 내부의 임의의 점 A가 있다고 하

---

5) 방사선효율이란 원점을 기준으로 한 효율을 측정하는 것을 말한다. 비방사선 효율은 원점을 기준으로 일직선상의 효율이 아니다.
6) 강상목 외(2005)는 이를 적용하여 효율성을 분해하였다.

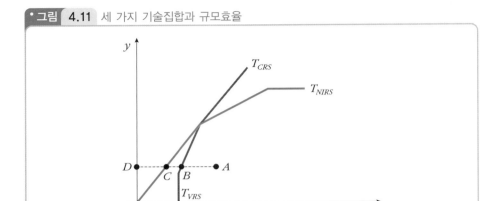
그림 4.11 세 가지 기술집합과 규모효율

자. 이점은 생산변경 내에 위치하므로 비효율적인 점이다. 그런데 비효율은 규모불변 기술집합과 규모가변 기술집합에서 각각 측정할 수 있고 그 값은 상이하다. 규모불변의 투입물효율은 CD/AD이고 규모가변의 투입물 효율은 BD/AD이다.

규모효율은 가장 생산적인 규모(MPSS: the most productive scale size)로 이동함으로써 생산성이 증가할 수 있는 정도를 측정한다. 달리 표현하면 규모효율은 최적 규모인 규모불변에서 벗어난 정도를 측정하기에 규모불변의 효율성과 규모가변의 효율성의 상대적 비율로 정의된다. 즉, 투입물 접근의 규모효율은 다음과 같이 측정이 된다.

$$SE_i(y, x \mid S) = FE_i(x \mid C, S) / FE_i(x \mid V, S)$$

$$= \frac{CD}{AD} / \frac{BD}{AD} = \frac{CD}{BD} \quad\cdots\cdots\cdots\cdots\cdots\cdots\cdots\cdots\cdots\cdots\cdots\cdots\cdots (4.33)$$

이 식의 우변의 분자는 규모불변의 효율이고 분모는 규모가변의 효율이다. 규모효율은 규모탄력성이 1일 때 규모불변이 되고 효율적이다. 즉, 규모효율이 1이면 규모불변과 규모가변의 효율이 같으므로 DMU는 효율적이다. 그러나 규모효율이 1보다 작으면 비효율적이 된다.

다음으로 규모비효율의 상태측정은 규모불변, 규모가변 효율만으로는 개별 DMU가 위치한 상태를 확인시켜 줄 수가 없다. 이 때 필요한 것이 규모비체증의 효율이다. DMU가 규모불변에서 벗어나서 규모체증상태인지 규모체감상태의 영역에 있는지를 확인해야 규모조정의 방향을 제시할 수 있다. 규모비체증의 기술집합은 일부 영역에서 규모불변의 기술집합과 공통되고 일부 영역에서는 규모가변의 기술집합과 공통의 영역을 공유하고 있다. 따라서 규모불변과 공유하는 영역에서는 규모비체증의 효율이 같을 것이고 만약 기술집합의 영역이 같지 않다면 그 효율성의 값은 상이하게 나타날 것이다. 또한 규모가변와 공유하는 영역에서는 규모가변과 규모비체증의 효율이 같을 것이다. 따라서 규모비체증의 효율성은 규모비효율의 상태를 파악하는데 기준이 되는 역할을 한다. 규모비체증의 투입물 효율성은 다음과 같이 정의된다.

$$FE_i(y, x \mid N, S) = \min\{\lambda : \lambda x \in L(y \mid N, S) \quad \cdots\cdots\cdots\cdots\cdots\cdots (4.34)$$

좌변의 규모비체증 효율에 포함된 N은 규모비체증을 의미하고 S는 강처분성을 나타낸다. 우변의 λ는 규모비체증의 투입물 효율에 대한 구체적 값을 의미한다. DMU에 따라서 효율성의 값은 상이하게 나타날 것이다. 일반적으로 규모불변, 규모비체증, 규모가변의 기술집합에서 측정한 세 가지 효율성의 크기는 대체로 다음과 같다.

$$FE_i(y, x \mid V, S) \geq FE_i(y, x \mid N, S) \geq FE_i(y, x \mid C, S) \quad \cdots\cdots\cdots\cdots\cdots (4.35)$$

규모가변의 기술집합의 영역이 가장 작기 때문에 효율을 측정할 경우 생산변경과 실제 투입물이 가장 가깝게 위치하므로 효율이 가장 높고 그 다음으로 규모비체증의 효율, 규모불변 효율의 순서이다. 그런데 규모비효율의 상태 측정은 규모효율이 1인 DMU는 불필요하다. 왜냐하면 이미 이 DMU는 최적규모인 규모불변에 위치하고 있기 때문이다. 따라서 규모효율이 1보다 작은 DMU만이 규모비효율의 상태측정이 필요하다. 즉, $SE_i(y, x \mid S) < 1$인 DMU를 대상으로 규모비효율의 상태를 파악하는 기준은 다음과 같다.

첫째, $FE_i(y, x \mid C, S) = FE_i(y, x \mid N, S)$라면 규모체증(IRS) 상태를 의미한다.

둘째, $FE_i(y, x \mid C, S) < FE_i(y, x \mid N, S)$라면 규모체감(DRS) 상태를 의미한다.

이처럼 $FE_i(y, x \mid V, S)$, $FE_i(y, x \mid N, S)$, $FE_i(y, x \mid C, S)$를 모두 측정함으로써 DMU의 규모효율의 상태를 확인할 수 있다. 또한 규모불변의 투입물 효율을 분해하면 규모효율과 순수기술효율로 나눌 수 있다. 이는 [그림 4.11]에서 규모효율이 이미 두 기술집합에서 측정한 효율성의 비율로 표시되었기에 이로부터 유도된다.

$$FE_i(y, x \mid C, S) = SE_i(y, x \mid S) \cdot FE_i(y, x \mid V, S) \cdots\cdots\cdots\cdots\cdots (4.36)$$

즉, 우변의 규모가변 효율성을 양변에 각각 나누어주면 규모효율의 정의가 도출된다.

규모효율의 체증 혹은 체감상태 역시 그림을 통하여 쉽게 설명된다. 분석의 단순화를 위하여 산출물과 투입물이 각각 한 개씩 있다고 가정하자. 기술의 형태는 일반적으로 프론티어 접근에서 [그림 4.12]와 같이 3가지 유형으로 구분된다.[7]

•그림 4.12 투입물 기술집합과 규모효율의 상태 측정

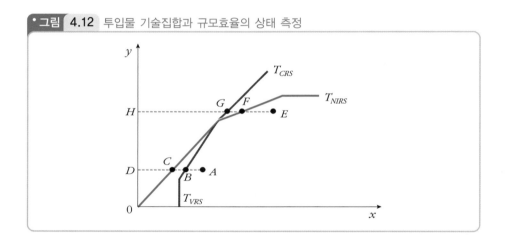

여기서 3가지 형태의 기준기술을 제시하고 있다. 규모비효율이 최적규모에 아직 이르지 못한 규모체증 혹은 최적규모를 지나서 체감상태에 있는지에 따라서 규모변화에 대한 대응은 달라져야 한다. A점에서 규모불변의 효율은 $FE_i(y \mid C, S) = CD/AD$가 되고 규모비체증의 효율도 $FE_i(y \mid N, S) = CD/AD$가 되므로 A점은 규모체증상태로 간주된다.[8] 이 때는 최적규모를 향하여 규모를 확대하는 것이 필요하다.

---

7) 3가지 유형의 기술형태에 관한 자세한 사항은 Färe et al.(1994)을 참조바란다. 규모비체증의 상대적 개념은 비체감규모로서 규모불변을 중심으로 대칭된다.

8) 산출물 함수에 의한 규모효율의 상태측정은 투입물을 일정하게 두고 산출물을 기준으로 측정한다. 즉 [그림 4.12]에서 종축의 산출물을 기준으로 설명이 가능하다.

반대로 E점에서 생산할 경우 규모불변의 효율은 $FE_i(y \mid C, S) = GH/EH$이고 규모비체증의 효율은 $FE_i(y \mid N, S) = FH/EH$로서 $FE_i(y \mid C, S) < FE_i(y \mid N, S)$이 성립하므로 규모체감상태임을 확인할 수 있다. 이 때는 최적규모를 향하여 생산규모를 축소하는 것이 비효율을 줄일 수 있다.

한편 규모불변 효율의 한 구성요소인 혼잡(congestion)효율을 살펴보자. 혼잡요소를 분리해내기 위해서는 규모가변(VRS)와 약처분(WD)의 효율을 측정해야 한다. 이 효율은 다음과 같이 정의된다.

$$FE_i(y, x \mid V, W) = \min\{\lambda x \in L(y \mid V, W)\} \quad\cdots\cdots\cdots\cdots\cdots (4.37)$$

좌변에 효율성의 V는 규모가변, W는 약처분성을 의미한다. 투입물 혼잡효율은 규모가변 하의 약처분이 존재할 경우 강처분에서 벗어난 정도를 측정하는 것이다. 따라서 투입물의 혼잡효율은 규모가변의 강처분 효율과 규모가변의 약처분 효율의 상대적 비율로 측정된다. 즉,

$$CN_i(y, x \mid V) = FE_i(y, x \mid V, S) \,/\, FE_i(y, x \mid V, W) \quad\cdots\cdots\cdots\cdots (4.38)$$

이 식의 좌변은 혼잡효율을 의미하고 두 효율의 값의 비율로 정의된다. 이 값이 1이면 혼잡이 존재하지 않는 것이고 1보다 작으면 혼잡이 있다. 혼잡효율의 의미를 보다 명확히 설명하기 위하여 생산함수를 다음과 같이 가정하자. 즉,

$$y = y(x_1, x_2) \quad\cdots\cdots\cdots\cdots\cdots\cdots\cdots\cdots\cdots\cdots\cdots\cdots\cdots\cdots\cdots (4.39)$$

이 식에서 y는 생산함수이고 x는 투입물벡터이다. x_1과 x_2의 두 투입요소를 가지고 생산할 경우 혼잡효율을 포함한 투입물과 산출량의 관계를 [그림4.13]과 같이 등량곡선($L(y \mid W)$)의 형태로 표시할 수 있다. 등량곡선의 기울기는 두 요소 간의 대체관계를 의미하는 한계기술대체율을 의미한다. 등량곡선의 기울기가 양(+)인 부분이 포함되어 있다면 그 경계가 되는 A와 B점에서 x_1과 x_2의 한계생산물은 0이 된다. 따라서 한계생산물이 0이 되는 점은 투입물이 생산적으로 투입되는 구간과 비생산적으로 투입되는 구간을 구별하는 기준이 된다. 즉, 등량곡선의 기울기가 양(+)이 되는 구간은 투입물이 비생산적으로 투입되는 구간이 된다. 일반적인 경우 등량곡선의 기울기는 음(−)으로 나타나고 다음과 같이 한계기술대체

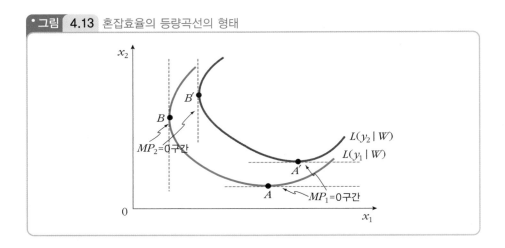

•그림 **4.13** 혼잡효율의 등량곡선의 형태

율로 표시된다.[9] 즉,

$$- \frac{\partial x_2}{\partial x_1} = \frac{\partial y}{\partial x_1} \Big/ \frac{\partial y}{\partial x_2} = \frac{MP_1}{MP_2} \quad \cdots\cdots\cdots\cdots\cdots\cdots\cdots\cdots \text{(4.40)}$$

이 식에서 MP_1과 MP_2는 x_1, x_2의 한계생산물을 의미한다. 일반적으로 투입요소의 한계생산물은 양(+)의 값을 가지고 등량곡선의 기울기는 우하향한다. 그러나 x_1을 일정하게 둔 상태에서 x_2를 계속 증가시킬 경우, 생산량을 감소시키는 지점에 도달할 수 있다. 즉, 한계생산물이 음(−)이 될 수 있다. 반대로 이 상태에서는 일정한 한 투입물(x_1)에서 x_2의 축소가 생산량을 증가시킨다. 이 때 혼잡상태에 놓이게 된다. 만약 $MP_1 > 0$ 이고 $MP_2 < 0$이면 등량곡선은 일정한 점을 넘어서면서 우상향하는 기울기를 갖는다. 따라서 다른 투입물이 일정한 상태에서 어떤 투입물의 추가투입이 산출물을 감소시키지 않으면 혼잡효율은 1로서 효율적이다. 혼잡효율은 우상향의 등량곡선 상의 점과 혼잡이 없는 등량곡선 (수직 혹은 수평의 등량곡선)상의 점의 거리를 비교함으로써 측정한다. 혼잡을 갖는 DMU가 순수기술비효율을 동시에 가질 수 있다. 이 경우 그 DMU는 비효율적인 점에서 생산하고 있으면서 동시에 투입물을 과도하게 이용하여 자원을 낭비하는 상태에 있다.

---

9) 이는 생산함수를 전미분하고 0으로 두면 투입물의 최소화조건을 얻을 수 있다.

즉, $\partial y = \frac{\partial y}{\partial x_1} \partial x_1 + \frac{\partial y}{\partial x_2} \partial x_2 = 0$. 이를 정리하여 도출한다.

결과적으로 투입물 기술효율은 규모효율, 혼잡, 잔여순수기술효율의 세 가지 요소로 분해된다. 즉,

$$FE_i(y,\ x \mid C,\ S) = SE_i(y,\ x \mid S) \cdot CN_i(y,\ x \mid V) \cdot FE_i(y,\ x \mid V,\ W) \cdots (4.41)$$

여기서 규모효율은 CRS로부터 이탈정도를 측정하고 혼잡효율은 강처분으로부터 이탈정도를 측정하며 순수기술효율은 순수하게 생산기술 상의 비효율을 측정한다.

이러한 관계는 하나의 그림을 통하여 쉽게 설명된다. [그림 4.14]는 3가지 유형의 투입물기술집합과 기술효율의 형태를 보여준다. A점에서 생산하는 생산단위의 예를 살펴보자. 여기서 x_1과 x_2는 산출량 수준 y를 생산하기 위해 사용된 투입물을 의미한다. 규모가변 하에서 혼잡을 고려한 등량곡선의 프론티어는 $L(y:V,\ W)$로 표시할 수 있다. 명백히 A점은 등량곡선의 프론티어 $L(y:V,\ W)$ 내부에서 생산하면서 투입물을 낭비하고 있으므로 기술적으로 효율적이지 못하다. Farrell(1957)은 비효율의 정도를 프론티어 상의 최대효율점과 방사선 상의 내부점을 비교하여 효율측정을 제시하였다. 이러한 순수 기술효율 $FE_i(y \mid V,\ W)$은 0B/0A로 측정할 수 있다. 0A는 실제 투입물사용량을 의미하고 0B는 $L(y:V,\ W)$ 하의 최소투입물 사용량을 의미한다. 그러나 A점에서 순수하게 기술효율적인 B점으로 이동하더라도 등량곡선이 양(+)의 기울기를 갖는 후방으로 굽은 부분에서 생산을 하고 있다. 이는 투입물 x_2의 한계생산물이 음(−)을 갖기 시작한 지점에서

•그림 4.14 투입물 기술집합과 투입물 효율의 형태

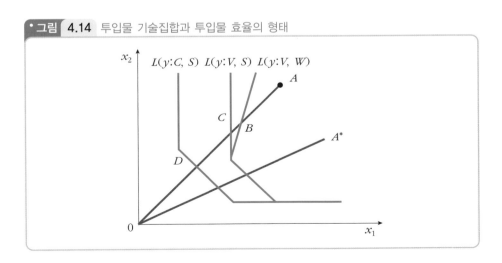

투입물 사용혼잡으로 인하여 발생하게 된다. 따라서 x_2가 산출물 생산을 방해하고 있으므로 투입물 x_1을 일정하게 둔 상태에서 x_2 투입물을 줄임으로써, 산출량이 증가될 수 있음을 의미한다. 그러므로 B점에서 x_2는 생산물에 혼잡을 발생시키고 있다.[10] 이것이 비효율 혼잡이고 0C/0B로 측정된다. C점은 혼잡이 존재하지 않는 기술을 의미하는 $L(y : V, S)$의 등량곡선 상 위에 위치하고 있다. 이와 대조적으로 등량곡선 상의 내부에 있는 A^*점은 등량곡선이 양(+)의 기울기를 갖는 부분을 포함하고 있지 않으므로 혼잡요소가 존재하지 않는다. 따라서 혼잡효율은 1의 값을 갖는다.

전체적인 기술효율의 마지막 요소는 규모효율이다. 규모불변과 강처분성의 프론티어 곡선은 $L(y : C, S)$의 등량곡선과 일치한다. 따라서 규모효율, SE는 0D/0C로 측정된다.

이러한 3가지 유형의 효율을 합치면 규모불변의 기술효율과 일치한다. A점에서 생산하는 규모불변과 강처분의 효율성을 측정하면 0D/0A로 표시된다. 이는 순수기술효율, 혼잡효율, 규모효율로 분해된다. 즉

$$0D/0A = (0B/0A) \cdot (0C/0B) \cdot (0D/0C) \quad\cdots\cdots\cdots\cdots\cdots\cdots (4.42)$$

여기서 순수기술효율과 규모효율, 혼잡효율은 Farrell의 효율로서 모두 0과 1 사이의 값을 갖는다. 1일 경우 효율적이지만 1보다 작으면 비효율이 발생하고 0에 근접할수록 비효율은 커짐을 의미한다.

3. Farrell접근의 산출물 효율측정

이하에서 투입물 효율과 동일하게 산출물 효율의 측정, 산출물 여유분 효율, 산출물의 규모효율, 혼잡효율 등을 차례대로 살펴보고자 한다. 산출물 효율은 주어진 투입물 수준에서 산출물을 얼마나 더 생산할 수 있는지를 확인시켜 준다. [그림 4.15]와 같이 규모불변과 강처분의 산출물 생산집합을 $P(x|C, S)$라 두자. 투입물은 이제 주어지고 산출물이 확장될 수 있는 여지를 측정한다. 조정해야 할

---

10) Tyteca(1997, p.188), Lansink and Silva(2003, p.397) 등은 투입물 접근 하에서 투입물과 오염물을 같은 좌표 상에서 함께 두고 설명한다. 전자는 오염물을 바람직하지 못한 산출물로 두고 있으나 후자는 오염물을 바람직하지 못한 투입물로 두고 모형을 설명한다. 오염물을 투입물 혹은 산출물로 둘 경우의 차이점은 Färe and Grosskopf (2003)을 참조바란다.

변수만 투입물에서 산출물로 바뀌었고 효율을 측정하는 방법은 비슷하다.[11] [그림 4.15]에서 A, B, C, D의 4개의 DMUs가 있다고 가정한다.

DMU B, C, D는 생산가능곡선 상에 위치하므로 최대효율점이다. 그러나 DMU A는 생산가능곡선 내부에 위치하므로 동일한 투입물 하에서 B보다 적은 산출물을 생산하여 비효율적인 점이다. A점에서 효율의 측정은 원점과 A점을 통과하는 방사선을 그은 후 A점과 방사선의 연장선과 생산가능곡선 상의 만나는 점인 B점을 비교하는 것이다. 만약 이 프런티어가 규모불변에 강처분의 기술집합이라면 A점의 효율은 다음과 같이 표시된다. 즉,

$$FE_o(x \mid C, S) = OB / OA \quad\cdots\cdots\cdots\cdots\cdots\cdots\cdots\cdots\cdots\cdots\cdots\cdots \text{(4.43)}$$

산출물 효율은 FE_o로 표시하고 여기서 O는 산출물 효율임을 의미한다. 이와 같은 Farrell의 산출물 효율은 최대효율생산량(B)과 실제생산량(A)의 비율로 표시된다. Farrell의 산출물 지향 효율성의 정의는 다음과 같이 표현한다.

$$FE_o(x \mid C, S) = \max\{\theta : \theta y \in P(x \mid C, S)\} \quad\cdots\cdots\cdots\cdots\cdots\cdots \text{(4.44)}$$

투입물효율과 다르게 산출물 효율성에서 투입물은 주어진 것으로 간주한다.

• 그림 4.15 산출물 효율의 측정

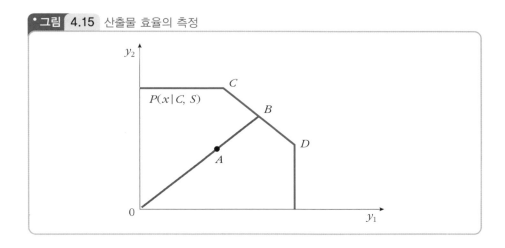

---

11) 투입물 효율이나 산출물 효율은 투입요소나 산출물의 가격정보가 있으면 기술적 효율성과 경제적 효율성으로 구분할 수 있다. 경제적 효율성은 비용, 수입, 이윤효율로서 다음에 별도로 다루게 될 것이다.

이제 x가 아닌 y가 조정되어야 할 변수이고 y가 최대화되어야 하기에 함수정의가 최대화로 표시되었고 y에 효율의 구체적 값 θ가 붙었다. $P(x|C, S)$는 규모불변(CRS)과 강처분성(SD)의 산출물 기술집합을 말한다. 산출물 효율은 1일 때 효율적이고 1보다 크면 비효율적이다. 이는 최대 산출량이 분자에 위치하기 때문이다. 그런데 CRS와 SD 하에서는 투입물과 산출물의 생산함수가 직선의 형태이므로 체증 내지 체감이 작용하지 않는다. 따라서 산출지향과 투입지향 효율은 역의 관계에 있다. 즉,

$$FE_o(x|C, S) = (FE_i(y|C, S))^{-1} \quad \text{.......................................} \quad (4.45)$$

그러나 규모불변이 아닌 경우에는 이러한 관계가 성립하지 않는다. 이 경우 두 효율의 값은 상이한 것이 일반적이다.

다음으로 산출물 효율도 최대효율점인 생산가능곡선 상에 도달하더라도 산출물 slack이 있을 수 있다. 효율성을 방사선으로 측정하므로 비효율 DMU 뿐만 아니라 효율 DMU도 산출물 slack을 가질 수 있다. [그림 4.16]은 생산 프런티어 상에 위치한 최대효율점에서 산출물 slack이 발생하는 경우를 보여준다.

DMU가 A, B, C, D, E점이 있다고 하자. B, C, D의 세 DMU는 모두 생산가능곡선 상에 위치한다. A점과 E점은 생산가능집합 내부에 위치하므로 비효율적인 점이다. 동일한 투입물 하에서 A점으로부터 B점에 도달하면 효율적이다. 하지만 B점을 C점과 비교하면 y_1은 동일하지만 y_2는 작게 생산하고 있다. 이런 경우 B점

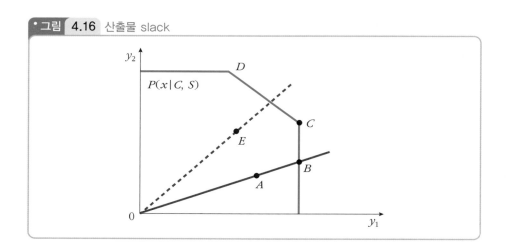

•그림 4.16 산출물 slack

은 효율적이지만 여전히 증가시킬 수 있는 산출물 slack이 존재한다. 반면에 E점에서는 원점을 연결한 방사선이 프런티어에 도달하더라도 다른 산출물을 포기함이 없이 더 이상 증가시킬 수 있는 산출물은 없다. 즉, 산출물 slack이 존재하지 않는다.

이러한 산출물 slack를 측정하기 위해서는 투입물 접근과 마찬가지로 2단계의 선형프로그램이 필요하다.

첫째, 1단계에서는 산출물 효율을 측정하는 프로그램이 필요하다.

둘째, 1단계에서 도출한 최대효율값을 2단계에 도입하여 slack 효율을 측정해야 한다.

먼저 1단계의 산출물 효율을 구하는 선형프로그램은 다음과 같다.

$$FE_o(x, y \mid C, S) = Max\ \lambda$$
$$s.t.:\ \sum_{k=1}^{K} z_k y_{km} \geq \lambda y_{km},\ m=1, \cdots, M,$$
$$\sum_{k=1}^{K} z_k x_{kn} \leq x_{kn},\ n=1, \cdots, N,$$
$$z_k \geq 0,\ k=1, \cdots, K \cdots\cdots\cdots\cdots\cdots\cdots\cdots\cdots\cdots\cdots (4.46)$$

$FE_o(\cdot)$는 산출물 효율을 의미하고 그 구체적인 값은 λ이다. 산출물 접근에서 활성화되어야 할 변수는 산출량이므로 λ가 제약조건 가운데 실제산출량에 붙어있다. 사실 λ는 산출물 효율을 의미한다. 왜냐하면 산출물 제약조건의 좌변이 밀도벡터와 결합한 산출물로서 최대산출물을 의미하므로 양변을 실제 y로 나누어주면 좌변이 최대산출물(y^*)/실제산출물$(y) \geq \lambda$가 된다. 따라서 λ가 최대화되려면 y^*/y일 때이다. 이는 산출물 효율의 정의와 일치한다.

그 다음으로 2단계에서 산출물 slack을 얻기 위한 선형계획식은 다음과 같다.

$$FE_o^s(x, y^* \mid C, S) = Max\ \sigma$$
$$s.t.:\ \sum_{k=1}^{K} z_k y_{km} \geq \sigma y_{km}^*,\ m=1, \cdots, M,$$
$$\sum_{k=1}^{K} z_k x_{kn} \leq x_{kn},\ n=1, \cdots, N,$$
$$z_k \geq 0,\ k=1, \cdots, K \cdots\cdots\cdots\cdots\cdots\cdots\cdots\cdots\cdots\cdots (4.47)$$

이 식에서 산출물 slack 효율은 σ로서 프런티어에 도달한 최대산출물(y^*)에서 더 증가시킬 수 있는 산출물이 있는지를 측정하게 된다. o^*는 최적효율로서 그 값이 1이면 slack이 존재하지 않고 1보다 크면 존재한다. 이 slack효율과 최초의 효율을 곱하면 비방사선 산출물 효율이라고 하는데 그 값은 $\lambda^* \cdot o^*$의 곱으로 표시된다. 만약 o^*가 1일 경우 산출물의 방사선 효율과 비방사선 효율은 일치한다.

한편, 규모불변과 강처분성의 산출물 효율은 분해가 가능하다. 투입물 효율과 같이 순수효율, 규모효율, 혼잡효율로 분해된다.

먼저 규모가변의 기술집합의 정의는 다음과 같다.

$$P(x \mid V, S) = \left\{ (y_1, \cdots, y_M) : \begin{array}{l} \sum_{k=1}^{K} z_k y_{km} \geq y_{km}, \ m = 1, \cdots, M \\[2mm] \sum_{k=1}^{K} z_k x_{kn} \leq x_{kn}, \ n = 1, \cdots, N \\[2mm] \sum_{k=1}^{K} z_k = 1, \ z_k \geq 0, \ k = 1, \cdots, K \end{array} \right\} \cdots (4.48)$$

규모가변의 기술집합에서 규모가변은 V로 표현되고 규모불변의 기술집합에 비하여 $\sum_{k=1}^{K} Z_k = 1$의 조건이 추가된다. 이 집합에서는 규모의 체증과 불변, 체감이 동시에 포함된 집합으로서 규모불변과는 처음부터 상이하게 규모체증 구간을 갖는다. 일정 수준에 이르면 규모불면에 이르고 최종적으로 규모의 체감구간을 갖게 된다.

먼저 규모가변 하에서 산출물 효율을 정의하면 다음과 같다.

$$FE_o(x, y \mid V, S) = \max\{\theta : \theta y \in P(x \mid V, S)\} \cdots\cdots\cdots\cdots (4.49)$$

좌변의 규모가변의 산출물 효율에서 V가 규모가변을 표시한다. 우변의 θ는 규모가변의 산출물 효율의 구체적 값을 의미한다. 물론 이 효율도 1일 때 효율적이고 1보다 크면 비효율적이다.

그런데 규모가변의 기술집합에 기초하여 효율을 측정하였을 때 규모불변의 효율과 차이가 발생할 수 있다. 이 차이는 규모효율로서 표현된다. 산출물의 규모효율은 산출물의 규모불변으로부터 벗어난 정도를 측정하는 것이기에 규모불변과 강처분성의 효율을 규모가변과 강처분성의 효율로 나눈 것으로 정의된다. 즉,

$$SE_o(x \mid S) = FE_o(x \mid C, S) / FE_o(x \mid V, S) \cdots\cdots\cdots\cdots (4.50)$$

이 규모효율은 1 이상의 값을 갖게된다. 1일 때 규모효율적이고 1보다 크면 비효율적이다. 이를 변형하면 다음과 같이 산출물 효율이 분해된다.

$$FE_o(x \mid C,\ S) = SE_o(x \mid S) \cdot FE_o(x \mid V,\ S) \quad\cdots\cdots\cdots\cdots\cdots\cdots\cdots (4.51)$$

그러므로 규모불변의 산출물 효율은 규모가변의 순수효율과 규모효율로 분해가 가능하다.

다음으로 규모비효율의 상태측정은 규모불변, 규모가변 효율에 규모비체증의 효율이 있어야 가능하다. 규모비체증의 기술집합은 밀도변수에 대한 제약을 변화시킴으로써 기준기술에 관한 규모경제의 형태를 변화시킬 수 있다. 규모비체증의 기술집합은 다음과 같다.

$$P(x \mid N,\ S) = \left\{ (y_1,\ \cdots,\ y_M) : \begin{array}{l} \sum\limits_{k=1}^{K} z_k y_{km} \geq y_m,\ m=1,\ \cdots,\ M \\[2mm] \sum\limits_{k=1}^{K} z_k x_{kn} \leq x_n,\ n=1,\ \cdots,\ N \\[2mm] \sum\limits_{k=1}^{K} z_k \leq 1,\ z_k \geq 0,\ k=1,\ \cdots,\ K \end{array} \right\} \cdots (4.52)$$

규모불변의 기술집합에 다음의 제약조건을 추가한 것이 규모비체증 기술집합이다.

$$\sum_{k=1}^{K} Z_k \leq 1 \quad\cdots\cdots\cdots\cdots\cdots\cdots\cdots\cdots\cdots\cdots\cdots\cdots\cdots\cdots\cdots\cdots\cdots (4.53)$$

이 조건을 추가할 경우 기존의 규모불변의 기술집합은 축소가 된다. 즉, 생산이 초기에는 규모불변과 차이가 없다가 일정 단계에 이르게 되면 생산량의 증가가 체감하는 현상을 보이게 된다. 규모비체증의 산출물 효율성은 다음과 같이 정의된다.

$$FE_o(x,\ y \mid N,\ S) = \max\{\theta : \theta y \in P(x \mid N,\ S)\} \quad\cdots\cdots\cdots\cdots\cdots (4.54)$$

좌변의 규모비체증 효율에 포함된 N은 규모비체증을 의미하고 S는 강처분성을 나타낸다. 우변의 θ는 규모비체증의 산출물 효율에 대한 구체적 값을 의미한다. θ 도 다른 규모의 효율과 동일하게 1일 때 효율적이고 1보다 크면 비효율적이다.

DMU에 따라서 효율성의 값은 상이하게 나타날 것이다. 일반적으로 규모불변, 규모비체증, 규모가변의 기술집합에서 측정한 세 가지 효율성의 크기는 대체로 다음과 같다.

$$1 \leq FE_o(x, y| V, S) \leq FE_o(x, y| N, S) \leq FE_o(x, y| C, S) \cdots\cdots (4.55)$$

이는 세 가지 규모경제의 기술집합의 크기가 동일한 순서로 크기 때문에 동일한 실제 관측값에 비교되는 프런티어 값이 규모불변의 경우가 가장 멀리 위치하기 때문이다.

일반적으로 $SE_o(x, y| S) = 1$일 때 규모효율적으로 간주한다. 즉, 규모불변의 산출물 효율과 규모가변의 산출물 효율이 동일하면 규모효율적이다. 반면에 $SE_o(x, y| S) > 1$때 규모비효율적으로 간주하고 그 DMU는 CRS로 부터 이탈되어 있어서 규모체증 혹은 규모체감상태에서 생산하고 있음을 의미한다. 규모비체증은 규모체증상태인지 규모체감상태의 영역에 있는지를 확인시켜주는 기준의 역할을 할 수 있다. 투입물 접근에서 언급했듯이 규모불변과 공유하는 영역에서는 규모비체증의 효율이 같을 것이고 만약 기술집합의 영역이 같지 않다면 그 효율성의 값은 상이하게 나타날 것이다. 또한 규모가변과 공유하는 영역에서는 규모가변과 규모비체증의 효율이 같을 것이다.

따라서 규모체증 혹은 규모체감의 구별은 규모효율이 1보다 큰 비효율적 DMU에 대해서 확인이 필요하다. 왜냐하면 규모효율적인 DMU는 이미 최적 규모인 규모불변에서 조업하고 있기 때문이다. 이 때 필요한 효율이 규모비체증의 효율이다. 규모불변의 효율과 규모비체증의 효율에 대한 일치여부를 가지고 DMU의 규모체증상태와 체감상태를 파악할 수 있다. 즉,

첫째. $FE_o(x, y| N, S) = FE_o(x, y| C, S)$라면 규모체증상태(IRS)를 말하고
둘째, $FE_o(x, y| N, S) < FE_o(x, y| C, S)$라면 규모체감상태(DRS)를 의미한다.

[그림 4.17]은 규모불변, 규모가변, 규모비체증의 기술집합을 보여준다. 규모의 상태가 규모체증인지 규모체감인지를 확인할 수 있다. 이를 위하여 산출접근을 통한 규모불변의 효율과 규모비체증의 효율을 서로 비교해야 한다. [그림 4.17]의 내부에 위치한 A점을 기준으로 규모불변의 효율은 CD/AD이고 규모비

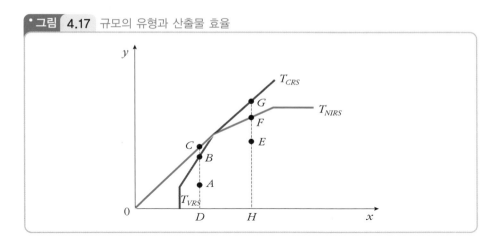

•그림 4.17 규모의 유형과 산출물 효율

체증의 효율도 CD/AD이므로 두 효율이 동일하다. 따라서 규모체증상태임을 알수 있으므로 규모확대가 필요하다. 반면 E점을 기준으로 측정한 규모불변의 효율은 GH/EH이고 규모비체증의 효율은 FH/EH가 되므로 두 효율이 일치하지 않는다. 따라서 이 영역은 규모체감상태에 있음을 알 수 있고 규모축소가 요구된다.

한편 투입물의 경우와 동일하게 규모불변 산출물 효율의 한 구성요소인 혼잡(congestion)효율을 살펴보자. 산출물의 혼잡비효율은 강처분으로 부터의 이탈을 의미한다. 산출물의 약처분성이 존재할 경우는 그 산출물의 처분성이 자유롭지 못하고 제약 내지 규제를 받는다는 것이다. 대표적인 한 예로 오염물과 산출물의 결합생산이 이루어질 경우 오염물은 강처분성이 아닌 약처분성이 작용한다. 오염물은 환경규제로 인하여 줄여야 할 경우 처분에 제약을 받게 된다. 이러한 처분성의 제약을 받는 경우가 우리 주위에는 많이 존재한다. 산업안전규제, 식품규제, 도로교통 규제 등 많은 규제나 제약이 존재한다. 이러한 규제는 특정 투입물이나 산출물에 대한 자유처분이 어렵고 규정한 대로 처리해야 한다. 가령, 오염물은 폐기물로 간주되며 이의 규제가 있을 경우 이를 제거하는 것은 일반적으로 비용이 든다. 이처럼 일부 산출물에 제약으로 비용이 소요된다는 개념을 모형화하기 위해 산출물의 약처분성개념을 사용한다. 이러한 약처분성을 내포한 산출물의 기술집합은 다음과 같이 표현된다. 즉,

$$P(x| V, W) = \left\{ (y_1, \cdots, y_M) : \begin{array}{l} \sum_{k=1}^{K} z_k y_{km} = \sigma y_m, \ m=1, \cdots, M \\[2mm] \sum_{k=1}^{K} z_k x_{kn} \leq x_n, \ n=1, \cdots, N \\[2mm] \sum_{k=1}^{K} z_k = 1, \ z_k \geq 0, \ k=1, \cdots, K \\[2mm] 0 \leq \sigma \leq 1 \end{array} \right\} \quad \cdots (4.56)$$

이 기술집합은 규모가변과 약처분성의 산출물 기술집합을 의미한다. 산출물에 약처분이 적용되면 산출물에 대한 조건에서 부등호가 등호로 주어진다. 또한 기술집합이 약처분을 가능하도록 규모요소(scaling factor)로서 σ를 반영시킴으로써 기술집합이 처분의 제약이 따르도록 조정된다.

혼잡(congestion)을 분리해내기 위해서는 규모가변(VRS)과 약처분(WD)의 산출물 효율 $FE_o(x, y| V, W)$을 측정해야 한다. 이 효율은 다음과 같이 정의된다.

$$FE_o(x, y| V, W) = \max\{\theta : \theta y \in P(x| V, W)\} \quad \cdots\cdots\cdots\cdots (4.57)$$

좌변의 산출물효율성의 V는 규모가변, W는 약처분성을 의미한다. 산출물 혼잡효율은 규모가변 하의 강처분에서 약처분으로 인하여 벗어난 정도를 측정하는 것이다. 따라서 산출물의 혼잡효율도 규모가변의 강처분 효율과 규모가변의 약처분 효율의 상대적 비율로 측정된다. 즉,

$$CN_o(x, y| V) = FE_o(x, y| V, S) / FE_o(x, y| V, W) \quad \cdots\cdots\cdots\cdots (4.58)$$

이 식의 좌변은 혼잡효율을 의미하고 두 효율의 값의 비율로 정의된다. 이 값이 1이면 혼잡이 존재하지 않는 것이고 1보다 크면 혼잡이 있다. 이미 언급하였듯이 산출물의 약처분성은 산출물 제약의 상황에 따라서 전체 산출물이 모두 적용되는 경우도 있고 일부 산출물에만 적용되는 경우도 가능하다.

결과적으로 투입물 효율과 동일한 방법으로 규모불변과 강처분의 산출물 효율도 순수효율, 규모효율, 혼잡효율로 분해가 가능하다. 이를 표현하면 다음과 같다.

$$FE_o(x, y| C, S) = SE_o(x, y| S) \cdot CN_o(x, y| V) \cdot FE_o(x, y| V, W) \quad \cdots (4.59)$$

여기서 규모효율은 규모불변(CRS)으로부터 이탈한 정도를 측정하는 것이고 혼잡효율은 강처분으로부터 이탈된 정도를 측정한다. 순수효율은 규모가변(VRS), 약처분(WD)을 만족하는 기준기술에 대하여 측정된 순수기술비효율의 정도를 측정한다. 이러한 분리는 비효율성의 원인을 확인하는데 도움이 된다.

한편, 투입요소나 산출물의 가격정보가 있으면 기술적 효율성과 경제적 효율성으로 구분할 수 있다. 지금까지는 투입물과 산출물에 대한 정보에 기초하여 기술적 효율성을 논의하였으나 투입물과 산출물의 가격정보가 존재할 경우 경제적 효율을 측정할 수 있다. 투입물의 가격정보를 포함하면 비용효율을 도출할 수 있고 산출물의 가격정보만을 포함하면 수입효율을 얻을 수 있다. 이 두 가지 정보를 모두 포함할 경우 이윤효율을 얻을 수 있다. 이하에서는 비용효율, 수입효율, 이윤효율을 살펴보고자 한다.

4. 비용효율

경제학자들은 전형적으로 가격과 비용에 관심을 가지므로 이러한 가격 관련 척도를 경제적이라 칭한다. 비용효율은 투입물과 산출물뿐만 아니라 투입물의 가격을 효율에 포함했을 때 측정 가능하다.[12] 투입물의 가격벡터를 $w_k = (w_{k1}, \cdots, w_{kN})$라고 가정한다. 이 투입물 가격벡터는 각각 DMU에 대해 알려져 있다고 하자. 투입물 가격과 투입물량을 안다면, 각 DMU $k=1, 2, \cdots, K$에 대하여 총비용(C_k)은 다음과 같이 측정할 수 있다.

$$C_k = \sum_{n=1}^{N} w_{kn} x_{kn} = w_k x_k \quad \cdots\cdots\cdots\cdots\cdots\cdots\cdots\cdots\cdots\cdots\cdots\cdots (4.60)$$

이는 실제비용으로서 비용최소화를 통하여 비용효율을 도출할 수 있다. 비용효율은 실제비용과 최소비용의 상대적 비율로 정의할 수 있다. 비용최소화 문제는 다음과 같이 정의된다. 즉,

$$C(y, w \mid C, S) = \min \left\{ \sum_{n=1}^{N} w_n x_n : (x_1, \cdots, x_N) \in L(y \mid C, S) \right\} \quad \cdots (4.61)$$

---

12) 국내적으로 정수관·강상목(2013)은 비용효율을 공공도서관 성과에 적용한 바 있고 김용덕·강상목(2014)은 도시가스업체에 이를 적용하였다.

이 식에서 좌변의 최소비용은 규모불변과 강처분의 최소비용을 의미한다. 투입물이 $n=1, \cdots, N$개 존재할 경우 개별투입물 비용의 합이 전체 비용이 된다. 이 비용은 기존의 투입물 기술집합에서 투입물 가격 정보를 추가한 것이기에 투입물의 기술집합에 여전히 속한다. 그러므로 투입물의 비용효율은 다음과 같이 표시된다.

$$CE_i(y, x, w \mid C, S) = \frac{최소비용}{총비용} = C(y, w \mid C, S)/wx \cdots\cdots (4.62)$$

비용효율은 [그림 4.18]을 보면 보다 쉽게 이해가 가능하다. 그림은 투입물 기술집합을 보여주는 등량곡선과 동일한 비용을 보여주는 등비용선을 보여주고 있다. 임의의 x점에서 투입요소 결합이 이루어지고 있다고 할 때 이 점은 동일한 생산량 생산에 x^*에 비하면 비용을 많이 사용하고 있으므로 효율적이지 못한 점이다. 그런데 x_1은 기술적 관점에서 효율성을 달성하지만 비용관점에서 보면 최소비용보다 비용이 더 필요한 점에서 생산하고 있기에 비효율적인 점이다. 즉, 모든 DMU는 기술적으로 효율성을 만족해야 할 뿐만 아니라 비용적으로 효율성을 만족해야 한다. x는 기술적 그리고 비용적 관점에서 모두 비효율적이고 x_1은 기술적으로는 효율적이나 비용적으로는 비효율적인 점이다.

여기서 비용을 최소화하는 투입물 할당의 문제를 할당효율이라고 명명한다. 따라서 비용효율을 분해하면 기술효율성과 배분(할당)효율성으로 분해가 가능하

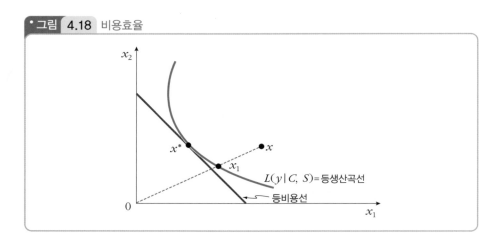

•그림 4.18 비용효율

다. 이 두 효율성을 모두 만족하는 점은 x^*이다. 그러나 실제 x점은 기술적으로도 비효율적이고 가격을 고려한 자원할당에서도 비효율적이다. 이러한 비용효율을 투입요소를 기준으로 표현하면 다음과 같다. 즉,

$$CE_i(y, x, w \mid C, S) = \frac{wx^*}{wx} = \frac{wx^*}{wx_1} \cdot \frac{wx_1}{wx}$$

$$= AE_i(y, x, w \mid C, S) \cdot FE_i(y, x \mid C, S) \ \cdots \cdots \ (4.63)$$

이 식에서 좌변의 비용효율은 할당효율과 기술효율로 분해가 가능하다. 이들의 분해는 x_1점을 기준으로 두 효율이 분해가 된다. 그런데 이미 앞에서 규모불변과 강처분의 투입물 효율은 세 가지 요소로 분해가 가능했기에 이를 대입하면 비용효율은 4개의 하부 효율로 분해가 된다. 즉,

$$CE_i(y, x, w \mid C, S) = AE_i(y, x, w \mid C, S) \cdot SE_i(y, x \mid S) \cdot CN_i(y, x \mid V) \cdot$$

$$FE_i(y, x \mid V, W) \ \cdots\cdots\cdots\cdots\cdots\cdots\cdots\cdots\cdots\cdots\cdots \ (4.64)$$

좌변의 비용효율은 한 개의 경제적 효율과 세 개의 기술적 효율로 구분된다. 그 경제적 효율은 바로 할당효율이고 세 개의 기술적 효율은 규모효율, 혼잡효율, 잔여순수효율 등이다.

한편 비모수적 접근에서 실제 자료에 기초한 비용최소점을 측정하기 위하여 선형프로그램을 이용할 수 있다. 즉, 주어진 가격 정보 아래 투입량을 조절함으로써 최소 비용을 찾는 비용최소화 선형프로그램은 다음과 같다.

$$C(y, w \mid C, S) = Min(wx)$$

$$s.t.: \sum_{k=1}^{K} z_k y_{km} \geq y_m, \ m=1, \cdots, M,$$

$$\sum_{k=1}^{K} z_k x_{kn} \leq x_n, \ n=1, \cdots, N,$$

$$z_k \geq 0, \ k=1, \cdots, K \ \cdots\cdots\cdots\cdots\cdots\cdots\cdots\cdots\cdots\cdots\cdots \ (4.65)$$

$C(y, w \mid C, S)$는 최소비용이고 w는 가격벡터, x는 투입물벡터를 말한다. 제약조건에서 밀도벡터의 제약은 $z_k \geq 0$은 규모불변의 경우를 의미한다. 따라서 이 식을 가지고 규모불변의 최소비용을 얻는다.

한편, 비용효율을 할당효율과 기술효율로 나누기 위해서는 기술효율을 얻기

위한 선형프로그램을 다시 실행해서 구해야 한다. 즉,

$$FE_i(y \mid C, S) = Min\,\theta$$
$$s.t.: \sum_{k=1}^{K} z_k y_{km} \geq y_{km},\ m = 1,\ \cdots,\ M,$$
$$\sum_{k=1}^{K} z_k x_{kn} \leq \theta x_{kn},\ n = 1,\ \cdots,\ N,$$
$$z_k \geq 0,\ k = 1,\ \cdots,\ K \ \cdots\cdots\cdots\cdots\cdots\cdots\cdots\cdots\cdots\cdots\cdots\cdots\ (4.66)$$

이 규모불변의 효율성을 도출한 연후에 비용효율을 기술효율로 나누면 할당효율이 계산된다. 또한 기술효율성을 다시 세분하여 분해하려면 규모가변의 효율성과 약처분성의 효율성 등을 각각 구하면 가능하다.

5. 수입효율

비용효율과 대칭되는 효율이 바로 수입효율이다. 비용효율이 투입물 접근의 효율을 측정한다면 수입효율은 산출물 접근의 효율을 측정한다. 그러므로 수입효율에 필요한 가격정보는 산출물 가격이다. 수입효율은 산출물 가격을 포함한 경제적 효율을 의미한다. 산출물가격 $p_k = (p_{k1},\ \cdots,\ p_{kM})$를 각 DMU $k = 1,\ \cdots,\ K$에 대해 알고 있다고 하자. 가격과 생산량에 관한 자료를 사용하여 총수입은 다음과 같이 측정된다.

$$R_k = \sum_{m=1}^{M} P_{km} \cdot y_{km} = p_k \cdot y_k \cdots\cdots\cdots\cdots\cdots\cdots\cdots\cdots\cdots\cdots\cdots\cdots\ (4.67)$$

식(4.67)에서 좌변의 R_k는 k 생산단위의 실제수입을 의미한다. 이는 각 산출물의 가격에 생산량을 곱한 것이다. p와 y는 산출물 가격벡터와 산출물 벡터를 표시한 것이다. 그런데 실제수입은 반드시 최대수입과 같지는 않다. 수입과 관련된 성과에 대한 명백한 척도는 최대수입과 실제수입을 비교하는 것이다.

최대수입 $R(\cdot)$은 실제수입에 기초하여 다음과 같이 정의된다.

$$R(x, p \mid C, S) = \max\left\{ \sum_{m=1}^{M} P_m y_m : (y_1,\ \cdots,\ y_M) \in P(x \mid C, S) \right\} \cdots\ (4.68)$$

여기서 최대수입은 주어진 가격과 기준기술에 대해 수입을 최대화하는 생산량을 결정하는 것이다. 이 식에서 좌변의 최대수입은 규모불변과 강처분의 최대수입을 의미한다. 산출물이 $n=1, \cdots, M$개 존재할 경우 개별산출물 수입의 합이 전체 수입이 된다. 이 수입은 기존의 산출물 기술집합에서 산출물 가격 정보를 추가한 것이기에 산출물의 기술집합에 여전히 속한다. 그러므로 수입효율은 다음과 같이 표시된다.

$$RE(x, \ p \,|\, C, \ S) = \frac{\text{최대수입}}{\text{실제수입}} = R(x, \ p \,|\, C, \ S) \,/\, py \cdots\cdots\cdots\cdots\cdots (4.69)$$

수입효율은 관측된 실제 총수입에 대한 최대수입의 비율로 정의된다. 수입효율은 [그림 4.19]를 보면 보다 이해가 쉽다. [그림 4.19]는 산출물 기술집합에 기초한 생산가능곡선과 동일한 수입의 등수입선(iso revenue curve)을 보여주고 있다.[13]

임의의 산출물이 y점에서 생산물을 생산하고 있다고 할 때 이 점은 동일한 투입물이 주어졌을 때 y_1에 비하면 산출물을 적게 생산하고 있으므로 기술적으로 효율적이지 못한 점이다. 그런데 y_1은 기술적 관점에서 효율성을 달성하지만 수입관점에서 보면 최대수입을 달성하지 못하는 점이기에 비효율적인 점이다. 즉, 모든 DMU는 기술적으로 효율성을 만족해야 할 뿐만 아니라 할당적으로 효율성을 만족해야 한다. 여기서 수입을 최대화하는 산출물 할당의 문제를 할당효율이라 한다. 따라서 수입효율을 분해하면 기술적 효율성과 할당효율성으로 분해가

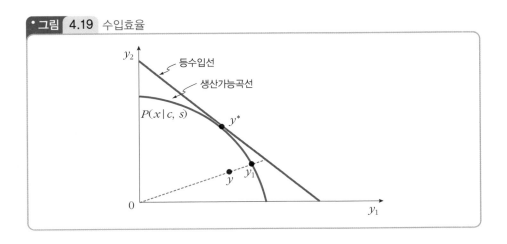

•그림 4.19 수입효율

---

13) 효율성 접근에서는 생산가능곡선을 생산프런티어곡선 내지 생산변경곡선으로 명명하기도 한다.

가능하다. 이 두 효율성을 모두 만족하는 점은 y^*이다. 그러나 실제 y점은 기술적으로도 비효율적이고 산출물 가격을 고려한 산출물의 할당에서도 비효율적이다.

이처럼 수입효율도 비용효율과 동일하게 기술효율과 할당효율로 분해가 가능하다. 즉, 수입효율은 기술효율과 할당효율로 구성되어 있다.

$$RE(x, p \mid C, S) = \frac{py^*}{py} = \frac{py^*}{py_1} \cdot \frac{py_1}{py}$$
$$= AE_o(x, p \mid C, S) \cdot FE_o(x, y \mid C, S) \cdots\cdots\cdots\cdots (4.70)$$

이 식에서 좌변의 수입효율은 y_1점을 기준으로 두 효율이 분해된다. 그런데 이미 앞에서 규모불변과 강처분의 산출물 효율은 세 가지 요소로 분해가 가능했기에 이를 대입하면 수입효율도 4개의 하부 효율로 분해가 된다. 즉,

$$RE(x, p \mid C, S) = AE_o(x, p \mid C, S) \cdot SE_o(x, y \mid S) \cdot CN_o(x, y \mid V) \cdot$$
$$FE_o(x, y \mid V, W) \cdots\cdots\cdots\cdots\cdots\cdots\cdots (4.71)$$

좌변의 수입효율은 한 개의 경제적 효율과 세 개의 기술적 효율로 구분된다. 그 경제적 효율은 바로 할당효율이고 세 개의 기술적 효율은 규모효율, 혼잡효율, 잔여순수효율 등이다.

한편 비모수적 접근에서 실제 자료에 기초한 최대수입은 선형프로그램에 기초하여 도출할 수 있다. 즉, 주어진 산출물 가격 정보 아래에서 생산량을 조절함으로써 최대수입을 가능하게 하는 선형 프로그램은 다음과 같다.

$$R(x, p \mid C, S) = Max(py)$$
$$s.t.: \sum_{k=1}^{K} z_k y_{km} \geq y_{km}, \ m=1, \cdots, M,$$
$$\sum_{k=1}^{K} z_k x_{kn} \leq x_{kn}, \ n=1, \cdots, N,$$
$$z_k \geq 0, \ k=1, \cdots, K \cdots\cdots\cdots\cdots\cdots\cdots\cdots\cdots (4.72)$$

최대수입 $R(x, p \mid C, S)$은 p의 가격벡터, y의 산출물벡터를 곱한 실제수입을 최대화한 것이다. 제약조건에서 밀도벡터의 제약, $z_k \geq 0$은 규모불변의 경우를 의미한다. 따라서 이 식을 가지고 규모불변의 최대수입을 얻는다.

한편, 수입효율을 할당효율과 기술효율로 나누기 위해서는 먼저 기술효율을 얻기 위한 선형프로그램을 다시 실행해야 한다. 이는 다음과 같다.

$$FE_o(x,\ y\mid C,\ S) = Max\ \lambda$$
$$s.\ t.: \sum_{k=1}^{K} z_k y_{km} \geq \lambda y_{km},\ m=1,\ \cdots,\ M,$$
$$\sum_{k=1}^{K} z_k x_{kn} \leq x_{kn},\ n=1,\ \cdots,\ N,$$
$$z_k \geq 0,\ k=1,\ \cdots,\ K \quad\cdots\cdots\cdots\cdots\cdots\cdots\cdots\cdots\cdots\cdots\cdots\cdots (4.73)$$

이러한 두 선형계획식에서 구한 수입효율을 기술효율로 나누면 할당효율을 얻는다. 나아가 이 규모불변의 효율성을 도출한 연후에 이를 다시 분해하려면 규모가변의 효율성과 약처분성의 효율성 등을 각각 구하면 가능하다. 혼잡효율은 추가적으로 규모가변과 약처분의 산출물 효율을 도출하여 규모가변과 강처분의 효율과 비교하면 가능하다.

6. 이윤효율

모든 생산단위는 유형에 관계없이 이윤을 극대화하고자 한다. 이윤은 총수입과 총비용의 차이이므로 수입과 비용을 동시에 고려한 분석이 필요하다. 즉, 수입과 비용을 동시에 고려한 최적의 생산조업점을 찾아내는 노력이 필요하다. 이윤의 극대화는 수입극대화나 비용극소화를 동시에 달성 가능하게 한다는 점에서 현실적으로 생산단위의 경영활동을 잘 파악하게 해준다는 이점이 있다.

비모수적 이윤효율을 적용한 선행연구로는 Rahman(2003) Chambers and Färe(2004), Ariff and Can(2008), Das and Ghosh(2009), Ray and Das(2010), Akhigbe and McNulty(2011), Ruiz and Sirvent(2012), Cyree and Spurlin(2012), Lee(2014), Sahoo, Mehdiloozad and Tone(2014) 등을 확인할 수 있다. 이들은 이윤효율 내지 비용, 수입효율을 은행업이나 농업에 적용하여 측정하고 분해하는 이론 내지 실증을 제시한 것이다. 국내적으로는 강상목 외(2015a, 2015b)가 국내 여행업체를 대상으로 이윤효율과 예산제약이 이윤효율에 미치는 영향 등을 제시하였다. 여기서는 강상목(2015a)의 이윤효율모형을 기초로 소개하고자 한다.

먼저 이윤함수 추정에 대한 모형을 살펴보고자 한다. 산출물 가격벡터(p)와 투입물 가격벡터(w)가 외생적으로 주어진 상황에서 이윤을 극대화하는 이윤함수(profit function)의 기본모형은 다음과 같이 표현할 수 있다.

$$\Pi(p,\ w) = \max py - wx \ such\ that\ (x,\ y) \in T \cdots\cdots\cdots\cdots (4.74)$$

여기서 $\pi(p,\ w)$는 극대이윤, T는 생산기술집합을 말한다. p는 산출물가격 벡터, w는 투입물 가격 벡터를 의미한다. 먼저 단일 투입물과 단일 산출물로 단순하게 가정한 생산함수를 $y = f(x)$로 정의하면 생산함수의 생산기술집합은 식(4.75)와 같이 나타낼 수 있다.

$$T = [(x,\ y) : y \leq f(x)] \cdots\cdots\cdots\cdots\cdots\cdots\cdots\cdots\cdots\cdots (4.75)$$

이 생산기술집합 하에서 생산자가 조합$(x,\ y)$을 생산하는 문제는 이윤극대화의 해를 구하기 위하여 라그랑지 함수(Lagrange function)로 다음과 같이 표현할 수 있다. 즉,

$$L(x,\ y,\ \lambda) = py - wx - \lambda(y - f(x)) \cdots\cdots\cdots\cdots\cdots\cdots\cdots (4.76)$$

이와 같은 라그랑지 함수의 최적해를 구하기 위한 1차 조건은 식(4.77)과 같다.

$$\frac{\partial L}{\partial y} = p - \lambda = 0$$
$$\frac{\partial L}{\partial x} = -w + \lambda f'(x) = 0$$
$$\frac{\partial L}{\partial \lambda} = y - f(x) = 0 \cdots\cdots\cdots\cdots\cdots\cdots\cdots\cdots\cdots\cdots (4.77)$$

여기서 $f'(x) = \dfrac{w}{p}$로 나타나며, 투입물의 최적수요(x^*)와 산출물의 최적생산(y^*)은 식(4.78)과 같다.

$$x^* = x(\frac{w}{p}),\ y^* = f(x^*) = f(x(\frac{w}{p})) = y(\frac{w}{p}) \cdots\cdots\cdots\cdots\cdots (4.78)$$

그러므로 이윤함수를 산출물 가격벡터(p)와 투입물 가격벡터(w)의 함수로 표현하면 다음과 같다. 즉,

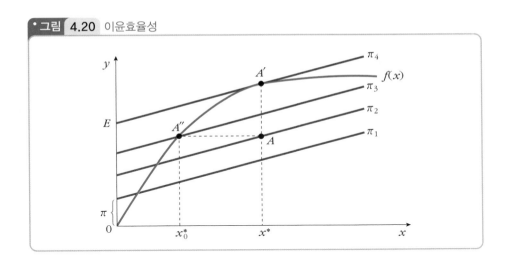

$$\Pi^* = py^* - wx^* = py(\frac{w}{p}) - wx(\frac{w}{p}) = \Pi(w, p) \cdots\cdots\cdots (4.79)$$

여기서 이윤(Π)과 투입요소가격(w)을 산출물 가격(p)으로 각각 나누어 $\pi = \Pi/p$ 와 $\hat{\omega} = w/p$으로 표준화할 경우, 표준화된 등이윤선(isoprofit line)은 식(4.80)과 같이 표현된다.

$$\pi = y - \hat{\omega}x \ \text{or} \ y = \pi + \hat{\omega}x \cdots\cdots\cdots\cdots\cdots\cdots\cdots\cdots\cdots (4.80)$$

여기서 $y = \pi + \hat{\omega}x$로 표현된 등이윤선과 생산함수를 이용하면 이윤효율성을 설명할 수 있다. 투입물과 산출물의 생산함수 $f(x)$와 등이윤선의 관계는 [그림 4.20]과 같다.

x^*에서 극대이윤을 달성하는 점은 생산함수, $f(x)$와 가장 높은 등이윤선이 접하는 A'점이다. 가령, 임의의 기업이 점A에서 생산하고 있다면 주어진 투입물로 극대이윤을 달성하지 못하고 이윤비효율을 보이는 것이다. 이윤효율을 달성하려면 두 가지 방법이 있다. 현존 투입물 x^* 하에서 산출물을 증가시켜서 점A'으로 이동하거나 일정한 수입 하에서 투입물을 절약하여 점A''로 이동하는 것이다. 왜냐하면 점A보다는 A' 혹은 A''이 보다 높은 단위 이윤을 실현시켜주는 점이기 때문이다. 따라서 등이윤선 π_4와 생산함수 $f(x)$가 만나는 점 A'이 가장 이윤효율적인 점으로서 그 절편 0E는 표준화된 이윤 $\pi^* = y^* - \hat{\omega}x$의 극대값을 의미한다. 이와

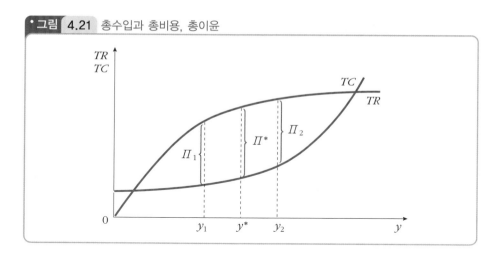

그림 4.21 총수입과 총비용, 총이윤

같이 점 A와 점 A'의 차이는 이윤비효율이 된다고 할 수 있다. 극대 이윤과 실제 이윤의 비율로서 이윤비효율성은 정의된다.[14]

　한편 이러한 이윤극대화는 전통적인 미시경제에서는 산출물과 수입 및 비용의 관계로 표시하여 제시하고 있다. 이들의 관점에서 이윤극대화를 표시하면 [그림 4.21]과 같다. 여기서 산출량 y가 증가함에 따라 수입과 비용이 증가할 것이다. 수입과 비용의 차이가 이윤을 의미하고 둘 간의 격차가 가장 크게 나는 산출량 수준이 이윤을 극대화하는 수준이 된다. 즉, y^*에서 이윤이 극대화된다. 만약 y_1에서 생산을 증가시킬 경우 이윤은 증가하는 반면에 y_2에서 생산을 증가시키면 오히려 이윤은 감소하므로 y_2에서는 생산을 줄이는 것이 이윤을 증대시킬 수 있다.

　나아가 [그림 4.21]에서는 생산의 증가는 투입의 증가와 같은 의미를 담고 있다고 볼 수 있다.[15] 따라서 실제이윤과 극대이윤의 비교를 통해서 이윤효율을 측정할 수 있을 뿐만 아니라 실제 이윤을 달성하는 생산량 수준 y와 극대이윤을 달성하는 산출량 수준 y^*를 비교해 볼 수 있다. [그림 4.21]에서 볼 수 있듯이 이론적으로 이윤을 극대화(Π^*)하는 최적 산출량 수준이 y^*일 때 y^*의 좌측에 위치한 y_1은 과소규모에서 운영을 하고 있는 것이고 우측의 y_2는 과대규모에서 운영하고 있는 것을 의미한다. 따라서 Π^*만큼 이윤을 극대화하려면 y_1에서는 규모를 확대

---

14) 이윤효율성의 자세한 설명은 이준배(2013)를 참고바란다.
15) 단기에 산출을 증가시키려면 고정요소는 일정한 상태에서 노동 등 가변투입요소를 증가시켜야만 한다.

하고 y_2에서는 규모를 축소해야 할 것이다.

여기서 산출물과 이윤과의 관계를 논하였으나 비슷하게 투입물인 노동을 가지고 이를 분석할 수도 있을 것이다. 동일하게 실제 이윤점의 노동량과 극대이윤점의 노동량에 대한 상대적 비율을 이용하여 이윤효율과의 관계를 살펴볼 수도 있다. 이러한 추가적 분석은 이윤효율의 정확성을 높여줄 수 있을 것으로 보인다. 단기 이윤극대화를 실제 계측하기 위하여 비모수적 방법으로 선형프로그램을 이용하여 도출하고자 한다.[16] 이 방법은 이윤효율과 수입효율, 비용효율의 관계를 파악하기 유리하고 극대이윤점에서 최적산출량과 최적투입량을 동시에 보여줄 수 있는 장점을 갖는다.

특히 여기서 단기 이윤의 극대화에 초점을 두고자 한다. 왜냐하면 장기적으로 이윤극대점에서는 이윤이 0이 되므로 단기를 가정한다. 즉, 자본 등 고정투입물은 조정할 수 없다고 가정한다. 즉, 단기의 극대이윤은 판매가격, 투입물가격, 고정투입물이 주어진 상황에서 실제의 산출량과 가변 투입량에 기초하여 도출할 수 있다. 알다시피 단기이윤은 실제 판매수입에서 실제 가변비용을 차감한 것으로 정의된다. 즉,

$$\Pi_v = \{py - w_v x_v\} \quad\text{..}\quad (4.81)$$

p과 w_v은 각각 판매가격과 가변투입물가격의 벡터를 가리키고 y와 x_v는 산출물과 가변투입물을 각각 의미한다. 이에 반하여 단기의 이윤극대화는 다음과 같이 정의된다. 즉,

$$\Pi_v^* = (p, w_v, x_f) = \max_{y_m, x_v, z} \{py - w_v x_v\} \quad\text{.......................}\quad (4.82)$$

식(4.82)는 총수입에서 가변투입비용을 차감한 단기이윤을 극대화하는 문제이다. 따라서 단기 극대이윤은 선형프로그램에서 고정투입물을 고정시킨 상태에서 가변투입물과 산출물을 변화시켜서 도출할 수 있다. 비모수적 접근의 단기 극대이윤은 특정 이윤함수를 가정할 필요없이 관측자료를 이용한 선형프로그램에 기초하여 도출할 수 있다. 즉, 이러한 단기 이윤극대화 프로그램은 다음과 같이 표

---

16) 비모수적 방법의 장점은 극대이윤 추정을 위하여 특정한 이윤함수의 형태를 가정할 필요가 없다는 점이다. 이는 일정한 이윤함수형태를 콥-더글러스 혹은 초월대수 함수 등 구체적으로 가정하여 극대이윤을 추정하는 모수적 방법과 다르다.

현된다.

$$\Pi_v(p, w_v, x_f) = max_{y_m, x_v, z}\{py - w_v x_v\}$$

$$s.t.: \sum_{k=1}^{K} z_k y_{k_m} \geq y_{km}, \ m = 1, \cdots, M$$

$$\sum_{k=1}^{K} z_k x_{k_{v_i}} \leq x_{vi}, \ i = 1, \cdots, I$$

$$\sum_{k=1}^{K} z_k x_{k_{f_n}} \leq x_{k_{f_n}}, \ n = 1, \cdots, N$$

$$z_k \geq 0, \ \sum_{k=1}^{K} z_k = 1 \ \cdots\cdots\cdots\cdots\cdots\cdots\cdots\cdots\cdots\cdots\cdots\cdots\cdots\cdots (4.83)$$

이 식에서 규모경제는 현실에 적합할 수 있는 규모가변으로 가정한다. 단기에 가변투입물은 조정되지만 자본스톡 등 고정투입물은 고정된다. 따라서 산출물과 가변 투입물을 조정하여 이윤을 극대화해야만 한다. 제약조건에서 좌변은 밀도벡터 z_k와 결합하여 극대산출물 혹은 극소투입물을 형성하고 우변은 실제 산출물과 실제 가변투입물 및 고정투입물을 의미한다. 식(4.83)을 이용하면 극대이윤과 극대점에서 산출량, 가변투입량의 수준을 확인할 수 있다. 나아가 이윤효율(PE)은 다음과 같이 정의된다.

$$PE = \frac{\Pi_v^*}{\Pi^v} \ \cdots\cdots\cdots\cdots\cdots\cdots\cdots\cdots\cdots\cdots\cdots\cdots\cdots\cdots\cdots (4.84)$$

즉, 이윤효율은 극대이윤에 대한 실제이윤의 비로서 정의된다. 분모는 단기의 극대이윤이고 분자는 실제이윤을 의미한다. 따라서 이는 1과 같거나 1 보다 큰 값을 갖는다.

한편, 이윤효율은 원칙적으로 극대이윤에 대한 실제이윤의 비로 측정이 되지만 주된 관심은 과연 극대산출량과 실제산출량의 차이 혹은 실제 가변투입량과 극대이윤 하의 가변투입량과의 수준의 차이이다. 왜냐하면 이를 기초로 조정이 필요한 투입물과 산출물의 수준을 확인할 수 있기 때문이다. 따라서 단기 이윤효율점에서 얻게 되는 최적 산출량과 실제 산출량, 그리고 최적 가변투입량과 실제 가변투입량을 비교할 것이다.

만약 하나의 산출물을 대상으로 할 경우 할당효율은 1이 되고 실제 산출량과 최적 산출량의 비는 수입효율(RE)과 동일하다.[17] 왜냐하면 수입효율은 극대수입/

---

17) 산출물이 2개 이상 존재할 경우 산출물 간의 가격에 따른 산출물 생산의 최적이 이루어지지 못하는 할당비효율이

실제수입으로 정의되고 판매가격이 일정한 상태에서 산출량과 가변투입량의 조절을 통해서만 이윤을 극대화하기 때문이다. 즉,

$$RE = \frac{TR^*}{TR} = \frac{p \times y^*}{p \times y} = \frac{y^*}{y} \quad \cdots\cdots\cdots\cdots\cdots\cdots\cdots\cdots\cdots\cdots\cdots\cdots (4.85)$$

여기서 수입효율(RE)은 판매가격이 일정한 상태에서 최대산출량/실제산출량과 동일한 결과를 얻게 된다.

반면 단기 비용효율은 수입효율과 비슷하게 최적가변비용/실제가변비용으로 정의되고 투입물가격이 일정한 상태에서 가변투입물이 하나일 경우 할당효율이 1이 되므로 기술효율과 비용효율은 동일하게 된다.[18] 따라서 가변투입물의 비용효율(CE_v)도 다음과 같다. 즉,

$$CE_v = \frac{TC_v^*}{TC^v} = \frac{w_L \times L^*}{w_L \times L} = \frac{L^*}{L} \quad \cdots\cdots\cdots\cdots\cdots\cdots\cdots\cdots\cdots\cdots\cdots (4.86)$$

따라서 가변투입물이 노동 외에 없는 상태에서 할당효율은 항상 1이므로 가변비용효율은 최적노동량/실제노동량과 같다.

제2절 비모수적 생산성 변화

1. Farrell 효율과 Shephard 효율의 관계

이전까지 효율성의 설명은 Farrell의 효율성의 개념을 기준으로 논의를 전개하였다. Farrell의 효율성은 항상 최소투입물이나 최대산출물 등 기준이 되는 값을 분자에 두고 효율성을 측정하였다. 가령, 투입물 효율성은 x^*/x로 정의하였기에 1보다 작거나 같은 값을 가졌다. 반면 산출물 효율성은 y^*/y로 정의되었기에 1보다

발생하게 된다. 그러나 1개의 산출물만 존재할 경우 할당비율은 존재하지 않고 결과적으로 산출접근에 의한 수입효율과 기술효율은 일치한다.

18) 그러나 원래 투입물접근에 의한 비용효율과 여기서 정의하는 비용효율은 다르므로 이를 구별할 수 있어야 한다. 즉, 일반적 비용효율은 일정한 산출량을 생산하는데 투입되는 실제 투입비용과 최소투입비용의 상대적 비로 정의하지만 여기서 비용효율은 이윤을 극대화하는 점에서 최적 가변투입물과 실제 가변투입물의 상대적 비로 정의하고 있기 때문이다.

크거나 같은 값을 가졌다. 그런데 Shephard(1970)는 거리함수라는 개념을 도입하면서 이러한 Farrell의 효율과는 정반대로 효율성을 정의하였다. 즉, 거리함수의 효율성은 항상 최소투입물 혹은 최대산출물을 분모에 두고 측정하였다. 이에 따라서 투입물 효율성은 x/x^*로 정의되므로 1보다 크거나 같은 값을 갖는다. 반대로 거리함수의 산출물 효율성은 y/y^*로 정의되므로 1보다 작거나 같은 값을 갖는다. 그러므로 상반되는 두 측정방법은 기준이 되는 최소값 내지 최대값이 분자에 위치하느냐 혹은 분모에 위치하느냐에 따라서 상이하다. 그리고 그 효율성의 값은 서로 역의 관계에 있음을 알 수 있다.[19] 투입물 기술집합이나 산출물 기술집합은 두 경우에 모두 동일하다. 이를 하나의 표로 정리하면 다음과 같다.

표 4.1 Farrell과 Shephard 효율측정방법 비교

구분	투입물 효율	산출물 효율
Farrell방법	x^*/x	y^*/y
Shephard방법	x/x^*	y/y^*

최근에 일부 학자들은 Farrell의 접근보다 Shephard의 접근을 더 선호하는 경향이 있다. 효율성에 대한 또 하나의 접근방법인 Shephard의 거리함수를 이해할 필요가 있다.

Farrell의 효율성과 비슷하게 거리함수의 정의는 투입물과 산출물 효율에 따라서 달라진다. 먼저 투입물 거리함수의 정의는 다음과 같이 표현한다. 즉,

$$D_i(y, x|C, S) = Max\{\lambda : (x/\lambda, y) \in L(y|C, S)\} \quad \cdots\cdots\cdots\cdots (4.87)$$

규모불변과 강처분의 투입물 거리함수는 Farrell의 효율과는 정반대로 투입물을 λ로 나누어준 것으로 정의된다. λ를 최대화하면 결과적으로 투입물은 최소화되기 때문이다. 물론 이 투입물과 산출물은 규모불변과 강처분의 투입물 기술집합에 속한다. 사실 투입물 거리함수의 정의가 너무 길게 정의되는 불편함을 줄이기 위해서는 C와 S는 생략되고 그냥 언급되기도 한다.

---

19) 기존에 존재하는 많은 논문들은 이러한 Farrell의 효율과 Shephard의 효율을 필요에 따라서 자유롭게 사용하고 있다.

동일하게 산출물 거리함수도 다음과 같이 정의될 수 있다. 즉,

$$D_o(x, y \mid C, S) = Min\{\theta : (x, y/\theta) \in P(x \mid C, S)\} \quad \cdots\cdots\cdots\cdots (4.88)$$

산출물 거리함수도 투입물 거리함수와 동일하게 산출물을 θ로 나누어 준 것으로 정의된다. 물론 이 생산결합점도 규모불변과 강처분의 산출물 기술집합에 속한다. 이번엔 θ를 최대화하는 것이 아니라 최소화해야 y가 최대화될 수 있으므로 θ를 최소화하는 것으로 둔다.[20]

이러한 투입물과 산출물 거리함수의 효율은 Farrell의 효율과 각각 역의 관계를 갖는다. 즉,

$$D_i(y, x \mid C, S) = \frac{1}{FE_i(y, \; x \mid C, \; S)}, \quad \cdots\cdots\cdots\cdots\cdots\cdots\cdots (4.89)$$

$$D_o(x, y \mid C, S) = \frac{1}{FE_o(x, \; y \mid C, \; S)} \quad \cdots\cdots\cdots\cdots\cdots\cdots\cdots (4.90)$$

2. 투입물 및 산출물 거리함수의 관계

투입물 거리함수의 효율은 실제 투입과 최소투입의 비율로 얻을 수 있다. 분석의 편의상 규모경제와 강처분은 생략하고 투입물 효율을 투입물거리함수에서 유도하면 다음과 같다.

$$\begin{aligned} D_i(y, x) &= Max\{\lambda : (x/\lambda) \in L(y)\} \\ &= Max\{\lambda : (x/\lambda) \geq x^*\} \\ &= x/x^* \quad \cdots\cdots\cdots\cdots\cdots\cdots\cdots\cdots\cdots\cdots\cdots (4.91) \end{aligned}$$

투입물 거리함수의 값은 1보다 크거나 같다. 1이면 효율적이고 1보다 크면 비효율적이다. 마찬가지로 같은 원리로 산출물 거리함수를 간단히 정의하고 이를 이용하면 산출물 거리함수에 의한 효율을 도출할 수 있다. 즉,

$$D_o(x, y) = Min\{\theta : (y/\theta) \in P(x)\}$$

---

20) 이 투입물 거리함수와 산출물 거리함수도 Farrell의 경우와 동일하게 규모불변에서는 정확히 그 값이 역의 관계를 보인다. 이들을 때로는 간단히 투입거리함수, 산출거리함수로 명명한다.

$$= Min\{\theta : (y/\theta) \le y^*\}$$

$$= y/y^* \quad\cdots\cdots\cdots\cdots\cdots\cdots\cdots\cdots\cdots\cdots\cdots\cdots\cdots\cdots (4.92)$$

이 수식을 통하여 산출 거리함수의 효율은 y/y^*로 유도된다는 것을 확인할 수 있다. 산출물 거리함수는 1보다 작거나 같다. 1이면 효율적이고 1보다 작을수록 비효율적이다.

이 거리함수는 Farrell의 효율과 마찬가지로 일정한 스칼라 값 ρ에 대하여 1차 동차함수의 성격을 갖는다. 이러한 성격은 거리함수의 정의식을 이용하면 유도될 수 있다. 먼저, 1차동차함수의 성격에 따라서 투입물 거리함수에 속한 x를 일정한 스칼라 값으로 ρ배 할 경우 이는 원래 투입물 거리함수를 ρ배 한 것과 동일하게 된다. 이는 다음과 같이 증명된다. 즉,

$$D_i(y, \rho x) = Max\{\lambda > 0 : (\rho x/\lambda) \in L(y)\}$$

$$= Max\{\frac{\rho\lambda}{\rho} > 0 : (\frac{x}{\lambda/\rho}) \in L(y)\}$$

$$= \rho \cdot Max\{\frac{\lambda}{\rho} > 0 : (\frac{x}{\lambda/\rho}) \in L(y)\}$$

$$= \rho \cdot D_i(y, x) \quad\cdots\cdots\cdots\cdots\cdots\cdots\cdots\cdots\cdots\cdots\cdots (4.93)$$

다음으로 1차동차함수의 성격에 따라서 산출물 거리함수에 속한 y를 일정한 스칼라 값으로 μ배 할 경우 이는 원래 산출물 거리함수를 μ배 한 것과 동일하게 된다. 이는 다음과 같이 증명된다. 즉,

$$D_o(x, \mu y) = Min\{\theta > 0 : (\mu y/\theta) \in P(x)\}$$

$$= Min\{\frac{\mu\theta}{\mu} > 0 : (\frac{y}{\theta/\mu}) \in P(x)\}$$

$$= \mu \cdot Min\{\frac{\theta}{\mu} > 0 : (\frac{y}{\theta/\mu}) \in P(x)\}$$

$$= \mu \cdot D_o(x, y) \quad\cdots\cdots\cdots\cdots\cdots\cdots\cdots\cdots\cdots\cdots (4.94)$$

그러므로 산출거리함수에서 일정한 값 μ를 y에 곱할 경우 이는 산출물 거리함수에 μ를 곱한 것과 동일한 것임을 알 수 있다.

나아가 산출물 거리함수와 투입물 거리함수는 규모불변 하에서 Farrell의 효율과 마찬가지로 역의 관계를 갖는데 이는 다음과 같이 각각 유도된다. 먼저 투입물

거리함수를 기초로 유도하면 다음과 같다. 즉,

$$D_i(y, x) = Max\{\lambda : (x/\lambda) \in L(y)\}$$
$$= Max\{\lambda : y \in P(x/\lambda)\}$$
$$= Max\{\lambda : D_o(x/\lambda, y) \leq 1\} \quad\cdots\cdots\cdots\cdots\cdots\cdots\cdots (4.95)$$

반대로 산출물 거리함수를 기초로 투입물 거리함수와의 관계를 유도하면 다음과 같다.

$$D_o(x, y) = Min\{\theta : (y/\theta) \in P(x)\}$$
$$= Min\{\theta : x \in L(y/\theta)\}$$
$$= Min\{\theta : D_i(y/\theta, x) \geq 1\} \quad\cdots\cdots\cdots\cdots\cdots\cdots (4.96)$$

이처럼 투입물 거리함수의 효율은 1보다 크거나 같지만 산출물 거리함수의 효율로 표시하면 1보다 작거나 같은 것으로 표시된다. 역으로 산출물 거리함수는 1보다 작거나 같지만 투입물 거리함수로 표시하면 1보다 크거나 같게 나타난다. 따라서 규모불변 하에서 투입물 거리함수와 산출물 거리함수는 다음과 같이 역으로 표현된다. 즉,

$$D_i(y, x) = 1/D_o(x, y), \ or \ D_o(x, y) = 1/D_i(y, x) \quad\cdots\cdots\cdots\cdots (4.97)$$

이번에는 규모불변(CRS)의 투입거리함수에서 투입물이 ρ배 증가한 것이 아니라 산출물이 ρ배 증가할 경우 투입물 거리함수는 ρ배 증가하는 것이 아니라 $1/\rho$배 증가하게 된다. 이를 수식으로 전개하면 다음과 같다. 즉,

$$D_i(\rho y, x) = Max\{\lambda > 0 : (x/\lambda) \in L(\rho y)\}$$
$$= Max\{\lambda > 0 : (x/\lambda) \in \rho \cdot L(y)\}$$
$$= Max\{\lambda > 0 : (x/\lambda)(1/\rho) \in \cdot L(y)\}$$
$$= Max\{\frac{\rho\lambda}{\rho} > 0 : (\frac{x}{\rho\lambda}) \in L(y)\}$$
$$= \frac{1}{\rho} \cdot Max\{\rho\lambda > 0 : (\frac{x}{\rho\lambda}) \in L(y)\}$$
$$= \rho^{-1} \cdot D_i(y, x) \quad\cdots\cdots\cdots\cdots\cdots\cdots\cdots\cdots\cdots (4.98)$$

이 식에서 두 번째 단계에서 CRS를 적용하면 $L(\rho Y) = \rho L(Y)$가 성립하게 되고 이를 풀어서 쓰면 결국 거리함수를 $1/\rho$ 배한 것과 동일한 결과를 얻는다.

같은 원리로 규모불변의 산출거리함수에서 산출물이 μ배 증가한 것이 아니라 투입물이 μ배 증가한 경우 산출거리함수는 μ배 증가한 것이 아니라 $1/\mu$배 증가하게 된다. 이를 수식으로 전개하면 다음과 같다. 즉,

$$
\begin{aligned}
D_o(\mu x, \, y) &= Min\{\theta > 0 : (y/\theta) \in P(\mu x)\} \\
&= Min\{\theta > 0 : (y/\theta) \in \mu \cdot P(x)\} \\
&= Min\{\theta > 0 : (y/\theta)(1/\mu) \in P(x)\} \\
&= Min\{\frac{\mu\theta}{\mu} > 0 : (\frac{y}{\mu\theta}) \in P(x)\} \\
&= \mu^{-1} Min\{\mu\theta > 0 : (\frac{y}{\mu\theta}) \in P(x)\} \\
&= \mu^{-1} \cdot D_o(x, \, y) \quad\text{..} \quad (4.99)
\end{aligned}
$$

이러한 유도과정에서 보듯이 CRS하에서 적용되는 1차동차의 성격이 동일하게 적용됨을 확인할 수 있고 투입물 거리함수에서와 동일하게 산출물 거리함수에서 x에 μ배하면 산출물 거리함수는 $1/\mu$배를 곱한 것과 같다.

이와 같이 Farrell의 효율과 거리함수의 효율 가운데 어느 것을 이용하더라도 효율의 측정은 가능하고 둘 중 어느 것을 사용하든지 일관성을 유지하는 것이 중요하다. 이하에서는 두 가지 효율성을 이용하여 생산성 변화를 설명하고자 한다.

3. 산출과 투입접근 생산성변화

1) 산출접근 거리함수의 생산성변화

지금까지는 성과를 한 기간을 대상으로 정태적으로 살펴보았다. 이제 성과가 시간이 흐름에 따라서 어떻게 변화하는가를 측정한다. 사용하는 기본적 척도는 생산성 변화이다. 생산성변화는 비효율성의 존재를 인정하지 않는 전통적 접근방법으로 측정할 수 있다. 그러나 여기서는 비효율성의 존재를 고려하는 프런티어 접근을 통하여 지금까지 제시한 효율성을 이용하여 총요소생산성 변화를 측정하고자 한다.

생산성변화의 논의를 단순화하기 위하여 가장 단순한 경우의 예를 가지고 설명할 것이다. 생산성변화의 정의에 필요한 t와 $t+1$기의 두 기간이 있고 투입물과

산출물이 각각 1개가 존재하는 경우를 가정하자. t기의 투입물과 산출물의 생산점이 $(x^t,\ y^t)$이고 $t+1$기의 생산점은 $(x^{t+1},\ y^{t+1})$이라고 하자. 생산성 변화란 t기의 생산성에 대비한 $t+1$기의 생산성의 상대적 비율로 정의된다. 즉,

$$TFP\text{변화} = \frac{y^{t+1}/x^{t+1}}{y^t/x^t} \quad\cdots\cdots\cdots\cdots\cdots\cdots\cdots\cdots\cdots\cdots\cdots\cdots (4.100)$$

y/x가 생산성($=$평균생산물)이므로 생산성변화는 각 기간에 평균생산물의 상대적 비율이다. 즉, t기의 평균생산물에 대비한 $t+1$기의 평균생산물의 비율로 총요소생산성변화는 정의된다. 따라서 두 기간에 걸쳐서 평균생산물이 증가했는지 여부를 가지고 생산성이 증가했는지 감소했는지를 측정한다. 이 생산성변화가 1보다 크면 생산성이 증가한 것이고 반대로 1보다 작으면 생산성이 감소한 것이다. 물론 1이면 두 기간의 생산성변화는 없다.

이러한 생산성변화를 효율성에 기초한 프런티어 접근에서 측정하기 위해서는 효율성을 이용하여 도출할 수가 있다. 특히 다수의 투입물과 산출물을 포함한 생산성변화를 측정할 때 효율성 접근방법이 유용하다. 이는 Farrell의 방법으로도 가능하지만 기존의 연구들이 주로 거리함수를 이용한 생산성변화를 시도하였기에 먼저 이를 중심으로 논의하고자 한다.

생산성변화가 거리함수로 정의될 수 있는 것을 보여주기 위하여 하나의 투입물과 하나의 산출물의 경우를 가지고 산출거리함수를 정의하고자 한다. 규모불변의 산출물 거리함수의 특성에 따르면 투입물과 산출물을 각각 μ배 할 경우 이는 본래의 산출물 거리함수와 동일한 것을 알 수 있다. 즉,

$$
\begin{aligned}
D_o(\mu x,\ \mu y) &= Min\{\theta > 0 : (\mu y/\theta) \in P(\mu x)\} \\
&= Min\{\theta > 0 : (\mu y/\theta) \in \mu \cdot P(x)\} \\
&= Min\{\theta > 0 : (\mu y/\theta)\,(1/\mu) \in P(x)\} \\
&= Min\{\frac{\mu\theta}{\mu} > 0 : (\frac{\mu y}{\mu\theta}) \in P(x)\} \\
&= \frac{\mu}{\mu} Min\{\theta > 0 : (\frac{y}{\theta}) \in P(x)\} \\
&= Min\{\theta > 0 : (\frac{y}{\theta}) \in P(x)\} \\
&= D_o(x,\ y) \quad\cdots\cdots\cdots\cdots\cdots\cdots\cdots\cdots\cdots\cdots\cdots (4.101)
\end{aligned}
$$

여기서 유의해야 할 점은 산출물 거리함수에서 산출물을 μ배 하면 거리함수의 μ배가 되지만 투입물을 μ배 하면 거리함수의 $1/\mu$배가 된다는 것이다. 이러한 산출물 거리함수의 1차동차의 특징을 이용하여 산출거리함수를 단일물의 산출거리함수로 정의하는 것이 가능하다. 즉, 일반적 산출거리함수는 단일 투입물과 산출물의 거리함수로 다음과 같이 표현될 수 있다.

$$D_o(x,\, y \mid C,\, S) = D_o(x \cdot 1,\, y \cdot 1 \mid C,\, S) = \frac{y}{x} D_o(1,\, 1 \mid C,\, S) \; \cdots \; (4.102)$$

단일 투입물과 산출물의 거리함수에 투입물과 산출물을 각각 x배, y배 하였을 때, 1차동차의 특성을 이용하면 투입물의 양 x는 분모, 산출물의 양 y는 분자에 위치하게 된다. 우변에 위치한 단일투입물과 단일산출물의 거리함수를 양변에 나누어주면 이는 다음과 같이 표현된다.

$$\frac{D_o(x,\, y \mid C,\, S)}{D_o(1,\, 1 \mid C,\, S)} = \frac{y}{x} \quad \cdots\cdots\cdots\cdots\cdots\cdots\cdots\cdots\cdots \; (4.103)$$

여기서 우변은 생산성의 정의이므로 좌변의 단일 투입과 산출물의 거리함수에 대한 $(x,\, y)$의 산출물 거리함수의 비는 생산성의 정의와 일치한다는 것을 알 수 있다. 이 수식을 이용하여 두 기간의 생산성변화를 거리함수로 정의하면 다음과 같다.

$$TFP\text{변화} = \frac{y^{t+1}/x^{t+1}}{y^t/x^t} = \frac{\dfrac{D_o^t(x^{t+1},\, y^{t+1} \mid C,\, S)}{D_o^t(1,\, 1 \mid C,\, S)}}{\dfrac{D_o^t(x^t,\, y^t \mid C,\, S)}{D_o^t(1,\, 1 \mid C,\, S)}}$$

$$= \frac{D_o^t(x^{t+1},\, y^{t+1} \mid C,\, S)}{D_o^t(x^t,\, y^t \mid C,\, S)} \quad \cdots\cdots\cdots\cdots\cdots\cdots\cdots\cdots \; (4.104)$$

그러므로 생산성변화는 두 기간 거리함수의 상대적 비율로 정의되는 것이 증명되었다. 이 생산성변화는 다수의 투입물과 다수의 산출물에 대해서도 역시 정의될 수 있다. 이러한 생산성변화를 맴퀴스트 생산성지수(Malmquist productivity index)라고 부른다. 그런데 이 생산성변화는 t기의 기준기술인 $D_o^t(\cdot)$를 기준으로 측정한 생산성변화이다. 즉, 이 생산성변화는 t기 기준기술에 근거하여 측정한 것으로 다음과 같이 표현한다.

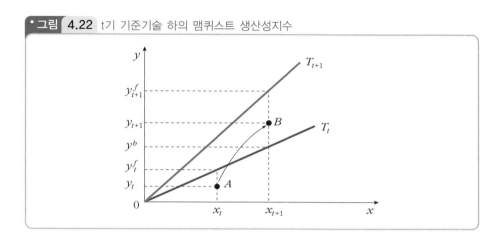

그림 4.22 t기 기준기술 하의 맴퀴스트 생산성지수

$$M_o^t = \frac{D_o^t(x^{t+1}, \ y^{t+1} \mid C, \ S)}{D_o^t(x^t, \ y^t \mid C, \ S)} \quad \cdots\cdots\cdots\cdots\cdots\cdots\cdots\cdots\cdots \quad (4.105)$$

이 생산성 변화를 특히 t기 기준 산출물 맴퀴스트 생산성지수라고 명명한다. 좌변의 o는 산출물(output)을 의미한다. t기 기준기술을 중심으로 측정한 이 생산성지수를 그림으로 표현하면 [그림 4.22]와 같다. 원점을 연결한 직선은 t기와 $t+1$기의 CRS 기준기술을 의미한다. t기의 생산점 A가 $t+1$기에 B점으로 이동하였다고 가정하자. t기 기준기술을 T_t라고 하고 $t+1$기 기준기술을 T_{t+1}이라고 하자. t기 기준기술을 중심으로 측정하면 A점은 t기 기준기술의 프런티어 상의 점 y_t^f와 비교하고 B점은 t기 기준기술의 프런티어 상의 점 y^b와 비교하여 효율을 측정한다.

t기 생산점은 기술집합의 아래에 위치하고 $t+1$기 생산점은 기술집합의 위에 위치하고 있기 때문에 t기 기준기술을 가지고 t기와 $t+1$기의 효율을 각각 측정하면 t기 거리함수는 1보다 작지만 $t+1$기 거리함수는 1보다 크다. 그런데 실제 다수의 투입물과 다수의 산출물이 있을 때 거리함수의 효율은 Farrell의 효율과 마찬가지로 선형프로그램을 이용하여 구할 수 있다. 따라서 t기 기준 산출물 맴퀴스트 생산성 지수는 1보다 크다고 할 수 있다. 이는 생산성이 성장 내지 향상되었다고 평가하게 된다.

지금까지 설명한 생산성변화는 t기 기준기술을 중심으로 측정한 것이다. 마찬가지로 이 생산성변화는 $t+1$기의 기준기술을 중심으로 동일한 방식으로 측정할 수도 있다. 즉, $t+1$기 기준기술의 산출물 맴퀴스트 생산성지수를 정의하면 다음과 같다.

$$M_o^{t+1} = \frac{D_o^{t+1}(x^{t+1}, \ y^{t+1} \mid C, \ S)}{D_o^{t+1}(x^t, \ y^t \mid C, \ S)} \quad \cdots\cdots\cdots\cdots\cdots\cdots\cdots\cdots\cdots\cdots \quad (4.106)$$

$t+1$기 기준 생산성변화지수도 역시 1보다 크면 생산성 증가, 작으면 감소로 판단한다. 하나의 문제는 t기 기준기술과 $t+1$기 기준기술 가운데서 어느 것을 기준으로 사용하느냐에 따라서 생산성변화의 값이 달라질 수 있다는 것이다. 이처럼 동일한 자료를 가지고 상이한 결과치를 얻는 것은 문제가 되므로 각각의 생산성변화지수를 하나로 통합하여 제시하게 되었다. 이상적인 형태의 생산성지수를 얻기 위하여 t기와 $t+1$기 기준 생산성지수를 기하평균하여 제시한 것이 널리 활용되는 일반화된 맴퀴스트 생산성지수이다. 최종적으로 t기와 $t+1$기 기준기술을 모두 포함한 맴퀴스트 생산성지수는 다음과 같이 정의된다.

$$M_o(x^{t+1}, \ y^{t+1}, \ x^t, \ y^t) = \left[\frac{D_o^t(x^{t+1}, \ y^{t+1} \mid C, \ S)}{D_o^t(x^t, \ y^t \mid C, \ S)} \cdot \frac{D_o^{t+1}(x^{t+1}, \ y^{t+1} \mid C, \ S)}{D_o^{t+1}(x^t, \ y^t \mid C, \ S)} \right]^{1/2}$$

$$\cdots\cdots\cdots\cdots\cdots\cdots\cdots\cdots\cdots\cdots\cdots\cdots\cdots\cdots\cdots\cdots\cdots\cdots\cdots \quad (4.107)$$

이 맴퀴스트 생산성지수가 1보다 크면 두 기간에 걸쳐서 생산성이 증가한 것이고 1보다 작으면 감소한 것이다. 1이면 생산성변화가 없다는 것을 의미한다. 이러한 생산성지수는 내부적으로 효율변화와 기술변화로 분해가 가능하다. 기술효율은 생산가능곡선과 실제 내부의 생산량 간의 차이를 이용하여 측정할 수 있고 기술진보는 상이한 시점 간에 생산가능곡선의 이동을 기준으로 측정하게 된다. 효율변화와 기술변화로 분해하기 위해서 효율변화를 의미하는 요소를 분리해 내면 나머지 부분이 기술변화가 된다. 이 분해식은 다음과 같다.

$$M_o(x^{t+1}, \ y^{t+1}, \ x^t, \ y^t) = \left[\frac{D_o^t(x^{t+1}, \ y^{t+1} \mid C, \ S)}{D_o^t(x^t, \ y^t \mid C, \ S)} \cdot \frac{D_o^{t+1}(x^{t+1}, \ y^{t+1} \mid C, \ S)}{D_o^{t+1}(x^t, \ y^t \mid C, \ S)} \right]^{1/2}$$

$$= \frac{D_o^{t+1}(x^{t+1}, \ y^{t+1} \mid C, \ S)}{D_o^t(x^t, \ y^t \mid C, \ S)} \left[\frac{D_o^t(x^t, \ y^t \mid C, \ S)}{D_o^{t+1}(x^{t+1}, \ y^{t+1} \mid C, \ S)} \right]^{1/2} \left[\frac{D_o^t(x^{t+1}, \ y^{t+1} \mid C, \ S)}{D_o^{t+1}(x^t, \ y^t \mid C, \ S)} \right]^{1/2}$$

$$= \frac{D_o^{t+1}(x^{t+1}, \ y^{t+1} \mid C, \ S)}{D_o^t(x^t, \ y^t \mid C, \ S)} \left[\frac{D_o^t(x^{t+1}, \ y^{t+1} \mid C, \ S)}{D_o^{t+1}(x^{t+1}, \ y^{t+1} \mid C, \ S)} \cdot \frac{D_o^t(x^t, \ y^t \mid C, \ S)}{D_o^{t+1}(x^t, \ y^t \mid C, \ S)} \right]^{1/2}$$

$$\cdots\cdots\cdots\cdots\cdots\cdots\cdots\cdots\cdots\cdots\cdots\cdots\cdots\cdots\cdots\cdots\cdots \quad (4.108)$$

이 식의 우변의 첫째항은 효율변화이고 둘째항은 기술변화이다. 효율변화는 t기의 기준기술에서 t기의 생산점의 효율을 측정한 것과 $t+1$기의 기준기술에서 $t+1$기의 생산점의 효율을 상대적으로 비교한 것이다. 기술변화는 t기 기준기술과 $t+1$기 기준기술에서 t기의 생산점을 측정한 것과 $t+1$기의 생산점을 동일하게 각각 측정한 것을 기하평균한 것이다. 이는 각 투입물 수준 x^t와 x^{t+1}에서 t기와 $t+1$기 프런티어의 차이를 각각 산술평균하여 측정한 것이므로 기술변화를 의미한다.

이러한 맴퀴스트 생산성지수의 측정은 [그림 4.23]과 같이 확인할 수 있다. t기의 생산기술과 $t+1$기의 생산기술이 주어지고 각 기간에 생산결합점이 A와 B로 주어졌을 때 4개의 거리함수의 측정에 따르면 효율변화(EC: efficiency change)는 다음과 같다.

$$EC = \frac{0d/0f}{0a/0b} \quad\text{(4.109)}$$

그리고 기술변화(TC: technical change)는 다음과 같다.

$$TC = \left[\frac{0d/0c}{0d/0f} \cdot \frac{0a/0b}{0a/0e} \right]^{1/2} = \left[\frac{0f}{0c} \cdot \frac{0e}{0b} \right]^{1/2} \quad\text{(4.110)}$$

그러므로 생산성변화는 효율변화와 기술변화로 명확히 구분된다. 나아가 이전의 규모불변의 효율성과 규모가변의 효율성을 이용하면 규모효율과 순수효율로

• 그림 4.23 산출물 거리함수의 맴퀴스트 생산성지수

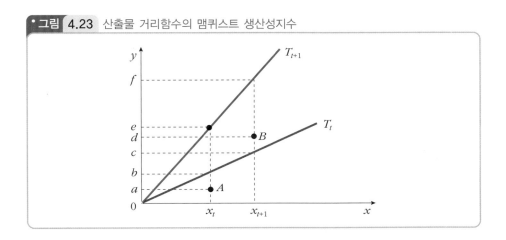

구분이 되었으므로 이를 이용하면 생산성변화는 순수효율변화, 규모효율변화, 기술변화로 분해가 가능하다.[21]

그런데 생산성지수를 구성하는 각각의 거리함수의 측정은 두 시점을 기준으로 정의한 네 개의 거리함수를 각각 측정해야 한다. 이 측정은 선형프로그램을 이용하여 구할 수 있다. t기와 $t+1$기의 기준기술에 대한 각각의 관측치를 측정하는 거리함수가 측정되어야 하고 추가적으로 두 기간이 혼합된 두 개의 거리함수가 포함되어야 한다. 실제 혼합된 기간의 거리함수 가운데 t기 기준기술을 중심으로 $t+1$기의 관측치의 거리함수를 측정하는 프로그램은 다음과 같다.

$$D_o^t(x_k^{t+1}, y_k^{t+1} \mid C, S)^{-1} = \max \theta_1$$
$$s.t.: \sum_{k=1}^{K} z_k \cdot y_{km}^t \geq \theta_1 y_{km}^{t+1}, \ m=1, \cdots, M$$
$$\sum_{k=1}^{K} z_k \cdot x_{kn}^t \leq x_{kn}^{t+1}, \ n=1, \cdots, N$$
$$z_k \geq 0, \ k=1, \cdots, K \quad \cdots\cdots\cdots\cdots\cdots\cdots\cdots (4.111)$$

제약조건의 좌변은 t기 기준기술의 프런티어를 보여주고 우변은 $t+1$기의 산출물과 투입물의 실제 관측치를 보여주고 있다. θ_1은 확장되어야할 산출물의 수준으로 Farrell의 효율을 의미하고 거리함수의 역수가 된다. 그러므로 기준년도 기술에 대한 비교연도의 투입물과 산출물을 측정하는 거리함수는 $D_o^t(x^{t+1}, y^{t+1})$가 된다.

반대로 $t+1$기 기준기술을 중심으로 t기의 관측치를 측정하는 거리함수는 다음과 같다. 즉,

$$D_o^{t+1}(x_k^t, y_k^t \mid C, S)^{-1} = \max \theta_2$$
$$s.t.: \sum_{k=1}^{K} z_k \cdot y_{km}^{t+1} \geq \theta_2 y_{km}^t, \ m=1, \cdots, M$$
$$\sum_{k=1}^{K} z_k \cdot x_{kn}^{t+1} \leq x_{kn}^t, \ n=1, \cdots, N$$
$$z_k \geq 0, \ k=1, \cdots, K \quad \cdots\cdots\cdots\cdots\cdots\cdots (4.112)$$

제약조건의 좌변은 모두 $t+1$기 기준기술을 보여주고 있고 우변은 t기의 실제 산출물과 투입물을 보여준다. 따라서 $t+1$기 기준기술을 중심으로 t기의 관측치

---

[21] 만약 혼잡효율까지 고려한다면 생산성변화는 혼잡효율변화를 포함한 4개로 분해될 수 있다.

를 측정하는 프로그램이다. θ_2는 Farrell의 효율로서 거리함수의 역수에 해당된다. 이처럼 맴퀴스트 생산성변화지수를 구성하는 4개의 거리함수의 값을 얻게되면 인접한 두 기간 간의 생산성변화를 측정하고 이를 분해하는 것이 가능해진다.[22]

나아가 거리함수를 이용하여 투입물 기준 맴퀴스트 생산성지수도 측정이 가능하다. 이미 언급하였듯이 CRS에서 투입물 거리함수와 산출물 거리함수는 역의 관계를 가지므로 투입물 거리함수를 이용해서 생산성지수를 정의할 수 있다. 투입물 기준 맴퀴스트 생산성 지수는 다음과 같이 표현된다. 즉,

$$M_i(x^{t+1}, y^{t+1}, x^t, y^t) = \left[\frac{D_i^t(y^{t+1}, x^{t+1} \mid C, S)}{D_i^t(y^t, x^t \mid C, S)} \cdot \frac{D_i^{t+1}(y^{t+1}, x^{t+1} \mid C, S)}{D_i^{t+1}(y^t, x^t \mid C, S)} \right]^{1/2}$$

$\cdots\cdots\cdots\cdots\cdots\cdots\cdots\cdots\cdots\cdots\cdots\cdots\cdots\cdots\cdots\cdots\cdots\cdots\cdots\cdots\cdots\cdots$ (4.113)

그런데 CRS에서 투입물 거리함수와 산출물거리함수가 역의 관계를 갖는 것과 동일하게 이 투입물 맴퀴스트 생산성지수는 CRS에서 산출물 맴퀴스트 생산성지수와 역의 관계를 갖는다. [그림 4.23]에서 투입물을 기준으로 좌우로 비교하면 투입물 거리함수가 상이한 시점에 정의되므로 이를 이용하여 구할 수 있다.

2) 투입물 접근 Farrell효율의 생산성 변화

기술효율은 등량곡선과 실제 내부의 생산요소 투입량 간의 차이를 이용하여 측정할 수 있고 기술혁신은 상이한 시점 간에 등량곡선의 이동 내지 변화를 기준으로 측정하게 된다. 지금부터는 Farrell 효율의 접근방법에 따라서 기술효율변화와 기술변화를 측정할 수 있다.[23] 투입물접근은 일정한 산출물을 얻는데 사용되는 투입물을 기준으로 효율을 측정하는 방법을 말하고 산출물접근은 주어진 투입물 하에서 산출물을 조절하여 달성가능한 효율수준을 얻는 방법을 말한다. 여기서는 투입물 접근방법에 따라서 투입물 효율을 사용한다.[24] 먼저 효율은 각 연도에 상이한 DMU 간에 생산의 성과를 비교하여 측정할 수 있다. 투입물 효율은 식 (4.114)와 같이 정의된다.

---

22) 국내적으로 조상규·강상목(2006, 2007)은 제조업의 생산성변화와 결정요인을 측정하는데 이를 적용하였다.
23) 투입물 효율의 정의는 투입물 효율함수, 산출물 효율의 정의는 산출물 효율함수로 불리기도 한다.
24) 투입물 효율함수와 동일개념이나 편의상 투입효율함수로 명명한다.

$$FE_i^t(y^t, x^t) = \inf\{\theta : (\theta x^t, y^t) \in L^t(y^t)\} \quad \cdots\cdots\cdots\cdots\cdots\cdots \quad (4.114)$$

여기서 $FE_i^t(y^t, x^t)$는 t기에 주어진 산출물, y^t 하에서 실제 투입물의 효율 수준을 측정한다. 이 투입물 효율의 값 θ는 0과 1 사이의 값을 갖는다. 즉, $\theta = 1$일 때 관측값은 등량곡선 상에 위치하고 1이하일 때 그 내부에 있는 비효율적인 생산점이 된다. 따라서 θx^t는 θ가 0과 1사이의 값을 가지므로 최소투입물을 의미한다. 즉, θ가 1이면 실제 투입물 자체가 최소투입물이 되고 이 역시 생산함수 혹은 투입물 기술집합 $L(y^t)$에 속한다. t기의 투입효율은 t기의 일정 산출물 하에 투입된 최소투입량과 실제투입량의 비율을 의미한다. 만약 투입물과 산출물이 비례적으로 동일하게 증가하는 1차동차 함수라면 다음의 관계가 성립하고 투입물 효율은 산출물 효율과 정확히 역의 관계에 있게 된다.[25]

$$FE_i^t(y^t, \delta x^t) = \delta^{-1} FE_o^t(x^t, y^t), \delta > 0 \quad \cdots\cdots\cdots\cdots\cdots\cdots \quad (4.115)$$

여기서 규모불변 하에서 투입물을 δ배하면 투입효율도 δ배가 된다.

한편, 생산성 지수를 정의하기 위해서는 상이한 시점 간에 투입물 효율을 필요로 한다. t기의 효율성과 같은 방법으로 t기의 기술수준을 이용한 $t+1$기의 생산결합 (x^{t+1}, y^{t+1})에 대한 효율성은 다음과 같이 정의할 수 있다.

$$FE_i^t(y^{t+1}, x^{t+1}) = \inf\{\theta : (y^{t+1}, \theta x^{t+1}) \in L^t(y^t)\} \quad \cdots\cdots\cdots\cdots \quad (4.116)$$

$t+1$기의 생산결합 (y^{t+1}, x^{t+1})은 t기 기술수준으로 측정할 때 기술변화가 일어났다고 보면 t기 기술수준에 의한 등량곡선 밖에 위치할 것이고 효율성을 측정할 때 그 값은 일반적으로 1보다 클 것이다. 같은 방법으로 $t+1$기의 기술수준으로 생산결합 (y^t, x^t)을 측정하는 $FE_i^{t+1}(y^t, x^t)$도 정의될 수 있다. 인접한 두 기간(t, $t+1$)의 Malmquist productivity index는 효율성의 비율을 이용하여 다음과 같이 정의할 수 있다.[26]

---

25) 식(4.115)는 다음과 같이 증명될 수 있다.
　　$FE_i^t(y^t, \delta x^t) = \min\{\theta : \delta\theta x^t \in L(y^t)\} = \delta^{-1}\min\{\delta\theta : \delta\theta x^t \in L(y^t)\} = \delta^{-1} \min FE_i^t(y^t, x^t)$
　　자세한 사항은 Färe et al.(1995, p64)를 참조바란다.
26) Caves, Christensen and Diewart (1982)가 제시한 상이한 시점의 생산성지수는 기준 시점에 따라 생산성의 측정값이 상이해질 수 있는 결함을 지니고 있으므로 Färe et al.(1994)는 두 시점에서 측정한 생산성지수를 기하평균한다.

$$M_t^{t+1} = \left[\frac{FE_i^t(y^t, \ x^t \mid C, \ S)}{FE_i^t(y^{t+1}, \ x^{t+1} \mid C, \ S)} \ \frac{FE_i^{t+1}(y^t, \ x^t \mid C, \ S)}{FE_i^{t+1}(y^{t+1}, \ x^{t+1} \mid C, \ S)} \right]^{1/2}$$

$$= \frac{FE_i^t(y^t, \ x^t \mid C, \ S)}{FE_i^{t+1}(y^{t+1}, \ x^{t+1} \mid C, \ S)} \left[\frac{FE_i^{t+1}(y^{t+1}, \ x^{t+1} \mid C, \ S)}{FE_i^t(y^{t+1}, \ x^{t+1} \mid C, \ S)} \ \frac{FE_i^{t+1}(y^t, \ x^t \mid C, \ S)}{FE_i^t(y^t, \ x^t \mid C, \ S)} \right]^{1/2}$$

$$\cdots\cdots\cdots\cdots\cdots\cdots\cdots\cdots\cdots\cdots\cdots\cdots\cdots\cdots\cdots\cdots\cdots\cdots \text{(4.117)}$$

이 식의 생산성 변화지수 M_t^{t+1}는 연속된 두 기간에 대한 상이한 4개의 투입효율성을 이용하여 생산성변화를 정의하고 있다. 즉, 기준연도 t기의 기술수준과 $t+1$기의 기술수준 하에서 각각 측정한 t와 $t+1$기의 상이한 생산결합의 효율의 비율을 기하평균하여 나타낸 것이다. $M_t^{t+1} > 1$ 이면 두 기간에 생산성이 향상된 것이고 그 반대의 경우는 생산성이 저하된 것을 의미한다. 또한 이 생산성변화지수는 생산성의 변화가 기존 기술의 활용과 신기술의 개발로 인한 것인지 확인할 수 있다는 이점이 있다. 식(4.117)은 생산성변화지수를 기술효율의 변화와 기술진보의 변화로 분해하고 있다. 즉, 생산성변화지수＝기술효율의 변화＊기술진보의 변화를 의미한다. 식(4.117)의 첫 항은 두 기간 각각의 기술수준 하에 측정한 효율의 비율로서 기술효율의 변화를 의미한다. 즉, 생산이 상이한 시점 간에 생산곡선 상의 점으로부터 더 근접했는지 혹은 멀어졌는지, 상대적 효율의 변화를 측정하고 있다. 두 번째 항은 y^t와 y^{t+1}의 수준에서 측정한 생산요소 투입량 변화의 기하평균을 표시하고 있으므로 두 기간 사이의 기술진보 내지 기술발전의 변화를 의미한다. 만약 $y^t = y^{t+1}$이고 $x^t = x^{t+1}$이면 두 기간에 산출물과 투입물의 변화가 없고 생산성변화 지수의 값은 1이 된다. 즉, 생산성의 변화가 없음을 시사한다. 이러한 생산성변화의 분해는 생산성변화의 주된 요인이 기존 기술의 모방에 있는지 신기술의 개발에 있는지 그 원인을 규명할 수 있다는 장점이 있다.

이를 단순화하여 그림을 이용하여 투입효율을 사용하여 Malmquist 생산성 지수를 표시하면 [그림 4.24]와 같다. 투입물 벡터 x^t, x^{t+1}는 각각 $x^t \in L(y^t \mid C, \ S)$, $x^{t+1} \in L(y^{t+1} \mid C, \ S)$에 속한다. 물론 두 투입물 조건집합은 $L(y^t \mid C, \ S) \in L(y^{t+1} \mid C, \ S)$의 관계를 갖는다. 생산성성장지수를 구성하고 있는 4가지 투입효율함수의 실제 값은 $FE_i^t(y^t, \ x^t) = 0e/0d$, $FE_i^t(y^{t+1}, \ x^{t+1}) = 0c/0b$, $FE_i^{t+1}(y^t, \ x^t) = 0f/0d$, $F_i^{t+1}(y^{t+1}, \ x^{t+1}) = 0a/0b$이다. 이를 다시 인접한 두 기간 동안의 Malmquist 생산성 지수를 구성하는 효율의 변화(efficiency change: EC)와 기술의 변화(technical change: TC)로 분해하여 측정하면 각각 다음과 같다.

$$EC(t,\ t+1) = [(0e/0d)/(0a/0b)] \quad\cdots\cdots\cdots\cdots\cdots\cdots \quad (4.118)$$

$$TC(t,\ t+1) = \left[\frac{0a/0b}{0c/0b} \cdot \frac{0f/0d}{0e/0d} \right]^{1/2} = \left[\frac{0a}{0c} \cdot \frac{0f}{0e} \right]^{1/2} \quad\cdots\cdots \quad (4.119)$$

이와 같은 생산성 지수는 생산성 변화를 초래하는 요인별로 분해가 가능하기 에 생산성 향상에 보다 중요한 요인을 찾아낼 수 있게 한다. 이 같은 장점 때문에 이 생산성지수를 최근에 많이 사용한다.

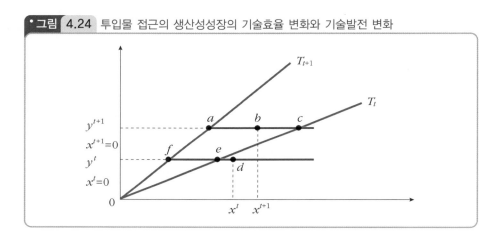

•그림 4.24 투입물 접근의 생산성성장의 기술효율 변화와 기술발전 변화

4. 전통적 생산성과 프런티어 생산성의 일치성

DEA의 거리함수에 의한 생산성과 전통적인 생산성의 관계에 대하여 의문을 가질 수 있을 것이다. 여기서는 두 생산성이 같은 개념임을 보여주고자 한다. 이 는 Färe et al.(1994)에 기초하고 있다. 먼저 생산함수를 이용하여 전통적 생산성 을 정의하면 다음과 같다.

$$y_f^t = A(t) \times F(x^t) \quad\cdots\cdots\cdots\cdots\cdots\cdots\cdots\cdots\cdots \quad (4.120)$$

좌변의 y_f^t는 t기의 최대산출량을 의미하고 A(t)는 t기의 총요소생산성이다. $F(x^t)$는 생산함수이다. 이 경우에 산출물 거리함수는 다음과 같이 표현된다. 즉,

$$D_0^t(x^t, y^t) = \inf\{\theta : y^t/\theta \leq A(t) \times F(x^t)\}$$
$$= \inf\{\theta : y^t/A(t) \times F(x^t) \leq \theta\}$$
$$= y^t/A(t) \times F(x^t)$$
$$= y^t/y_f^t \quad \cdots\cdots\cdots\cdots\cdots\cdots\cdots\cdots\cdots\cdots\cdots\cdots\cdots\cdots\cdots \quad (4.121)$$

이러한 t기의 거리함수를 기초로 맴퀴스트 생산성 지수를 구성하는 두 기간의 상이한 4개의 거리함수는 다음과 같이 유도된다.

$$D_0^t = (x^t, y^t) = y^t/A(t) \times F(x^t)$$
$$D_0^t = (x^{t+1}, y^{t+1}) = y^{t+1}/A(t) \times F(x^{t+1})$$
$$D_0^{t+1}(x^t, y^t) = y^t/A(t+1) \times F(x^t)$$
$$D_0^{t+1}(x^{t+1}, y^{t+1}) = y^{t+1}/A(t+1) \times F(x^{t+1}) \quad \cdots\cdots\cdots\cdots\cdots\cdots \quad (4.122)$$

이것을 맴퀴스트 생산성지수에 대입하면 다음과 같은 관계식을 유도해 낼 수 있다.

$$M_0(x^{t+1}, y^{t+1}, x^t, y^t)$$
$$= \left(\frac{y^{t+1}/A(t) \cdot F(x^{t+1})}{y^t/A(t) \cdot F(x^t)} \cdot \frac{y^{t+1}/A(t+1) \cdot F(x^{t+1})}{y^t/A(t+1) \cdot F(x^t)} \right)^{1/2}$$
$$= \left(\frac{y^{t+1} \cdot F(x^t)}{y^t \cdot F(x^{t+1})} \cdot \frac{y^{t+1} \cdot F(x^t)}{y^t \cdot F(x^{t+1})} \right)^{1/2}$$
$$= \frac{y^{t+1} \cdot F(x^t)}{y^t \cdot F(x^{t+1})} = \frac{y^{t+1}}{F(x^{t+1})} \cdot \frac{F(x^t)}{y^t} \quad \cdots\cdots\cdots\cdots\cdots\cdots\cdots\cdots \quad (4.123)$$

이 수식으로부터 최종적으로 $A(t) = y^t/F(x^t)$를 적용하면 다음과 같은 결과값을 얻는다. 즉,

$$M_0(x^{t+1}, y^{t+1}, x^t, y^t)$$
$$= A(t+1)/A(t) \quad \cdots\cdots\cdots\cdots\cdots\cdots\cdots\cdots\cdots\cdots\cdots\cdots\cdots \quad (4.124)$$

이 식에서 분자는 $t+1$기의 생산성이고 분모는 t기의 생산성이므로 맴퀴스트 생산성지수는 Solow(1957)의 전통적 생산성의 정의와 동일한 것임을 확인할 수 있다.

전통적 방법에 의해서 식(4.120)을 로그취하고 시간에 대하여 미분하면 생산성

변화를 측정해 낼 수 있다. 즉,

$$\ln y_f^t = \ln A(t) + \ln F(x^t) \quad \cdots\cdots\cdots\cdots\cdots\cdots\cdots\cdots\cdots\cdots (4.125)$$

이 식에 양변을 로그미분하면 다음과 같은 성장률을 얻을 수 있다.

$$\frac{\dot{y}}{y_f^t} = \frac{\dot{A}}{A(t)} + \frac{\dot{F}(x^t)}{F(x^t)} \quad \cdots\cdots\cdots\cdots\cdots\cdots\cdots\cdots\cdots (4.126)$$

좌변은 생산물의 성장률이고 우변의 첫항은 생산성의 성장률이며 둘째항은 투입요소의 성장률이 된다. 그러므로 최종적으로 생산성의 변화 내지 성장률은 다음과 같이 도출이 가능하다. 즉,

$$\frac{\dot{A}}{A(t)} = \frac{\dot{y}}{y_f^t} - \frac{\dot{F}(x^t)}{F(x^t)} \quad \cdots\cdots\cdots\cdots\cdots\cdots\cdots\cdots (4.127)$$

이는 전통적 생산성 증가율을 의미한다. 총요소생산성 변화는 생산량 증가율에서 투입요소의 증가율을 차감한 것이다.

5. 생산성 변화와 기술진보의 유형

생산성변화에 따라서 기술진보의 형태도 달라질 수 있다. 여기서 생산성변화가 초래하는 기술진보의 유형을 중립적 기술진보, 산출편향 기술진보, 투입편향 기술진보로 나누어서 설명하고자 한다.

경제적 성과를 보여주는 두 기간에 걸친 생산성변화를 살펴볼 필요가 있다. 이는 두 기간의 각각의 거리함수를 이용하면 도출가능하다. Färe et al.(1994)에 의한 생산성변화지수는 다음과 같다.

$$M_t^{t+1} = \left[\frac{D_i^t(x^{t+1}, y^{t+1})}{D_i^t(x^t, y^t)} \frac{D_i^{t+1}(x^{t+1}, y^{t+1})}{D_i^{t+1}(x^t, y^t)} \right]^{1/2} \quad \cdots\cdots\cdots\cdots (4.128)$$

M_t^{t+1}은 두 기간 0과 1기 사이에 생산성성장 지수이고 $D_i^t(x^t, y^t)$과 $D_i^{t+1}(x^{t+1}, y^{t+1})$은 두 기간 사이에 규모불변 하의 산출거리함수이다. 생산성변화는 t기를 중심으로 혹은 $t+1$기를 중심으로 측정할 수 있는데 기준연도에 따라서 생산성의 상이한 결함을 줄이기 위하여 식(4.128)은 두 거리함수의 기하평균으로 생산성을 측

정하고 있다. 만약 생산성 지수가 1보다 크다면 생산성 향상을 의미하고 1보다 작다면 악화를 의미한다.

이 생산성변화지수는 내부적으로 효율변화(EC: efficiency change) 와 기술변화(TC: technical change)로 구분할 수 있다.[27] 즉,

$$M_t^{t+1} = \frac{D_i^{t+1}(x^{t+1}, \ y^{t+1})}{D_i^t(x^t, \ y^t)} \left[\frac{D_i^t(x^t, \ y^t)}{D_i^{t+1}(x^t, \ y^t)} \frac{D_i^t(x^{t+1}, \ y^{t+1})}{D_i^{t+1}(x^{t+1}, \ y^{t+1})} \right]^{1/2} \cdots (4.129)$$

괄호 밖의 첫 항은 효율변화를 말하고 괄호 안은 기술변화를 의미한다.

한편 기술구조가 투입 및 산출 중립성을 보인다면 전체 기술변화는 산출변화 혹은 투입변화로 표시될 수 있다. 그러나 결합중립성이 존재하지 않는 일반적인 경우 투입과 산출 편향 기술변화의 가능성을 살펴볼 수 있다. 그러므로 Färe and Grosskopf(1996)에 따라서 기술변화(technical change)는 다시 산출편향 기술변화 (output biased technological change), 투입편향 기술변화(input biased technological change), 그리고 기술변화의 규모(the magnitude of technological change)로 분해될 수 있고 등량곡선의 이동에 따라 이들을 측정할 수 있다. 즉, 기술변화는 다음과 같이 분해된다.

$$TC_t^{t+1} = \left[\frac{D_i^t(x^{t+1}, \ y^{t+1})}{D_i^{t+1}(x^t, \ y^t)} \frac{D_i^t(x^t, \ y^t)}{D_i^{t+1}(x^{t+1}, \ y^{t+1})} \right]^{1/2}$$

$$= \left[\frac{D_i^t(x^{t+1}, \ y^{t+1})}{D_i^{t+1}(x^{t+1}, \ y^{t+1})} \frac{D_i^{t+1}(x^{t+1}, \ y^t)}{D_i^t(x^{t+1}, \ y^t)} \right]^{1/2} \times \left[\frac{D_i^{t+1}(x^t, \ y^t)}{D_i^t(x^t, \ y^t)} \frac{D_i^t(x^{t+1}, \ y^t)}{D_i^{t+1}(x^{t+1}, \ y^t)} \right]^{1/2}$$

$$\times \frac{D_i^t(x^t, \ y^t)}{D_i^{t+1}(x^t, \ y^t)}$$

$$= OBTC \times IBTC \times MATC \cdots\cdots\cdots (4.130)$$

여기서 오직 한가지 산출물만 고려되므로 산출편향기술변화는 존재하지 않는다. 즉, OBTC=1이 되므로 식(4.130)은 IBTC와 MATC로 구성된다. 두 번째 항인 투입편향기술변화는 t기와 t+1기 사이에 기술이전을 측정한다. 세 번째 항은 기술변화의 규모요소로 t기의 투입벡터를 기준으로 측정한 등량곡선의 거리를 의미한다. 알려져 있듯이 IBTC의 관점에서 본 기술변화의 유형은 Hick's 중립, 자본

---

27) 효율변화는 두 기간의 효율의 변화 즉, 앞선 생산단위를 따라잡는 것을 말하고 기술변화는 기술자체의 변화, 즉, 새로운 기술의 개발과 혁신을 의미한다.

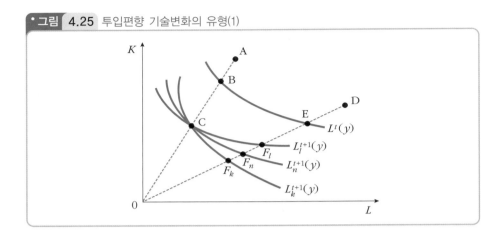

•그림 4.25 투입편향 기술변화의 유형(1)

집약(capital-using), 노동집약(labor-using)으로 구분된다, 이는 자본-노동의 비율이 일정한 상태에서 자본에 대한 노동의 한계기술대체율(MRS_{LK})이 일정, 감소, 혹은 증가하는가에 따라서 결정된다. 기술변화의 투입편향척도는 t기와 $t+1$기 사이에 y가 일정한 상태에서 K/L의 비율변화의 크기와 등량곡선의 이동을 가지고 측정한다.

[그림 4.25]는 IBTC의 값과 자본노동비율의 변화에 따라서 기술이 자본집약적인지 아니면 노동집약적인지를 보여준다. [그림 4.25]는 자본노동비율이 두 기간에 감소하는 경우를 나타낸다. 즉, 기술진보로 $t+1$기의 노동자본비율이 t기의 노동자본비율보다 적게 소요되기 위해서는 즉, $(K/L)^{t+1} < (K/L)^t$ 되어야 한다. t기의 투입요소인 노동과 자본의 투입물벡터에서 $t+1$기의 노동과 자본의 투입물벡터로 이전한 경우를 가정하자. 최초의 t기 등량곡선을 $L^t(y)$라고 간주할 때 기술진보로 $(K/L)^{t+1} < (K/L)^t$ 되려면 동일한 y수준의 산출량을 유지하면서 등량곡선이 t기의 등량곡선보다 원점에 가깝게 위치해야 할 것이다. 이 때 $t+1$기에 기술변화가 중립적일 경우 등량곡선은 $L_n^{t+1}(y)$으로 이동할 것이다. 이와 달리 기술변화가 자본집약적으로 변화한다면 $L_k^{t+1}(y)$, 기술변화가 노동집약적으로 변화하면 $L_l^{t+1}(y)$로 표시할 수 있다.

첫째, 기술변화가 중립적일 경우 $IBTC = 1$이 되고 $0B/0C = 0F_n/0E$가 된다. 이는 힉스기술중립적인 경우를 의미한다. 왜냐하면 t기와 $t+1$기에 K/L의 비율이 일정하게 유지되는 상태에서 노동과 자본의 한계기술대체율, MRS_{LK}가 변화하지 않기 때문이다.

• 그림 4.26 투입편향기술변화의 유형(2)

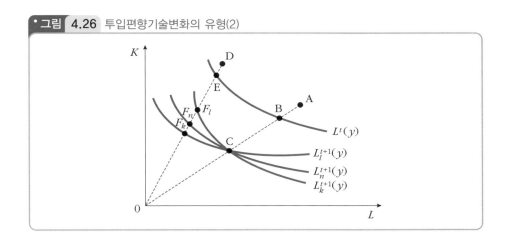

둘째, t기의 등량곡선이 산출량수준이 일정한 상태에서 $t+1$기에 $L_l^{t+1}(y)$로 이동할 경우 $OB/OC=OF_l/OE$가 되고 $IBTC<1$이 성립한다. t기에 비해 $t+1$기에 K/L의 비율이 감소한 상태에서 $IBTC<1$이 되면 노동집약적 기술편향이 있게 된다. 셋째, t기의 등량곡선이 $t+1$기에 $L_k^{t+1}(y)$로 이동할 경우 $OB/OC>OF_k/OE$가 성립하므로 $IBTC>1$이 된다. 따라서 $IBTC>1$와 K/L비율 감소가 동시에 결합되면 자본집약적인 기술편향이 발생한다.

이와 반대로 [그림 4.26]은 K/L비율이 두 기간에 증가하는 경우에 기술변화의 유형을 보여준다. 즉, $t+1$기의 노동자본비율이 t기의 노동자본비율보다 많이 소요되는 경우로서 $(K/L)^{t+1}>(K/L)^t$의 경우가 해당된다. 이 때 $IBTC>1$은 노동집약적 기술편향을 가리키고 $IBTC<1$은 자본집약적 기술편향을 의미한다.

이처럼 자본노동비율의 변화가 두 기간에 걸쳐서 상이하게 변화하는 경우에 기술진보의 유형인 자본집약적, 힉스중립적, 노동집약적인 유형은 모두 언급되었다. 이러한 관계를 정리하면 〈표 4.2〉와 같다.

표 4.2 기술진보의 편향유형

	IBTC<1	IBTC=1	IBTC>1
$\dfrac{K^{t+1}/L^{t+1}}{K^t/L^t}<1$	자본집약적 기술편향	힉스기술중립	노동집약적 기술편향
$\dfrac{K^{t+1}/L^{t+1}}{K^t/L^t}>1$	노동집약적 기술편향	힉스기술중립	자본집약적 기술편향

제 **5** 장

방향거리함수의 효율성 및 생산성

제 **1** 절 **방향거리함수의 의미와 특징**

　방향거리함수(directional distance function)는 주로 투입물을 축소하고 산출물을 확장을 고려하기에 현존 거리함수를 일반화하는 역할을 한다. 이러한 방형거리함수의 도입은 Chambers et al.(1998), Luenberger(1992.1995) 등에 의하여 발전되었다. 방향거리함수를 이용하여 바람직하지 않은 유해산출물을 축소하는 것이 필요하므로 Färe, Grosskopf, and Pasurka(1986), Chung, Färe and Grosskopf(1997), Färe, Grosskopf, and Pasurka(2001), 강상목 외(2009), 강상목 · 김문휘(2009), 김미숙 외(2007), 강상목(2010a, 2010b), 김광욱 · 강상목(2012), 강상목 외(2013), 강상목 · 조단(2013), 강상목(2014) 등은 유해산출물과 정(+)의 산출물을 적용하는데 사용하였다. 한편, 이러한 방향거리함수를 은행산업에 이용한 국내연구로는 김상호(2001), 김인철 외(2006), 이연정 외(2009), 강상목 · 오대원(2011) 등이 있다.

　방향거리함수는 Shephard 유형의 거리함수를 방사선으로 측정하는 특별한 거리함수로 간주한다. 한 방향으로 효율을 측정하는 방사선의 거리함수와는 다르게 방향거리함수는 모든 방향으로 방향성을 줄 수 있기 때문에 일반화된 거리함수라 할 수 있다. 방향거리함수는 투입물과 산출물의 관계에서 실제보다 축소 가능한 투입물과 확대 가능한 산출물의 수준을 제시해 줄 수 있고 이들의 바람직한 방향성을 부여할 수 있다. 가령, 바람직한 산출물과 오염물을 동시에 생산하는 기업의 경우 산출물은 확장하고 오염물은 비례적으로 축소하는 방향성을 줄 수 있는 장점이 있다. 비슷하게 은행의 경우도 바람직한 정(+)의 대출은 확대되어야 하지만 부실대출의 경우는 축소되는 것이 바람직한 방향이므로 동시에 방향성을 주는 것이 가능하다.

방향거리함수의 기본적 특징을 이해하기 위한 기초이론은 제시하고자 한다. 생산기술을 T라고 할 때 이는 투입물 벡터, $x = (x_1, \cdots, x_N) \in R_+^N$를 변형하여 산출물 벡터 $y = (y_1, \cdots, y_M)$를 생산한다. 즉,

$$T = \{(x, y) : x \ can \ produce \ y\} \ \cdots\cdots\cdots\cdots\cdots\cdots\cdots\cdots\cdots \ (5.1)$$

이 기술은 볼록성(convexity), 폐쇄집합(closed set), 투입물과 산출물의 자유처분성을 가정한다. 방향거리벡터를 $g = (-g_x, g_y)$라 둘 때 투입물 벡터 g_x는 축소하고 산출물 벡터 g_y는 확장하는 기술 T하에 정의되는 방향거리함수는 다음과 같다. 즉,

$$\vec{D}_T(x, \ y : \ -g_x, \ +g_y) = \sup\{\beta : (x - \beta g_x, \ y + \beta g_y) \in T\} \ \cdots \ (5.2)$$

이 거리함수는 산출물은 확장하고 투입물은 축소하는 방향성을 갖는다. 이를

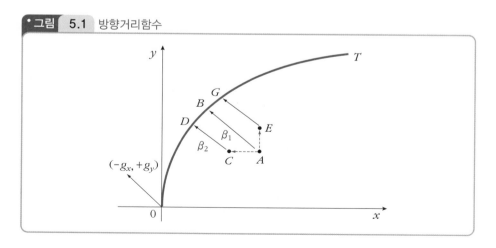

•그림 5.1 방향거리함수

그림으로 표현하면 [그림 5.1]과 같다. 기술집합(T)의 내부에 A점과 C점, E점이 있다고 하자. A점에서 프런티어 상의 B점으로 방향성을 주면 이것이 투입물은 축소하고 산출물은 확장하는 방향거리함수가 된다.

그림에서 투입물과 산출물 벡터(x, y)가 기술 T의 생산변경으로 투사되는 방향 벡터로서 생산변경에 이르게 되면 생산변경 상의 결합점은 $(x - \beta g_x, y + \beta g_y)$가 된다. 이 생산변경 상의 결합점도 생산기술 T에 포함된다. 여기서 방향거리함수는 β로 표시되고 실제 생산변경 내부의 한 점과 생산변경 상의 한 점과의 거리를 표시한다. 즉, A점과 같이 생산변경으로부터 멀리 위치할수록 방향거리함수 값은 크고 C점, E점과 같이 생산변경에 가까이 위치하면 점점 0에 가까워진다. 생산변경 상에 도착하면 두 점 간의 거리는 0이 되므로 방향거리함수의 값은 0이다. 따라서 이를 다음과 같이 표현할 수 있다.

$$\vec{D}_T(x, y : -g_x, +g_y) \geq 0 \; if \; and \; only \; if \; (x, y) \in T \; \cdots\cdots\cdots \; (5.3)$$

방향거리함수의 여러 특징 가운데 전이성(translation)을 설명하고자 한다. 전이성이란 산출거리함수에서 산출물의 1차동차함수의 특징과 일치한다. 산출물의 1차동차함수는 이미 앞에서 설명되었듯이 다음과 같이 표현된다.

$$D_0(x, \theta y) = \theta D_0(x, y) \; \cdots\cdots\cdots\cdots\cdots\cdots\cdots\cdots\cdots\cdots\cdots\cdots \; (5.4)$$

이러한 1차동차함수의 성격을 방향거리함수도 동일하게 갖는다. 규모일정 불변 하의 산출거리함수와 방향거리함수를 연계시키면 두 거리함수의 관계는 다음과 같다.

$$\begin{aligned}
\vec{D}_T(x, y : 0, +g_y) &= \sup\{\beta : (x, y + \beta g_y) \in T\} \\
&= \sup\{\beta : D_0((x, y) + \beta(x, y)) \leq 1\} \\
&= \sup\{\beta : (1 + \beta) D_0(x, y) \leq 1\} \\
&= \sup\{\beta : \beta \leq (1/D_0(x, y)) - 1\} \\
&= (1/D_0(x, y)) - 1 \; \cdots\cdots\cdots\cdots\cdots\cdots \; (5.5)
\end{aligned}$$

결과적으로 방향거리함수와 산출거리함수는 다음과 같은 역의 관계를 갖는다.

$$\vec{D}_T(x, y : 0, y) = (1/D_0(x, y)) - 1 \; for \; (g_x, g_y) = (0, y) \; \cdots \; (5.6)$$

이러한 방향거리함수를 투입물의 경우도 동일하게 적용이 가능하다. 동일한 방법으로 규모일정불변 하의 투입거리함수와 방향거리함수를 연계시키면 두 거리함수의 관계는 다음과 같다. 즉,

$$\vec{D}_T(x,\ y: -g_x, 0) = \sup\{\beta : (x - \beta g_x,\ y) \in T\}$$
$$= \sup\{\beta : D_i((x,\ y) - \beta(x,\ y)) \geq 1\}$$
$$= \sup\{\beta : (1 - \beta)D_i(x,\ y) \geq 1\}$$
$$= \sup\{\beta : \beta \leq 1 - (1/D_i(x,\ y))\}$$
$$= 1 - (1/D_i(x,\ y)) \quad\cdots\cdots\cdots\cdots\cdots\cdots\cdots\cdots (5.7)$$

그러므로 방향거리함수를 투입물 거리함수로 표현하면 다음과 같이 정리가 된다.

$$\vec{D}_T(x,\ y: x,\ 0) = (1 - 1/D_i(y,\ x))\ for\ (g_x,\ g_y) = (x,\ 0) \quad\cdots\cdots (5.8)$$

다음으로 1차동차성이 전이성으로 인한 것이란 점을 보여주기 위해서 $\alpha > -1$ 에 대하여 방향거리함수가 전이성을 만족시킨다고 가정하자. 즉,

$$\vec{D}_T(x - \alpha g_x,\ y + \alpha g_y: -g_x, +g_y) = \vec{D}_T(x,\ y: -g_x, +g_y) - \alpha \quad (5.9)$$

만약 $-g_x = 0$이고 $g_y = y$라고 두면 식(5.9)는 다음과 같이 표현된다.

$$\vec{D}_T(x,\ y + \alpha y: 0,\ y) = \vec{D}_T(x,\ y: 0,\ y) - \alpha \quad\cdots\cdots\cdots\cdots\cdots (5.10)$$

$$\frac{(1+\alpha)}{(1+\alpha)}\ \vec{D}_T(x,\ y + \alpha y: 0,\ y) = (1+\alpha)\vec{D}_T(x,\ (1+\alpha)y: 0,\ (1+\alpha)y)$$
$$\cdots\cdots\cdots\cdots\cdots\cdots\cdots\cdots\cdots\cdots\cdots\cdots\cdots\cdots\cdots\cdots (5.11)$$

식(5.11)은 방향거리함수가 다음과 같은 특징을 역시 가지고 있기 때문에 그러한 표현이 가능하다. 즉,

$$\vec{D}_T(x,\ y: -\lambda g_x, +\lambda g_y) = (1/\lambda)\vec{D}_T(x,\ y: -g_x, +g_y) \quad\cdots\cdots (5.12)$$

식(5.6)의 방향거리함수와 산출거리함수의 관계를 다시 적용하면 다음과 같은 최종 결과를 얻는다. 즉,

$$(1+\alpha)(1/D_o(x,\ (1+\alpha)y)-1) = (1/D_o(x,\ y))-1-\alpha \quad \cdots\cdots (5.13)$$

$$D_o(x,\ \theta y) = \theta D_o(x,\ y) \quad \cdots\cdots\cdots\cdots\cdots\cdots\cdots\cdots\cdots\cdots\cdots (5.14)$$

여기서 $(1+\alpha)=\theta>0$이므로 이 결과는 동차성과 전이성의 특징 간의 관계를 보여준다.

제2절 방향거리함수와 효율성

방향거리함수의 장점은 원하는 방향으로 거리함수의 방향성을 줄 수 있다는 점이다. 주로 투입물은 감소시키고 산출물은 증가하는 방향으로 방향성을 주는 예를 가지고 설명하였으나 상황에 따라서 투입물은 일정한 상태에서 산출물을 증가시키는 방향성만 줄 수도 있고 그 반대의 경우도 가능하다. 다양한 방향성을 갖는 방향거리함수를 그림으로 표현하면 [그림 5.2]와 같다. 여기서 방향거리함수는 다양한 형태의 방향거리함수의 벡터와 방향거리함수의 거리를 보여주고 있다. 임의의 생산점이 프런티어의 내부에 위치하여 생산결합점이 $A(x,\ y)$라고 하자. 이 점에서 x는 감소하고 y는 증가하는 방향성을 줘서 이동시킬 때 그 방향으로 프런티어에 도달한 점의 좌표는 $(x-\beta g_x,\ y-\beta g_y)$가 된다. 만약 x는 주어진 상태에서 y

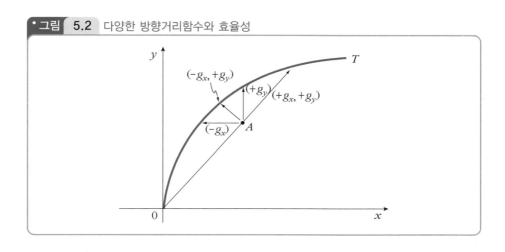

그림 5.2 다양한 방향거리함수와 효율성

만 증가시키는 방향성을 주게 되면 y축으로 방향이동만 일어날 것이다. 이 때 생산프런티어 상의 점은 $(x, y-\beta g_y)$가 된다. 반대로 y는 일정한 상태에서 투입물 x만 감소시키는 방향성을 줄 때 내부점에서 프런티어 상의 점에 도달한 점은 $(x-\beta g_x, y)$가 된다. 물론 생산내부의 점에서 방향거리함수의 값은 0보다 크지만 프런티어 상에서는 항상 0이 된다. 또한 A에서 원점과 연결한 방사선 형태의 방향성을 주게 되면 전통적인 방사선거리함수와 동일하다. 따라서 방향거리함수는 방사선거리함수의 일반형이라고 말할 수 있다. 그러므로 A점에서 4개의 방향에 따른 4개의 상이한 효율성을 측정해 볼 수 있다.

그런데 실제 방향거리함수의 측정은 선형프로그램을 이용하면 가능하다. 먼저 투입물은 감소하고 산출물은 증가시키는 방향성을 갖는 방향거리함수의 선형프로그램은 다음과 같이 표현된다.

$$\vec{D}_C(x, y: -g_x, +g_y) = Max\ \beta$$
$$s.t.: \sum_{k=1}^{K} z_k y_{km} \geq y_{km} + \beta g_y, \quad m=1, \cdots, M,$$
$$\sum_{k=1}^{K} z_k x_{kn} \leq x_{kn} - \beta g_x, \quad n=1, \cdots, N,$$
$$z_k \geq 0, \quad k=1, \cdots, K \quad \cdots\cdots\cdots\cdots\cdots\cdots\cdots\cdots\cdots (5.15)$$

이는 규모일정불변(CRS) 하에서 투입물은 감소시키고 산출물은 증가시키는 방향으로 방향성을 준 선형계획식이다. β는 방향거리함수의 구체적 값으로 DMU에 따라서 다르게 나타날 것이다. 반면 x 혹은 y 중 하나만 방향성을 갖는 경우 선형프로그램은 한 변수에 대한 방향성을 주면 된다. 가령, x는 주어지고 y만 증가하는 방향으로 방향거리함수를 측정하는 선형프로그램은 다음과 같다.

$$\vec{D}_C(x, y: 0, +g_y) = Max\ \beta$$
$$s.t.: \sum_{k=1}^{K} z_k y_{km} \geq y_{km} + \beta g_y, \quad m=1, \cdots, M,$$
$$\sum_{k=1}^{K} z_k x_{kn} \leq x_{kn}, \quad n=1, \cdots, N,$$
$$z_k \geq 0, \quad k=1, \cdots, K \quad \cdots\cdots\cdots\cdots\cdots\cdots\cdots\cdots (5.16)$$

나아가 산출물이 여러 종류가 있을 때 부분적으로 일부 산출물에는 방향성을 주고 잔여 산출물에는 방향성을 주지 않을 수도 있다. 투입물의 경우에도 일부 투입물에 대해서만 방향성을 줄 수도 있다. 가령, 단기에 고정요소인 자본은 변화시킬 수 없으므로 방향성을 주지 않고 가변 요소에만 방향성을 줄 수도 있을 것이다.

제3절 방향거리함수와 생산성변화지수

각각의 방향거리함수는 생산성변화를 계측하는데 사용할 수 있다. 투입물 단위당 산출물의 성장을 측정하는 방법으로 맴퀴스트(Malmquist) 생산성지수를 이용하면 도출할 수 있다. 일반적인 맴퀴스트 생산성 지수가 두 기간에 걸친 4개의 거리함수를 가지고 정의되고 생산성지수가 효율변화와 기술변화로 분해된 것과 동일하게 방향거리함수를 가지고도 생산성변화를 정의하고 이를 효율변화와 기술변화로 구분할 수 있다. [그림 5.3]은 두 기간에 존재하는 상이한 생산함수의 내부에 존재하는 점 A와 B가 있고 t기의 A점에서 $t+1$기의 B점으로 이동하였다고 가정하자. 방향벡터 $(-g_x^t, +g_y^t)$와 $(-g_x^{t+1}, +g_y^{t+1})$는 t와 $t+1$기에 투입물과 산출물의 이동방향을 각각 가리킨다. 두 기간에 각각 투입물은 감소하고 산출물은 증가하는 방향으로 효율성을 측정하고 이를 기초로 생산성변화를 측정할 경우 방사선거리함수의 생산성변화와 동일하게 측정이 될 수 있음을 보여준다. 구체적으로 설명하면 t기에 임의의 산출물과 투입물의 생산결합점이 A라 가정할 때 투입

• 그림 5.3 방향거리함수와 생산성변화지수

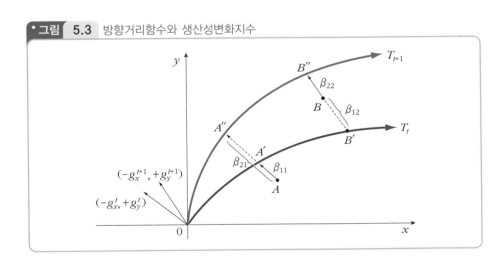

물은 감소하고 산출물은 증가하는 방향거리함수를 적용할 경우, A점은 좌상방으로 향하여 프런티어 상의 효율적인 한 점(A′)과 비교된다. 그 방향거리함수의 값은 β_{11}이다. 동일하게 $t+1$기의 B점은 비효율적이므로 T_{t+1}프런티어 상의 점(B″)과 비교하면 β_{22}의 방향거리함수 값을 얻는다. 즉, 각 시점의 기준기술에 기초하여 해당시점의 이동을 측정한 것이다. 그런데 t기의 A가 $t+1$기에 B점으로 이동하였다면 생산성변화를 측정하기 위하여 두 점을 기준으로 상이한 4개의 방향거리함수를 필요로 한다. 그러므로 추가적으로 t기 프런티어에 기준한 $t+1$기의 방향거리함수와 $t+1$기 프런티어에 기준한 t기의 방향거리함수도 도출 가능하다. 이는 각각 β_{12}, β_{21}이 이에 해당된다. 이 4개의 방향거리함수를 기초로 생산성변화지수를 도출할 수 있다.

앞서 언급된 규모일정불변 하의 거리함수와 방향거리함수의 역의 관계를 두 기간에 적용하면 다음의 관계를 각각 얻는다.

$$D_C^t(x^t,\ y^t) = \frac{1}{\vec{D}_C^t(x^t,\ y^t)+1}$$

$$D_C^{t+1}(x^{t+1},\ y^{t+1}) = \frac{1}{\vec{D}_C^{t+1}(x^{t+1},\ y^{t+1})+1} \quad\cdots\cdots\cdots\cdots\cdots\cdots (5.17)$$

또한 상이한 시점에 t기 기준기술로 $t+1$기의 생산점을 측정한 것과 $t+1$기 기준기술로 t기의 생산점을 측정한 것 등 4개의 방향거리함수가 도출될 수 있으므로 이를 전통적 맴퀴스트 생산성변화지수에 대입하면 방향거리함수로 정의되는 생산성변화지수를 얻을 수 있다. 즉,

$$\vec{M}_t^{t+1}(-g_x,\ +g_y) = \left[\frac{\vec{D}_C^t(x^t,\ y^t)+1}{\vec{D}_C^t(x^{t+1},\ y^{t+1})+1} \cdot \frac{\vec{D}_C^{t+1}(x^t,\ y^t)+1}{\vec{D}_C^{t+1}(x^{t+1},\ y^{t+1})+1} \right]^{1/2} \cdots (5.18)$$

이 생산성변화지수의 값이 1보다 크면 생산성향상, 1보다 작으면 생산성 악화를 의미한다. 이 방향거리함수의 생산성지수도 내부적으로 효율변화(EC: efficiency change)와 기술변화(TC: technical change)로 구분할 수 있다[1] 즉,

---

1) 효율변화는 두 기간의 효율의 변화 즉, 앞선 생산단위를 따라잡는 것을 말하고 기술변화는 기술자체의 변화, 즉, 새로운 기술의 개발과 혁신을 의미한다.

$$\vec{M}_t^{t+1}(-g_x, +g_y) = \left[\frac{\vec{D}_C^t(x^t, \ y^t)+1}{\vec{D}_C^t(x^{t+1}, \ y^{t+1})+1} \cdot \frac{\vec{D}_C^{t+1}(x^t, \ y^t)+1}{\vec{D}_C^{t+1}(x^{t+1}, \ y^{t+1})+1} \right]^{1/2}$$

$$= \frac{\vec{D}_C^t(x^t, \ y^t)+1}{\vec{D}_C^{t+1}(x^{t+1}, \ y^{t+1})+1} \left[\frac{\vec{D}_C^{t+1}(x^{t+1}, \ y^{t+1})+1}{\vec{D}_C^t(x^{t+1}, \ y^{t+1})+1} \cdot \frac{\vec{D}_C^{t+1}(x^t, \ y^t)+1}{\vec{D}_C^t(x^t, \ y^t)+1} \right]^{1/2}$$

$$= \frac{\vec{D}_C^t(x^t, \ y^t)+1}{\vec{D}_C^{t+1}(x^{t+1}, \ y^{t+1})+1} \left[\frac{\vec{D}_C^{t+1}(x^t, \ y^t)+1}{\vec{D}_C^t(x^t, \ y^t)+1} \cdot \frac{\vec{D}_C^{t+1}(x^{t+1}, \ y^{t+1})+1}{\vec{D}_C^t(x^{t+1}, \ y^{t+1})+1} \right]^{1/2}$$

$$\cdots\cdots\cdots (5.19)$$

여기서 괄호 밖의 첫 항은 효율변화를 말하고 괄호 안은 기술변화를 의미한다. 효율변화는 다시 순수효율변화(PC: pure efficiency change)와 규모효율변화 (SC: scale efficiency change)로 세분화할 수도 있다. 즉, 효율변화를 이들 두 요소로 분해하기 위해서 규모일정불변과 가변규모(VRS: variable return to scale) 하의 거리함수를 측정해서 상대적 비로 표시하면 규모효율을 측정할 수 있다. 여기에 거리함수와 방향거리함수의 관계를 도입하면 내부적으로 세 요소로 분해도 가능하다.

제4절 방향거리함수와 비용, 수입, 이윤함수

1. 방향거리함수와 비용함수

방향거리함수를 적용한 비용효율을 도출하기 위해서 비용함수에 대한 정의가 필요하다 비용함수를 구성하는 요소를 먼저 정의하고자 한다. 비용함수를 구성하는 투입물 벡터는 다음과 같이 구성된다.

$$x = (x_1, \ \cdots, \ x_N) \in R_+^N$$

각각의 투입물 가격 벡터는 다음과 같다.

$$w = (w_1, \ \cdots, \ w_N) \in R_+^N$$

투입물과 투입물가격이 실수라는 것은 이들이 완전히 작게 나눌 수 있다는 것을 의미한다. 비용은 투입물과 투입물의 가격으로 구성되므로 다음과 같이 표현할 수 있다.

$$wx = \sum_{n=1}^{N} w_n x_n \quad \text{...} \quad (5.20)$$

여기서 투입물 가격 $0 \leq w_n (n=1, \cdots, N)$이고 $x_n (n=1, \cdots, N)$은 투입물의 양을 의미한다. 나아가 $C(y, w)$를 비용함수라고 두면 x^*가 비용을 최소화하는 최적투입물일 때 비용함수는 다음과 같이 정의된다.

$$C(y, \ w) = \min\{wx : x \in L(y)\} \quad \text{.............................} \quad (5.21)$$

$C(y, w)$는 최소비용이고 $L(y)$는 투입물기술집합을 의미한다. 따라서 최소비용은 다음과 같이 다시 표현할 수 있다.

$$C(y, \ w) = \sum_{n=1}^{N} w_n x_n^* = wx^* \quad \text{.............................} \quad (5.22)$$

w는 투입물가격벡터이고 x는 투입물벡터로서 x^*는 비용을 최소화하는 투입물 수준을 말한다. 나아가 투입물가격이 양(+)의 가격을 유지한다고 보면 비용함수는 다음과 같은 특성을 만족해야 한다.

첫째, 비용함수는 투입물에 대하여 항상 양(+)의 값을 가지고 투입물가격의 증가함수이다($C(y, w) \geq 0$, $dC/dw \geq 0$).

둘째, 비용함수는 투입물가격에 대하여 1차동차함수이다($dC/dw = x$).

셋째, 비용함수는 투입물가격에 대하여 연속적이고 볼록성을 만족하여 생산가능집합 내에 항상 해가 존재한다.

이제 기술효율을 측정하는 방향거리함수를 정의할 필요가 있다. 방향벡터 $g = (-g_x, 0)$라고 하면 방향거리함수는 다음과 같이 정의된다.

$$\vec{D}_T(x, \ y: \ -g_x, 0) = \sup\{\beta : (x - \beta g_x, \ y) \in T\} \quad \text{............} \quad (5.23)$$

이 방향거리함수는 주어진 산출물 수준에서 투입물은 최대로 축소하는 방향으로 효율을 측정한다. 방향거리함수의 주된 특징은 이윤, 수입과 마찬가지로 비용과의 이중성을 갖는 것이다. 방향거리함수를 포함하여 비용효율(CE)을 제시하면 다음과 같이 비용효율을 정의할 수 있다. 즉,

$$CE(y, \ w; \ g_x) = \sup\{\beta : w(x - \beta g_x) \in T\} \quad \text{....................} \quad (5.24)$$

방향거리함수에 기초한 비용효율의 정의는 주어진 산출물 수준에서 투입물벡터를 최대한 줄이는 방향으로 확장하는 정도를 측정하는 것이다. 물론 투입물 벡터를 최대한 축소하여 도달한 비용프런티어 상의 점도 투입물 기술집합(T)에 속한다. 방향거리함수를 이용한 비용효율을 유도하면 다음과 같다.

$$
\begin{aligned}
CE(y, \ w; \ g_x) &= \sup\{\beta : w(x - \beta g_x) \in T\} \\
&= \sup\{\beta : w(x - \beta g_x) \geq C(y, \ w)\} \\
&= \sup\{\beta : w(x - x^*) \geq \beta w g_x\} \\
&= \sup\{\beta : \frac{w(x - x^*)}{w g_x} \geq \beta\} \\
&= \frac{w(x - x^*)}{w g_x} \quad \cdots\cdots\cdots\cdots\cdots\cdots\cdots\cdots (5.25)
\end{aligned}
$$

그러므로 방향거리함수에 의한 비용효율은 실제투입에서 최소투입을 차감한 것을 투입물 방향벡터로 나누어준 것으로 정의된다. $wx \geq wx^*$이므로 비용효율은 0혹은 0보다 큰 값을 가진다. 만약 $CE = 0$이면 효율적이고 0보다 크면 비효율적이다.

나아가 방향거리함수를 가지고 도출한 비용효율은 기술효율과 할당효율을 포함하기에 이는 적어도 방향거리함수의 기술효율보다는 크거나 같다. 기술효율과 같을 때는 할당효율이 효율적이고 기술효율이 비용효율보다 적을 때는 할당비효율이 존재하게 된다. 따라서 다음의 관계를 갖는다.

$$
CE(y, \ w; \ g_x) = \frac{w(x - x^*)}{w g_x} \geq \vec{D}_i(y, \ x; \ g_x) \quad \cdots\cdots\cdots\cdots\cdots (5.26)
$$

방향거리함수의 기술효율에 할당효율을 추가하면 비용효율은 다음과 같이 표현된다.

$$
CE(y, \ w; \ g_x) = \frac{w(x - x^*)}{w g_x} = \vec{D}_i(x, \ y; \ g_x) + A\vec{E}_i \quad \cdots\cdots\cdots (5.27)
$$

이는 방사선 효율에 기초한 비용효율이 기술효율과 할당효율로 분해되는 것과 동일하다. 먼저 방향거리함수에 의한 기술효율을 도출하고 비용효율에서 이를 차감하면 할당효율을 얻게 된다. 방향거리함수에 의한 기술효율의 선형프로그램은 다음과 같이 표현할 수 있다.

$$\vec{D}_i(x, \; y: \; -g_x, \; 0) = Max \; \beta$$

$$s.t.: \sum_{k=1}^{K} z_k y_{km} \geq y_{km}, \quad m=1, \cdots, M,$$

$$\sum_{k=1}^{K} z_k x_{kn} \leq x_{kn} - \beta g_x, \quad n=1, \cdots, N,$$

$$z_k \geq 0, \quad k=1, \cdots, K \; \cdots\cdots\cdots\cdots\cdots\cdots\cdots\cdots\cdots \quad (5.28)$$

여기서 산출물은 주어진 것으로 가정하므로 투입물에만 방향거리함수를 적용하여 기술효율을 도출한다. 그리고 투입물 중 일부가 고정되었다면 고정투입물에 대해서는 제외하고 가변투입물에 대해서 방향거리함수를 적용할 수 있다.

2. 방향거리함수와 수입함수

방향거리함수를 적용한 수입효율을 도출하기 위해서 수입함수에 대한 정의가 필요하다 수입함수를 구성하는 요소를 먼저 정의하자. 수입함수를 구성하는 산출물 벡터는 다음과 같이 구성된다.

$$y = (y_1, \cdots, y_M) \in R_+^M$$

각각의 산출물 가격 벡터는 다음과 같다.

$$p = (p_1, \cdots, p_M) \in R_+^M$$

투입물과 동일하게 산출물과 산출물가격이 실수라는 것은 이들이 완전히 작게 나눌 수 있다는 것을 의미한다. 수입은 산출물과 산출물가격으로 구성되므로 다음과 같이 표현할 수 있다.

$$py = \sum_{m=1}^{M} p_m y_m \; \cdots\cdots\cdots\cdots\cdots\cdots\cdots\cdots\cdots\cdots\cdots \quad (5.29)$$

여기서 산출물 가격 $p_m(m=1, \cdots, M) \geq 0$이고 $y_m(m=1, \cdots, M)$은 산출물의 양을 의미한다. 나아가 $R(x, p)$를 수입함수라 두면 수입함수의 최대값은 다음과 같이 정의된다. 즉,

$$R(x, \; p) = \max\{py : y \in T(x)\} \; \cdots\cdots\cdots\cdots\cdots\cdots\cdots \quad (5.30)$$

$R(x, p)$는 최대수입이고 $T(x)$는 산출물생산집합을 의미한다. 산출물가격이 양 (+)의 가격을 유지한다고 보면 수입함수는 다음과 같은 특성을 만족해야 한다.

첫째, 수입함수는 산출물에 대하여 항상 양(+)의 값을 가지고 산출물가격의 증가함수이다($R(x, p) \geq 0$, $dR/dp \geq 0$).

둘째, 수입함수는 산출물가격에 대하여 1차동차함수이다($dR/dp = y$).

셋째, 수입함수는 산출물가격에 대하여 연속적이고 볼록성을 만족하여 생산가능집합 내에 항상 해가 존재한다.

$R(x, p)$는 최대수입으로 다음과 같이 표현할 수 있다. 즉,

$$R(x, p) = \sum_{m=1}^{M} p_m y_m^* = p y^* \quad\cdots\cdots\cdots\cdots\cdots\cdots\cdots\cdots\cdots\cdots \text{(5.31)}$$

p는 산출물가격벡터이고 y는 산출물벡터로서 y^*는 수입을 최대화하는 산출물수준을 말한다.

이제 산출물접근의 기술효율을 측정하는 방향거리함수 g를 정의할 필요가 있다. 방향벡터 $g = (0, +g_y)$라고 하면 산출물 방향거리함수는 다음과 같이 정의된다.

$$\vec{D}_T(x, y : 0, +g_y) = \sup\{\beta : (x, y + \beta g_y) \in T\} \quad\cdots\cdots\cdots\cdots \text{(5.32)}$$

이 방향거리함수는 주어진 투입물 수준에서 산출물을 최대로 확대하는 방향으로 효율을 측정한다. 방향거리함수의 주된 특징은 비용과 마찬가지로 수입함수와 이중성을 갖는 것이다. 방향거리함수를 포함한 수입효율(RE)을 정의하면 다음과 같다.

$$RE(x, p; g_y) = \sup\{\beta : p(y + \beta g_y) \in T\} \quad\cdots\cdots\cdots\cdots\cdots\cdots \text{(5.33)}$$

방향거리함수에 기초한 수입효율의 정의는 주어진 투입물 수준에서 산출물벡터를 최대한 확대하는 정도를 측정하는 것이다. 물론 산출물벡터를 최대한 확대하여 도달한 생산프런티어 상의 점도 산출물 기술집합(T)에 속한다. 방향거리함수를 이용한 수입효율을 유도하면 다음과 같다.

$$RE(x, p; g_y) = \sup\{\beta : p(y + \beta g_y) \in T\}$$

$$= \sup\{\beta \,:\, p(y + \beta g_y) \le R(x, \ p)\}$$

$$= \sup\{\beta \,:\, p\beta g_y \le R(x, \ p) - py\}$$

$$= \sup\left\{\beta \,:\, \beta \le \frac{R(x, \ p) - py}{pg_y}\right\}$$

$$= \frac{R(x, \ p) - py}{pg_y} \quad \dots\dots\dots\dots\dots\dots\dots\dots\dots \text{(5.34)}$$

그러므로 방향거리함수에 의한 수입효율은 최대수입에서 실제수입을 차감한 것을 산출물 방향벡터로 나누어준 것으로 정의된다. $R(x, p) \ge py$이므로 수입효율은 0 혹은 0보다 큰 값을 가진다. 만약 $RE(x, p : g_y) = 0$이면 효율적이고 0보다 크면 비효율적이다.

나아가 방향거리함수를 가지고 도출한 수입효율은 기술효율과 할당효율을 포함하기에 이는 적어도 방향거리함수의 기술효율보다는 크거나 같다. 기술효율과 같을 때는 할당효율이 효율적이고 기술효율이 수입효율보다 적을 때는 할당비효율이 존재하게 되므로 다음의 관계를 갖는다.

$$RE(x, \ p; \ g_y) = \frac{R(x, \ p) - py}{pg_y} \ge \vec{D}_o(x, \ y : g_y) \quad \dots\dots\dots\dots \text{(5.35)}$$

따라서 방향거리함수의 기술효율에 할당효율을 추가하면 수입효율은 다음과 같이 표현된다.

$$RE(x, \ p; \ g_y) = \frac{R(x, \ p) - py}{pg_y} = \vec{D}_o(x, \ y : g_y) + A\vec{E}_o \quad \dots\dots\dots \text{(5.36)}$$

여기서 방향거리함수에 의한 기술효율을 도출하면 수입효율에서 이를 차감하면 할당효율을 얻게 된다. 산출물 방향거리함수에 의한 기술효율의 선형프로그램은 다음과 같이 표현할 수 있다.

$$\vec{D}_o(x, \ y : 0, \ g_y) = Max \ \beta$$

$$s.t.: \sum_{k=1}^{K} z_k y_{km} \ge y_{km} + \beta g_y, \ \ m = 1, \ \cdots, \ M,$$

$$\sum_{k=1}^{K} z_k x_{kn} \le x_{kn}, \ \ n = 1, \ \cdots, \ N,$$

$$z_k \ge 0, \ \ k = 1, \ \cdots, \ K \quad \dots\dots\dots\dots\dots\dots\dots\dots\dots\dots \text{(5.37)}$$

이 수식에서 보듯이 투입물은 주어진 것으로 가정하므로 산출물에만 방향거리함수를 적용하여 기술효율을 도출한다. 도출한 방향거리함수를 수입효율에서 차감하면 할당효율을 얻을 수 있다.

3. 방향거리함수와 이윤함수

비용함수와 수입함수를 결합하면 이윤함수를 정의할 수 있다. 성과의 가장 자연스러운 측정지표는 이윤이라 할 수 있다. 왜냐하면 이윤은 성과의 비용측면과 편익측면을 모두 포함하고 있기 때문이다. 이윤효율은 비용효율, 수입효율과 같이 최대 이윤과 실제이윤과의 상대적 비율을 측정한다.

먼저 투입물과 산출물을 동시에 움직이는 방향거리함수 g를 정의할 필요가 있다. 방향벡터 $g=(-g_x, +g_y)$라고 하면 투입물과 산출물을 동시에 이동시키는 방향거리함수는 다음과 같이 정의된다.

$$\vec{D}_T(x, y : -g_x, +g_y) = \sup\{\beta : (x-\beta g_x, y+\beta g_y) \in T\} \cdots (5.39)$$

이 방향거리함수는 동시에 투입물을 최대로 축소하고 산출물을 최대로 확대하는 방향으로 효율을 측정한다. 방향거리함수의 주된 특징은 이윤함수와 이중성을 갖는 것이다.

최대이윤을 정의하려면 기술집합에서 이윤을 최대화하는 최적 투입−산출 생산점 (x^*, y^*)을 선택해야 한다. 최대이윤은 다음과 같이 정의할 수 있다.

$$\Pi(p, w) = \sup\{py - wx : (x, y) \in T\} \cdots\cdots\cdots\cdots (5.38)$$

이 최대이윤은 제4장의 이윤효율에서 설명하였듯이 단위이윤선이 생산함수에서 가장 바깥 변경에 접하는 접선일 때 달성되는데 그 때 최적점이 (x^*, y^*)라면 최대이윤은 다음과 같이 표현된다.

$$\Pi(p, w) = py^* - wx^* \cdots\cdots\cdots\cdots\cdots\cdots\cdots (5.40)$$

이 $\Pi(p, w)$를 이윤함수라고 하고 이윤함수는 비용함수, 수입함수와 같이 다음과 같은 성격을 만족한다.

첫째, 이윤함수는 0보다 크고 w의 감소함수이고 p의 증가함수이다($\Pi(p, w) \geq$

0, $d\Pi/dw \leq 0$, $d\Pi/dp \geq 0$).

둘째, 이윤함수는 (w, p)에 대하여 1차동차함수이다($d\Pi/dw = -x$, $d\Pi/dp = y$).

셋째, 이윤함수는 양(+)의 가격에 대하여 연속적이고 볼록성을 만족하여 생산가능집합 내에 항상 해가 존재한다.

방향거리함수에 기초한 이윤효율의 정의는 투입물벡터와 산출물벡터를 동시에 움직여서 최대이윤을 찾아내는 것이다. 즉, 동시에 투입물벡터는 최대한 축소하고 산출물벡터는 최대한 확대하는 정도를 측정하는 것이다. 물론 이 최대 이윤에 도달한 생산프런티어 상의 점도 생산기술집합(T)에 속한다. 투입물과 산출물을 동시에 축소 및 확대하는 방향거리함수의 이윤효율을 유도하면 다음과 같다.

$$
\begin{aligned}
PE(p, \ w : \ -g_x, \ +g_y) &= \sup\{py - wx : (x, \ y) \in T\} \\
&= \sup\{\beta : \ py^* - wx^* \geq py - wx\} \\
&= \sup\{\beta : \ py^* - wx^* - p(y + \beta g_y) + w(x - \beta g_x) \geq 0\} \\
&= \sup\left\{\beta : \ \frac{(py^* - wx^*) - (py - wx)}{pg_y + wg_x} \geq \beta\right\} \\
&= \frac{(py^* - wx^*) - (py - wx)}{pg_y + wg_x} \quad \cdots\cdots\cdots\cdots (5.41)
\end{aligned}
$$

$PE(p, \ w : \ -g_x, \ +g_y)$는 이윤효율이고 방향벡터 g_x와 g_y는 투입물과 산출물의 방향벡터이다. 그러므로 방향거리함수에 의한 이윤효율은 최대이윤에서 실제이윤을 차감한 것을 투입물과 산출물 방향벡터로 나누어준 것으로 정의된다. $(py^* - wx^*) \geq (py - wx)$이므로 이윤효율은 0 혹은 0보다 큰 값을 가진다. 만약 $PE = 0$이면 효율적이고 0보다 크면 비효율적이다.

나아가 방향거리함수를 가지고 도출한 이윤효율은 방향거리함수인 기술효율보다는 크거나 같으므로 할당효율이 포함되면 동일하게 된다. 기술효율과 같을 때는 할당효율이 효율적이고 기술효율이 이윤효율보다 적을 때는 할당비효율이 존재하게 되므로 다음의 관계를 갖는다.

$$
\begin{aligned}
PE(p, \ w : \ -g_x, \ +g_y) &= \frac{(py^* - wx^*) - (py - wx)}{pg_y + wg_x} \geq \beta \\
&= \vec{D}_T(x, \ y : g_x, \ g_y) \quad \cdots\cdots\cdots\cdots\cdots (5.42)
\end{aligned}
$$

따라서 방향거리함수의 기술효율에 할당효율을 추가하면 이윤효율은 다음과 같이 표현된다.

$$PE(p, \ w : \ -g_x, +g_y) = \frac{(py^* - wx^*) - (py - wx)}{pg_y + wg_x}$$

$$= \vec{D}_T(x, \ y : g_x, \ g_y) + A\vec{E}_T \quad \cdots \cdots \cdots \cdots (5.43)$$

그러므로 이윤효율은 방향거리함수의 기술효율과 할당효율로 구성된다. 이 때 방향거리함수의 선형프로그램을 구하고 이윤효율에서 방향거리함수의 기술효율을 차감하면 할당효율을 얻을 수 있다. 이 때 투입물은 최대한 축소하고 산출물은 확장하는 방향거리함수를 구해야 하므로 다음과 같은 선형프로그램으로 표시된다. 즉,

$$\vec{D}_T(x, \ y : \ -g_x, +g_y) = Max \ \beta$$

$$s.t.: \sum_{k=1}^{K} z_k y_{km} \geq y_{km} + \beta g_y, \ m=1, \cdots, M,$$

$$\sum_{k=1}^{K} z_k x_{kn} \leq x_{kn} - \beta g_x, \ n=1, \cdots, N,$$

$$z_k \geq 0, \ k=1, \cdots, K \quad \cdots \cdots \cdots \cdots \cdots \cdots \cdots \cdots \cdots \cdots \cdots (5.44)$$

이 수식에서 투입물은 축소하고 산출물은 확장하는 방향벡터를 적용하여 기술효율을 얻는다. 최대이윤을 구하는 선형프로그램을 한번 더 실행하면 최대이윤을 얻게되므로 할당효율은 두 선형프로그램에서 구한 이윤효율에서 기술효율을 차감하면 측정이 가능하다.

4. 비용, 수입, 이윤효율의 관계

이윤효율은 비용효율과 수입효율과 비교하면 일반적인 형태이고 비용과 수입효율은 특별한 형태라 할 수 있다. 즉,

첫째, 비용이 효율적이라면 ($wx = C(y, w)$, $g_x = 0$), 수입효율만 남게된다.

둘째, 수입이 효율적이라면 ($py = R(x, p)$, $g_y = 0$), 비용효율만 남는다.

거리함수와 방향거리함수의 관계를 이용하고 $g_x = x$, $g_y = y$라고 두면 이윤효율과 방향거리함수의 관계는 다음과 같이 표현된다.

$$PE(p, \ w : \ -g_x, \ +g_y) = \frac{(py^* - wx^*) - (py - wx)}{pg_y + wg_x} \geq \vec{D}_T(x, \ y : g_x, \ g_y)$$

$$= \frac{1}{D_T(x, \ y)} - 1 \quad \cdots\cdots\cdots\cdots\cdots\cdots\cdots\cdots\cdots\cdots \ (5.45)$$

첫째, 비용이 효율적이고 $(wx = C(y, \ w)$, $g_x = 0)$, $g_y = y$라면 수입효율에 관한 다음과 같은 결과를 얻게 된다.

$$\frac{R(x, \ p) - py}{pg_y} \geq \vec{D}_O(x, \ y : g_y)$$

$$\frac{R(x, \ p)}{py} \geq \frac{1}{D_O(x, \ y)} \ (\leftarrow g_y = y) \quad \cdots\cdots\cdots\cdots\cdots\cdots\cdots\cdots \ (5.46)$$

따라서 최종식의 좌변은 방사선 척도에 의한 Farrell의 수입효율이 되고 우변은 산출물 거리함수의 역으로 표시된다. 결국 방향거리함수는 거리함수와 동일한 것임을 보여주고 있다. 하지만 방향거리함수는 거리함수와 다르게 특정한 방향을 지정하여 효율을 측정한다는 점이 거리함수와는 다르다.

둘째, 수입이 효율적이고 $(py = R(x, \ p)$, $gy = 0)$, $gx = x$라면 비용효율에 관한 다음과 같은 결과를 얻는다.

$$\frac{wx - wx^*}{wg_x} \geq \vec{D}_i(x, \ y; \ g_x)$$

$$\frac{wx^*}{wx} \leq \frac{1}{D_i(x, \ y)} \ (\leftarrow g_x = x) \quad \cdots\cdots\cdots\cdots\cdots\cdots\cdots\cdots \ (5.47)$$

최종식의 좌변은 방사선 척도에 의한 Farrell의 비용효율이 되고 우변은 투입물 거리함수의 역으로 나타난다. 이 역시 방향거리함수와 방사선의 거리함수와는 같은 결과를 보여준다는 것을 확인할 수 있다.

[부록] 방향거리함수의 특성

1. 방향거리함수는 전이성의 성격을 갖는다.

$$\vec{D}_T(x-\alpha g_x,\ y+\alpha g_y:g_x,\ g_y)=\vec{D}_T(x,\ y:g_x,\ g_y)-\alpha,\ \alpha\in R$$

〈증명〉

$$
\begin{aligned}
\vec{D}_T(x-\alpha g_x,\ y+\alpha g_y:g_x,\ g_y)&=\sup\{\beta:(x-(\alpha+\beta)g_x,\ y+(\alpha+\beta)g_y)\in T\}\\
&=-\alpha+\sup\{\alpha+\beta:(x-(\alpha+\beta)g_x,\ y+(\alpha+\beta)g_y\}\\
&=\vec{D}_T(x,\ y:g_x,\ g_y)-\alpha
\end{aligned}
$$

2. 방향거리함수는 방향벡터의 -1차동차성의 성격을 갖는다.

$$\vec{D}_T(x,\ y:\lambda g_x,\ \lambda g_y)=\lambda^{-1}\vec{D}_T(x,\ y:g_x,\ g_y),\ \lambda>0$$

〈증명〉

$$
\begin{aligned}
\vec{D}_T(x,\ y:\lambda g_x,\ \lambda g_y)&=\sup\{\beta:(x-\lambda\beta g_x,\ y+\lambda\beta g_y)\in T\}\\
&=\sup\{\frac{\lambda\beta}{\lambda}:(x-\lambda\beta g_x,\ y+\lambda\beta g_y)\}\\
&=\lambda^{-1}\sup\{\lambda\beta:(x-\lambda\beta g_x,\ y+\lambda\beta g_y)\}\\
&=\lambda^{-1}\vec{D}_T(x,\ y:g_x,\ g_y)
\end{aligned}
$$

3. 투입물과 산출물이 자유처분성을 갖는다면 방향거리함수는 0보다 큰 값을 갖는다. 즉, 만약 $(x,\ y)\in T$이라면 다음이 항상 성립한다.

$$\vec{D}_T(x,\ y:g_x,\ g_y)\geq 0$$

4. 투입물의 자유처분이 가능하다면 방향거리함수는 x에 대하여 증가(비체감적)하고 만약 산출물이 자유처분이 가능하다면 방향거리함수는 y에 대하여 감소(비체증적)한다.

$$\text{if } x'\geq x,\ \vec{D}_T(x',\ y:g_x,\ g_y)\geq\vec{D}_T(x,\ y:g_x,\ g_y)$$
$$\text{if } y'\geq y,\ \vec{D}_T(x,\ y':g_x,\ g_y)\leq\vec{D}_T(x,\ y:g_x,\ g_y)$$

5. 만약 기술이 규모일정불변(CRS)이라면 $\lambda T=T,\ \lambda>0$이므로 방향거리함수도 규모일정불변이 성립한다.

$$\vec{D}_T(\lambda x,\ \lambda y:g_x,\ g_y)=\lambda\vec{D}_T(x,\ y:g_x,\ g_y),\ \lambda>0$$

〈증명〉

$$\vec{D}_T(\lambda x, \; \lambda y : g_x, \; g_y) = \sup\{\beta : (\lambda x - \beta g_x, \; \lambda y + \beta g_y) \in T\}$$

$$= \sup\{\lambda\beta/\lambda : (x - \frac{\beta}{\lambda}g_x, \; y + \frac{\beta}{\lambda}g_y) \in \frac{1}{\lambda}T\}$$

$$= \lambda\sup\{\beta/\lambda : (x - \frac{\beta}{\lambda}g_x, \; y + \frac{\beta}{\lambda}g_y) \in \frac{1}{\lambda}T\}$$

$$= \lambda\vec{D}_T(x, \; y : g_x, \; g_y), \; since \; (1/\lambda)T = T.$$

이 때 방향거리함수는 투입물과 산출물에 대하여 1차동차함수이다.

제 6 장

비모수적 효율성과 생산성의 응용

제1절 　투입물 재분배와 효율성

　　투입물 재분배를 고려한 효율성 모형은 투입물이 고정되었지만 할당 가능하여 효율적인 재할당을 통해 생산량 향상의 정도를 측정하고자 한다.[1] 여기서 생산에 투입되는 토지의 총량은 고정되어 있다고 가정하고 이 고정된 토지를 현재 상태 대로 할당할 경우와 효율적인 상태로 재할당할 경우를 비교함으로써 생산효율 향상의 정도를 측정한다. 또한 토지의 재할당 전과 재할당 후에 얻게 되는 실제 토지비중과 최적 토지비중을 이용하여 현재보다 산출량을 증대시킬 수 있는 토지의 재할당 필요량을 제시할 수 있다.[2]

　　전통적 생산효율의 접근방법들은 개별 생산물에 대한 투입물은 주어진 것으로

---

1) 이는 재할당전 생산효율과 재할당후의 생산효율을 비교한 상대적 생산효율의 비율을 통하여 고정투입물 재할당의 산출량 증대효과를 측정한다. 고정투입물이란 단기적으로 그 투입량을 조절할 수 없는 투입물로서 할당이 불가능한 투입물과 할당이 가능한 투입물로 구분된다. 전자에는 제도, 기술 등이 속하고 후자에는 자본, 토지 등으로 분류해 본다.

2) 실제 토지비중이란 개별관측치가 어떤 산출물을 생산하기 위하여 총토지 중 차지하는 토지의 실제량을 의미하고, 최적 토지비중이란 개별관측치가 어떤 산출물을 생산하기위한 최적 총토지 중 할당한 토지의 최적량을 나타낸다. 실제 토지비중은 재할당 전을 말하고, 최적 토지비중은 재할당 후를 의미한다.

간주하고 주어진 투입물과 산출물에 대한 효율성을 측정한다. 생산효율의 측정방법 중 비모수적(non-parametric)방법은 Farrell(1957)이 최초로 제시한 이래 Shephard(1970), Caves et al.(1982), Banker et al.(1984)에 의해 발전되어 왔다. 특히 Shephard(1970)의 생산가능곡선을 이용한 생산효율을 측정한 이후 Färe et al.(1985), Chavas and Aliber(1993), Färe et al.(1994), Kurma and Russell(2002), Färe et al.(2004), Färe et al.(2006) 등에 의하여 보다 개선된 생산효율과 생산성 측정방법이 발전되어 왔다. 이러한 기존연구들은 생산기술의 중간과정 상에 투입물의 조정을 통하여 생산효율을 개선할 수 있는 여지는 고려하지 않는다. 생산기술의 중간공정은 고려대상이 아니기 때문에 생산공정 상에서 할당가능한 투입물의 조정여지는 포함시키지 않았다. 따라서 고정되었더라도 재할당 가능한 투입물의 여지를 반영하지 않고 단순히 주어진 고정투입물에 대한 산출물의 생산수준을 가지고 생산효율을 측정하였다.

그런데 Athanassopoulos(1995), Färe, Grabowski, Grosskopf and Kraft(1997), Gime'nez-Garcia et al.(2007) 등은 생산과정에서 투입요소를 재할당하는 문제를 다루고 있다. Athanassopoulos(1995)는 각 생산자의 개별 목표를 설정하고 이를 극대화하기 위하여 상이한 생산자 간에 자원을 할당하는 문제를 다루지만 자원할당에 따른 효율증대 가능성을 다루지는 않는다. Färe, Grabowski, Grosskopf and Kraft(1997)는 일리노이주의 57개 농가를 대상으로 한 생산자가 생산하는 다른 농업 생산물 간에 투입요소의 재할당을 통하여 생산성증대 가능성을 측정한 바 있다. Gime'nez-Garcia et al.(2007)는 Athanassopoulos(1995)와 같이 상이한 생산자 간에 투입자원을 재할당하여 산출물의 향상정도를 측정한다. 국내적으로 투입요소의 재할당이 생산효율에 미치는 영향은 강상목·이기영(2008)이 시도한 바 있다. 여기서는 Färe et al.(1997)을 기초로 이론모형을 소개한다.

일반적으로 생산효율을 측정하는 산출물지향 접근 하에서 어떤 특정한 관측치 또는 값이 주어져 있거나 고정되어 있는 경우, 고정된 투입물의 재할당으로 효율을 개선할 가능성은 없다. 그러나 본 모형은 생산과정 상에 고정된 투입물이지만 이를 재할당하면 효율이 개선될 수 있는 가능성을 보이고자 한다. 재할당 전과 재할당 후 상대적인 생산효율의 차이를 제시한다. 이를 통하여 비효율적으로 생산되는 산출물에서 낭비되고 있는 자원이 효율적인 산출물로 재할당되고 재할당으로 증가시킬 수 있는 추가 산출량을 파악할 수 있다.

이 모형은 고정되었지만 할당 가능한 투입물의 재할당 전과 재할당 후의 효율성을 실제 할당비중 및 최적 할당비중과 연결시켜서 그 경제적 성과를 분석한다. 재할당 전과 재할당 후 기술효율을 각각 비교하고, 투입물의 재할당 필요량을 측정하기 위한 모형을 소개한다. 가령, 농가가 여러 작물을 생산하는 경우 토지의 생산효율을 높이기 위하여 토지를 재분배하는 상황을 가정하자. 이론 모형을 도출하기 위해서는 다음과 같은 기본 가정과 용어의 정의가 필요하다. 본 모형에서 n개의 투입물 $x_n(n=1, 2, \cdots, N)$과 m개의 산출물 $y_m(m=1, 2, \cdots, M)$을 생산하는 k개의 생산단위 $(k=1, 2, \cdots, K)$를 가정한다. 이러한 관측치들에 의해 형성된 생산기술집합은 다음과 같다.

$$T=\{(x, y) : \sum_{k=1}^{K} z_k y_{km} \geq y_{km}, \ m=1, \cdots, M,$$
$$\sum_{k=1}^{K} z_k x_{kn} \geq x_{kn}, \ n=1, \cdots, N,$$
$$z_k \geq 0, \ k=1, \cdots, K\} \ \cdots\cdots\cdots\cdots\cdots\cdots\cdots\cdots (6.1)$$

T는 기술집합으로서 관측된 데이터 (x_k, y_k), $k=1, \cdots, K$의 볼록선 경계를 형성하고 규모불변(constant returns to scale)을 나타낸다. z벡터는 일종의 가중치로서 생산단위에 K개의 비교 대상이 있다고 할 때, $K \times 1$ 밀도벡터로서 관측된 산출물과 투입물 벡터의 볼록 결합을 통하여 최대생산가능선을 형성하게 된다.[3] 식(6.1)의 부등호는 생산기술하에서 투입물과 산출물의 강처분성(자유처분)을 의미한다.[4] 여기서 투입물과 산출물의 강처분성과 규모일정불변(constant returns to scale)을 가정한다.

이러한 생산집합을 기준으로 Shephard(1970)의 산출거리함수를 정의하고 고정투입물인 토지의 재할당 전·후의 산출거리함수를 도출할 수 있다. 산출거리함수는 다음과 같이 정의된다.

$$D_o(x, y) = \inf\{\theta > 0 : y/\theta \in P(x)\}$$

---

3) 여기서 기술의 볼록성을 가정하여 가중벡터에 $\sum_{k=1}^{K} z_k=1$, $\sum_{k=1}^{K} z_k = \leq 1$의 제약을 추가하면 기준기술 T는 가변규모(variable returns to scale) 또는 비체증규모(nonincreasing returns to scale)의 생산기술로 나타낼 수 있다.

4) 투입물, 산출물의 처분성은 강처분성과 약처분성으로 구분된다. 강처분성은 투입물과 산출물이 외부제약 없이 자유롭게 처분 가능한 상태를 의미하고, 약처분성은 외부의 규제나 혼란으로 인해 생산의 제약 혹은 감소가 초래되는 경우를 의미한다. 투입물과 산출물의 자유처분과 제약처분성은 Färe et al.(1994)를 참조바란다.

$$= \inf\{\theta > 0 : y/\theta \leq y^f\}$$

$$= y/y^f \ \text{..} \ (6.2)$$

식(6.2)에서 y^f는 최대산출물을 의미하고 y는 실제산출물을 나타낸다. 산출거리함수는 생산집합 내에서 생산경계 상에 $y/D_o(x, y)$를 둠으로써 산출물의 최대한 확장 가능정도를 측정한다. $D_o(x, y)$는 y에 대하여 1차동차이고 $y \in T(x)$라면 $D_o(x, y)$는 1보다 작거나 같다.[5] 이때 $D_o(x, y) < 1$이면 비효율적인 생산점이고, $D_o(x, y) = 1$의 값을 가지면 효율적인 생산점이다.

먼저 재할당 전 산출거리함수의 측정을 위한 선형프로그램을 표현하면 식(6.3)과 같이 나타낼 수 있다.

$$\{D_o^B(x_k, y_k)\}^{-1} = \max_{\theta, z} \theta$$

$$s.t. : \sum_{k=1}^{K} z_k \cdot y_{km} \geq \theta \cdot y_{km}, \ m = 1, \cdots, M$$

$$\sum_{k=1}^{K} z_k \cdot x_{kn} \leq x_{kn}, \ n = 1, \cdots, N$$

$$z_k \geq 0, \ k = 1, \cdots, K \ \text{...} \ (6.3)$$

식(6.3)의 $D_o^B(x_k, y_k)$는 재할당 전 산출물거리함수를 나타내고, k는 관측치, m은 산출물, n은 투입물을 나타낸다. 그리고 y_{km}과 z_k의 결합으로 얻어지는 최대산출물은 실제산출물 y_{km}보다 항상 크거나 같아야 하고, 반면 x_{kn}과 z_k의 결합으로 얻어지는 최소투입물은 실제투입물 x_{kn}보다 항상 작거나 같아야 한다는 제약조건을 표시한다. 이 때 θ는 Farrell의 산출효율 값으로서 제약식 하에서 극대화되어야 한다.

각 관측치 (x_k, y_k)로 부터 계측된 $D_o^B(x_k, y_k)$는 재할당 전 생산 기술효율로서 1보다 작거나 같은 값을 가지게 된다. 가령, 만약 어떤 관측치의 생산조합점이 생

---

5) $\mu > 0$면 $D_o(x, y)$는 1차동차함수가 된다.

즉, $D_o(x, \mu y) = \inf\{\theta : \frac{\mu y}{\theta} \in P(x)\}$

$$= \inf\{\frac{\mu \theta}{\mu} : \frac{y}{\theta/\mu} \in P(x)\}$$

$$= \mu \inf\{\frac{\theta}{\mu} : \frac{y}{\theta/\mu} \in P(x)\}$$

$$= \mu D_o(x, y)$$

산가능곡선의 내부에 있다면, $D_o^B(x_k, y_k)$는 1보다 작은 값을 가지고 비효율적인 점이 된다. 반면 생산가능선곡 상에 위치하면 '1'의 값을 갖게 되고 그 점은 효율적이다. 따라서 재할당 전 효율이 1일 때는 재할당할 필요가 없으나 1보다 작을 때는 고정되었지만 할당 가능한 투입물을 재할당한다면 생산효율을 높일 수 있는 가능성이 있다. 이러한 잠재적 개선을 측정하기 위하여 투입물 중 하나인 토지가 고정되었지만 할당은 가능하다고 가정한다. 토지를 단기에 증가시킬 수 없기 때문에 고정된 투입물로 두고 토지의 총량은 이미 주어진 것으로 간주되지만 다른 산출물 생산에 주어진 토지를 재할당하는 것은 가능하다.

따라서 토지를 x_1으로 나타낸다. 토지의 총량은 이미 주어져 있기 때문에 만약, m이라는 산출물을 생산하기 위하여 토지를 할당한다면 토지의 총량은 x_{1m}으로 다시 표기할 수 있다. 즉,

$$x_{k1} \geq \sum_{m=1}^{M} x_{k1m}, \ k=1, \ \cdots, \ K \ \text{...} (6.4)$$

여기서 x_{k1}은 k생산단위의 총 토지를 의미하고, x_{k1m}은 k 생산단위가 $m(=1, \cdots, M)$의 개별 산출물을 생산하기 위하여 할당한 토지량을 말한다. 그러므로 식 (6.4)에서 k 생산단위의 총토지량은 k 생산단위가 각기 다른 $m(=1, \cdots, M)$의 산출물을 생산하기 위하여 할당한 토지량의 합계와 같다.

다음으로 여러 산출물에 따른 토지의 재할당으로 부터 얻게될 증가된 생산량을 계측하기 위하여 각 관측치 k에 대한 두 번째 선형프로그램을 제시하면 다음과 같다.

$$\{D_o^A(x^k, \ y^k)\}^{-1} = \max_{\theta, \ z_k, \ x_{k1m}} \theta$$

$$s.t.: \sum_{k=1}^{K} z_k \cdot y_{km} \geq \theta y_{km}, \ m=1, \ \cdots, \ M$$

$$\sum_{k=1}^{K} z_k \cdot x_{k1m} \leq x_{k1m}, \ m=1, \ \cdots, \ M$$

$$\sum_{k=1}^{K} z_k \cdot x_{kn} \leq x_{kn}, \ n=2, \ \cdots, \ N$$

$$\sum_{m=1}^{M} x_{k1m} = x_{k1}$$

$$z_k \geq 0, \ k=1, \ \cdots, \ K \ \text{...} (6.5)$$

식(6.5)는 k 생산단위에 있어서 토지의 개별 산출물별 재할당에 관한 추가적인 제약조건을 포함하고 있다. 즉, 제약조건의 두 번째 식에서 개별 산출물에 할당된 최소 토지 투입물은 실제투입물보다 작거나 같아야 한다는 추가정보를 제시하고 있다. 그러나 토지 이외의 숙련노동, 비숙련노동, 자본스톡 등 다른 투입물은 세 번째 제약식에서 고정투입물의 재할당 여지를 주지 않고 표시되었다.

재할당 전과 재할당 후의 효율값은 토지에 대한 추가적인 정보, 즉 각 작물별로 실제 할당된 정보를 이용하면 작물별 최적 할당량을 도출할 수 있게 된다. 따라서 이 정보를 고려한 재할당 후의 효율값은 재할당 전의 효율값과 차이를 보일 수 있다. 차이가 나지 않을 경우, 토지가 재할당 전 이미 최적으로 할당되어 있음을 시사한다. 따라서 식(6.3)과 식(6.5)로부터 재할당 전과 재할당 후의 생산효율의 크기를 각각 계측하면 모든 생산단위 $k=1, \cdots, K$,에 대하여 $D_o^A(x_k, y_k) \geq D_o^B(x_k, y_k)$ 가 된다. 이를 그림을 통해 살펴보면 [그림 6.1]과 같다.

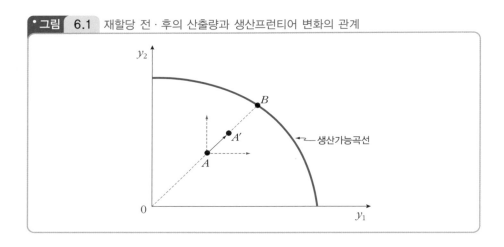

●그림 6.1 재할당 전·후의 산출량과 생산프런티어 변화의 관계

[그림 6.1]의 생산가능곡선은 생산단위의 최대 생산가능선을 나타낸다. 산출물별로 투입물의 최적 재할당을 통하여 종전의 생산량을 보다 확대시켜 줄 수 있기 때문에 재할당 후 생산가능점은 수평우방, 수직상방, 우상방 등으로 이동된다. 재할당 전 생산단위의 생산량이 생산가능곡선 내부의 A점에서 이루어졌다고 가정하자. 가령, 투입요소 토지에 대한 최적 재할당이 이루어질 경우 생산량은 증가하게 될 것이고 생산가능점이 재할당 생산량 증가만큼 우상방으로 이동될 것이다.

이 때 재할당전의 생산 기술효율은 $\dfrac{0A}{0B}$이다. 즉, 토지의 개별 작물에 대한 최적 재할당으로 A점은 A′점으로 이동하게 되어 재할당후의 생산 기술효율은 $\dfrac{0A′}{0B}$이 된다. 그러므로 재할당전의 산출거리함수와 재할당후 산출거리함수의 값을 비교하면 재할당후 값이 증가하게 된다. 따라서 재할당 전에 비하여 재할당 후의 효율이 증가한다. 물론, 재할당 전·후의 생산가능량에 변화가 없으면 최초 생산조합점 A와 생산가능곡선은 그대로 유지될 것이고 이 때 $D_o^A(x_k, y_k) = D_o^B(x_k, y_k)$가 될 것이다. 결과적으로 고정되었지만 할당 가능한 투입물의 재할당으로 얻는 이익은 다음과 같이 측정될 수 있다.[6]

$$E(x_k, y_k) = D_o^B(x_k, y_k) / D_o^A(x_k, y_k) \quad\cdots\cdots\cdots\cdots\cdots\cdots\cdots\cdots\cdots\cdots\cdots\cdots (6.6)$$

식(6.6)에서 상대적 효율 $E(x_k, y_k)$가 1보다 작거나 같다는 것을 쉽게 알 수 있다. 만약, 상대적 효율이 '1'과 같다면 이는 생산단위의 자원 할당이 이미 최적의 상태임을 의미한다. 만약, $E(x_k, y_k) < 1$의 경우 투입물의 재할당으로 산출물이 증가될 수 있다. 이와 같이 고정되었지만 할당가능한 투입물의 재할당 전과 재할당 후의 효율값을 비교함으로써 재할당을 통한 생산량증가와 고정투입물의 최적할당량을 계측할 수 있다.

제2절 비용제약과 투입물의 재조정

비용제약과 투입물 재조정의 주된 초점은 비용제약 하의 효율을 측정하는 것이다. 여기서는 에너지효율 측정의 한 방법으로 비용제약 하의 에너지 효율을 측정하는 모형을 소개한다. 생산단위가 비용최소화가 어렵기 때문에 주어진 생산량을 동일하게 달성할 수 있다면 현존하는 비용 하에서 에너지를 최소화하는 방법을 선택할 수도 있다. 현실적으로 에너지 과다소비로 인하여 환경오염과 건강문제 등이 심각하게 대두될 뿐만 아니라 지역경제의 성장에 직결된 실업이 중요한 이슈가 된다면 대안으로 에너지를 최소화하는 대신 고용을 증진하는 방향으로 정

---

6) 투입물의 재할당으로 얻는 이익은 가능한 잠재적 효율을 의미한다.

책을 접근하는 것이 타당할 것이기 때문이다. 노동과 에너지 간에 대체가능성은 이전의 기존연구에서도 찾아볼 수 있다. 가령, Garofalo and Malhotra(1984), Harper and Field(1983), Vlachou and Field(1987) 등은 노동과 에너지 간에 상당한 대체가능성을 보여주었다.

대부분의 기존 연구에서 에너지 효율은 주로 에너지 원단위 혹은 에너지 소비량의 관점에서 연구되어 왔다. 그런데 이러한 전통적 접근과는 다르게 Mukherjee(2008)는 1970-2001년간 미국의 6개의 에너지 다소비 산업과 제조업에 대하여 에너지 효율을 측정하기 위한 생산이론과 자료포락분석을 적용하였다. Mukherjee(2008)는 규범적인 접근법을 통하여 에너지 효율을 달성하기 위하여 절감되어야 할 에너지 소비량을 보여주는 등 대안적인 에너지 효율을 제시하였다. Mukherjee(2009)는 방향거리함수를 사용한 에너지 효율을 측정하기도 하였다. Ray, Mukherjee and Chen(2010)는 비용제약을 고려한 에너지 효율을 제시하고 있다. 본 연구는 이들의 비용제약모형에 기초한 이론을 소개하고자 한다.

이론의 기본 가정으로 n개 투입물을 가지고 m개 산출물을 생산하는 지역생산단위를 가정하자. 투입과 산출물 결합(x, y)은 투입물 x로 산출물 y를 생산할 수 있으므로 해가 존재하는 집합 내에 위치한다. 여기서는 전통적 생산가능집합의 가정과 같이 투입물과 산출물의 자유처분과 볼록성 등에 기초한 생산가능집합을 전제한다. 추가적으로 규모일정불변을 사용하는데 이는 적절한 투입-산출물이 결합된 비음(≥0)의 축소가 가능할 뿐만 아니라 그 확장도 가능하게 한다.

여기서 기존 연구가운데 Mukherjee(2008)과 같이 에너지 효율을 측정하는 대안적인 방법들을 수용한다. 예를 들면 첫째, 모든 투입물을 동일한 비율로 최대한 축소하는 최소화, 둘째, 다른 모든 투입물을 변화시킴이 없이 에너지투입만 감소시키는 최소화, 셋째, 개별 투입물은 감소 내지 증가할 수 있지만 가장 비용을 최소화하는 투입요소의 최소화 등이다. 이 가운데 어떤 방법을 사용하느냐에 따라서 측정한 에너지 효율은 다르게 나타나게 된다.

개별 생산단위가 처한 상황과 생산단위의 목표에 따라서 에너지 효율화 방안은 달라지게 된다. 가령, 생산단위의 목표가 비용최소화라고 하면 이 목표가 반드시 에너지 절감을 가져온다는 보장이 없다. 왜냐하면 에너지 가격이 상대적으로 저렴하다면 비용최소화를 위하여 에너지 사용을 증가하는 것이 유리하기 때문이다.

여기서 제시할 비용제약 접근법은 기존의 접근법과는 다음과 같은 차이가 있다. 첫째, 비용최소화 접근과는 다르게 이 방법은 에너지 절감을 목표로 한다. 둘째, 이 목표를 달성하는데 비용의 추가는 발생하지 않는다. 셋째, 에너지 절감을 달성하기 위하여 다른 투입물을 증가 내지 감소시킬 수 있다. 따라서 이 접근법은 투입물 간에 대체를 허용한다. 정책적 관점에서 노동과 에너지 간에 대체가능성이 매우 특별한 관심사가 될 수 있다. 왜냐하면 자본스톡의 추가적인 증가는 시간이 소요되고 투자가 필요하기 때문에 투자자본이 부족한 생산단위의 입장에서는 신속한 대체가 어렵기 때문이다. 따라서 단기에 자본스톡이 고정된 상태에서 에너지를 줄일 경우에 다른 가변 요소인 노동을 얼마나 더 고용할 수 있는지를 확인해 보고자 한다. 이 때 대체하기 전과 대체한 후의 에너지와 노동의 조합점은 같은 비용선에 위치하므로 비용의 크기는 동일하다.

[그림 6.2]는 단기(자본일정)에 비용제약 하에서 에너지 절감의 가능성을 보여주고 있다. 왼쪽 그림은 x축의 에너지와 y축의 노동 등 두 요소의 대체를 통한 최적점의 이동을 보여준다. 등량곡선 내부에 위치한 생산점이 A점이라 가정할 때 비효율적인 A점은 현재 비용선 상의 비용을 유지하면서 에너지를 최소화한다고 하자. F점은 A점과 동일한 비용을 사용하면서 효율적인 점이다. 즉 에너지를 줄이고 노동을 선택할 수 있는 정도를 보여준다. 반면 오른쪽 그래프는 단기에 자본이 고정된 상태를 가정한 것으로 주어진 고정 자본수준에서 에너지의 저감수준을 보여준다.

비교를 위하여 비용제약 하의 에너지 효율뿐만 아니라 여타 3가지 방법에 기초

•그림 6.2 단기의 비용제약 하에서 에너지 절감

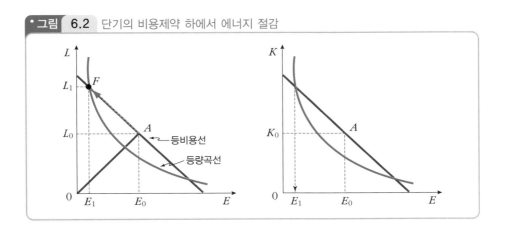

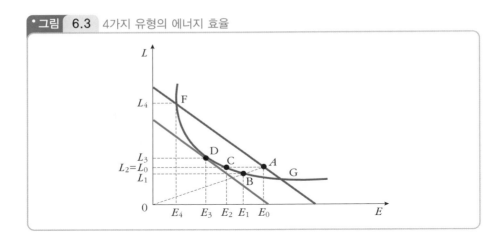

•그림 6.3 4가지 유형의 에너지 효율

한 효율지표를 추가로 제시한다. 먼저 모든 투입물이 동시에 감소하는 방사선 효율(radial efficiency index)을 추정하고 이를 기초로 에너지의 잠재적 저감량을 추정한다. 다음으로 여타 투입물은 일정한 상태에서 에너지 투입의 최대 저감수준을 추정하는 수평선 효율을 적용한다. 세 번째로 등량곡선과 비용선이 접하는 비용최소화를 목표로 할 때 에너지 수준을 측정한다.

이러한 3가지 접근방법을 비용제약 하에서 에너지 투입을 최소화하는 비용제약모형과 비교제시할 것이다. 4가지 효율의 모형을 그림으로 제시하면 [그림 6.3]과 같다.

첫째, 비용제약 하의 에너지 효율성 측정을 설명하면 [그림 6.3]에서 보듯이 생산점 A를 통과하는 등비용선은 F점(G점)에서 등생산량곡선과 교차한다. F점은 효율적인 점이므로 현존 생산비용 하에서는 적절한 생산점이 될 수 있다. F점에서 생산단위는 어떤 추가적인 비용을 요구함이 없이 가장 낮은 에너지를 사용하고 있다.

둘째, 방사선 효율의 측정은 원점을 기준으로 A점과 프런티어 상의 B점을 비교하는 것이다. 에너지와 노동이 동시에 감소하는 정도를 거리로 측정한다.

셋째, 수평선 효율의 측정은 노동은 일정하게 두고 에너지만 감소시키는 방향으로 절감가능량을 측정한다. 즉, A점과 프런티어 상의 C점을 비교한다.

넷째, 비용최소점의 에너지 효율 측정은 비용을 최소화하는 점에서 에너지 절감량을 측정한다. 여기서는 A점과 비용최소점인 D점을 비교하게 된다. 비용을 최소화하는 것이 우선이므로 D점은 오히려 A점보다 우측에 위치할 수도 있다.

이러한 4가지 효율성을 측정하기 위한 이론모형을 설명하고자 한다. 생산기술 수준을 정의하기 위해 노동(L), 자본스톡(K), 에너지(E)를 투입물로 지역총생산 y 를 산출물로 정의한다. 투입물 및 산출물 벡터를 각각 $x=(x_1, x_2, \cdots, x_N) \in R_+^N$, $y=(y_1, y_2, \cdots, y_M) \in R_+^M$로 표시하며 투입물 벡터(L, K, E)를 활용하여 산출물 벡터(y)를 생산하는 생산기술수준 T를 식(6.7)과 같이 정의한다.

$$T=\{(x, y) : y \text{ can be produced from } x\} \quad \cdots\cdots\cdots\cdots\cdots (6.7)$$

규모불변(constant returns to scale)과 산출물의 강처분성(strong disposability)을 고려한 생산가능집합은 식(6.8)과 같이 표현된다.

$$T=\{(x, y) : \sum_{k=1}^{K} z_k y_k \geq y_0 , \sum_{k=1}^{K} z_k L_k \leq L_0 , \sum_{k=1}^{K} z_k E_k \leq E_0 ,$$
$$\sum_{k=1}^{K} z_k K_k \leq K_0 , z_k \geq 0, k=1, \cdots, K\} \quad \cdots\cdots\cdots\cdots (6.8)$$

여기서 생산단위의 효율을 측정하기 위하여 투입거리함수를 이용한다. 왜냐하 면 에너지의 투입을 줄일 수 있는 정도를 측정해야 하기 때문이다. 이하에서는 4가지 측정방법을 차례대로 소개한다.

첫째, 방사선 효율의 접근에 의한 단기의 효율을 구하는 선형프로그램은 다음 과 같이 표현된다.

$$Min \ \beta$$
$$s.t.: \sum_{k=1}^{K} z_k y_k \geq y_0 ,$$
$$\sum_{k=1}^{K} z_k L_k \leq \beta L_0 ,$$
$$\sum_{k=1}^{K} z_k E_k \leq \beta E_0 ,$$
$$\sum_{k=1}^{K} z_k K_k \leq K_0 ,$$
$$z_k \geq 0, \ k=1, \cdots, K \quad \cdots\cdots\cdots\cdots\cdots\cdots\cdots\cdots\cdots\cdots\cdots (6.9)$$

단기이기에 자본은 고정되어 있다고 가정하므로 노동과 에너지에만 투입물 효율(β)이 적용된다. 이는 원점을 기준으로 등생산량곡선의 내부에 위치한 점과 프런티어 상의 점의 거리를 측정하는 것이다. 식(6.9)의 β는 방사선 효율이고 노동과 에너지의 비례적 축소가능량을 측정한다.

둘째, 에너지 투입의 저감만을 고려한 수평선 모형은 여타 투입요소가 고정된 상태에서 에너지 투입의 최대 저감수준을 추정한다. 이는 다음과 같은 선형계획 프로그램으로 추정이 될 수 있다. 즉,

$$
\begin{aligned}
& Min\ \theta \\
& s.t.:\ \sum_{k=1}^{K} z_k y_k \geq y_0, \\
& \qquad \sum_{k=1}^{K} z_k L_k \leq L_0, \\
& \qquad \sum_{k=1}^{K} z_k E_k \leq \theta E_0, \\
& \qquad \sum_{k=1}^{K} z_k K_k \leq K_0, \\
& \qquad z_k \geq 0,\ k=1,\ \cdots,\ K
\end{aligned}
$$ .... (6.10)

여기서 제약식의 에너지에만 효율값 θ가 활성화되고 다른 투입물은 고정된 것을 알 수 있다. [그림 6.3]에서 수평선의 경우 방사선보다는 프런티어와 거리가 더 떨어져 있음을 알 수 있다.

셋째, 방사선과 수평선 효율의 측정은 비용을 최소화하는 목적함수에 기초한 최적 에너지 소비수준과는 상이하다. 각 생산요소의 가격 w_L, w_E, w_K를 고려한 비용함수를 정의하고 생산비용의 최소화를 위한 선형계획프로그램은 다음과 같다.

$$
\begin{aligned}
& C(w_0,\ y_0) = Min(w_L \cdot L + w_L \cdot E + w_L \cdot K) \\
& s.t.:\ \sum_{k=1}^{K} z_k y_k \geq y_0, \\
& \qquad \sum_{k=1}^{K} z_k L_k \leq L_0, \\
& \qquad \sum_{k=1}^{K} z_k E_k \leq E_0, \\
& \qquad \sum_{k=1}^{K} z_k K_k \leq K_0, \\
& \qquad z_k \geq 0,\ k=1,\ \cdots,\ K
\end{aligned}
$$ .... (6.11)

비용을 최소화하는 최적점으로서 최적 투입물 수준은 등량곡선과 등비용선이 접하는 점에서 이루어진다. 이는 요소가격을 반영하여 상대적으로 저렴한 생산요소를 보다 선택하는 최적점을 찾게 될 것이다. 이 최적점에서 에너지 수준을 측정하고 실제 수준과 비교한다.

넷째, 비용제약 하에서 에너지를 절감하는 선형프로그램은 다음과 같다.

$$Min\ E$$
$$s.t.: \sum_{k=1}^{K} z_k y_k \geq y_0,$$
$$\sum_{k=1}^{K} z_k L_k \leq L_0,$$
$$\sum_{k=1}^{K} z_k E_k \leq E_0,$$
$$\sum_{k=1}^{K} z_k K_k \leq K_0,$$
$$(w_L \cdot L + w_L \cdot E + w_L \cdot K) \leq C$$
$$z_k \geq 0,\ k=1,\ \cdots,\ K \quad\cdots\cdots\cdots\cdots\cdots\cdots\cdots\cdots\cdots\cdots\cdots (6.12)$$

식(6.12)가 보여주듯이 제약조건에 비용제약이 하나 더 추가되었다. 비용최소화가 어려울 경우 비용수준에서 프런티어 내부의 비효율적인 점에서 프런티어 상의 점으로 이동함으로써 비용은 그대로 유지한 채로 에너지 같은 특정 투입물을 줄이고 그 대신에 노동을 증가시키는 선택을 할 수 있다. 즉, 에너지 투입의 저감과 고용의 증진을 동시에 달성할 수 있는 생산수준을 선택할 수 있는 장점이 있다. 이는 현존 비용의 제약 속에서 에너지 투입량을 감소시킨 대신에 그 예산을 노동에 투입할 경우 대체가 가능한 노동 투입량 수준을 보여 주는 것과 같다. 기술적으로는 한 등량곡선에서 동일한 산출을 달성가능하게 하는 결합점이 연결되어 있으므로 에너지와 노동 간의 대체가 가능하다는 것을 전제하고 있다.

쉬세잉(2015)은 이러한 4가지 모형을 중국의 30개 성에 적용한 바가 있다. 실제 중국은 경제성장에 치우친 정책방향과 제조업 기반 산업구조로 인하여 단기적인 에너지 효율화가 상대적으로 어려운 산업구조를 보인다. 그러나 에너지를 유휴노동력으로 대체할 수 있는 생산 상의 역할대체는 가능할 수 있기에 현실적 적용가능성은 존재한다. 그러므로 비용증가 없이 고용을 높이고 에너지를 절감하려는 정책목표의 관점에서 보면 정책적 활용의 여지가 있다.

제3절 예산제약 하의 이윤효율성

기업 경영성과 중 포괄적이고 가장 중요한 목표인 이윤의 극대화는 기업의 생존을 결정하는 1차적 가치이다. 현실적으로 기업경영을 할 경우 단기에 자금의 부족으로 인하여 지출제약을 받는 경우가 많이 발생하고 이는 적기에 상품 생산이나 경영을 어렵게 만들어서 이윤극대화를 제한하는 결과를 초래하는 경우가 적지 않다. 이와 같은 상황은 이윤극대화에 있어서 단기 지출제약 이론에서 언급된 바 있다(Lee and Chambers, 1986; Färe et al., 1990). 이처럼 생산단위는 단기에 운영경비를 조달하는데 어려움에 직면하고 있을 수 있고 이것이 업체의 생산확대에 한계를 준다는 것은 사실이다. 모든 업체들이 손쉬운 탄력적인 자금공급처를 가지고 있어서 항상 노력없이 운영자금을 동원할 수 있는 것은 아니다. 여기서 단기에 생산결정을 뒷받침할 더 이상의 내부 혹은 외부의 금융공급처를 갖지 못한 상태를 예산지출 제약의 상태로 간주한다(Lee and Chamber, 1986). 이 상태는 투입물에 더 지출하면 산출을 증가시킬 수 있는 상태이다. 생산단위가 직면하는 지출제약은 크게 외부의 제약과 내부의 제약으로 발생한다. 외부제약으로는 대출신용제약(credit constraint)이 있고 나아가 환경규제와 같은 규제제약을 들 수 있다, 반면에 내부적 제약으로는 현금흐름이 원활하지 못하여 발생하는 현금흐름제약 등이 대표적이다. 따라서 생산단위가 경비지출에 제한을 받는 경우가 발생할 때, 극대이윤에 미치는 영향을 파악해 보고자 한다. 나아가 이러한 예산제약의 규모가 감소함에 따라서 어느 정도 극대이윤이 감소하는지를 확인하고자 한다.

여기서 제시하는 예산제약모형은 강상목 외(2015)를 기초로 제시한다. 예산제약모형에서 예산지출의 제한이 있을 경우 이윤효율에 미치는 영향을 파악한다. 즉, 경비지출에 제약이 없는 경우와 제약이 있는 경우를 비교하여 이윤극대점에서 극대이윤과 이윤효율을 살펴볼 것이다. 이윤의 극대화를 위하여 수입은 극대화하고 비용은 최소화할 것을 요구한다. 따라서 단기에 산출물은 확대하고 가변투입물은 최소화해야 할 것이다. 이윤은 수입과 비용의 차이로 간주된다. 또한 이윤효율은 생산프런티어가 존재할 경우에 프런티어 내부에 위치한 생산점에서 실현되는 실제이윤과 프런티어 상에서 달성되는 최대이윤 간의 상대적 비율로 정의된다. 여기서 제시하는 모형으로 개별 업체가 예산지출의 제약에 직면하고 있는지 그리고 이로 인하여 초래되는 이윤손실을 확인할 수 있다.

먼저 개별 업체가 $k=1, \cdots, K$만큼 존재한다고 가정하자. 이들의 투입물 벡터 $x_{kn}=(x_{k1}\ x_{k2}, \cdots, x_{kN})\in R^N_+$, 산출물 벡터 $y_{km}=(y_{k1}, y_{k2}, \cdots, y_{kM})\in R^M_+$을 가정한다. 이러한 투입물과 산출물을 가진 비모수적 생산의 기술집합은 다음과 같이 존재한다고 가정한다.

$$T=\{(x,\ y)\ :\ \sum_{k=1}^{K} z_k y_{km} \geq y_{km},\ m=1, \cdots,\ M$$
$$\sum_{k=1}^{K} z_k x_{kn} \leq x_{kn},\ n=1, \cdots,\ N$$
$$z \geq 0,\ \sum_{k=1}^{K} z_k=1\} \cdots\cdots\cdots\cdots\cdots\cdots\cdots\cdots\cdots\cdots (6.13)$$

$z=(z_1, \cdots z_k)$는 k업체에 대한 밀도벡터로서 최대산출과 최소투입의 프런티어를 형성하게 한다. 그리고 밀도벡터 z의 합이 1이란 제약은 널리 알려졌듯이 생산기술이 가변규모로서 체증 및 체감구간을 갖는 것을 의미한다.

추가적으로 단기의 이윤극대화를 설명하기 위해서는 단기에 고정된 투입물과 가변적인 투입물을 구별해야 한다. 즉, k개의 업체에 대한 투입물 벡터 $x_k=(x_{vk}, x_{fk})$로 나눌 수 있다. 여기서 $x_{vkn}=(x_{vk1}, \cdots, x_{vkN})$, $x_{fk}=(x_{fk1}, \cdots, x_{fkN})$이다. 그리고 산출물의 판매가격 $p_k=(p_{k1}, \cdots, p_{kM})$이고 가변 투입요소의 가격 $w_{vkn}=(w_{vk1}, \cdots, w_{vkN})$으로 정의된다. 완전경쟁시장을 가정하여 산출물과 투입물의 가격을 동일하게 가정할 수 있다.

여기서 단기이윤의 극대화에 초점을 두고 있으므로 자본 등 고정투입요소는 일정불변으로 이를 조정할 수 없다고 가정한다. 즉, 실제 단기의 이윤은 판매가격, 투입요소가격, 고정투입요소가 주어진 상황에서 실제산출량과 실제투입물에 기초하여 도출된다. 단기이윤이므로 실제판매수입에서 가변비용을 차감한 것으로 정의된다. 즉,

$$\Pi_v=\{py-wx_v\} \cdots\cdots\cdots\cdots\cdots\cdots\cdots\cdots\cdots\cdots\cdots\cdots\cdots (6.14)$$

p과 w은 각각 판매가격과 투입요소가격의 벡터를 가리키고 y와 x_v는 산출량과 가변투입요소를 의미한다. 이에 반하여 단기의 이윤극대화는 다음과 같이 정의

된다.

$$\Pi_v^*(p, w_v, x_f) = \max_{y_m, x_v, z} \{py - wx_v\} \quad \cdots\cdots\cdots\cdots\cdots\cdots\cdots\cdots\cdots \quad (6.15)$$

여기서 총수입에서 가변투입비용을 차감한 단기이윤을 극대화하는 문제로 정의된다. 따라서 산출량과 가변투입물을 조정하여 이윤을 극대화해야만 한다.

따라서 가변 최대이윤을 극대화하는 선형프로그램은 고정투입물이 주어진 상태에서 가변투입물의 변화와 그에 따른 산출량의 변화를 통하여 단기 이윤을 극대화해야 한다. 이러한 단기 이윤극대화를 위한 선형 프로그램은 다음과 같이 표현할 수 있다.

$$\Pi_v(p, w_v, x_f) = \max_{y_m, x_v, z} \{py - wx_v\}$$

$$s.t.: \sum_{k=1}^{K} z_k y_{km} \geq y_m, \quad m=1, \cdots, M$$

$$\sum_{k=1}^{K} z_k x_{kvi} \leq x_{vi}, \quad i=1, \cdots, I$$

$$\sum_{k=1}^{K} z_k x_{kfn} \leq x_{fn}, \quad n=1, \cdots, N$$

$$z \geq 0, \quad \sum_{k=1}^{K} z_k = 1 \quad \cdots\cdots\cdots\cdots\cdots\cdots\cdots\cdots\cdots \quad (6.16)$$

여기서 단기를 가정하므로 가변투입요소는 변화하지만 자본스톡 등 고정요소는 불변이다. 산출량과 가변투입요소는 어떤 제한이 없으므로 이들을 변화시켜서 이윤을 극대화할 수 있다. 만약 고정투입요소가 변화가능하면 이는 장기이윤극대화의 문제가 된다. 식(6.16)의 제약조건에서 좌변은 밀도벡터 z와 결합하여 최대산출물 혹은 최소투입물을 형성하고 우변은 실제 산출물, 실제 가변투입물과 고정투입물을 의미한다.

그런데 식(6.16)의 단기이윤극대화는 지출예산에 대한 제약의 문제는 포함하고 있지 않다. 이제 업체의 가변투입물의 하위벡터로 지출예산의 제약조건을 포함시키고자 한다. 이러한 예산지출 제약 하에서 이윤극대화는 [그림 6.4]에서 보다 쉽게 이해할 수 있다.

생산가능함수, $F(x)$에서 달성가능한 등이윤선을 π_1, π_2, π_3로 표시하였다. 이들

•그림 6.4 예산제약 하의 이윤극대화

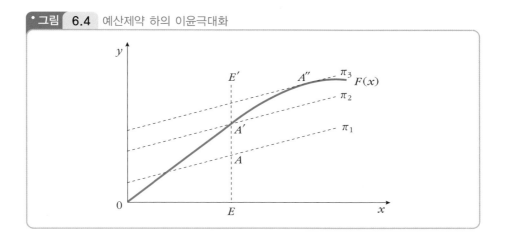

은 각각 생산점 A, A′, A″에 대응하는 등이윤선이다. 임의의 생산점 A는 생산가능곡선 F(x)의 내부에 위치한 한 점으로서 비효율적이다. 이 점에서 만약 예산지출의 제약이 없다면 그 기업은 효율적으로 운영하여 프런티어 상의 점인 점A″에 도달한다면 가장 이윤을 극대화할 수 있고 그 때의 최대 등이윤선은 π_3이다. 그런데 예산지출의 제약으로 수직선 EE'에 직면할 경우 A″은 달성이 불가능하게 되고 예산지출 제약 내에서 최대 달성가능한 이윤점은 A′이 된다. 따라서 실제이윤과 전체이윤의 차이를 의미하는 $\pi_3 - \pi_1$의 이윤손실 가운데 예산지출 제약조건은 이 기업으로 하여금 $\pi_3 - \pi_2$만큼의 이윤손실을 초래하게 된다.

예산지출 제약으로서 허용가능한 최대예산지출을 E로 두자. 이 때 개별 업체 k에 대한 예산지출 제약 조건은 다음과 같이 표시된다. 즉,

$$wx_{kv} = w_{v1} \cdot x_{kv1} + \cdots + w_{v1} x_{kvI} \leq E_k \quad \cdots\cdots\cdots\cdots\cdots\cdots\cdots\cdots\cdots\cdots (6.17)$$

이러한 제약조건은 [그림 6.4]에서 생산가능영역을 최대허용가능 예산을 반영한 수직선 EE'와 산출물 축의 공간으로 축소시켜서 결과적으로 이윤을 낮추게 된다는 것을 확인할 수 있다. 따라서 개별 업체가 지출제약에 묶이게 된다면 이윤을 잃게 될 것이다. 이러한 지출제약으로 인한 이윤상실을 계측하려면 지출제약을 포함한 이윤극대화의 선형프로그램을 필요로 한다. Lee and Chamber(1986)와 같이 예산지출 제약을 선형프로그램에 포함시켜서 이윤을 극대화하면 이는 다음과 같이 표현된다.

$$\Pi_v^*(p,\ w_v,\ x_{kf},\ E_k) = \max_{y_m,\ x_v,\ z} \{py - wx_v\}$$

$$s.t.:\ \sum_{k=1}^{K} z_k y_{km} \geq y_{km}\ ,\quad m = 1,\ \cdots,\ M$$

$$\sum_{k=1}^{K} z_k x_{kvi} \leq x_{kvi}\ ,\quad i = 1,\ \cdots,\ I$$

$$\sum_{k=1}^{K} z_k x_{kfn} \leq x_{kfn}\ ,\quad n = 1,\ \cdots,\ N$$

$$\sum_{i=1}^{I} w_{kvi} x_{kvi} \leq E_k$$

$$z \geq 0,\ \sum_{k=1}^{K} z_k = 1 \quad \cdots\cdots\cdots\cdots\cdots\cdots\cdots\cdots\cdots\cdots\cdots\cdots\cdots\cdots \quad (6.18)$$

식(6.18)은 식(6.16)에 예산제약의 조건을 하위벡터로 추가한 것이다. 실질적으로 최대허용가능한 예산제약은 이에 대한 대리변수로 가변투입물에 대한 실제 지출액으로 대체가 가능하다. 식(6.16)과 식(6.18)을 비교하면 당연히 예산지출 제약 하의 극대이윤이 제약이 없는 극대이윤보다 작다.

그런데 이러한 예산지출 제약수준은 상황에 따라서 변화할 수 있으므로 이를 반영하여 최대예산지출 E에 대하여 δ수준으로 제약을 받을 수 있다고 가정하자. 이는 최대허용가능 예산이 항상 일정하지 않고 변화하는 경우를 가정한 것이다. 다른 한편으로 허용예산이 기업 내부적으로 일정부분 사용이 제한되거나 혹은 지출예산에 대한 일정한 금융비용 부담을 고려한 경우도 포함될 수 있을 것이다. 금융비용 부담의 경우 δ는 할인요소(discount factor)로서 지출예산에 대한 이자비용을 의미할 수 있다. 아무튼 최대허용예산이 시기별, 상황별로 달라질 수 있으므로 이를 반영할 수 있다. 따라서 허용가능예산의 변화를 고려한 선형프로그램은 다음과 같이 표시된다. 즉,

$$\Pi_v^*(p,\ w_v,\ x_{kf},\ E_k) = \max_{y_m,\ x_v,\ z} \{py - wx_v\}$$

$$s.t.:\ \sum_{k=1}^{K} z_k y_{km} \geq y_{km}\ ,\quad m = 1,\ \cdots,\ M$$

$$\sum_{k=1}^{K} z_k x_{kvi} \leq x_{kvi},\quad i = 1,\ \cdots,\ I$$

$$\sum_{k=1}^{K} z_k x_{kfn} \leq x_{kfn}\ ,\quad n = 1,\ \cdots,\ N$$

$$\sum_{i=1}^{I} w_{kvi} x_{kvi} \leq \delta \cdot E_k$$

$$z_k \geq 0, \ \sum_{k=1}^{K} Z_k = 1 \ \cdots\cdots\cdots\cdots\cdots\cdots\cdots\cdots\cdots\cdots (6.19)$$

이는 식(6.18)에 허용가능 예산지출액의 변화를 반영한 것으로 이에 따른 이윤 극대화 수준은 식(6.18)에 비하면 감소할 것이다. δ수준의 변화에 따른 극대이윤 수준의 반응정도를 확인할 수 있다.

이러한 이윤손실로 인한 재무이윤효율(FPE: financial profit efficiency)은 다음과 같이 표현할 수 있다. 즉,

$$FPE = \Pi_v^*(p, \ w_v, \ x_{kf}, \ E_k) / \Pi_v^*(p, \ w_v, \ x_f) \ \cdots\cdots\cdots\cdots\cdots (6.20)$$

여기서 FPE는 보통 1 혹은 1보다 작은 값을 갖는다. 그 값이 1이면 예산지출의 제약이 없고 이윤을 제한하지 않음을 의미한다. 추가적으로 실제이윤을 고려하면 이윤성과의 대안적인 척도로서 예산지출제약 하의 이윤효율(EPE: expenditure-constrained profit efficiency)을 정의할 수 있다. 이는 실제이윤과 예산제약 하의 이윤의 상대적 비율로 표현된다. 즉,

$$EPE = \Pi_v / \Pi_v^*(p, \ w_v, \ x_{kf}, \ E_k) \ \cdots\cdots\cdots\cdots\cdots\cdots\cdots\cdots (6.21)$$

이 식에서 분모와 분자가 동일하다면 k업체가 예산지출 제약 하에서 효율적임을 의미하게 된다. 즉, 현존하는 제약 속에서 그 업체가 효율적으로 운영되고 있음을 말한다.

한편 수입효율이나 비용효율이 기술적 효율과 경제적 효율로 분해되듯이 이윤효율도 분해할 수 있다. 그러므로 전체의 이윤효율(OPE: overall profit efficiency)이 재무적 이윤효율(FPE)과 지출제약 이윤효율(EPE)로 구분될 수 있다. 즉,

$$OPE = \frac{\Pi_v}{\Pi_v^*(p, \ w_v, \ x_f)} = \frac{\Pi_v}{\Pi_v^*(p, \ w_v, \ x_{kf}, \ E_k)} \cdot \frac{\Pi_v^*(p, \ w_v, \ x_{kf}, \ E_k)}{\Pi_v^*(p, \ w_v, \ x_f)}$$

$$= EPE \times FPE \ \cdots\cdots\cdots\cdots\cdots\cdots\cdots\cdots\cdots\cdots\cdots\cdots (6.22)$$

이 식의 전체 이윤효율은 재무이윤효율과 지출제약 이윤효율로 구성되어 있다. [그림 6.4]에서 기업이 아무런 예산지출 제약이 없을 때 최대 효율점은 A″이다. 반면 예산지출 제약이 있을 때 최대이윤이 달성되는 점은 A′이다. π_2는 예산제

약이 있을 경우 달성가능한 최대단위이윤이고 지출제약 하의 이윤효율은 A와 A′ 간의 차이이므로 그 차이는 π_1/π_2로 표시된다. 반면 재무효율은 지출제약 하의 최대이윤과 지출제약이 없는 최대이윤의 상대적 비율로 정의되므로 A′과 A″ 간의 차이를 의미한다. 따라서 재무효율은 π_2/π_3로 표시된다. 결국 전체 이윤효율, $\pi_1/\pi_3 = (\pi_1/\pi_2) * (\pi_2/\pi_3)$이 성립한다.

제4절 방향거리함수와 과소추정조정

방향거리함수(directional distance function)는 음(−)의 산출물을 포함한 생산효율을 추정하기에 적합하다. 그러나 방향거리함수를 통한 프런티어에 도달한 점이라도 추가적인 음(−)의 산출물 저감의 여지가 있는 경우 과소추정을 다시 조정할 수 있는 모형을 제시하고자 한다. 이러한 모형은 은행처럼 부(−)의 산출물로 부실대출을 고려한 효율성을 측정하거나 경제와 오염을 동시에 포함한 생산효율을 측정할 경우에 적용가능하다. 방향거리함수는 일반적인 Shephard의 투입·산출거리함수(input and output distance functions)와 다르게 각각의 투입물과 산출물에 상이한 방향벡터(directional vector)를 적용함으로써 효율성을 측정할 수 있다. 이러한 특징은 정상산출물(good outputs)의 생산과정에서 필연적으로 발생하는 유해산출물(bad outputs)을 동시에 고려한 효율성 분석을 가능하게 한다. 가령, 방향거리함수는 은행의 대출금, 예수금, 유가증권과 같은 정상산출물의 증가와 더불어 부실여신과 같은 유해산출물의 감소를 달성한 생산단위에게 높은 효율성을 부여할 수 있다. 그러나 방향거리함수를 활용한 효율성 측정은 정상산출물을 많이 생산하는 의사결정단위(decision making units)가 유해산출물 역시 가장 많이 발생시킨다는 가정에서 출발하는 문제점이 있다(Picazo-Tadeo and Prior, 2009). 이 경우 유해산출물을 많이 포함하면서 생산프런티어 우측에 위치하는 의사결정단위의 비효율성이 과소추정되는 문제가 발생할 수 있고 이를 해결할 방법이 필요하다. 이 모형은 기존의 방향거리함수에서 나타날 수 있는 비효율성의 과소추정부분을 수정하고 과소추정된 의사결정단위를 확인시켜준다. 나아가 보다 향상가능한 비효율성의 수준을 보여줌으로써 추가적으로 축소해야 할 음(−)의 산출물 수준을 제시한다.

정상산출물과 유해산출물의 동시 생산을 고려한 방향거리함수는 효율성 측정에서 다양하게 적용되어 왔다. 특히 생산과정에서 필연적으로 발생하는 오염물의 환경효율성 추정에도 적용되었다(Färe et al., 2001; Domazlicky and Weber, 2005; Managi et al., 2005; Kumar, 2006; Managi and Jena, 2008; Picazo-Tadeo and Diego, 2009; 강상목 외, 2005; 김광욱·강상목; 2007). 뿐만 아니라 은행의 효율성 측정에 방향거리함수를 적용한 선행연구로는 Färe et al.(2004), Park and Weber(2006), Koutsomanoli-Filippaki et al.(2009), 김인철 외(2006), 이연정 외(2009) 등이 있다.

그런데 기존의 효율성 측정에서는 생산프런티어의 생성과정에서 발생하는 비효율성 측정의 왜곡 가능성을 고려하지 못한 한계가 있었다. 즉, 생산프런티어 중심을 기준으로 우측에 위치한 생산단위는 기존의 효율성 측정방법을 따를 경우 비효율성이 과소추정되는 문제가 발생한다. 김광욱 외(2011)와 강상목 외(2011)는 이러한 유해산출물의 과소추정문제를 금융과 환경에 각각 적용한 바 있다. 따라서 여기서 이들 생산단위의 과소추정된 비효율성을 측정하는 방법을 소개하고자 한다.

개별 생산단위가 정상산출물과 더불어 유해산출물을 동시에 생산한다고 가정할 때, 방향거리함수는 각각의 산출물에 상이한 방향벡터를 적용하여 효율성을 측정하게 된다. 먼저 주어진 투입물(x)을 활용하여 정상산출물(y)과 유해산출물(b)을 생산하는 생산기술수준(T)은 다음과 같이 정의된다.

$$T = \{(x, y, b) : x \text{ can produce } y \text{ and } b\}$$
$$x = (x_1, x_2, \cdots, x_N) \in R_+^N, \quad y = (y_1, y_2, \cdots, y_M) \in R_+^M,$$
$$b = (b_1, b_2, \cdots, b_J) \in R_+^J \quad \cdots\cdots\cdots\cdots\cdots\cdots\cdots\cdots (6.23)$$

Färe et al.(2001)은 정상산출물과 함께 유해산출물이 결합생산(joint-production)되는 경우 유해산출물의 약처분성(weak disposability)을 가정한다. 이는 유해산출물의 감소를 위해서는 정상산출물의 비례적 감소가 수반된다는 사실을 의미하며, 이를 표현하면 다음과 같다.

$$(x, y, b) \in T \Rightarrow (x, \lambda y, \lambda b) \in T, \quad 0 \le \lambda \le 1 \quad \cdots\cdots\cdots\cdots\cdots\cdots (6.24)$$

반면 정상산출물이 유해산출물 감소의 부담 없이 자유롭게 생산가능한 경우 산출물의 강처분성(strong disposability)을 가정하며, 다음과 같이 표현할 수 있다.

$$(x, y, b) \in T \ and \ y' \leq y \ then \ (x, y', b) \in T \ \dotfill \ (6.25)$$

이 식은 임의의 생산집합(x, y, b) 뿐만 아니라 (x, y', b)도 생산가능집합에 포함된다면, 유해산출물이 일정한 상태에서 정상산출물의 조정이 가능하다는 것을 표현하고 있다. 마지막으로 정상산출물과 유해산출물이 항상 동시에 생산된다는 점에서 결합생산의 가정을 부여한다.

$$(x, y, b) \in T \ and \ b = 0 \ then \ y = 0 \ \dotfill \ (6.26)$$

위 가정은 유해산출물의 생산이 없으면 정상산출물의 생산도 없으며, 정상산출물이 생산되는 한 유해산출물도 발생된다는 결합생산의 특성을 표현한 것이다. 즉, 생산활동은 산출물도 발생시키지만 동시에 유해산출물도 발생시킨다는 것이다. 이에 기초하여 Chambers et al.(1998), Färe et al.(2001) 등은 규모일정불변(constant returns to scale) 하의 방향거리함수를 다음과 같이 정의한다.

$$\vec{D}(x, y, b; \ -g_x, \ +g_y, \ -g_b) = Sup\{\beta \mid (x - \beta g_x, \ y + \beta g_y, \ b - \beta g_b) \in T\}$$
$$\dotfill \ (6.27)$$

여기서 $g = (-g_x, \ +g_y, \ -g_b)$는 각각의 투입물과 산출물에 상이한 이동방향을 고려할 수 있는 비음의 방향벡터를 의미한다. 즉, 방향거리함수는 임의의 방향벡터에 기초하여 실제 관측치와 생산프런티어의 거리를 측정함으로써 개별 생산단위의 효율성을 산정한다. β는 방향거리함수의 구체적 값으로 $\beta \geq 0$를 만족하며, $\beta = 0$인 생산단위는 프런티어 상에 위치하며 효율적 생산단위임을 나타내는 반면 $\beta > 0$의 경우는 생산집합 내부에 위치하는 비효율적 생산단위임을 의미한다 (Chambers et al., 1998).

이제 방향벡터 $g = (0, y, 0)$를 적용한 방향거리함수를 활용하여 생산효율성을 측정한다. 즉, 투입물과 유해산출물이 고정된 상태에서 정상산출물의 최대 확장 여부를 분석하기 위한 방향벡터이다. 이는 앞서 언급한 바와 같이 생산프런티어 상에서 발생하는 생산 비효율성의 과소추정문제를 해결하고, 보다 명확한 생산기술수준 및 효율성 측정을 위하여 우선 적용하였다.[7] 이를 위한 방향거리함수식은 아래와 같이 변형된다.

$$\vec{D}(x,\ y,\ b:0,\ g_y,\ 0)=Max\{\ \phi:(x,\ y+\phi g_y,\ b)\in T\}\ \cdots\cdots (6.28)$$

만약 식(6.28)에서 생산단위가 $\phi=0$이면, 가장 효율적으로 프런티어 상에 위치하고 있음을 의미한다. 한편, 실제 효율성은 유해산출물의 처분성 가정에 따라서 다음과 같은 선형프로그램으로 각각 제시할 수 있다.

$$\vec{D}(x,\ y,\ b:0,\ g_y,\ 0)=Max\,\phi^W$$
$$s.t.:\sum_{k=1}^{K}z_k\cdot y_k\geq y_k+\phi^W g_y$$
$$\sum_{k=1}^{K}z_k\cdot b_k=b_k$$
$$\sum_{k=1}^{K}z_k\cdot x_k\leq x_k$$
$$z_k\geq 0,\ \phi\geq 0\ \cdots\cdots\cdots\cdots\cdots\cdots\cdots\cdots\cdots\cdots\cdots\cdots\cdots (6.29)$$

$$\vec{D}(x,\ y,\ b:0,\ g_y,\ 0)=Max\,\phi^S$$
$$s.t.:\sum_{k=1}^{K}z_k\cdot y_k\geq y_k+\phi^S g_y$$
$$\sum_{k=1}^{K}z_k\cdot b_k\geq b_k$$
$$\sum_{k=1}^{K}z_k\cdot x_k\leq x_k$$
$$z_k\geq 0,\ \phi\geq 0\ \cdots\cdots\cdots\cdots\cdots\cdots\cdots\cdots\cdots\cdots\cdots (6.30)$$

여기서 ϕ^W, ϕ^S는 각각의 약처분성과 강처분성 가정에서 측정한 방향거리함수의 거리를 의미한다. 두 식은 유해산출물(b)에 대한 등호제약을 통하여 구분된다. z_k는 생산프런티어를 형성하는 일종의 가중치를 의미하는 K×1 밀도벡터(density vector)이다

[그림 6.5]는 산출물을 종축에 두고 유해산출물을 횡축에 둘 때 전체(global)의

---

7) 정상산출물을 증가시킴과 동시에 유해산출물을 감소시키는 것은 현실적으로 힘들 수 있다. 각 생산단위가 생산프런티어 집합 내에서 위치를 확인하고 그로 인한 비효율성의 과소추정을 확인하고자 한다.

•그림 6.5 생산효율성의 과소추정가능성

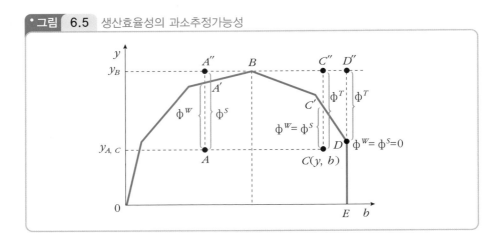

최대산출량을 점 B라고 보면 점 B수준에 대응하는 유해산출물의 최대수준을 초과하는 영역을 함께 포함하고 있다.[8] 규제나 제약이 없는 일반적인 생산프런티어의 형태로서 유해산출물의 강처분(자유처분)을 가정하면 생산프런티어는 $0y_BBC'DE$ 영역으로 표시된다. 반면 유해산출물에 대한 규제가 산출물에 제약을 초래하는 경우인 약처분이 존재하면 생산영역이 축소되어 $0BC'D0$과 같이 나타난다.

이처럼 유해산출물 감축으로 정상산출물에 제약을 받을 때 각 생산단위가 처한 위치는 크게 A, B, C, D 유형으로 구분할 수 있다. 그런데 우하향의 기울기(downward-sloping)를 가지는 프런티어 구간 BD 범위 내에 위치하는 생산단위는 정상산출물의 증가 혹은 유해산출물의 추가적인 감소여지가 존재한다. A와 B 유형은 C와 D 유형에 비하여 비슷한 정상산출량수준 하에서도 보다 적은 유해산출물을 생산하고 있으나 C, D유형은 점 B의 허용가능한 유해산출물을 초과하여 발생시키고 있다. 따라서 점A에서 측정한 산출확장 방향거리함수의 약처분 비효율 ϕ^W와 강처분 비효율 ϕ^S을 비교하면 규제의 여부에 따라서 $\phi^S > \phi^W > 0$ 이지만 점 C에서는 $\phi^S = \phi^W > 0$이다. 점C는 점A와 비슷한 정상산출량을 생산하지만 유해산출량은 많이 발생하며 유해산출물 감축의 규제는 받지 않는다.[9] 또한 점 D는 점

---

8) 점B는 프런티어 전체에서 가장 높은 정상산출물을 달성하는 점이므로 이를 전체(global)의 최대산출량으로 간주한다. 이 때 유해산출물을 허용가능한 최대량으로 간주한다. 물론 국지적(local) 최대 산출량은 프런티어 상의 각 점이 된다.
9) 정상산출량은 확대하고 유해산출량은 축소하는 규제를 받게 되면 생산이 감소할 수 있다.

B와 동일하게 $\phi^W(=\phi^S)=0$로서 프런티어상에 위치한 효율적인 점으로 간주된다. 그러나 산출량은 B점보다 매우 낮고 유해산출물은 지나치게 많이 발생시킨다. 하지만 기존방법을 따르면 어느 생산단위가 C, D점과 같은 유형인지 정확히 보여주지 못한다.

생산단위의 유형을 판정하기 위하여 Picazo-Tadeo and Diego(2009)에 따라서 생산프런티어의 우측에 위치한 생산단위를 구분해 내고 유해산출물이 없다는 가정에 기초한 정상산출물의 방향거리함수를 도입하고 최대 생산량 수준을 확인한다. 유해산출물을 제외한 정상산출물만의 방향거리함수는 다음과 같이 정의된다.

$$\vec{D}(x,\ y:g_y)=\max\{\ \phi^T:(x,\ y+\phi^T g_y)\in \hat{T}(x)\} \ \cdots\cdots\cdots\cdots (6.31)$$

식(6.31)에서 $\hat{T}(x)$는 유해산출물의 고려가 없는 투입물과 산출물 만으로 구성된 기술을 말한다. 이 방향거리함수식에서 유해산출물은 포함하지 않고 주어진 투입물 수준에서 달성가능한 정상산출물의 최대수준을 찾아야 한다. 이의 선형프로그램은 다음과 같다.

$$\vec{D}(x,\ y:0,\ g_y)=Max\ \phi^T$$
$$s.t.:\ \sum_{k=1}^{K} z_k y_k \geq y_k + \phi^T g_y$$
$$\sum_{k=1}^{K} z_k x_k \leq x_k,$$
$$z_k \geq 0,\ k=1,\ \cdots,\ K \ \cdots\cdots\cdots\cdots\cdots\cdots\cdots\cdots\cdots\cdots\cdots\cdots\cdots (6.32)$$

[그림 6.6]에서 유해산출물을 제외한 생산기술의 최대산출량은 점 B와 동일한 수준이 된다. 따라서 점 C과 점 D의 산출량 수준의 비효율성은 점 B를 기준으로 측정된 ϕ^T와 ϕ^S를 비교하면 비효율의 수준을 확인할 수 있다. 그러므로 점 B에서는 $\phi^T=0$로서 효율적이지만 점 C와 점 D는 $\phi^T>0$으로 비효율적이다. 이처럼 C와 D점에 위치한 생산단위들은 A와 B점에 위치한 생산단위와 같이 산출량의 최대화를 시도하지만 유해산출물을 초과배출하고 있으므로 건전한 성장의 관점에서는 바람직하지 못하다. 앞서 설명한 [그림 6.5]를 기준으로 생산단위의 유형을 구별하는 방법은 〈표 6.1〉과 같다.

표 6.1 생산단위의 유형 구분

판정기준	유형
$\phi^T = \phi^S > 0$	A
$\phi^T = \phi^S = 0$	B
$\phi^T > \phi^S > 0$	C
$\phi^T > \phi^S = 0$	D

A점에서 측정한 ϕ^T 와 ϕ^s 는 동일하고 0보다 큰 반면에 B에서는 ϕ^T 와 ϕ^s 가 동일하게 0으로 나타난다. C점과 D점에서는 ϕ^T와 ϕ^s 가 상이하게 나타나고 C점은 $\phi^T > \phi^s > 0$ 인 반면에 D점은 강처분 효율이 0이므로 $\phi^T > \phi^s = 0$가 성립한다.

나아가 전체의 최대 정상산출량 수준인 점 B에 대응하는 허용가능한 유해산출물의 최대량(b_B)을 계측함으로써 초과 유해산출량을 [그림 6.6]과 같이 측정할 수 있다. 먼저 점B의 최대 정상산출량을 도출한 후에 점 B에 대응하는 허용가능 유해산출량과 점 C와 점 D의 실제 유해산출량을 비교하면 초과한 유해산출량을 도출할 수 있다. 이 초과 유해산출량은 먼저 유해산출물이 자유롭게 처분가능한 상태에서 측정한 최대산출량수준을 구한 후, 이를 다음과 같은 선형프로그램에서 실제 정상산출량 대신에 대입하면 가능하다. 즉,

그림 6.6 허용가능한 최대 유해산출물과 초과 유해산출물 수준의 측정

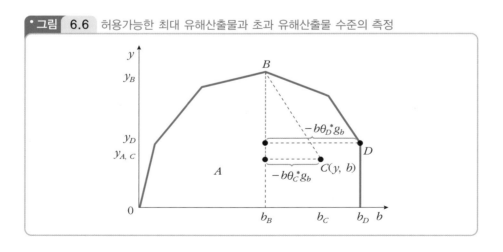

$$\vec{D}(x,\ y,\ b:0,\ 0,\ -g_b)=Max^{\theta}$$

$$s.t.:\sum_{k=1}^{K}z_k\cdot y_k\geq y_k^*$$

$$\sum_{k=1}^{K}z_k\cdot b_k=b_k-\theta g_b$$

$$\sum_{k=1}^{K}z_k\cdot x_k\leq x_k$$

$$z_k\geq0,\ \theta\geq0\ \cdots\cdots\cdots\cdots\cdots\cdots\cdots\cdots\cdots\cdots\cdots\cdots\cdots\cdots\cdots\ (6.33)$$

여기서 y_k^*는 허용가능한 유해산출량의 수준에서 최대 정상산출량 수준이다. 식(6.33)에서 축소가능한 유해 산출물의 수준을 측정할 수 있다. 그 초과 유해산출량은 다음과 같이 표시된다. 즉,

$$b_{C,\ D}-b_B=b\cdot\theta^*g_b\ \cdots\cdots\cdots\cdots\cdots\cdots\cdots\cdots\cdots\cdots\cdots\cdots\cdots\ (6.34)$$

이 초과 유해산출물 수준은 점 C와 점 D에 해당하는 생산단위에 대하여 각각 측정할 수 있다. 이러한 정보는 각 생산단위가 향후 유해산출물을 축소할 때 절감가능한 유해산출량을 확인하는데 이용할 수 있다.

제5절 무역왜곡과 효율성

국제무역을 통한 수입(revenue)과 효율성의 경제적 성과는 국내적인 생산 상의 자원의 효율적 배분뿐만 아니라 국제무역 상의 다양한 제약과 장벽을 고려하여 분석하는 것이 보다 현실적인 접근이 될 수 있다. 국제무역의 왜곡은 주어진 국제가격수준에서 수입을 극대화하는 산출량을 선택하지 못하는 요인 중의 하나가 되고 가격이나 무역량의 왜곡을 통하여 생산효율성에 영향을 줄 수 있다. 또한 국내왜곡의 존재로 국내자원을 완전히 이용하지 못하므로 생산 가능집합의 내부에서 생산활동을 하게 된다. 무역 효율성의 저하는 국제무역의 왜곡 즉, 자유무역에 관세나 보조금 혹은 무역장벽 등의 존재로 생산활동이 왜곡될 경우에 발생하고 국내효율성의 저하는 국내적으로 생산자원을 완전히 효율적으로 사용하지 않을 경우 발생하게 된다.[10] 거래비용과 불완전한 요소시장 등의 국내왜곡이 있는 경우

효율적 투입과 산출물 결합과정에서 무역으로 유발된 변화에 직면할 때 무역개방은 경제적 성과를 간접적으로 악화시킬 수도 있다.[11] 따라서 무역제약과 국내왜곡의 동시적 고려는 개방과 경제성과의 두 가지 측면을 평가할 수 있는 수단이 된다.

Anderson and Neary(1992, 1996, 2003, 2005)는 무역제약 지수를 개발하기 위하여 거리함수를 사용한 바 있다. 이 지수는 가격자료를 가지고 정의되는 거리함수로 간주되고 무역장벽의 높이를 계측하는데 이용되었다. 이와 같은 접근방법의 기원은 Debreu(1951), Malmquist(1953), Shephard(1953)에서 찾을 수 있고 Farrell(1957), Charnes et al.(1978), Färe et al.(1978) 등이 발전시켰다. 이들은 상품의 투입과 산출의 수량을 이용한 거리함수를 이용하였다. 대부분의 효율성의 선행연구에서 국가 간의 교역은 고려하지 않고 국가 내 혹은 개별국가를 단위로 시도되었다. Chau, Färe, and Grosskopf(2003)는 효율성에 국제 간 무역왜곡을 고려한 모형을 제시한 바 있고 Bureau, Chau, Färe, and Grosskopf(2003)는 이를 실증적으로 유럽의 9개 국가의 농업을 대상으로 분석하였다. Reimer and Kang(2010)은 이를 발전시켜서 33개 국가의 농업을 대상으로 적용하였다. 한편 강상목(2006)은 국내효율성과 무역효율성을 수입비중과 연결하여 제시한 바 있다. 여기서는 강상목(2006), Reimer and Kang(2010)이 제시한 모형을 중심으로 소개하고자 한다.

국내효율성과 국제무역의 효율성을 계측하기 위한 이론모형을 도출하기 위해서는 다음과 같은 기본 가정과 용어의 정의가 필요하다. 우선 완전경쟁적 생산분야로 구성되어 있는 소규모 개방경제를 가정하자. 국제적으로 교역되는 상품이 M개 있고 각각의 상품에 대한 국제가격과 국내 생산자 가격은 p^*, p라고 하자. p^*와 p의 차이는 무역관세 혹은 생산보조금이나 국내규제로 인한 정책으로 유발될 수 있을 것이다. $x \in R_+^N$은 투입물벡터라 할 때 생산물 집합은 다음과 같이 정의된다.

$$T(x) = \{y : y \in R_+^M, \, py \leq R(p, x)\} \quad \cdots\cdots\cdots\cdots\cdots\cdots\cdots\cdots \text{(6.35)}$$

여기서 $p = (p_1, \cdots, p_m)$로서 양(+)의 국내생산자가격 벡터를 의미하고 $p \in R_+^M$이다. 생산물 집합 $T(x)$는 각 투입요소 x에 대하여 볼록집합을 구성하고 자유처분

---

10) 기존의 기술효율성과 할당효율성으로 분류한다면 국내효율성은 기술효율성에 속하고 무역효율성은 가격의 격차로 인한 것이므로 할당효율성에 속한다.

11) 이는 완전한 자원이용을 막는 국내왜곡이 존재하는지 여부를 고려하면서 국제무역제약의 생산효율에 대한 영향을 살펴보아야 할 것이다.

성가정이 적용된다. 즉, $y \leq y'$이면 $y' \in T(x)$일 때는 항상 $y \in T(x)$이다. 또한 $x \leq x'$이면 $T(x) \subseteq T(x')$이 성립한다. py는 실제 수입(revenue), $R(x, p)$는 최대수입을 의미한다. 생산의 수입함수는 다음과 같이 정의된다.[12]

$$R(p, x) = \max_y \{py : y \in T(x)\} \quad\cdots\cdots\cdots (6.36)$$

$$y(p, x) = \nabla_p R(p, x) \quad\cdots\cdots\cdots (6.37)$$

여기서 식(6.37)은 식(6.36)에서 Hotelling Lemma에 의해 정의된다.[13] $y(p, x)$는 p에 영차의 동차함수이고 $R(p, x)$는 p에 대하여 1차동차함수이다. 수입함수의 정의에 따라서 다음의 관계가 성립한다.

$$py \leq R(p, x), \ \forall y \in T(x) \quad\cdots\cdots\cdots (6.38)$$

즉, 실제수입은 항상 최대수입보다 작거나 같아야 한다. 또한 Shephard(1970)에 따라서 산출거리함수의 정의는 다음과 같다.

$$D_o(x, y) = \min \{\theta > 0 : y/\theta \in T(x)\} \quad\cdots\cdots\cdots (6.39)$$

산출거리함수는 생산집합 내로 부터 생산경계 상에 $y/D_o(x, y)$를 둠으로써 산출물의 최대 확장가능한 정도를 측정한다. $D_o(x, y)$는 y에 대해 1차동차이고 $y \in T(x)$라면 $D_o(x, y) \leq 1$이다. 나아가 수입함수(revenue function)를 가격에 대해 1차미분하면 수입을 최대화하는 산출량 수준을 얻고 거리함수를 산출량에 대해 미분하면 생산가능곡선 상 즉, 산출거리함수가 1인 경우에는 언제나 가격 벡터를 얻을 수 있다. 주어진 생산자가격 p에 대하여 완전경쟁시장에서는 다음의 관계식이 성립한다.[14]

---

12) Färe and Primont(1995), Färe and Grosskopf (1995)를 참조바란다.
13) Hotelling Lemma에 의하면 함수의 최적값이 존재할 때는 항상 포함된 변수로 각각 미분이 가능하고 이와 반대로 Shephard Lemma는 함수가 포함된 변수로 미분가능하면 항상 함수의 값을 최적화하는 유일한 해가 존재한다고 정의한다.

14) $\dfrac{dR(p, x)}{dy} = \nabla_y R(p, x) = \dfrac{p}{D_o(x, y)}$

$\dfrac{dR(p, x)}{dp} = \nabla_p R(p, x) = \dfrac{y}{D_o(x, y)}$ 에서 유도된다.

$$\frac{p}{R(p,\ x)} = \nabla_y D_o(x,\ y) \ \cdots\cdots\cdots\cdots\cdots\cdots\cdots\cdots\cdots\cdots\cdots\cdots \ (6.40)$$

$$\frac{y}{R(p,\ x)} = \nabla_p D_o(x,\ y) \ \cdots\cdots\cdots\cdots\cdots\cdots\cdots\cdots\cdots\cdots\cdots \ (6.41)$$

　지금까지는 국제무역을 고려하지 않고 일반적인 수입함수와 거리함수에 대한 기본개념을 중심으로 기술하였다. 이제 국제무역을 고려할 경우, 무역효율성과 국내효율성의 개념이 분리될 수 있다. 먼저 무역효율성의 개념을 살펴보자. Chau, Färe and Grosskopf(2003)와 같이 만약 국내왜곡으로 인한 비효율성이 없다고 가정할 경우 모든 생산단위는 생산변경곡선 상에서 생산을 하게 되고 모두 효율적이라 간주된다. 이 경우 국제가격 p^*와 국내생산자가격 p 간의 격차로 인하여 발생하는 무역효율성을 고려할 수 있다. 이 무역효율은 국제가격과 국내생산자가격의 격차로 인하여 생산기술의 변경곡선 상에서 산출물을 최대화할 수 없을 때 발생한다. 즉, 무역왜곡으로 인한 무역효율성(TD: trade distortion)을 다음과 같이 측정할 수 있다.[15)

$$TD(p,\ p^*,\ y^*,\ x) = \min_y \{\delta : p^*(y^*(p,\ x)/\delta) = R(p^*,\ x)\}$$

$$= \frac{p^* y^*(p,\ x)}{R(p^*,\ x)} = \frac{p^* y^*(p,\ x)}{p^* y^{**}(p^*,\ x)} \ \cdots\cdots\cdots \ (6.42)$$

　여기서 x는 요소투입량, p는 국내생산자 가격, p^*는 국제가격, y^{**}는 국제최대 생산량, y^*는 국내최대생산량, $R(p^*,\ x)$는 국제최대수입을 의미한다. 국제가격과 국내생산자가격 차이 즉, 교역제약으로 인한 무역효율성(TD)은 구체적으로 δ의 값으로 표시되고 국제가격 p^*로 각각 평가된 최대수입과 국내최대 수입 간의 비율로 정의된다. 즉, 국내최대 산출량과 국제최대 산출량을 가지고 국제가격에 기준하여 무역효율성 정도를 측정할 수 있다. 이는 생산량의 국내생산자가격이 국제가격에 비하여 얼마나 벗어나 있는지를 보여주는 척도가 될 것이다.

　이제 무시하였던 국내왜곡을 고려할 경우 즉, 국내자원의 비효율적 이용여부를 보여주는 국내효율성을 고려할 경우, 생산량은 생산변경곡선 상에서 뿐만 아니라 생산변경곡선 내부에 위치하게 될 것이다. 이러한 국내왜곡으로 인한 국내

---

15) 여기서는 소비자 부문의 왜곡은 고려하지 않는다. 단지 생산왜곡요소만 고려한다.

효율성(DD: domestic distortion)은 다음과 같이 정의된다.

$$DD(p, p^*, y, x) = \min_{y}\{\lambda : p^*(y(p, x)/\lambda) = p^*y(p, x)\}$$

$$= \frac{p^*y(p, x)}{p^*y^*(p, x)} \quad\cdots\cdots\cdots\cdots\cdots\cdots\cdots\cdots (6.43)$$

여기서 DD는 국내효율성으로서 구체적으로 λ로 표시된다. x, p, p^*는 무역왜곡과 동일하게 정의되고 y^*는 국내최대생산량, y는 국내실제생산량을 말한다. 따라서 국내효율성은 Farrell의 효율성의 정의에 기초하여 국내최대수입에 대한 국내 실제수입의 비율로 정의된 것이다.

결과적으로 전체적인 수입효율성(revenue efficiency)은 국제가격과 국내생산자가격의 차이로 발생하는 무역효율성과 국내의 최대생산과 실제생산량의 차이로 발생하는 국내효율성으로 구성된다. 이러한 전체 수입효율성(OD: overall distortion)은 다음과 같이 표현할 수 있다.

$$OD(p, p^*, y, x) = TD(p, p^*, y^*, x) \cdot DD(p, p^*, y, x)$$

$$= \frac{p^*y^*(p, x)}{p^*y^{**}(p^*, x)} \frac{p^*y(p, x)}{p^*y^*(p, x)}$$

$$= \frac{p^*y(p, x)}{p^*y^{**}(p^*, x)} \quad\cdots\cdots\cdots\cdots\cdots\cdots\cdots (6.44)$$

식(6.44)의 첫 번째 항은 국제가격으로 표현된 최대생산량과 국내최대생산량을 비교한 무역효율성을 의미하고, 두 번째 항은 국내최대생산량과 국내실제생산량을 비교한 국내효율성을 표현한 것이다. 무역효율성은 왜곡된 가격으로 인하여 국내최대생산량이 국제최대생산량과 차이가 나고 항상 1보다 작거나 같게 된다. 이와 반대로 국내효율성의 값은 기술효율성의 정의와 달리 1보다 크거나 작게 될 수도 있다. 즉, 국제가격을 기준으로 한 관측치의 생산량 위치에 따라 $DD \lesseqgtr 1$의 값을 가질 수 있다. 만약 국제가격을 기준으로 볼 때 내부의 실제생산량 수준이 프런티어 상의 국내최대생산량 수준보다 높은 위치에 있을 경우는 1보다 큰 값을 갖고 반대의 경우는 1보가 적은 값을 갖는다.[16] 이는 프런티어상에서 국내최대생

---

16) 물론 국내가격을 기준으로 하여 내부의 실제생산량 수준보다는 최대생산량수준이 항상 프런티어 상에 위치하므로 실제수입보다 최대수입이 크고 DD는 항상 1보다 작은 값을 갖는다.

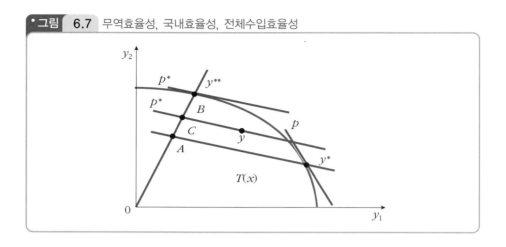

•그림　6.7　무역효율성, 국내효율성, 전체수입효율성

산량을 달성하는 점이라 하더라도 국제기준으로 볼 경우 비효율적일 수 있고 반대로 프런티어 내에 위치하는 비효율적인 실제생산량이라도 국제기준 하에서는 국내최대생산량보다 효율적일 수 있음을 의미한다.

무역효율성(TD)과 국내효율성(DD)의 개념을 그림으로 설명하면 [그림 6.7]과 같다. 단순화를 위하여 y_1, y_2의 두 산출량이 있다고 할 때 생산가능집합이 $T(x)$로 주어질 경우 두 생산량의 국제가격과 국내생산자가격에 따라서 총수입을 최대화하는 생산량수준은 다를 수 있다. 즉, p, p^*수준이 주어질 경우 국내최대생산량과 국제최대생산량은 y^*, y^{**}로 주어질 수 있다. 이 경우 TD는 국제가격을 기준으로 y^*와 y^{**}를 비교하므로 $TD=OA/OB \leq 1$로 표시될 수 있다.

이어서 임의의 실제 국내산출량 수준을 y라고 둘 때 이점에서 국내효율성(DD)은 국제가격을 기준으로 실제 국내생산량과 국내 최대생산량 간에 비교하므로 $DD=OC/OA \geq 1$로 정의된다.[17] 따라서 전체수입효율성은 $OD=(OA/OB) * (OC/OA)=(OC/OB) \leq 1$로 계측된다. 실제로는 전체효율성이 1보다 크거나 작을 수도 있고 1이 될 수도 있다. 이는 주어진 국제가격 수준 하에서 최대수입을 달성하도록 관측된 생산량 벡터의 비례적인 확장을 가능하게 한다. 전체 수입효율성 내에서 $DD>1$일 경우 $TD<DD$이고 전체 수입효율성은 1보다 큰 값을 가질 수도 있다. 전체효율성이 1보다 큰 관측치는 그렇지 못한 관측치에 비하여 보다 높은

---

17) 만약 p^*를 기준으로 한 기울기 상에서 국내 실제 생산량이 국내 최대생산량보다 아래에 위치한다면 DD<1이 성립하게 된다.

효율성을 보여주므로 교역을 확대할 경우 경쟁력이 있다고 간주될 것이다.

실제 국내효율과 무역효율을 추정하기 위해서는 두 개의 선형프로그램이 필요하다. 먼저 국내효율을 도출하기 위한 선형프로그램은 다음과 같다.

$$DD_o(x, y) = \max \lambda$$
$$s.t.: \sum_{k=1}^{K} z_k p_m^* y_{km} \geq \lambda p_m^* y_{km}, \quad m = 1, \cdots, M$$
$$\sum_{k=1}^{K} z_k y_{km} \geq y_{km}, \quad m = 1, \cdots, M,$$
$$\sum_{k=1}^{K} z_k x_{kn} \leq x_{kn}, \quad n = 1, \cdots, N,$$
$$z_k \geq 0, \quad k = 1, \cdots, K \quad \text{.......................................} \quad (6.45)$$

국제가격에 기준한 국내효율성은 국제가격을 곱한 국내 효율산출량과 실제산출량의 상대적 비율로 표시되므로 λ값 자체가 이를 의미하게 된다. 여기서 z_k와 결합된 실제산출량이 국내 최대산출량을 형성한다.

반면 무역효율성은 국내 효율산출량을 기준으로 국제효율산출량과의 차이를 측정해야 한다. 이의 선형프로그램은 다음과 같다.

$$TD_o(x, y) = \max \theta$$
$$s.t.: \sum_{k=1}^{K} z_k p_m^* y_{km}^* \geq \theta p_m^* y_{km}^*, \quad m = 1, \cdots, M$$
$$\sum_{k=1}^{K} z_k y_{km}^* \geq y_{km}^*, \quad m = 1, \cdots, M,$$
$$\sum_{k=1}^{K} z_k x_{kn} \leq x_{kn}, \quad n = 1, \cdots, N,$$
$$z_k \geq 0, \quad k = 1, \cdots, K \quad \text{.......................................} \quad (6.46)$$

이처럼 두 선형프로그램에서 국내효율성과 무역효율성이 도출되고 이를 곱하면 전체수입효율성을 얻는다.

한편, 국내효율성과 무역효율성을 도출하는 전통적 방법은 Reimer and Kang (2010)이 제시하였듯이 국제가격을 기준으로 실제산출량을 사용하여 국내의 최대수입함수를 추정한다. 다음으로 국제가격과 국내최대산출량에 기초하여 국제 최대수입함수를 추정하여 국내효율성과 무역효율성을 각각 도출할 수도 있다.

기존의 방사선효율, 방향거리효율에 비하여 상대적으로 널리 알려지지 않았지만 비모수적 효율을 측정하는 또 하나의 방법으로 쌍곡선 효율(hyperbolic efficiency)모형이 있다. 효율성의 쌍곡선 척도는 생산을 증가시키면서 동시에 일정한 비율로 오염물을 감소시킬 수 있다. 이는 방향거리함수와 유사하게 상대적으로 투입물이나 유해산출물은 줄이면서 높은 산출량을 달성하는 생산단위에 대하여 보다 높은 효율을 부여한다. 투입물이나 유해산출물을 줄이면서 바람직한 산출물을 증가시키는 효율을 측정하는 접근법으로 쌍곡선 효율측정은 투입물과 유해산출물, 정(+)의 산출물을 동시에 변화를 줄 수 있다. 특히 여기서는 유해산출물의 하나인 오염물을 포함시켜서 환경규제의 여부를 측정하기 위하여 강처분성(free disposability)과 약처분성(weak disposability)을 도입한다.

쌍곡선 효율척도(hyperbolic efficiency measurement) 를 사용한 선행연구로는 Färe et al.(1989), Boyd and McClelland(1999), Zaim and Taskin(2000), Sancho et al.(2000), Zofio and Prieto(2001), 강상목(2003), 정영근 외(2008) 등을 열거할 수 있다. 이러한 선행연구들은 오염물을 포함한 환경효율을 측정하는데 쌍곡선 척도를 적용하고 있다. 여기서는 강상목(2003)이 소개한 쌍곡선 효율을 활용한 효율과 생산성의 관계모형을 위주로 설명하고자 한다. 이는 비효율로 인한 생산성 상실을 보여주는데 보다 유용하다.

이론 모형의 가장 핵심적인 요소는 산출물과 오염물을 처분하는데 따르는 기술상 제약의 유무이다. 특히 시장가격으로 평가되지 않는 오염물을 생산에 포함할 경우, 오염물과 산출물 간의 효율 차이는 이들의 처분성에 따라 달라진다. 강처분성은 규제나 제약으로 인한 추가적 비용없이 산출물을 생산할 수 있는 경우이다. 반면에 약처분성은 생산자가 규제를 준수해야만 하는 상태를 말한다. 즉, 오염물을 처리하므로 오염규제를 만족시켜야하는 상태를 말한다.

쌍곡선 모형의 이론적 배경을 기술하기 위하여 K개의 생산단위가 있다고 가정하자. 각 생산단위는 바람직한 산출물 $y \in R_+^M$, 오염물 $b \in R_+^J$, 투입물 $x \in R_+^N$을 생산한다고 할 때, $y(= y_1, y_2, \cdots, y_m)$는 산출물 벡터, $b(= b_1, \cdots, b_j)$는 오염물 벡터 그리고 $x(= x_1, x_2 \cdots x_n)$는 투입물벡터라 두자. 생산기술의 산출물집합 혹은 생산가능집합을 $T(x)$라고 두면, 생산과정이 산출물 , 오염물과 투입물의 강처분성을 만족할 경우, 강처분 산출물 조합은 다음과 같이 표현될 수 있다.

$$T^S(x) = \{(y,\ b) : zy \geq y,\ zb \geq b,\ zx \leq x,\ z \in R_+^K\} \quad \cdots\cdots\cdots (6.47)$$

$T^S(x)$는 강처분성을 만족하는 생산기술집합을 말한다. z벡터 일종의 가중치로서 관측된 투입물과 산출물의 볼록 결합을 통하여 강처분 생산집합의 프런티어를 형성하게 한다. 비슷하게 오염물에 대한 약처분성을 포함하는 생산기술집합은 다음과 같이 나타낼 수 있다.

$$T^W(x) = \{(y,\ b) : zy \geq y,\ zb = b,\ zx \leq x,\ z \in R_+^K\} \quad \cdots\cdots\cdots\cdots (6.48)$$

$T^W(x)$는 약처분성을 만족하는 생산기술집합을 말한다. $zb = b$의 조건은 오염물이 자유롭게 처분될 수 없음을 의미하고 오염물의 일정 수준 감소를 허용한다.

한편, Boyd and McClelland(1999)와 Zaim and Taskin(2000)과 같이 생산단위의 산출물을 투입물과 함께 동시에 조절할 수 있다는 가정을 할 경우 산출물은 최대, 투입물과 오염물은 최소화하는 생산적 효율(productive efficiency)의 측정이 가능하다. 생산적 효율 척도에서는 오염물과 투입물을 최소화하고 산출물을 최대화하는 제약조건 하에서 생산단위의 효율을 측정한다. 따라서 이러한 생산적 효율 척도 하에서 투입물, 오염물과 산출물이 상반된 방향으로 이동을 측정하기에 적합한 척도로 쌍곡선 척도가 사용된다. 쌍곡선의 효율은 강처분과 약처분 하에서 다음과 같이 정의된다.

$$E_b^W(x,\ y,\ b) = \min\{\beta^W : (\beta^W \cdot x,\ (\beta^W)^{-1} \cdot y,\ \beta^W \cdot b) \in T^W(x)\}$$
$$E_b^S(x,\ y,\ b) = \min\{\beta^S : (\beta^S \cdot x,\ (\beta^S)^{-1} \cdot y,\ \beta^S \cdot b) \in T^S(x)\} \quad \cdots (6.49)$$

쌍곡선 효율 E_b^W와 E_b^S는 약처분과 강처분에 대한 효율이고 그 효율의 값은 각각 β^W와 β^S이다. 오염물의 약처분과 강처분의 가정 하에 선형계획식을 통하여 얻게 되는 최적해 β^W와 β^S는 $0 \leq \beta^W,\ \beta^S \leq 1$의 값을 갖는다. 쌍곡선 효율이 1에 가까울수록 효율적이며 1일 경우 최대생산효율이 달성된다. 각 생산단위에 대한 쌍곡선 효율은 다음의 비선형프로그램을 통하여 그 최적해를 얻게 된다.

(a)

$$E_b^W(x,\ y,\ b) = \min\ \beta^W$$

$$\sum_{k=1}^{K} z_k \cdot y_k \geq (\beta^W)^{-1} \cdot y_k$$

$$\sum_{k=1}^{K} z_k \cdot b_k = \beta^W \cdot b_k$$

$$\sum_{k=1}^{K} z_k \cdot x_k \leq \beta^W \cdot x_k$$

$$z_k \geq 0$$

(b)

$$E_b^S(x,\ y,\ b) = \min\ \beta^S$$

$$\sum_{k=1}^{K} z_k \cdot y_k \geq (\beta^S)^{-1} \cdot y_k$$

$$\sum_{k=1}^{K} z_k \cdot b_k \geq \beta^S \cdot b_k$$

$$\sum_{k=1}^{K} z_k \cdot x_k \leq \beta^S \cdot x_k$$

$$z_k \geq 0 \quad \cdots\cdots\cdots\cdots\cdots (6.50)$$

여기서 (a)는 약처분의 쌍곡선 효율이고 (b)는 강처분의 쌍곡선 효율이다. 그런데 이러한 비선형 쌍곡선 효율을 계산하기 위해서는 비선형의 계획문제를 선형프로그램 문제로 전환하는 것이 필요하다. 이는 식(6.50)의 (a)와 (b)에서 양변에 모두 β를 곱해줌으로써 전환할 수 있다. 그러므로 $\Phi^W = (\beta^W)^2$, $\Phi^S = (\beta^S)^2$, $z' = z\beta$로 두면 다음과 같은 새로운 선형계획식을 각각 얻을 수 있다.

(a)

$$(E_b^W(x,\ y,\ b))^2 = \min\ \Phi^W$$

$$\sum_{k=1}^{K} z'_k y_k \geq y_k$$

$$\sum_{k=1}^{K} z'_k \cdot b_k = \Phi^W \cdot b_k$$

$$\sum_{k=1}^{K} z'_k \cdot x_k \leq \Phi^W \cdot x_k$$

$$z'^k \geq 0$$

(b)

$$(E_b^S(x,\ y,\ b))^2 = \min\ \Phi^S$$

$$\sum_{k=1}^{K} z'_k \cdot y_k \geq y_k$$

$$\sum_{k=1}^{K} z'_k \cdot b_k \geq \Phi^S \cdot b_k$$

$$\sum_{k=1}^{K} z'_k \cdot x_k \leq \Phi^S \cdot x_k$$

$$z'_k \geq 0 \quad \cdots\cdots\cdots\cdots\cdots (6.51)$$

여기서 각각의 선형 계획식을 풀어주면 제약조건 하의 최적효율 $(\Phi^W)^{1/2} = \beta^W$, $(\Phi^S)^{1/2} = \beta^S$을 얻게 된다. 강처분과 약처분의 효율측정은 환경규제로 인한 효율을 보여준다.

[그림 6.8]은 효율성의 쌍곡선척도에 관한 내용을 보다 명확하게 보여준다. 설명의 편의상 산출물(y)과 오염물(b)에 대한 생산가능곡선을 보여 준다. 0GBCD영역은 강처분의 생산집합이고 0ABC0영역은 약처분의 생산집합이다. 만약 오염물처분에 희생이 없다면, 산출물을 포기함이 없이 오염물을 줄일 수 있어야 하므로 이는 생산가능곡선상의 GB구간이 해당할 것이다. 그러나 오염물 처분에 비용이

수반될 경우 오염물감소 하의 생산은 0A와 AB선을 따라서 달성가능하다. 즉, 오염물감소를 위해서 동시에 일정 생산량을 감소시키거나, 생산량 증가를 위해서 동시에 일정 오염배출량을 증가시키게 된다.

그런데 효율의 쌍곡선 척도 H는 생산가능곡선을 향하여 좌상방으로 보다 근접된 생산단위에 높은 효율 값을 부여한다. 따라서 쌍곡선 척도는 투입물과 오염물을 줄임과 동시에 동일한 비율로 산출물을 증가시킬 수 있는 엄격한 기준을 사용한다고 볼 수 있다.

[그림 6.8]에서 실제 생산점을 $g(y_0, b_0)$라 두자. 이 점이 쌍곡선 척도(H)에 따라서 약처분과 강처분하의 효율점인 점, $g1(y_0/\beta^W, \beta^W b_0)$, $g2(y_0/\beta^S, \beta^S b_0)$으로 이동할 경우 최대효율을 달성할 수 있을 것이다. 그러므로 $g(y_0, b_0)$점의 생산이 약처분과 강처분 하의 효율적인 점이 되기 위해서는 오염물을 b_0에서 각각 $\beta^W b_0$, $\beta^S b_0$로 축소하는 동시에 산출물은 y_0에서 y_0/β^W, y_0/β^S로 확장해야 한다. 따라서 임의의 생산점 $g(y_0, w_0)$가 강처분과 약처분 하의 최대효율점에 도달할 경우 생산가능곡선 상의 산출량 수준은 각각 y_0/β^S와 y_0/β^W로 표시된다. 물론 점 $g2$와 같이 β^S와 β^W가 1이 되면 모두 효율적이고 $g2$는 환경규제를 받지 않는 상태임을 의미한다. $g1$점은 약처분 하의 최대효율적인 점이지만, 강처분하의 비효율적인 점이다.

그러므로 생산가능곡선 상에 있는 점을 제외한 내부의 점에서는 그 점과 프런티어의 쌍곡선 위의 점 간에 상대적인 거리로서 환경규제의 수준을 측정한다. 가령, 0AB의 약처분 산출물과 GB의 강처분 산출물의 최대지점인 $g1$과 $g2$를 기준

•그림 6.8 환경규제와 효율의 쌍곡선 척도

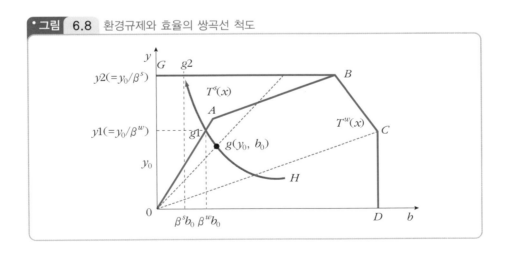

으로 쌍곡선거리 g1g2를 측정함으로써, 상대적 효율의 차이를 얻는다. 이는 환경규제를 보여주는 환경효율(EE: environmental efficiency)로서 다음과 같이 표현된다.

$$EE = (y_0 / \beta^W) / (y_0 / \beta^S) = \beta^S / \beta^W \quad \cdots\cdots\cdots\cdots\cdots\cdots\cdots\cdots\cdots \text{(6.52)}$$

여기서 β^S와 β^W가 동일하면 EE는 1이 되고 효율적이다. 그러나 EE가 1보다 작을 경우 환경규제로 생산의 손실이 발생한다.

한편, 이러한 생산의 효율은 생산성과 밀접한 관계를 갖는다. 여기서 투입물에 대한 산출물의 상대적 비로 정의되는 생산성에 효율을 결합시킨다. 이를 통하여 생산비효율로 인한 생산성의 차이를 살펴볼 수 있다. 우선, 환경규제를 고려하지 않는 일반적 프런티어 접근방법에 의한 생산가능함수가 다음과 같이 표시된다고 가정하자.

$$y^f = A \times F(x_i) \quad \cdots\cdots\cdots\cdots\cdots\cdots\cdots\cdots\cdots\cdots\cdots\cdots\cdots \text{(6.53)}$$

x_i는 각 투입물, y^f는 생산가능곡선상의 산출물 수준으로 위의 생산가능함수는 전통적 Solow(1957) 형태의 생산함수와 동일하다. 이를 이용하면, 프런티어 접근방법에 의한 쌍곡선 효율은 실제 산출량 y와 함께 다음과 같이 정의될 수 있다.[18]

$$
\begin{aligned}
E_b(x, y) &= \min\{\delta : y/\delta \le A \times F(\delta x_i)\} \\
&= \min\{\delta : y/\delta \le A \times \delta F(x_i)\} \\
&= \min\{\delta : y/(A \times F(x_i)) \le \delta^2\} \\
&= \{y/(A \times F(x_i))\}^{1/2} \quad \cdots\cdots\cdots\cdots\cdots\cdots \text{(6.54)}
\end{aligned}
$$

이 식에서 쌍곡선 효율을 고려할 경우 투입물 감소와 산출물 증가가 동시에 일어나는 것을 반영하고 있다. 따라서 총요소생산성 TFP(=A)는 식(6.54)에서 양변을 제곱하면 다음과 같이 유도된다.

$$TFP = y / E_b^2 \times F(x_i) \quad \cdots\cdots\cdots\cdots\cdots\cdots\cdots\cdots\cdots \text{(6.55)}$$

쌍곡선 척도 하의 생산성상실도 생산가능곡선 상에서 얻을 수 있는 생산성과

---

18) 이 효율은 최대산출량이 분모에 있으므로 일종의 거리함수의 효율과 같다.

실제 산출물에 의한 생산성과의 차이로 표시된다. 즉, 생산성상실은 $PL = y / (E_b^2 *$ $F(x_i)) - y / F(x_i)$가 되고 생산성 상실율은 $PL / (y / (E_b^2 * F(x_i)) = 1 - E_b^2$이다. 이러한 쌍곡선척도 하의 기술효율과 생산성간의 관계를 이용하여, 환경제약을 감안한 생산성의 차이를 측정할 수 있고 이 또한 강처분과 약처분 하의 두 생산성수준의 차이로 표시된다. 즉, 생산성 상실은

$$PL_b = (y / E_b^S) / (E_b^S \times F(x_i)) - (y / E_b^W) / (E_b^W \times F(x_i))$$
$$= \{1 / (E_b^S)^2 - 1 / (E_b^W)^2\} \times y / F(x_i) \quad\cdots\cdots\cdots\cdots\cdots\cdots\cdots\cdots (6.56)$$

이다. 약처분과 강처분의 효율은 $E_b^S \leq E_b^W$가 성립하므로 환경규제로 인한 생산성 상실은 이들 간의 차이에 의해서 결정된다. 생산성 상실율은 쌍곡선척도 하에서 $1 - (E_b^S / E_b^w)^2 = 1 - (EI)^2$으로 측정된다. 이처럼 강처분과 약처분 하의 효율수준의 차이가 생산성상실에 주는 상이한 영향을 살펴볼 수 있다.

제7절 메타프런티어 효율성

　　DEA에 있어서 이질적인 기술수준을 가지고 있는 지역 혹은 산업의 효율성과 생산성변화의 비교를 위한 보다 발전된 모형으로 메타프런티어 접근이 있다. 메타프런티어 모형은 Battese and Rao(2002)에 의해 처음으로 제시되었다. 이 모형은 산업 내 최대효율 기업을 기준으로 비교하여 한 집단 내 기업의 효율성과 집단 간에 기술격차를 분해해서 제시하였다. Battese et al.(2004)은 메타프런티어 생산함수를 이용하여 상이한 기술을 가진 다른 집단에 속한 기업들을 위한 생산성격차를 실증적으로 측정하였다. O'Donnell et al.(2008)은 국가차원의 FAO 자료를 이용하여 국가별 농업성과의 차이를 시도하였다. 이들은 확률적 변경함수(SFA)와 자료포락분석(DEA)을 동시에 사용하였다. Chen et al.(2008)은 중국의 지역별 생산성 분석에 메타프런티어 모형을 적용한 바 있다. 국내적으로 비모수적 접근의 메타프런티어를 적용한 선행연구는 강상목 · 조상규(2009a, 2009b), 강상목 · 김문휘(2010), 강상목 · 이근재(2011) 등이 있는데 이하에서 이들에 기초한 메

타프런티어 효율성과 생산성을 설명한다.

생산단위의 효율측정은 거리함수의 이론에 기초를 두고 있다. y와 x를 M과 N 차원의 산출물과 투입물의 열벡터로 가정하자. K개 지역에 속한 각 생산단위는 지역생산기술집합 $T^k(k=1, 2, \cdots, K)$ 하에서 생산한다. 기술은 N투입물을 M산출물로 전환하는데 속하는 기술상태를 상징한다. 모든 기술에 우선하는 기술의 존재를 의미하는 메타기술을 개념화해서 T^*라 두자. 주어진 지역에 기술은 기술집합을 사용하여 정의된다. 생산가능집합과 비슷한 산출집합은 투입물 벡터에 대하여 다음과 같이 정의된다. 즉,

$$P(x) = \{ y : (x, y) \in T \} \cdots\cdots\cdots\cdots\cdots\cdots\cdots\cdots\cdots (6.57)$$

산출집합의 경계는 생산가능 프런티어를 보여준다. 여기서 주어진 k지역의 기술과 관련하여 관측된 투입물과 산출물 결합(x, y)의 기술효율을 측정한다. 산출거리함수가 효율을 측정하는데 사용된다. k지역에 대한 산출거리함수는 다음과 같이 정의된다.

$$D_0^k(x, y) = \min\{\theta > 0 : (y/\theta) \in P^k(x)\} \cdots\cdots\cdots\cdots\cdots\cdots (6.58)$$

산출거리함수는 y가 $P^k(x)$에 속한다면 1보다 작고 경계상에 위치한다면 1의 값을 갖는다. 이 때 생산단위 (x, y)는 $D^k(x, y)=1$일 경우 효율적으로 간주한다.

한편, 여기서 기술이란 주어진 특정 시점에 존재하는 생산기술집합을 의미한다. 따라서 메타기술이란 지역기술의 총체로서 정의한다. 가령, 어떤 한 지역에서 임의의 산출물 y가 주어진 투입물 벡터 x를 사용하여 생산된다면 (x, y)는 지역생산기술 집합에 속할 뿐만 아니라 메타기술 T^*에도 속한다. 즉, 한 지역의 기술에 속한 임의의 생산점(x, y)이 속하는 T^k는 T^*의 부분집합이 된다. 이는 다음과 같이 정의된다.

$$T^* \supseteq \{T^1 \cup T^2 \cup \cdots \cup T^K\} \cdots\cdots\cdots\cdots\cdots\cdots\cdots\cdots (6.59)$$

여기서 부분집합인 개별기술집합이 볼록성과 자유처분의 공리를 만족하므로 메타기술도 역시 이 공리를 만족한다. 즉, 메타기술은 지역기술의 볼록결합을 통하여 이들을 포괄하는 메타프런티어를 형성한다.

$D^*(x, y)$를 메타기술의 산출거리함수로 정의하자. 즉,

$$D^*(x, y) = \min\{\lambda > 0 : (y/\lambda) \in P^*(x)\} \quad \cdots\cdots\cdots\cdots\cdots\cdots (6.60)$$

여기서 식(6.60)은 개별 프런티어를 통합한 메타산출거리함수로 정의된다. $P^*(x)$는 산출접근의 메타생산기술 집합을 의미한다. 이 메타산출거리함수의 효율은 개별 산업 내에서 정의되는 산출거리함수의 효율에 비하면 프런티어로부터 더 멀어지게 된다. 따라서 메타기술의 정의에 따라서 다음과 같은 관계가 성립한다. 즉,

$$D^k(x, y) \geq D^*(x, y), \; k = 1, 2, \cdots, K \quad \cdots\cdots\cdots\cdots\cdots\cdots (6.61)$$

이 식은 어떤 임의의 지역에 대한 산출물집합이 메타기술로부터 나오는 산출물 집합의 하위집합이란 사실에서 수반된다. 식(6.61)로 부터 부등호가 성립할 때는 언제나 k지역 기술과 메타기술 간의 기술격차가 존재하고 있음을 의미한다. 즉, 기술격차는 지역 프런티어와 메타프런티어의 차이로 표현된다. 먼저 k지역 기술관점에서 관측된 생산점 (x, y)의 기술효율은 다음과 같이 정의된다.

$$TE_0^k(x, y) = D_0^k(x, y) \quad \cdots\cdots\cdots\cdots\cdots\cdots\cdots\cdots (6.62)$$

이에 기초하여 T^*와 T^*기술로부터 산출거리함수를 사용해서 기술격차가 정의될 수 있다. 즉,

$$TGR_0^k(x, y) = \frac{D_0^*(x, y)}{D^k(x, y)} \quad \cdots\cdots\cdots\cdots\cdots\cdots\cdots (6.63)$$

이 식을 통하여 기술격차는 메타산출거리함수와 지역산출거리함수의 비로 정의되고 메타기술로 추정된 기술효율의 분해를 다음과 같이 유도할 수 있다. 즉,

$$TE^*(x, y) = TE^k(x, y) \times TGR^k(x, y) \quad \cdots\cdots\cdots\cdots\cdots\cdots (6.64)$$

이 식의 메타기술 관점에서 측정된 메타기술효율은 k지역 기술로 측정된 기술효율과 기술격차로 분해될 수 있음을 보여준다.

만약 지역 k가 L^k 생산단위의 자료로 구성된다면 i 생산단위에 대한 산출지향

선형계획프로그램은 다음과 같다.

$$\{D_0^k(x_n, y_m)\}^{-1} = \max \theta$$

$$s.t.: \sum_{i=1}^{I} z_i \cdot y_{im} \geq \theta \cdot y_{im}, \quad m = 1, \cdots, M$$

$$\sum_{i=1}^{I} z_i \cdot x_{in} \leq x_{in}, \quad n = 1, \cdots, N$$

$$z_i \geq 0, \quad i = 1, \cdots, I \quad \cdots\cdots\cdots\cdots\cdots\cdots\cdots\cdots\cdots\cdots \quad (6.65)$$

여기서 첫 번째 제약조건의 좌변은 i 생산단위의 산출물벡터, 두 번째 제약조건의 좌변은 투입물 벡터, z_i는 $L^k * 1$의 밀도벡터이다. 첫 번째 제약조건의 우변은 실제 i 생산단위의 산출물과 θ가 결합되었다. 두 번째 제약조건의 우변은 생산단위의 실제투입물을 의미한다. 산출물의 확장 가능한 수준을 측정하는 θ는 Farrell의 효율의 값이다. θ는 1 이상의 값을 갖게 되고 $1/\theta$는 산출거리함수의 효율로서 0과 1 사이의 값을 갖는다.

또한 메타프런티어도 모든 지역에 대하여 풀링한 데이터(the pooling data)에 기초하여 형성된다. $L = \sum_{i=1}^{I} L^k$가 되므로 모든 생산단위에 대한 자료를 가지고 투입물과 산출물의 선형계획프로그램을 설정하면 다음과 같다.

$$\{D^*(x_n, y_m)\}^{-1} = \max \lambda$$

$$s.t.: \sum_{k=1}^{K} \sum_{i=1}^{I} z_i y_{im} \geq \lambda \cdot y_{im}, \quad m = 1, \cdots, M$$

$$\sum_{k=1}^{K} \sum_{i=1}^{I} z_i \cdot x_{im} \leq x_{in}, \quad n = 1, \cdots, N$$

$$z_i \geq 0, \quad i = 1, \cdots, I, \, k = 1, \cdots, K \quad \cdots\cdots\cdots\cdots\cdots\cdots \quad (6.66)$$

여기서 첫 번째 제약조건에서 우변은 i 생산단위의 실제산출물 벡터이고 두 번째 제약조건에서 우변은 실제투입물 벡터를 가리킨다. 첫 번째 제약조건에서 좌변은 모든 지역에 대한 최대산출물 벡터이고 두 번째 제약조건에서 좌변은 최소투입물 벡터이다. z_i는 가중 밀도벡터로서 $L * 1$벡터이다. 식(6.66)의 최적해는 모든 지역과 지역 내 관측치를 포함하는 즉, 모든 생산단위의 자료를 사용하여 측정되는 메타프런티어 기술효율 수준을 보여준다.

[그림 6.9]는 메타프런티어와 일반프런티어와의 관계에 기초하여 기술효율, 메

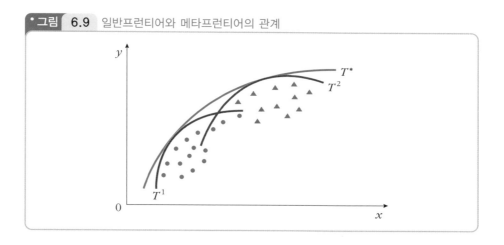

• 그림 6.9 일반프런티어와 메타프런티어의 관계

타기술효율을 설명하고 있다. 분석의 단순화를 위하여 기술구조가 다른 두 개의 집단, 그룹1(T^1)과 그룹2(T^2)만 존재한다고 가정하자. 각 그룹에 포함된 점들은 각 그룹에 포함된 생산단위의 투입물과 산출물의 생산결합점을 표시한다. 이 생산결합점들은 각 그룹의 생산기술집합(T^*)에 대한 프런티어를 형성하는데 사용된다. 따라서 그룹1과 그룹2는 각각의 생산프런티어를 형성하고 이들을 모두 포락하는 메타프런티어(T^*)가 도출될 수 있다. 즉, 메타프런티어는 그룹1과 그룹2를 포함하는 생산가능 프런티어를 형성한다. 그룹1과 그룹2의 개별 프런티어를 기준으로 기술효율을 측정하고 메타프런티어를 기준으로 메타기술효율을 측정할 수 있다. 메타프런티어가 개별 그룹의 프런티어를 포함하므로 메타기술효율은 개별 기술효율보다 작거나 같다.[19]

제8절 메타프런티어 생산성

거리함수의 효율성을 기초로 맴퀴스트 생산성변화지수가 정의되었듯이 메타 거리함수가 상이한 기간에 측정되면 이 시점 간에 메타생산성변화지수가 정의될 수 있다. 먼저, 개별 프런티어에 기초한 생산성 지수를 정의하기 위해서는 상이한

---

[19] 여기서 효율은 Shephard 거리함수로 측정한 것을 의미한다.

시점 간에 유도될 수 있는 4개의 산출거리함수가 필요하다. t기의 거리함수와 동일하게 $t+1$기의 거리함수가 정의될 수 있고 t기를 기준으로 $t+1$기 생산점과 $t+1$기의 기술수준에 기준한 t기 생산점의 거리함수도 정의될 수 있다. 이는 개별 지역기술에 기초한 생산성변화지수로서 다음과 같이 표시된다. 즉,

$$M_t^{t+1}(= TFP^k) = \left[\frac{D^t(x^{t+1},\ y^{t+1})}{D^t(x^t,\ y^t)} \frac{D^{t+1}(x^{t+1},\ y^{t+1})}{D^{t+1}(x^t,\ y^t)} \right]^{\frac{1}{2}} \quad \cdots\cdots \ (6.67)$$

이 식의 생산성지수는 연속된 두 기간의 상이한 4개의 산출거리함수에 기초하여 생산성증가율을 정의한다. t기의 기술수준과 $t+1$기의 기술수준을 기준으로 측정한 상이한 거리함수의 비율을 기하평균으로 나타내고 있다. 생산성 지수가 1보다 크면 두 기간 사이에 생산성이 향상된 것이고 그 반대는 생산성이 저하된 것을 의미한다. 만약 두 기간의 투입물과 산출물의 변화가 없다면 생산성변화지수는 1로서 생산성변화는 없음을 의미한다.

동일한 방법으로 메타기술로 정의되는 메타산출거리함수를 이용하면 메타생산성변화지수를 정의할 수 있다. 즉,

$$M_t^{*t+1}(= MF\_TFP) = \left[\frac{D^{*t}(x^{t+1},\ y^{t+1})}{D^{*t}(x^t,\ y^t)} \frac{D^{*t+1}(x^{t+1},\ y^{t+1})}{D^{*t+1}(x^t,\ y^t)} \right]^{\frac{1}{2}} \quad (6.68)$$

이 식은 개별 프런티어를 통합한 메타프런티어를 기초로 정의된 메타거리함수를 이용하여 도출한 메타생산성변화지수를 의미한다. 이 메타생산성변화지수도 동일하게 두 기간의 상이한 메타거리함수의 기하평균으로 도출할 수 있다.

따라서 개별 프런티어에 기초한 생산성변화지수와 메타프런티어에 기초한 메타생산성변화지수를 이용하여 생산성격차는 다음과 같이 정의된다. 즉,

$$TFP\_TGR = \frac{M^{*t+1}}{M_t^{t+1}} = \frac{MF\_TFP}{TFP} \quad \cdots\cdots\cdots\cdots\cdots\cdots\cdots\cdots\cdots \ (6.69)$$

이 식의 메타프런티어로 측정된 메타생산성변화지수는 다음과 같이 개별 생산성변화지수와 생산성격차로 분해될 수 있다.

$$MF\_TFP = TFP \times TFP\_TGR \quad \cdots\cdots\cdots\cdots\cdots\cdots\cdots\cdots\cdots\cdots \ (6.70)$$

여기서 메타기술에 기준하여 측정된 메타생산성변화는 개별 그룹기술로 측정된 생산성변화와 생산성격차로 분해될 수 있음을 보여준다. 그런데 생산성변화는 두 시점 간의 생산성의 변화를 측정하므로 프런티어에 따라서 메타생산성변화가 개별 생산성변화보다 클 수도 있고 작을 수도 있다. 메타생산성변화가 개별 생산성변화보다 클 경우 생산성격차는 1보다 크게 되고 이는 보다 바람직하다. 반대로 개별 생산성변화가 메타생산성변화보다 클 경우는 생산성격차가 1보다 작게 된다.[20]

[그림 6.10]은 일반 프런티어 함수와 메타프런티어 함수와의 관계에 기초하여 기술효율, 메타기술효율 그리고 생산성과 메타생산성변화지수의 측정방법을 설명하고 있다. 분석의 단순화를 위하여 기술구조가 다른 두 개의 집단, 그룹1(T^1)과 그룹2(T^2)만 존재한다고 가정하자. 각 그룹에 포함된 점들은 각 그룹에 포함된 생산단위의 투입물과 산출물의 생산결합점을 표시한다. 이 생산결합점들은 각 그룹에 대한 생산기술에 대한 프런티어(T^k)를 형성하는데 사용된다. 따라서 그룹1과 그룹2는 각각의 생산프런티어를 형성하고 이들을 모두 포락하는 메타프런티어(T^*)가 도출될 수 있다. 즉, 메타프런티어는 그룹1과 그룹2를 포함하는 생산가능 프런티어를 형성한다. 그룹1과 그룹2의 개별 프런티어를 기준으로 기술효율을

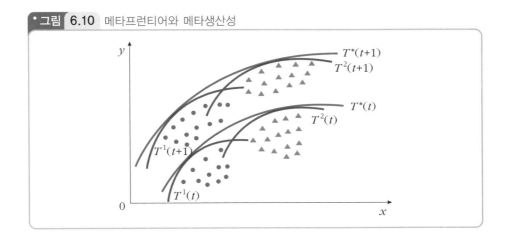

• 그림 6.10 메타프런티어와 메타생산성

---

20) 메타기술효율과 메타생산성지수는 지역, 산업, 상이한 집단 등에 적용될 수 있다. 가령 산업에 적용할 경우, 생산성격차가 큰 업종일수록 메타프런티어에 기초한 메타생산성증가율이 보다 높은 업종으로 분류되므로 생산성증가율이 빠른 업종으로 간주된다.

측정하고 메타프런티어를 기준으로 메타기술효율을 측정할 수 있다. 메타프런티어가 개별 그룹의 프런티어를 포함하므로 메타기술효율은 개별 기술효율과 같거나 작다.

메타프런티어(T^*)는 개별 그룹의 프런티어와 같이 각 기간마다 존재할 수 있으므로 t기와 t+1의 메타프런티어가 형성될 수 있다. 생산성증가율은 상이한 기간에 존재하는 개별 그룹의 프런티어에 기초하여 측정되고, 메타생산성 변화는 상이한 기간에 존재하는 t기와 $t+1$기의 메타프런티어를 기초로 도출한 메타기술효율을 가지고 측정한다. 즉, $T^*(t)$와 $T^*(t+1)$를 기준으로 메타생산성 변화는 측정이 된다.

실제 메타생산성변화지수는 정의에서 알 수 있듯이 두 시점의 상이한 4개의 메타거리함수를 가지고 측정한다. 상이한 4개의 메타거리함수를 구하는 방법은 맴퀴스트 생산성변화지수를 구성하는 4개의 거리함수에 대한 선형프로그램을 그대로 적용하면 된다. 여기서는 상이한 메타거리함수에 대한 선형프로그램을 적용해야 할 것이다.

제 7 장

네트워크 효율성

제1절 네트워크 효율성의 발전과정

　제1장에서 언급하였듯이 생산성과 함께 효율성은 조직의 운영과 관리에 관한 비효율성을 측정하고 그 주된 원인을 찾아내며 이를 개선하기 위한 대안을 수립하는데 필요하다. 또한 효율성 측정은 조직의 경영관리에서 달성한 성과를 객관적으로 비교하고 앞으로 개선방안을 계획하는데 빠뜨릴 수 없는 중요한 과정이다. 효율성을 측정하는 한 방법으로 지금까지 설명한 DEA접근은 생산단위의 기술구조는 주어진 것으로 받아들이고 생산단위의 효율성을 한번에 측정하였다. 투입물을 이용하여 산출물을 생산하는 중간 생산영역인 생산과정은 알 수 없는 블랙박스(black-box)로 간주하였다. 그러나 Färe and Grosskopf(1996), Wang, Gopal, and Zionts(1997), Fare et al.(2000) 등은 효율성을 측정할 때 내부의 기술구조에 대한 과정을 고려하면 보다 정확한 효율성 정보를 얻을 수 있음을 주장한다. Kao and Hwang(2008)도 효율성 측정에서 내부 기술구조의 프로세스를 무시하고 기술을 하나로 간주하면 잘못된 결과를 얻을 수도 있음을 보여준다. 그러므로 정확한 효율성을 측정하기 위하여 단순한 DEA 모형이 아니라 생산과정을 세분

화해보는 네트워크 DEA(network data envelopment analysis) 모형을 필요로 한다.

　　Charnes et al.(1986)가 네트워크 DEA를 소개한 이후 Färe and Whittaker (1995), Färe and Grosskopf(1996), Wang, Gopal, and Zionts(1997), Seiford and Zhu(1999), Färe et al.(2000) 등 기술구조의 과정을 내부적으로 분해하고 이를 단계적으로 측정하는 연구들이 진행되어 왔다. 2000년대 들어서면서 Färe and Grosskopf(2000), Färe et al.(2004), Golany, Hackman, and Passy(2006), Kao and Wang(2008), Kao(2009), Chen et al.(2009), Castelli et al.(2010), Cook et al.(2010), Yong & Liang(2010), Li et al.(2012), Halkos et al.(2014) 등은 기술구조를 나누어 분해하는 다양한 형태의 네트워크 DEA 모형들을 소개하고 있다. 이러한 선행연구에서 발견할 수 있는 네트워크 효율성의 추이를 보면, 기술 내부를 독립적인 단계로 나누어서 단계 간에 겹침을 고려하지 않고 독립적으로 효율을 측정하는 데서 출발하여 단계 간에 중간생산물 등으로 연계되고 영향을 주고받는 형태의 연결된 네트워크 모형으로 발전되어 왔다. 이 가운데 일반적 2단계, 가치사슬구조, 연속형, 평행형 등 그 구조에 따라서 다양하게 분화되고 있고 시간을 기준으로도 정태형, 동태형, 기술선택형(자원공유형) 등으로 분류가 되고 있다. 특히 네트워크 효율성의 선행연구 가운데 Liang et al.(2006), Liang et al.(2008), Du et al.(2011)과 Jalali-Naini et al.(2013) 등은 게임이론적 접근법을 응용하여 네트워크 효율성을 분석하고 있다. 이들은 게임이론의 슈타겔버그 게임(Stackelberg game)을 응용하여 비협조적 게임과 협조적 게임일 때 리더와 팔로워(leader and follower)로 각각의 효율성 측정을 시도하였고 Du et al.(2011)과 Jalali-Naini et al.(2013)이 Nash의 협상게임을 적용한 네트워크 효율성을 소개하기도 하였다. 최근 국내적으로 조상규(2015)는 네트워크 효율성에 게임이론을 적용하여 가치사슬, 연속형, 평행형 등 네트워크의 구조를 적절하게 혼합하여 혼합형 모형을 설정하고 이를 국내 은행, 국가 R&D사업에 적용하여 분석하기도 하였다. 이하에서는 네트워크 효율성이 발전한 선행연구를 기초로 네트워크의 구조와 시간에 따른 모형을 소개하고 게임접근의 비협조적 게임과 협조적 게임의 모형을 소개하고자 한다.

제2절 독립적 2단계 모형

독립적 2단계 모형은 표준 DEA모형을 두 단계 간에 발생할 수 있는 충돌이나 겹침을 고려하지 않고 각각 분리하여 1단계와 2단계로 단순히 나누어서 해를 구하는 형태이다. 사실 두 단계 간에 충돌은 중간적 생산물(intermediate measures) 때문에 일어난다. 두 단계에서 중간생산물이 독립적으로 다루어지고 만약 중간생산물이 산출물로 간주될 경우 1단계에서 이들을 증가시키고 2단계에서 투입물로 간주될 경우 감소시키는 것이 가능하다. Wang et al.(1997), Seiford and Zhu(1999) 등이 이 접근을 사용하였는데 1단계에서는 운영성과, 2단계에서 시장성과를 측정하였다.

한편, Sexton and Lewis(2003)도 비슷한 모형을 사용하여 메이저리그 베이스볼 팀의 효율을 측정한 바 있다. 1단계에서 팀사용비용, 중간 척도로 재능을 사용하였다. 2단계에서 재능이 투입물이 되고 산출물로 팀승리를 사용하였다. 이들은 각 단계에서 투입지향모형을 사용하였다. 각 생산단위에 대하여 $x_i(i=1, \cdots, N)$는 1단계에 투입물벡터이고 $z_d(d=1, \cdots, D)$는 중간척도이며 $y_r(r=1, \cdots, s)$은 2단계에 최종산출물이다.[1]

[그림 7.1]은 각 단계의 모형을 제시하고 있다. 1단계에서 볼 수 있듯이 만약 투입물이 증가하면 중간생산물도 역시 증가한다. 그러나 중간생산물을 2단계에서 투입물로 사용하면 산출은 감소하게 될 것이다.

Seiford and Zhu(1999), Zhu(2000), Sexton and Lewis(2003) 그리고

•그림 7.1 독립적 2단계 모형

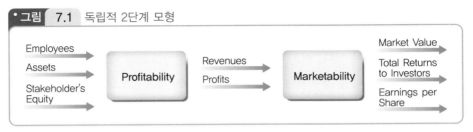

출처: Seiford and Zhu(1999)

---

1) 대부분의 네트워크 효율성 모형에서 기호를 이와 같이 사용하므로 이를 따라서 표시한다.

Chilingerian and Sherman(2004)에서는 전통적인 방식의 표준형 DEA 모형을 개별적으로 분석하였다. Seiford and Zhu(1999)는 미국의 상업은행을 대상으로 2단계 생산과정을 수익성(profitability)과 시장성(marketability)으로 나누어 측정하였다. Chilingerian and Sherman(2004)은 의료서비스를 대상으로 첫 번째 단계는 경영관리부문, 두 번째 단계는 의료인 관리부문으로 나누어 효율을 측정하였다. 이들의 한계점은 중간생산물을 이용하여 두 단계를 유기적으로 연결하지 못하고 독립적으로 분리하여 각각 측정하였다는 점이다. 그러나 Chen and Zhu(2004)에서 보듯이 이러한 분석은 비효율적인 개별 단계가 때로는 효율적인 전체 효율성을 만들어내기도 한다. 첫 번째 단계의 투입물과 마지막 단계의 산출물을 연결하여 분석하는 경우 프런티어를 상승시켜 결과를 왜곡시킬 수 있다.

그러므로 독립적 2단계 모형과 다음에 설명할 연결된 2단계 모형의 주된 차이점은 독립적 2단계 모형은 각 단계를 독립적으로 측정한다는 것이고 연결된 2단계 모형에서는 전체효율을 높이기 위하여 두 단계가 모두 효율적인 가능성을 찾는다는 점이다. 즉, 후자의 경우에는 전체의 최적화를 위하여 중간생산물 생산을 최적화하는 방법을 내부적으로 찾아낸다는 점이다.

제3절　연결된 2단계 모형

1. 연결된 2단계 모형의 개요

이전의 독립적 2단계와는 다르게 연결된 2단계 모형에서는 효율을 구할 때 단계 간에 연결이 고려된다. 이 접근에서는 생산단위가 효율적이려면 두 단계 모두 효율적이어야 한다. 어떤 경우에는 모형이 전체효율과 개별효율을 동시에 측정한다. 반면에 다른 경우에는 전통적 DEA효율을 적용함으로써 전체 두 단계효율 후에 개별효율이 측정되기도 한다. 그러나 모든 경우에 중간생산물이 독립적으로 처리되고 두 단계에서 상이한 일련의 승수를 사용하게 된다.

네트워크 효율성 모형은 내부의 과정들을 중간생산물(intermediate measures)이 연결시켜주는 구조를 가진다. 전체프로세스의 최적효율을 달성하기 위해서 내부의 개별 프로세스를 연결하는 중간생산물의 최적 크기를 최적화 과정에서 내부적으로 결정한다. 전체효율성(overall efficiency)의 정의는 각 단계의 효율성을 각각 ε^1, ε^2라고 한다면 이들을 산술평균한 것으로 표시할 수 있다. 즉, $\varepsilon_j = \frac{1}{2}(\varepsilon_j^1 + \varepsilon_j^2)$이나 $\varepsilon_j^1 \cdot \varepsilon_j^2$으로 정의된다. 투입물 기준 DEA 모형의 경우 $\varepsilon_j^1 \leq 1$이고 $\varepsilon_j^2 \leq 1$이다. 만약 $\varepsilon_j^1 \cdot \varepsilon_j^2 = 1$이면 two-stage 과정은 항상 효율적인 상태를 만족한다.

만약 two-stage 과정에서 전체효율성(overall efficiency)이 중간투입물이 제외된 채로 투입물과 산출물로 구성되어 있다면 앞서 설명한 두 단계 모형과는 다른 결과를 얻게 된다. 가령, Kao and Hwang(2008)과 같이 두 단계를 연결시켜주는 중간 투입물의 가중치가 일치한다고 가정하면 즉, $w_d = \widetilde{w}_d$라고 가정하면 전체효율성은 산출평균이 아니라 각 단계의 효율을 곱한 것으로 $\varepsilon_j = \varepsilon_j^1 \cdot \varepsilon_j^2$가 되고 전체효율성은 다른 값을 갖을 수 있다. 이처럼 네트워크 효율성은 전통적인 표준 DEA 접근에서는 보여줄 수 없는 생산과정 내부를 열어보고 무엇이 일어나고 있는지 확인시켜준다. 이러한 접근방법이 네트워크 DEA 접근으로서 생산과정 내부의 중간생산물만 고려한 가장 단순한 형태를 제시하면 [그림 7.2]와 같다.

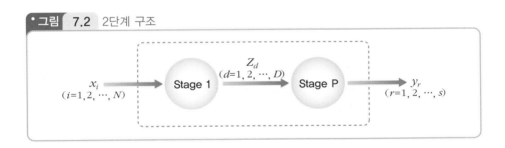

● 그림 7.2 2단계 구조

[그림 7.2]는 1단계의 산출물이 중간생산물로서 2단계의 투입물로 들어가는 가장 단순한 형태의 2단계 네트워크 구조를 보여준다. 즉, 두 단계를 중간생산물 $z_{dj}(d=1, 2, \cdots, D)$이 연결시켜준다. 이 구조를 기반으로 하여 지금까지 다양한 접근법들이 확장되어 응용되고 있다.

전통적인 DEA 접근과 다르게 생산의 기술과정 내지 생산과정을 분해해 보는 네트워크 효율접근이 필요한 이유는 중간생산물이 고려될 경우 이를 최대화하는 것이 능사가 아니라는 사실을 [그림 7.3]에서 확인할 수 있기 때문이다. 즉, 1단계에서 산출물인 중간생산물의 최대화는 2단계의 투입물로 들어가야 하기 때문에

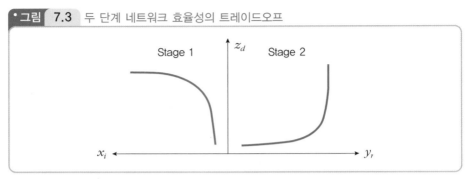

•그림 7.3 두 단계 네트워크 효율성의 트레이드오프

자료: Halkos et al.(2014)

전체효율의 관점에서 중간생산물의 최대화가 바람직하지 않을 수도 있다는 점이다. 구체적으로 설명하면 투입요소 x_{ij}가 첫 번째 단계를 통하여 중간생산물 z_{dj}를 생산한다. 두 번째 단계에서는 앞 단계의 산출물인 중간생산물 z_{dj}를 투입요소로 이용하여 최종생산물 y_{rj}를 만들어낸다.

여기서 첫 번째 단계에서 효율을 높이는 방법은 투입요소 x_{ij}를 유지한 채 중간생산물 z_{dj}를 증가시키거나 혹은 투입요소 x_{ij}를 줄이면서 중간생산물 z_{dj}를 유지시키는 것이다. 만약 투입요소 x_{ij}를 유지한 채 중간생산물 z_{dj}를 증가시켜서 첫 번째 단계의 효율성을 높이게 되면 두 번째 단계의 효율이 낮아지게 된다. 그리고 두 번째 단계의 효율성을 높이기 위하여 투입요소인 z_{dj}를 감소시키면 첫 번째 단계의 효율이 낮아지게 된다. 이렇게 연결된 개별 단계의 충돌을 해결하기 위해서 중간생산물의 적정수준을 찾아야 한다. 네트워크 효율성 모형에서는 전체 효율성을 최적화하는 중간생산물 z_{dj}의 크기를 조정하기 위하여 분석 모형에서는 z_{dj}를 알 수 없는 결정변수(unknown decision variable)로 두고 최적값을 도출한다.

한편, Golany, Hackman, and Passy(2006)는 투입물 공유의 two-stage 모형을 발전시켜서 3가지 응용모형을 제시한 바 있다. 이들 모형의 핵심은 각 단계에서 필요한 자원이 중간생산물이나 최종생산물로 적절히 배분할 수 있도록 한 점이다. Kao and Hwang(2008), Kao and Hwang(2010)은 투입물을 각 단계에서 공유할 수 있는 모형으로 변형하였다. 이처럼 일반적인 두 단계 모형은 다음과 같은 구조를 가지게 된다.

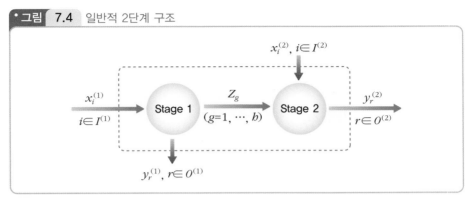

자료: Kao and Hwang(2008, 2010)

2. 가치사슬의 효율성

Chen and Zhu(2004)는 생산단위의 전체효율이 각 개별단계가 효율적일 것을 요구하는 가치사슬 모형을 발전시켰다. 이들에 따르면 전통적 DEA모형은 중간생산물 때문에 두 단계절차의 효율을 측정할 수 없다. 그러므로 Chen & Zhu(2004)와 Zhu(2009)에서 전체효율성(overall efficiency)과 개별 프로세스별 효율성을 동시에 측정하는 공급사슬형 효율성을 분석하였다. 전형적인 가치사슬은 [그림 7.5]와 같이 원료공급자, 제조업자, 도매업자(분배업자), 소매업자의 4단계 과정으로 나타낼 수 있다. 전통적인 가치사슬 관리의 목표는 가치사슬 구성들 간에 협력을 통하여 소비자가 접하게 되는 총비용을 최소화하는 것이다. 이러한 목표 달성을 위하여 전체 가치사슬 시스템과 개별 구성 프로세스 성과측정이 매우 중요하다. 효과적인 성과평가시스템은 가치사슬의 작동에 대한 기본적인 이해를 제공하고, 최적 효율의 가치사슬 작업을 확인하여 성과를 모니터링 및 관리하고, 가치사슬의 성과를 향상시키기 위한 방향을 제시한다.

이러한 가치사슬 시스템을 분석할 때 주의할 점은 가치사슬 프로세스 구성의 투입물과 산출물 간의 인과관계를 잘못 구분하게 되면 잘못된 결론을 도출하게 된다. 인과관계의 구분은 가치사슬 시스템에서 물질과 정보의 흐름에 기반하여 정확히 구분하여야 한다. 가치사슬의 하위 개별 과정 내에서만 영향을 미치는 요소들을 직접 투입물과 산출물(direct input/output)이라고 한다. 그리고 두 개의 과정에 영향을 미치는 요소를 중간생산물(intermediate inputs/output)이라고 한다.

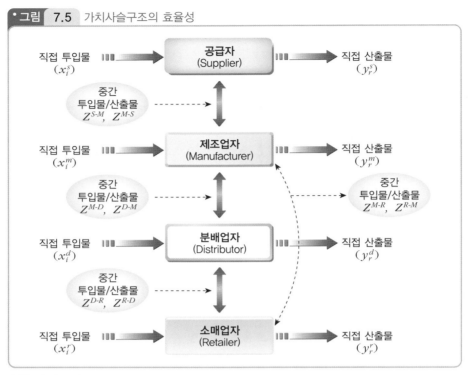

그림 7.5 가치사슬구조의 효율성

출처: Zhu(2009)

예를 들어 제조업자에게는 근로자와 제조 소요시간이 직접 투입물이고, 생산된 제품들은 산출물로서 제조업자로부터 도매상과 소매상에게 전달된다. 이 산출물은 도매상과 소매상에게는 다시 투입물이 된다. 이러한 중간생산물은 비록 개별 과정 내에서 투입물이거나 산출물이어도 단순하게 투입물과 산출물처럼 다룰 수 없다. 네트워크 과정에서 중간생산물은 과정 간 협력을 통해 측정되고, 일반적으로 어느 한쪽에서는 비용이 되고, 다른 한쪽에서는 수익이 된다. 따라서 간단히 비용을 최소화하거나 수익을 최대화하는 것으로 중간생산물을 측정할 수가 없다.

Chen and Zhu(2004)는 개별 과정의 효율성을 구성하여 전체효율성을 측정하는 가치사슬(value-chain) 모형을 발전시켰다. Chen and Zhu(2004)에 따르면 전통적인 형태의 모형은 중간생산물(intermediate measures)로 인하여 2단계 네트워크 효율성을 구할 수 없다. Chen and Zhu(2004)는 VRS 조건의 2단계 네트워크 효율성 모형을 다음과 같이 제시하였다.

$$\min_{\alpha,\ \beta,\ \lambda_j,\ \mu_j,\ \tilde{z}} w_1\alpha - w_2\beta$$

subject to

(stage 1)

$$\sum_{j=1}^{J} \lambda_j x_{ij} \leq \alpha x_{ij}, \quad i=1,\ \cdots,\ N$$

$$\sum_{j=1}^{J} \lambda_j z_{dj} \geq \tilde{z}_{dj}, \quad d=1,\ \cdots,\ D$$

$$\sum_{j=1}^{N} \lambda_j = 1,\ \lambda_j \geq 0,\ j=1,\ \cdots,\ J$$

(stage 2)

$$\sum_{j=1}^{J} \mu_j z_{dj} \leq \tilde{z}_{dj}, \quad d=1,\ \cdots,\ D$$

$$\sum_{j=1}^{J} \mu_j y_{rj} \geq \beta y_{rj}, \quad r=1,\ \cdots,\ s$$

$$\sum_{j=1}^{N} \mu_j = 1,\ \mu_j \geq 0,\ j=1,\ \cdots,\ J \quad\cdots\cdots\cdots (7.1)$$

여기서 w_1과 w_2는 두 프로세스에 대한 가중치(user-specified weights)로서 외생적인 방법으로 결정되고, "~"는 중간생산물 측정치에 대한 알려지지 않은 결정변수(unknown decision variables)이다. 추가적인 변수로 포함시킬 수 있는 것은 이들의 모형이 중간생산물을 알려지지 않은 변수로 처리하기 때문이다.

Zhu(2009)는 위의 2단계 모형의 일반형을 공급사슬 효율을 측정하는데 사용하였다. 공급사슬은 이러한 모형을 위한 가장 적정한 사례 중 하나이다. 왜냐하면 모든 개별 단계의 공급사슬은 자신의 전략을 효율적이 되도록 적용하기 때문이다. 일반적으로 단일 구성체의 효율이 또 다른 구성체의 효율을 보장하지는 않는다. 대부분의 경우 한 개체의 효율은 그 나머지 개체의 효율에 의해 결정되는 경우가 많다. Liu et al.(2012)는 Chen and Zhu(2004) 모형의 효율단위들을 순위화하는 방법을 제안한다. 이는 네트워크에 기반한 순위방법을 확장한 것인데 개별단계 DEA에 사용하여 효율단위의 차별성을 증가시키고 모든 투입물, 중간생산물, 산출물에 걸쳐서 균형된 생산단위를 선호한다.

3. 네트워크 효율성

1) 네트워크 DEA구조(structure)

네트워크 DEA모형에는 두 가지 형태가 있다. 이는 앞서 제시한 연결된 2단계 모형의 일반형으로서 연속형과 평행형을 들 수 있다. 먼저 연속형 모형을 소개하고자 한다. 연속형 모형은 두 개 이상의 중간 절차를 가진 생산단위를 포함하는데 이들은 중간생산물로 연결되어 있다. 단순한 형태에서 일련의 투입물이 1단계에서 사용되고 중간생산물이 생산된다. 한편, 2단계에서는 1단계에서 생산한 중간생산물을 투입물로 사용하여 최종생산물을 생산한다. 단순형에서는 2단계에서 외부로 부터 다시 유입되는 외생적 투입물이 없고 전적으로 중간생산물이 2단계에서 사용된다. 연속형의 네트워크 DEA는 [그림 7.6]과 같다.

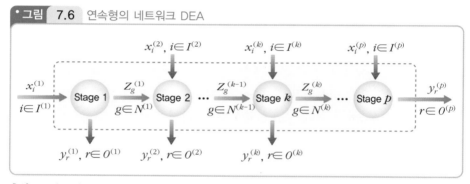

•그림 7.6 연속형의 네트워크 DEA

출처: Kao(2014)

단순형태와 일반적 형태의 차이는 반복절차의 수에 있다 일반적 형태는 2단계 이상이 존재한다. 투입물은 각 단계에 들어갈 수 있고 최종 산출물은 각 단계에서 생산될 수 있다. 중간생산물은 완전히 소비되지 않을 수도 있다.

한편, 평행형은 [그림 7.7]과 같다. 평행형 구조에서 개별단계들은 평행하게 수행되고 서로서로 각각 분리되어 있다. 평행형 네트워크 구조는 내부적으로 각각의 독립된 생산과정이 존재하고 이 생산과정이 각각의 산출물을 생산하는 구조이다. Färe, Grabowski, Grosskopf, and Kraft(1997)는 평행형 네트워크 구조를 처음으로 제시하였다. 이러한 모형을 확장하면 투입물이 개별 단계 가운데서 공유되는 흐름체계가 된다. Kao and Hwang(2010)에 의하면 대학은 평행체계를 설명

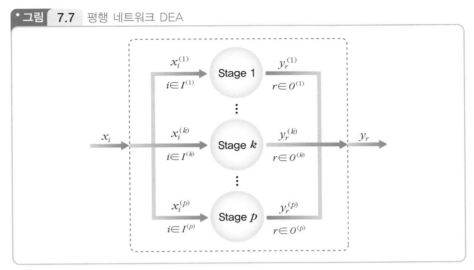

출처: Kao(2014)

하는 완전한 사례가 된다. 여기서 개별 단계는 학과이고 학과는 대학내에서 분리되어 평형되게 움직인다. 이들에 의하면 평행형모형은 중간생산물이 없는 연속형 모형의 특별한 경우가 된다고 주장한다. 현실적으로 네트워크 구조는 단순히 연속형이나 평행형이라기 보다는 이들을 혼합한 것이 될 경우가 많다.

2) 시간에 따른 네트워크 모형

Färe and Grosskopf(2000), Färe et al.(2007), Castelli et al.(2010) 등이 네트워크 DEA의 주요 유형을 제시해주고 있는데 주로 정태적, 동태적, 기술선택(혹은 공유자원) 모형으로 분류하고 있다. Färe and Whittaker(1995)는 정태적 네트워크 모형을 소개하였고 Färe et al.(2004)는 외부성을 갖는 정태적 모형을 소개한 바 있다. 또한 Färe and Grosskopf(2000)는 동태적 네트워크 모형을 소개하고 있으며 Färe et al.(2004)는 공유자원모형을 언급하고 있다. 여기서 기초적인 모형으로 정태적, 동태적, 기술선택(혹은 공유자원) 모형을 중심으로 하나씩 소개하고자 한다.

2.1) 정태적 모형

정태적 모형은 [그림 7.8]과 같이 개별 단계들이 중간생산물과 연결되어 있을 때 적용된다. 2단계 DEA 모형은 정태적 모형의 특별한 한 예이다. 일반적인 형태로는 중간생산물로 연결된 다단계 모형이 있다. 추가로 각 단계에 외생적 투입물

•그림 7.8 정태적 모형

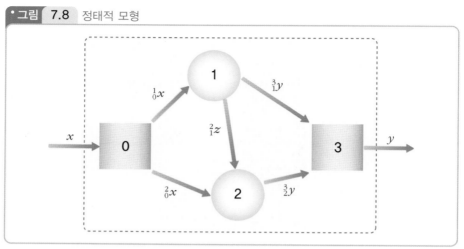

출처: Halkos et al.(2014)

과 최종생산물이 존재할 수 있다. Prieto and Zofio(2007)는 OECD국가에 대한 생산기술의 네트워크 효율을 측정한 바 있고 Färe and Whittaker(1995)는 2단계 모형을 소개하였다.

　[그림 7.8]에서 0은 외생적 투입물이 시스템에 들어가는 단계이다. 여기서 1은 1단계를 말하고 2는 2단계를 의미한다. 3은 최종생산물이 생산되는 단계를 말한다. 투입물 벡터는 ${}_{0}^{ic}x$로 표시된다. ic는 투입물을 소비하는 개별단계이고 0은 투입물이 시스템에 들어가는 단계를 상징한다. 가령 ${}_{0}^{1}x$는 1단계를 위한 투입물 벡터이다. 전체 투입물은 개별 단계에 투입되는 투입물의 합계와 같거나 혹은 더 커야 한다. 산출물 벡터는 ${}_{ip}^{ic}y$로 표시되는데 ip는 산출물이 생산되는 개별 단계를 말하고 ic는 산출물이 사용되는 개별단계를 말한다. 가령 ${}_{1}^{2}y$는 1단계에서 생산되고 2단계에서 소비된다. 이 산출물은 중간생산물이 되고 ${}_{1}^{2}Z$로 표시될 수 있다. 전체 산출물은 개별단계의 산출물 합계와 일치해야 한다. s^{1}는 1단계에서 나오는 산출물의 수이고 s^{2}는 2단계에서 나오는 산출물의 수이다. $j=1, \cdots J$ 에 대한 네트워크 DEA의 모형은 다음과 같이 제시할 수 있다.

$$y = ({}_{1}^{3}y, \ {}_{2}^{3}y)$$
$$s.t. : \sum_{j=1}^{J} \lambda_j \cdot {}_{2}^{3}y_{rj} \geq {}_{2}^{3}y_r, \ r=1, \cdots, s^2$$

$$\sum_{j=1}^{J} \lambda_j \cdot {}_0^2 x_{ij} \leq {}_0^2 x_i, \ i=1, \cdots, N$$

$$\sum_{j=1}^{J} \lambda_j \cdot {}_1^2 z_{dj} \leq {}_1^2 z_d, \ d=1, \cdots, D$$

$$\lambda_j \geq 0, \ \sum_{k=1}^{K} \lambda_j = 1$$

$$\sum_{j=1}^{J} \mu_j({}_1^2 z_{dj} + {}_1^3 y_{rj}) \geq ({}_1^2 z_d + {}_1^3 y_r)$$

$$d=1, \cdots, D, \ r=1, \cdots, s^1$$

$$\sum_{j=1}^{J} \mu_j \cdot {}_0^1 x_{ij} \leq {}_0^1 x_i, \ i=1, \cdots, N$$

$$\mu_j \geq 0, \ \sum_{k=1}^{K} \mu_j = 1$$

$$_0^1 x_i + {}_0^2 x_i \leq x_i, \ i=1, \cdots, N \ \cdots\cdots\cdots\cdots\cdots\cdots\cdots\cdots\cdots \ (7.2)$$

여기서 λ_j와 μ_j는 각각 1단계와 2단계의 밀도벡터로 가중치의 역할을 한다. 그리고 이 수식에서는 가변규모를 가정하고 있다. $\sum_{j=1}^{J} \lambda_j \cdot {}_0^2 x_{ij} \leq {}_0^2 x_i$, $\sum_{j=1}^{J} \lambda_j \cdot {}_1^2 z_{dj} \leq {}_1^2 z_d$ 의 투입물제약과 중간생산물제약조건은 2단계를 위한 투입물 제약이고 $\sum_{j=1}^{J} \mu_j \cdot {}_0^1 x_{ij}$ $\leq {}_0^1 x_i$는 1단계를 위한 투입물제약이다. $\sum_{j=1}^{J} \lambda_j \cdot {}_2^3 y_{rj} \geq {}_2^3 y_r$, $\sum_{j=1}^{J} \mu_j({}_1^2 z_{dj} + {}_1^3 y_{rj}) \geq$ $({}_1^2 z_d + {}_1^3 y_r)$는 각각 두 번째 제약이 중간생산물을 포함하는 산출물제약조건을 가리킨다. 마지막으로 ${}_0^1 x_i + {}_0^2 x_i \leq x_i$는 각 단계의 투입물의 합이 이용가능한 투입물을 초과해서는 안된다는 제약이다.

Färe and Grosskopf(1996)는 이러한 모형을 좀더 구체화해서 중간생산물을 고려한 2단계 모형을 다음과 같이 소개하고 있다. 즉,

$$\min \delta$$

$$s.t.: (stage1)$$

$$\sum_{j=1}^{J} \lambda_j \cdot x_{ij} \leq \delta \cdot x_i, \ i=1, \cdots, N$$

$$\sum_{j=1}^{J} \lambda_j \cdot z_{dj} \geq \tilde{z}_d, \ d=1, \cdots, D$$

$$\lambda_j \geq 0,$$

(*stage*2)

$$\sum_{j=1}^{J} \mu_j \cdot z_{dj} \leq \tilde{z}_d, \ d=1, \cdots, D$$

$$\sum_{j=1}^{J} \mu_j \cdot y_{rj} \geq y_r, \ r=1, \cdots, s$$

$$\mu_j \geq 0, \ j=1, \cdots, J \ \cdots\cdots\cdots\cdots\cdots\cdots\cdots\cdots\cdots\cdots\cdots\cdots\cdots\cdots\cdots\cdots\cdots (7.3)$$

여기서 $\tilde{z}_d$는 알려지지 않은 결정변수이다. 이 수식은 다음과 같이 표현될 수 있다.

$$\min \delta$$

$$\sum_{j=1}^{J} \lambda_j \cdot x_{ij} \leq \delta \cdot x_i, \ i=1, \cdots, N$$

$$\sum_{j=1}^{J} (\lambda_j - \mu_j) \geq 0, \ d=1, \cdots, D$$

$$\sum_{j=1}^{J} \mu_j \cdot y_{rj} \geq y_r, \ r=1, \cdots, s$$

$$\lambda_j, \ \mu_j \geq 0, \ j=1, \cdots, J \ \cdots\cdots\cdots\cdots\cdots\cdots\cdots\cdots\cdots\cdots\cdots\cdots\cdots\cdots (7.4)$$

식(7.4)는 Ling et al.(2008)이나 Kao and Hwang(2008), Färe and Grosskopf (2006)와 유사하다. 이 식을 협조적 모형 혹은 집중형 모형으로 나타내면 다음과 같다.[2]

$$\delta^* = \underset{\alpha, \ \beta, \ \lambda_j, \ \mu_j, \ \tilde{z}}{Min} \alpha - \beta$$

suject to

$$\sum_{j=1}^{J} \lambda_j x_{ij} \leq \alpha x_{ij}, \ i=1, \cdots, N$$

$$\sum_{j=1}^{J} \lambda_j z_{dj} \geq \tilde{z}_{dj}, \ d=1, \cdots, D$$

$$\alpha \leq 1, \ \lambda_j \geq 0, \ j=1, \cdots, J$$

(*stage* 2)

$$\sum_{j=1}^{J} \mu_j z_{dj} \leq \tilde{z}_{dj_o}, \ d=1, \cdots, D$$

---

2) 집중형 모형(centralized model)이란 전체의 효율이 가장 높아지게 각 단계의 효율을 최적화하는 것을 말한다. 조상규(2015)는 이를 중앙집권형이라고 표현하기도 한다.

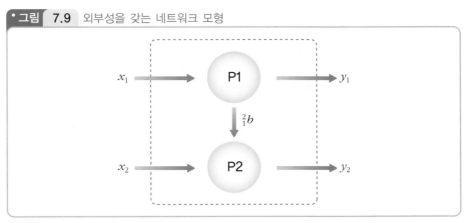

• 그림 7.9 외부성을 갖는 네트워크 모형

출처: Färe et al.(2007)

$$\sum_{j=1}^{J} \mu_j y_{rj} \geq \beta y_{rj_o}, \quad r=1, \cdots, s$$

$$\beta \geq 1, \quad \mu_{j_j} \geq 0, \quad j=1, \cdots, J \quad \cdots\cdots\cdots\cdots\cdots\cdots\cdots\cdots\cdots\cdots\cdots \text{(7.5)}$$

식(7.5)에서 α는 stage 1에 대한 투입물 기준의 효율값이고, β는 stage 2에 대한 산출물 기준의 효율값이 된다. 중앙집중형 모형의 주된 핵심은 1단계의 중간생산물은 산출물이 되고 2단계의 중간생산물은 투입물이 되어서 서로 연결되어 있을 뿐만 아니라 1-2단계를 통합하여 효율이 최대화되도록 중간투입물의 적절한 수준을 결정해 준다는 점이 개별화된 2단계 효율모형과 다른 점이다.

또 하나의 2단계 모형은 중간생산물과 연결되었지만 최종생산물이 두 단계에서 발생하는 모형이다. Färe et al.(2004)는 이 모형을 소유권의 분석을 위하여 사용하였다. 두 개의 하위기술 P1, P2를 갖는 두 개의 기업을 가정한다. P1을 갖는 상류에 위치한 기업은 x_1을 사용하여 두 개의 산출물을 생산한다. 한 생산물은 시장산출물 y_1이고 다른 산출물은 외부성을 일으키는 바람직하지 못한 산출물(오염물)이다. 하류에 위치한 기업은 P2기술을 가지고 시장산출물을 투입물로 x_2와 $\frac{2}{1}b$를 사용하여 y_2를 생산한다. 이 때문에 하류기업의 생산은 상류기업에 의존하게 된다. 이 모형은 [그림 7.9]와 같다.

소유권을 할당하는 효과와 외부성을 내부화하는 효과를 평가하기 위하여 상이한 배치상황 하에 있는 이윤을 추정할 수 있다. 먼저 상류기업이 소유권을 갖는 경우를 가정하면 이 기업의 이윤극대화는 다음과 같다.

$$\max_{(x_1,\, y_1,\, {}^2_1 b)} = p_1\, y_1 - w_1\, x_1$$

$$s.\,t.\ (p_1,\ {}^2_1 b) \in P1(x_1) \quad\cdots\cdots\cdots\cdots\cdots\cdots\cdots\cdots\cdots\cdots\cdots\ (7.6)$$

식(7.6)은 오염산출물 ${}^2_1 b$를 포함한 식을 제시하고 있다. 하류기업은 ${}^2_1 b$를 투입물로 사용해야 하므로 이윤극대화는 다음과 같다.

$$\max_{(x_2,\, y_2)} = p_2\, y_2 - w_2\, x_2$$

$$s.\,t.\ y_2 \in P2(x_2,\ {}^2_1 b^{*}) \quad\cdots\cdots\cdots\cdots\cdots\cdots\cdots\cdots\cdots\cdots\ (7.7)$$

대신에 하류기업이 소유권을 갖는다면 하류기업의 이윤극대화는 다르게 표시된다. 즉,

$$\max_{(x_2,\, y_2,\, {}^2_1 b)} = p_2\, y_2 - w_2\, x_2$$

$$s.\,t.\ y_2 \in P2(x_2,\ {}^2_1 b) \quad\cdots\cdots\cdots\cdots\cdots\cdots\cdots\cdots\cdots\cdots\ (7.8)$$

한편 상류기업은 이제 이전과는 다른 ${}^2_1 b^{**}$를 사용하는데 이는 상류기업이 외부성의 소유권이 없는 상태에서 이윤극대화에 사용한 오염물을 의미한다. 즉, 상류기업의 외부성 없는 상태의 이윤극대화는 다음과 같다.

$$\max_{(x_1,\, y_1)} = p_1\, y_1 - w_1\, x_1$$

$$s.\,t.\ (p_1,\ {}^2_1 b^{**}) \in P1(x_1) \quad\cdots\cdots\cdots\cdots\cdots\cdots\cdots\cdots\cdots\ (7.9)$$

지금까지는 외부성의 소유권이 두 기업 간에 내부화되지 않고 외부화된 상태에서 각각의 경우에 두 기업의 이윤극대화에 관한 추정식을 제시하였다. 반대로 두 기업이 통합되어 외부성에 따른 비용이 내부화될 경우에 두 기업을 합한 이윤극대화의 경우와 비교할 필요가 있다. 이에 대한 것은 다음과 같이 표시할 수 있다.

$$\max_{(x_1,\, y_1,\, x_2,\, y_2,\, {}^2_1 b)} = p_1\, y_1 - w_1\, x_1 + p_2\, y_2 - w_2\, x_2$$

$$s.\,t.\ (p_1,\ {}^2_1 b) \in P1(x_1)$$

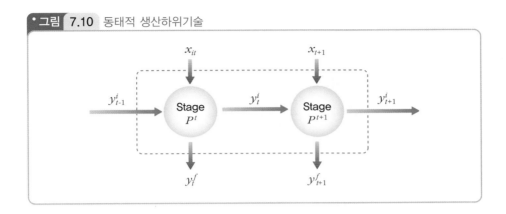

그림 7.10 동태적 생산하위기술

$$y_2 \in P2(x_2, {}_1^2 b) \quad\text{...}\quad (7.10)$$

그러므로 외부성의 소유권을 할당하는 경우와 외부성을 내부화하는 경우에 이윤극대화의 차이를 확인할 수 있게 된다. 이어서 정태적 네트워크 모형과는 다른 동태적 네트워크 모형을 살펴보고자 한다.

2.2) 동태적 모형

동태적 모형에서 특정기간동안 과정의 산출물은 중간생산물로서 다음 기에 투입물로 사용된다. 여기서는 Färe et al.(2007)의 동태적 네트워크 모형을 소개한다. 동태적 네트워크를 형성하기 위하여 상이한 3기간, $t-1$, t, $t+1$기를 가정하자. 각 기간에 생산기술을 $P\tau$, $\tau = t-1$, t, $t+1$이라고 하자. 동학모형은 한 기간의 결정이 이후의 기간들에 영향을 미치는 특징을 갖는다. 여기서 기간 간에 유지되는 산출물, 즉, 중간생산물이 도입된다. 가령, t기에 생산된 산출물벡터가 $t+1$기에 생산과정에 투입물로 사용되면 이는 중간생산물이 된다. [그림 7.10]은 이러한 연속된 동학적 하위기술을 보여준다.

생산하위기술 $P\tau$는 각각 외생적 투입물 x_i를 사용하여 최종산출물 $y_{\tau-1}^f$와 중간투입물 $y_{\tau-1}^i$을 생산한다. 네트워크 모형을 만들기 위하여 정태모형의 분배과정과 집적량 등을 추가한다. 초기조건은 $\bar{y}^i$로 주어진 것으로 가정한다.[3]

동태적 네트워크 DEA 모형은 제한된 수의 정태적 모형의 상호작용으로 구성된다. 하위기술은 투입물과 중간투입물을 사용하여 또 다른 최종산출물과 중간산

---

[3] 이는 처음에 이용가능한 자본스톡으로 간주할 수도 있다.

출물을 생산한다. 여기서 나온 중간산출물은 다시 다음 기의 투입물로 사용되는 과정이 반복된다. 이를 수식으로 표시하면 다음과 같다. 즉,

$$p_t(x_t, y_{t-1}^t) = \{(y_t^f, y_t^i):$$

$$(y_{m(t)}^f + y_{m(t)}^i) \leq \sum_{j=1}^{J^t} \lambda_j^t (y_{jm(t)}^f + y_{jm(t)}^i), \quad m=1, \cdots, M,$$

$$\sum_{j=1}^{J^t} \lambda_j^t y_{jm(t-1)}^i \leq y_{jm(t-1)}^i, \quad m=1, \cdots, M,$$

$$\sum_{j=1}^{J^t} \lambda_j^t x_{jn(t)} \leq x_{n(t)}, \quad n=1, \cdots, N,$$

$$\lambda_j^t \geq 0, \quad j=1, \cdots, J\} \quad \cdots\cdots\cdots\cdots\cdots\cdots\cdots \text{(7.11)}$$

여기서 $y_{(t-1)}$, $y_{(t)}$, $y_{(t+1)}$와 x는 관측된 투입물과 산출물들이다. 여기서 관측치의 수가 기간에 따라서 다를 수도 있다 이제 전체적인 네트워크 모형을 적용하면 다음과 같이 표시할 수 있다.

$$p_t(x_{t-1}, x_t, x_{t+1}, \overline{y}^i) = \{(y_{t-1}^f, y_t^i, (y_{t+1}^f, y_{t+1}^i):$$

$$(y_{m(t-1)}^f + y_{m(t-1)}^i) \leq \sum_{j=1}^{J^{t-1}} \lambda_j^{t-1} (y_{jm(t-1)}^f + y_{jm(t-1)}^i), \quad m=1, \cdots, M,$$

$$\sum_{j=1}^{J^{t-1}} \lambda_j^{t-1} y_{jm}^i \leq \overline{y}_{jm}^i, \quad m=1, \cdots, M,$$

$$\sum_{j=1}^{J^{t-1}} \lambda_j^{t-1} x_{jn}^{t-1} \leq x_n^{t-1}, \quad n=1, \cdots, N,$$

$$\lambda_j^{t-1} \geq 0, \quad j=1, \cdots, J^{t-1}$$

$$(y_{m(t)}^f + y_{m(t)}^i) \leq \sum_{j=1}^{J^t} \lambda_j^t (y_{jm(t)}^f + y_{jm(t)}^i), \quad m=1, \cdots, M,$$

$$\sum_{j=1}^{J^t} \lambda_j^t y_{jm(t-1)}^i \leq \overline{y}_{jm(t-1)}^i, \quad m=1, \cdots, M,$$

$$\sum_{j=1}^{J^t} \lambda_j^t x_{jn}^t \leq x_n^t, \quad n=1, \cdots, N,$$

$$\lambda_j^t \geq 0, \quad j=1, \cdots, J^t$$

$$(y_{m(t+1)}^f + y_{m(t+1)}^i) \leq \sum_{j=1}^{J^{t+1}} \lambda_j^{t+1} (y_{jm(t+1)}^f + y_{jm(t+1)}^i), \quad m=1, \cdots, M,$$

$$\sum_{j=1}^{J^{t+1}} \lambda_j^{t+1} y_{jm(t)}^i \leq \overline{y}_{jm(t)}^i, \quad m=1, \cdots, M,$$

$$\sum_{j=1}^{J^{t+1}} \lambda_j^{t+1} x_{jn}^{t+1} \leq x_n^{t+1}, \quad n=1, \cdots, N,$$

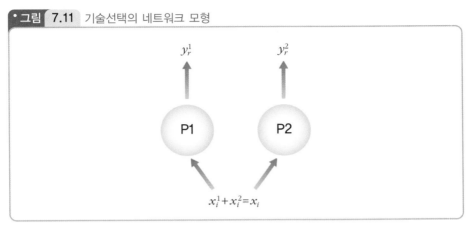

출처: Färe et al.(2007)

$$\lambda_j^{t+1} \geq 0, \quad j=1, \cdots, J^{t+1} \cdots\cdots\cdots\cdots\cdots\cdots\cdots\cdots\cdots\cdots\cdots\cdots\cdots\cdots (7.12)$$

각 하위 기술은 각자의 밀도벡터 λ_j를 갖는다. 그리고 기간 간에 상호작용은 중간산출물을 통하여 일어난다.

2.3) 기술선택(technology adoption)

기술선택의 네트워크 모형은 상이한 하위 기술 각각에 기초하여 형성할 수 있다. 이 하위기술들은 네트워크로 모형화되고 투입물 등이 하위기술구조에 할당되며 어떤 기술이 선택될 것인지를 결정하게 된다.[4] 여기서는 하나 이상의 자원을 두 개 혹은 그 이상의 기술 간에 할당하는 모형을 소개한다. [그림 7.11]에서 두 개의 상이한 기술, P1, P2가 투입물 x^1, x^2를 각각 사용하여 y^1, y^2를 생산한다. x가 각 기술에 할당되는 총투입물량이다. 허용할당량을 분석하기 위하여 x의 요소 중의 하나를 오염배출에 대한 허용량으로 둔다. 기술선택의 사례를 살펴보고자 한다. 그 기술 중의 하나는 기술연한(vintage)이라 하자. Färe and Grosskokf(1996)은 이산적인 시간에서 지속적인 투입물과 일시적인 투입물을 구분한다. 내구적 투입물은 특별한 기술연한이고 이들은 하위기술구조를 형성한다. 일시적 투입물은 x^1, x^2로 유형별 하위기술 간에 할당된다. 기술의 채택은 오래된 유형에서 새로운 유형으로 일시적인 투입물을 재할당함으로써 일어난다. 시대에 뒤진 오래된 유형은 새로운 유형으로 대체된다.

---

4) 이는 경제학에서 체화된 기술변화로 알려져 있다.

기술연한은 $v=1,\ \cdots\ V$라고 하고 산출물의 jv관측치 $y_{jv}\in R_+^M$, 내구적 투입물 $X_{jv}\in R_+^V$, 일시적 투입물 $x_{jv}\in R_+^N$이라 두자. t기$(t\geq v)$에 기술연한 v는 다음과 같은 DEA형태를 갖는다.

$$p^v(X^v(t),\ x^v(t)) = \{y^v(t)\in R_+^M :$$

$$y_m^v(t) \leq \sum_{j=1}^{J^v} \lambda_j^v y_{jm}^v,\ m=1,\ \cdots,\ M,$$

$$\sum_{j=1}^{J^v} \lambda_j^v X_{jl}^v \leq X_l^v(t),\ l=1,\ \cdots,\ L,$$

$$\sum_{j=1}^{J^v} \lambda_j^v x_{jn}^v \leq x_n^v(t),\ n=1,\ \cdots,\ N,$$

$$\lambda_j^v \geq 0,\ j=1,\ \cdots,\ J^v\} \quad\cdots\cdots\cdots (7.13)$$

이 기술연한모델은 산출물, 내구투입물, 일시적 투입물을 가지고 강처분성을 갖는다 그리고 규모일정불변이라 가정한다. 기술은 시간에 걸쳐서 불변이고 산출물, 내구투입물, 일시적 투입물은 시간에 독립적이다. 그러나 내구투입물은 연한 혹은 시간에 따른 질저하가 있고 처리능력이 저하될 수 있다. 따라서 내구투입물에 대한 기술연한함수$(A_l(t-v))$를 다음과 같이 모형화할 수 있다.

$$X_l^v(t) = A_l(t-v)X_l^v,\ l=1,\ \cdots,\ L \quad\cdots\cdots\cdots (7.14)$$

t가 증가함에 따라서 내구투입물의 효과성은 연한함수 $(A_l(t-v))$가 감소하면 감소할 수 있다. V 기술연한이 있다면 t기에 다기간 기술연한의 집합은 다음과 같다.

$$p(X^1(t),\ \cdots,\ X^v(t),\ x^v(t)) = \{\sum_{v=1}^{V} y^v(t) :$$

$$y_m^v(t) \leq \sum_{j=1}^{J^v} \lambda_j^v y_{jm}^v,\ m=1,\ \cdots,\ M,$$

$$\sum_{j=1}^{J^v} \lambda_j^v X_{jl}^v \leq X_l^v(t),\ l=1,\ \cdots,\ L,$$

$$\sum_{j=1}^{J^v} \lambda_j^v x_{jn}^v \leq x_n^v(t),\ n=1,\ \cdots,\ N,$$

$$\lambda_j^v \geq 0,\ j=1,\ \cdots,\ J^v,\ v=1,\ \cdots,\ V$$

$$\sum_{v}^{V} x_n^v(t) \leq x_n(t),\ n=1,\ \cdots,\ N\} \quad\cdots\cdots\cdots (7.15)$$

이는 다기간 기술연한 모형으로 모든 연한에 걸쳐서 할당된 일시적 투입물을 갖는 단일 기술연한 모델의 합이다.

제 **4** 절 **게임접근의 네트워크 효율성**

여기서는 게임접근 방법을 적용하여 네트워크 효율성을 측정하는 모형을 소개하고자 한다. 앞서 언급하였듯이 네트워크 효율성 모형은 내부의 과정들을 중간생산물(intermediate measures)로 연결시키고 전체과정의 최적효율을 달성하기 위해서 내부의 개별과정을 연결하는 중간생산물의 최적 크기를 내부적으로 결정한다. Chen and Zhu(2004)와 Kao and Hwang(2008)의 이론전개와 기호를 사용하여 설명하고자 한다. 1단계에서 각 생산단위($j=1,\cdots,J$)는 투입물 $x_{ij}(i=1,\cdots,N)$을 가지고 1단계의 산출물인 $z_{dj}(d=1,\cdots,D)$를 생산한다. 이 1단계 산출물은 2단계에 투입물이 되고 중간생산물로 사용된다. 2단계의 산출물은 $y_{rj}(r=1,\cdots,s)$로 표현한다. 각 생산단위에 대하여 1단계의 효율을 ε_j^1로 두고 2단계의 효율을 ε_j^2로 둔다. Charnes et al.(1978)의 규모일정불변(constant returns to scale, CRS)에 기초한 2단계 효율성을 정의하면 다음과 같이 표시된다.

$$\varepsilon_j^1 = \frac{\sum_{d=1}^{D} w_d z_{dj}}{\sum_{i=1}^{m} v_i x_{ij}} \quad and \quad \varepsilon_j^2 = \frac{\sum_{r=1}^{s} u_r y_{rj}}{\sum_{d=1}^{D} \widetilde{w}_d z_{dj}} \quad \cdots\cdots\cdots\cdots\cdots\cdots\cdots\cdots\cdots (7.16)$$

여기서 v_i, w_d, $\widetilde{w}_d$, u_r은 알려지지 않은 비음의 가중치(unknown non-negative weights)를 나타낸다. 전체효율성(overall efficiency)은 $\varepsilon_j = \frac{1}{2}(\varepsilon_j^1 + \varepsilon_j^2)$ 혹은 $\varepsilon_j^1 \cdot \varepsilon_j^2$로 정의된다. 투입물 기준 DEA 모형의 경우 $\varepsilon_j^1 \leq 1$이고 $\varepsilon_j^2 \leq 1$이다. 만약 $\varepsilon_j^1 \cdot \varepsilon_j^2 = 1$이면 2단계 과정의 효율성은 효율적이다. 만약 전체효율성(overall efficiency)이 $\varepsilon_j = \sum_{r=1}^{S} u_r y_{ro} / \sum_{i=1}^{m} v_i x_{io}$라면 기존의 2단계 모형에 관한 선행연구들과는 다른 값을 갖는다. 즉, Kao and Hwang(2008)와 같이 $w_d = \widetilde{w}_d$라고 둘 경우 $\varepsilon_j = \varepsilon_j^1 \cdot \varepsilon_j^2$가 된다.

네트워크 효율성의 게임이론적 접근은 Liang et al.(2006)에서 비롯되었는데 이들은 스타겔버그(leader and follower)의 비협조적 게임(cooperative game)과 협조적 게임(cooperative game) 혹은 집중화된 게임(centuralized game)을 적용하여 공급사슬모형의 성과측정에 적용한 바 있다. 이 후 Liang et al.(2008), Cook et al.(2010), Li et al.(2012), Halkos et al.(2014) 등에서는 협조적 게임과 비협조적 게임 접근법을 적용하여 2단계 네트워크 효율성을 분석하였다. 선행연구들에 있어서 게임이론을 적용한 네트워크 효율성 연구는 대부분 구조가 two-stage 구조를 적용하거나 혹은 two-stage 구조에서 투입물을 추가하는 형태로 발전되어 왔다. 이하에서는 비협조적 게임과 협조적 게임 하에서 네트워크 효율성을 측정하는 모형을 제시하고자 한다.

1. 비협조적 게임

비협조적 게임의 대표적 한 형태는 리더(leader)와 팔로워(foloower)가정이다. 비협조적 게임의 한 사례로 Liang et al.(2008)은 제조업자(리더)와 소매상(팔로워)의 비협조적 광고를 들고 있다. 제조업자와 소매상이 홍보비용을 할당한다고 하자. 제조업자가 리더라고 하면 자신이 이윤을 극대화하기 위하여 우선적으로 자신들의 이익을 최대화하는 조건으로 최적의 브랜드 홍보 투자와 지역의 광고 할당액을 결정하여 지역 광고비용을 소매상들에게 떠넘기려할 것이다. 이 때 소매상들이 팔로워라면 제조업자들이 제공한 정보와 조건을 수용하고서 그것이 주어진 전제조건 하에서 최적의 지역광고비용을 결정하고 이윤을 극대화할 것이다.

비슷한 방식으로 네트워크 효율성에 이들을 적용하여 1단계를 리더로 가정한다. 이 때 1단계 성과가 보다 중요하고 1단계의 효율이 결정된 것을 받아들인 상태에서 2단계(팔로워)의 효율을 최대화한다. 1단계가 리더이고 2단계가 팔로워라는 가정 하에서 Liang et al.(2008)은 비협조적 게임 중에서 순차적 게임의 형태를 가지는 슈타켈버그 게임을 적용하였다. 슈타켈버그 게임 모형은 리더-팔로워(leader-follower)라는 비대칭적 권한을 플레이어들이 순차적으로 선택을 하는 형태이다.

1) 1단계가 리더가 되고 2단계가 팔로워가 되는 경우
1단계가 리더가 되는 경우에 효율 측정은 단순히 자신의 효율만 극대화하면 되므로 기존의 전통적 DEA 효율과 같아진다. 이는 다음과 같이 표시된다.

Leader (*stage* 1)

$$e_o^{1^*} = Max \sum_{d=1}^{D} w_d z_{do}$$

$$s.t.: \sum_{d=1}^{D} w_d z_{dj} - \sum_{i=1}^{N} v_i x_{ij} \leq 0, \ j = 1, 2, \cdots, J$$

$$\sum_{i=1}^{N} v_i x_{io} = 1$$

$$w_d \geq 0, \ d = 1, 2, \cdots, D;$$

$$v_i \geq 0, \ i = 1, 2, \cdots, N \ \cdots\cdots\cdots\cdots\cdots\cdots\cdots\cdots\cdots\cdots\cdots\cdots (7.17)$$

이 식은 표준적인 규모일정불변의 DEA효율성 모형이므로 이 효율성은 표준적 인 DEA효율성값과 동일하다. 일단 1단계에서 효율성을 구하면 2단계는 1단계의 최적 효율을 유지하는 w_d의 가중치를 고려해야 한다. 즉, 2단계의 효율에서는 1 단계에서 결정된 효율을 제약조건으로 포함시켜서 2단계의 효율을 극대화해야 할 것이다. 이 때 2단계 팔로워의 최적화된 효율을 구하는 계획식은 다음과 같다.

Follower (*stage* 2)

$$e_o^{2^*} = Max \ \frac{\sum_{r=1}^{s} U_r y_{ro}}{Q \sum_{d=1}^{D} w_d z_{do}}$$

$$s.t.: \frac{\sum_{r=1}^{s} U_r y_{rj}}{Q \sum_{d=1}^{D} w_d z_{dj}} \leq 1, \ j = 1, 2, \cdots, J$$

$$\sum_{d=1}^{D} w_d z_{dj} - \sum_{i=1}^{N} v_i x_{ij} \leq 0, \ j = 1, 2, \cdots, J$$

$$\sum_{i=1}^{N} v_i x_{io} = 1$$

$$\sum_{d=1}^{D} w_d z_{do} = e_o^{1^*}$$

$$U_r, \ Q, \ w_d, \ v_i \geq 0$$

$$d = 1, 2, \cdots, D; \ r = 1, 2, \cdots, s; \ i = 1, 2, \cdots, N \ \cdots\cdots\cdots (7.18)$$

이 식에서 Q는 중간생산물에 대한 최적의 가중치로서 제약조건으로 들어간 리 더인 1단계과정의 효율값을 고려하여 2단계의 효율을 도출할 수 있도록 w_d를 조 정해주게 된다. 보다시피 이 수식에서 1단계의 효율은 그대로 제약조건으로 포함되었고 만약 $u_r = U_r/Q$로 두면 이 모형은 다음과 같이 변형될 수 있다.

Follower (*stage 2*)

$$e_o^{2^*} = Max \frac{\sum_{r=1}^{s} u_r y_{ro}}{e_o^{1^*}}$$

$$s.t.: \sum_{r=1}^{s} u_r y_{rj} - \sum_{i=1}^{D} w_d z_{dj} \leq 0, \quad j=1, 2, \cdots, J$$

$$\sum_{d=1}^{D} w_d z_{dj} - \sum_{i=1}^{N} v_i x_{ij} \leq 0, \quad j=1, 2, \cdots, J$$

$$\sum_{i=1}^{N} v_i x_{io} = 1$$

$$\sum_{d=1}^{D} w_d z_{do} = e_o^{1^*}$$

$$w_d \geq 0, \quad d=1, \cdots, D; \quad v_i \geq 0, \quad i=1, \cdots, N$$

$$u_r \geq 0, \quad r=1, 2, \cdots, s \quad \cdots\cdots\cdots\cdots\cdots\cdots\cdots\cdots\cdots\cdots (7.19)$$

이처럼 1단계가 리더이고 2단계가 팔로워일 경우 효율성이 각각 도출될 수 있고 1단계의 리더는 제약을 받지 않지만 2단계의 팔로워는 제약을 받으므로 리더의 제약조건을 포함하지 않은 경우보다 효율의 값은 저하될 것이다. 즉, 각각 독립적으로 측정한 효율과 비교하면 리더는 변화가 없지만 팔로워의 효율은 저하될 수 있다. 결과적으로 전체효율성(overall efficiency)은 식(7.19)에서 알 수 있듯이 $\varepsilon_o^{1^*} \cdot \varepsilon_o^{2^*} = \sum_{r=1}^{s} u_r^* y_{ro}$로 나타낼 수 있다.

2) 2단계가 리더이고 1단계가 팔로워인 경우

한편 이와는 정반대로 2단계 과정이 우선시되어 리더가 되고 1단계과정이 팔로워가 된다면 정반대의 상황이 될 것이고 이것이 계획식에 반영되어야 할 것이다. 즉, 1단계 과정이 팔로워가 되면 2단계에서 도출하는 효율인 $\varepsilon_o^{2^*}$를 먼저 구하고 이 2단계의 효율값을 제약조건으로 수용하는 $\varepsilon_o^{1^*}$를 구해야 할 것이다. 이처럼 2단계 과정은 1단계 과정에 제약을 받지 않으므로 2단계가 리더인 경우는 다음과 같이 표현된다. 즉,

Leader (*stage 2*)

$$\varepsilon_o^{2^*} = Max \sum_{r=1}^{s} U_r y_{ro}$$

$$s.t.: \sum_{d=1}^{D} w_d z_{dj} - \sum_{r=1}^{s} U_r y_{rj} \geq 0, \ j=1, 2, \cdots, J$$

$$\sum_{d=1}^{D} w_d z_{do} = 1$$

$$U_r \geq 0, \ r=1, 2, \cdots, s; \ w_d \geq 0, \ d=1, 2, \cdots, D \ \cdots\cdots\cdots (7.20)$$

여기서 2단계의 리더는 자신의 효율만 최대화하면 되므로 1단계 팔로워를 고려할 필요가 없게 된다. 이는 독립적으로 측정한 효율과 같아질 것이다. 이제 1단계과정의 효율은 2단계에서 구해진 효율을 고려해야 하기 때문에 2단계의 최적효율을 유지하는 w_d의 가중치를 고려해야 한다. 즉, 1단계의 효율에서는 2단계에서 결정된 효율을 제약조건으로 포함시켜서 2단계의 효율을 극대화해야 할 것이다. 이 때 1단계 팔로워의 최적화된 효율을 구하는 계획식은 다음과 같다.

Follower (*stage* 1)

$$\varepsilon_o^{1^*} = Max \ \frac{\Phi \sum_{d=1}^{D} w_d z_{do}}{\sum_{i=1}^{N} v_i x_{io}}$$

$$s.t.: \sum_{i=1}^{N} v_i x_{ij} - \Phi \sum_{r=1}^{D} w_d z_{dj} \geq 0, \ j=1, 2, \cdots, J$$

$$\sum_{d=1}^{D} w_d z_{dj} - \sum_{r=1}^{s} U_r y_{rj} \geq 0, \ j=1, 2, \cdots, J$$

$$\sum_{d=1}^{D} w_d z_{do} = 1$$

$$\sum_{r=1}^{s} U_r y_{ro} = \varepsilon_o^{2^*}$$

$$\Phi \geq 0; \ v_i \geq 0, \ i=1, 2, \cdots, N; \ w_d \geq 0, \ d=1, 2, \cdots, D;$$

$$U_r \geq 0, r=1, 2, \cdots, s; \ \cdots\cdots\cdots\cdots\cdots\cdots\cdots\cdots\cdots (7.21)$$

이 식에서 Φ는 중간생산물에 대한 최적의 가중치로서 제약조건으로 들어간 리더인 2단계과정의 효율값을 고려하여 1단계의 효율을 도출할 수 있도록 w_d를 조정하게 된다. 보다시피 이 수식에서 2단계의 효율은 그대로 제약조건으로 포함되었고 만약 $\phi = v_i / \Phi$로 두면 이 모형은 다음과 같이 변형될 수 있다.[5]

---

5) Cook et al.(2010)은 팔로워의 1단계 효율을 다음과 같이 역으로 표시하였는데 이는 같은 의미이다. 즉,

$$1/e_0^{1^*} = Min \sum_{r=1}^{s} \phi_i x_{io}$$

Follower (*stage* 1)

$$\varepsilon_o^{1^*} = Max \frac{1}{\sum\limits_{r=1}^{N} \phi_i x_{io}}$$

$$s.t.: \sum_{i=1}^{N} \phi_i x_{ij} - \sum_{d=1}^{D} w_d z_{dj} \geq 0, \ j=1, 2, \cdots, J$$

$$\sum_{d=1}^{D} w_d z_{dj} - \sum_{r=1}^{s} U_r y_{rj} \geq 0, \ j=1, 2, \cdots, J$$

$$\sum_{d=1}^{D} w_i z_{do} = 1$$

$$\sum_{r=1}^{s} U_r y_{ro} = \varepsilon_o^{2^*}$$

$$\phi \geq 0; \ v_i \geq 0, \ i=1, 2, \cdots, N; \ w_d \geq 0, \ d=1, 2, \cdots, D;$$

$$U_r \geq 0, \ r=1, 2, \cdots, s \cdots\cdots\cdots\cdots\cdots\cdots\cdots\cdots\cdots (7.22)$$

이와 같이 식(7.19)에서 $\sum\limits_{i=1}^{N} v_i^* x_{io}=1$일 때 $\varepsilon_o^{1^*} \cdot \varepsilon_o^{2^*} = \sum\limits_{r=1}^{s} u_r^* y_{ro} / \sum\limits_{i=1}^{N} v_i^* x_{io}$가 되었듯이 식(7.22)에서도 $\varepsilon_o^{1^*} \cdot \varepsilon_o^{2^*} = \sum\limits_{r=1}^{s} U_r^* y_{ro} / \sum\limits_{i=1}^{N} \phi_i^* x_{io}$이 된다는 것을 확인하였다. 또한 리더와 팔로워 접근에서 두 단계 과정으로 분해가 가능하고 전체 효율은 개별 단계의 효율이 결합되어 있음을 보여주었다. 이러한 효율의 분해는 유일하고 두 접근의 결과는 같은 형태로 나타나지만 동일한 효율값으로 분해되지는 않는 것이 일반적이다.

요컨대 협조적 게임과 비협조적 게임은 모두 두 단계 과정에서 중간 생산물에 대한 가중치를 사용한다. 그러나 비협조적 게임에서 효율값은 하나가 최적이 되고 난 후에 다른 하나를 최적화하기에 두 단계의 효율값이 모두 최적이 되지는 않는다.

2. 협조적 게임

두 단계 과정의 효율을 측정하는 대안적 방법은 집중화된 관점에서 보고 전체 효율을 최대화하는 중간생산물의 최적가중치들을 결정해주는 것이다. 협조적 게임 모형에서는 식(7.16)에서 처럼 $w_d = \widetilde{w}_d$를 가정하고 네트워크 프로세스의 효율성을 동시에 결정한다. 일반적으로 ε_o^1과 ε_o^2의 평균을 최대화하게 되면 비선형프로그램이 되게 된다. 식(7.16)의 가정 $w_d = \widetilde{w}_d$의 조건 때문에 $\varepsilon_o^1 \cdot \varepsilon_o^2 = \dfrac{\sum\limits_{r=1}^{s} u_r y_{ro}}{\sum\limits_{i=1}^{N} v_i x_{io}}$

가 된다. 그러므로 ε_o^1과 ε_o^2의 평균을 최대화하는 대신에 다음의 식을 구할 수 있다.

$$\varepsilon_o^{Centralized} = Max \ \varepsilon_o^1 \cdot \varepsilon_o^2 = \frac{\sum\limits_{r=1}^{s} u_r y_{ro}}{\sum\limits_{i=1}^{N} v_i x_{io}}$$

$$s.t.: \ \varepsilon_j^1 \leq 1 \ and \ \varepsilon_j^2 \leq 1 \ and \ w_d = \widetilde{w}_d \ \cdots\cdots\cdots\cdots\cdots\cdots\cdots\cdots (7.23)$$

이 수식은 다음과 같은 선형프로그램으로 변형될 수 있다.

$$\varepsilon_o^{centralized} = Max \sum_{r=1}^{s} u_r y_{ro}$$

$$s.t.: \ \sum_{i=1}^{s} u_r y_{rj} - \sum_{i=1}^{D} w_d z_{dj} \leq 0, \ j = 1, 2, \cdots, J$$

$$\sum_{d=1}^{D} w_d z_{dj} - \sum_{i=1}^{N} v_i x_{ij} \leq 0, \ j = 1, 2, \cdots, J$$

$$\sum_{i=1}^{N} v_i x_{io} = 1$$

$$w_d \geq 0, \ d = 1, \cdots, D; \ v_i \geq 0, \ i = 1, \cdots, N$$

$$u_r \geq 0, \ r = 1, 2, \cdots, s \ \cdots\cdots\cdots\cdots\cdots\cdots\cdots\cdots\cdots (7.24)$$

이 식은 두 단계 과정의 전체 효율을 보여준다. 만약 식(7.24)에서 단일 효율값을 구할 수 있다면, 여기서 1단계, 2단계 과정의 효율값을 구할 수 있다. 즉,

$$\varepsilon_o^{1, \ Centralized} = \frac{\sum\limits_{d=1}^{D} w_d^* z_{do}}{\sum\limits_{i=1}^{N} v_i^* x_{io}} = \sum_{d=1}^{D} w_d^* z_{do}$$

$$\varepsilon_o^{2, \ Centralized} = \frac{\sum\limits_{r=1}^{s} u_r^* y_{ro}}{\sum\limits_{d=1}^{D} w_d^* z_{do}} \ \cdots\cdots\cdots\cdots\cdots\cdots\cdots\cdots\cdots\cdots (7.25)$$

식(7.25)의 최적값이 $\varepsilon_o^{Centralized}$이면, $\varepsilon_o^{Centralized} = \varepsilon_o^{1, \ Centralized} \cdot \varepsilon_o^{2, \ Centralized}$로 나타낼 수 있다. 만약 (7.24)에서 최적값이 유일하지 않게 나온다면 각 단계의 효율

이 유일하지 않을 수도 있음을 의미한다. 해가 유일한지를 테스트하기 위해서 먼저 1단계 프로세스 $\varepsilon_o^{1,\ Centralized}$의 최대값을 구하면 다음과 같다.

$$\varepsilon_o^{1+} = Max \sum_{d=1}^{D} w_d z_{do}$$

$$s.t. : \sum_{r=1}^{s} u_r y_{ro} = \varepsilon_o^{Centralized}$$

$$\sum_{d=1}^{D} w_d z_{dj} - \sum_{i=1}^{N} v_i x_{ij} \leq 0, \ j=1, 2, \cdots, J$$

$$\sum_{r=1}^{s} u_r y_{rj} - \sum_{d=1}^{D} w_d z_{dj} \leq 0, \ j=1, 2, \cdots, J$$

$$\sum_{i=1}^{N} v_i x_{io} = 1$$

$$w_d \geq 0, \ d=1, 2, \cdots, D; \ u_r \geq 0, \ r=1, 2, \cdots, s;$$

$$v_i \geq 0, \ i=1, 2, \cdots, N \ \cdots\cdots\cdots\cdots\cdots\cdots\cdots\cdots\cdots\cdots\cdots (7.26)$$

$\varepsilon_o^{1,\ Centralized}$의 최대값 ε_o^{1+}에 대응하여 $\varepsilon_o^{2,\ Centralized}$은 최소값 ε_o^{2-}가 주어지게 된다. 즉, $\varepsilon_o^{Centralized} = \varepsilon_o^{1+,\ Centralized} \cdot \varepsilon_o^{2-,\ Centralized}$가 성립한다.

마지막으로 의문을 갖게 되는 것은 비협조적 게임과 협조적 게임, 표준 DEA접근에서 구한 각각의 효율값이 어떤 관계를 갖느냐 하는 점일 것이다. Liang et al.(2008)은 비협조적 게임과 협조적 게임, 표준 DEA접근 간의 관계를 잘 정리해서 제시하고 있다. 먼저 표준 DEA에서 도출한 두 단계에서 각각 효율을 θ_0^1, θ_0^2라고 하자.

첫째, 만약 중간 생산물이 오직 하나만 존재하면 첫단계가 리더인가 팔로워인가에 관계없이 $\varepsilon_o^{1*} = \theta_0^1$이고 $\varepsilon_o^{2*} = \theta_0^2$가 된다. 이는 오직 하나의 중간생산물만 있으면 비협조적 게임은 각 단계의 효율이 표준 DEA모형과 동일한 값을 갖는다는 것이다.

둘째, 그러나 다수의 중간생산물 하에서는 특정한 생산단위에 대하여 비협조적 게임의 효율값을 곱한 것보다 협조적 게임의 전체효율값이 크거나 같다. 즉, $\varepsilon_o^{Centralized} \geq \varepsilon_o^{1*} \cdot \varepsilon_o^{2*}$이 된다.

셋째, 앞의 두 경우에 기초할 때 만약 오직 한 중간생산물이 있으면 $\varepsilon_o^{Centralized} = \varepsilon_o^{1*} \cdot \varepsilon_o^{2*}$가 되고 $\varepsilon_o^{1,\ Centralized} = \theta_0^1$, $\varepsilon_o^{2,\ Centralized} = \theta_0^2$가 된다. 결과적으로 오직 하나의 중간생산물이 존재하면 비협조적 게임, 협조적 게임, 표준 DEA의 결과는 동

일하다.

넷째, i) 2단계가 리더일 경우 $\varepsilon_o^{1, \ Centralized} \geq \varepsilon_o^{1*}$이고 $\theta_0^2 = \varepsilon_o^{2*} \geq \varepsilon_o^{2, \ Centralized}$

ii) 1단계가 리더일 경우 $\varepsilon_o^{2, \ Centralized} \geq \varepsilon_o^{2*}$이고 $\theta_0^1 = \varepsilon_o^{1*} \geq \varepsilon_o^{1, \ Centralized}$

제 **8** 장

비모수적 생산용량

제 **1** 절　산출접근 생산용량

　　생산용량 이용률(CU:capacity utilization)은 산출접근과 비용접근을 통하여 측정하는 방법이 가장 일반적으로 소개되고 있고 이윤 극대화를 포함하는 생산용량 측정방법도 나타나고 있다. 먼저 여기서 비모수적 접근 방법으로 산출 생산용량을 측정하는 방법을 설명하고자 한다. 생산용량과 생산용량 이용률의 정의는 생산용량이 이용가능한 투입스톡에 의하여 결정된다는 개념에 기초한다. 생산용량 산출량은 이들 스톡으로부터 생산가능한 최대산출량을 말한다. 생산용량 이용률은 기술효율산출량(y^f)/생산용량산출량(y_c)으로 정의되고 1보다 작으면 생산용량의 잉여분(excess capacity)이 있음을 의미한다.[1] 반대로 생산용량 이용률의 역(y_c/y^f)은 현존 용량을 최적으로 이용하면 생산량을 더 증가시킬 수 있음을 의미한다. 가령, 그 역이 1.5라면 생산용량 산출량은 현존 산출량보다 50% 증가할 수 있다는 의미이다. 비슷한 의미로 생산용량을 1/3 줄이면 경제적인 최적의 방법으로 현존 산출량이 생산될 수 있음을 의미한다.

---

1) 학자에 따라서는 CU=y/yc로 정의하기도 한다. 이는 Coelli et al.(2002, p.265)을 참조바란다.

Gold(1955)는 최초로 생산용량의 측정은 두 가지 형태가 있음을 언급한 바 있다. 그 하나는 일정 공장시설이 주어졌을 때 생산가능한 총생산량이고 또 다른 하나는 특정 범위의 생산물을 생산할 수 있는 복합적인 생산용량의 측정을 언급하였다. 전자는 순수하게 물리적인 용어로 사용될 수 있고 생산용량의 절대적인 양과 그 상대적인 변화를 측정하는데 사용될 수 있다. 이 생산용량은 충분한 노동, 원재료와 기타 투입물이 현재 자본설비시설을 완전히 이용 가능하게 한다는 가정 하에 측정된다.

Gold(1955)와 비슷하게 Johansen(1968)은 생산함수의 개념을 사용하여서 현존시설과 장비의 생산용량을 정의한다. 그는 가변투입요소의 사용에 제한이 없다고 가정할 때 생산용량을 현존시설과 장비를 가지고 단위시간당 생산할 수 있는 최대산출량으로 정의한다. Färe(1984)는 Johansen(1968)의 정의가 강한 생산용량의 정의라고 간주하였다. 그는 산출량의 제한이 있는 약한 생산용량의 정의를 언급하였다. 강한 생산용량의 정의는 약한 정의를 포함하나 그 역은 성립하지 않는다.

한편, Eilon and Soesan(1976)은 완전한 생산용량을 포락하는 곡선이 각 혼합된 생산량에 대한 최대 가능한 생산량 수준이 될 수 있다고 제안한 바 있다. 이들은 생산용량 이용률은 산출물 혼합을 일정하게 유지한 채로 최대생산량에 대한 관측된 생산량의 비율로 측정할 것을 제안한다. 이 개념은 Farrell의 산출지향 방사선 기술효율이나 Shepard(1970)의 거리함수측정과 매우 유사하다. 그러나 생산용량 측정에서는 가변투입물이 제한을 받지 않는데 반하여 효율이나 거리함수 측정은 모든 투입물이 고정되어 유지된다는 점에서 이들을 동일한 개념으로 볼 수는 없다. Eilon and Soesan(1976)은 생산용량 포락곡선을 선형프로그램으로 측정할 것을 제안했으나 실제 이를 시도하지는 않았다. Färe, Grosskopf, and Kokkelenberg(1989)와 Färe, Grosskopf, and Valdimanis(1989)에 이르러서 관측된 자료를 이용하여 최대 생산용량 포락곡선을 측정하는 선형프로그램을 발전시켰다.

Färe, Grosskopf, and Kirkley(2000)는 Shephard(1970)의 쌍대성(duality)을 이용하여 Malmquist의 직접 및 간접 생산성이 생산용량 측정방법과 연계되어 있음을 보였다. Morrison Paul(2000)은 생산용량을 측정하는 물리적 방법으로 비모수적, 모수적 방법을 언급하고 있다.

한편 이러한 생산용량 접근은 어자원의 최대 생산용량과 그 이용률의 측정으로 확대 발전되었는데 Kirkley et al.(2001), Felthoven(2002), Kirkley et al.(2002), Vestergaard et al.(2003), Felthoven and Morrison Paul(2004), Kirkley et al.(2004), Kerstens et al.(2006) 등이 존재한다. 이들은 모두 단기에 초점을 둔 Johansen-Färe의 생산용량 측정방법을 따르고 있는 후속연구이다. Kirkley et al.(2001). Vestergaard et al.(2003), Kerstens et al.(2006)은 비모수적 접근방법을 사용하여 어업의 생산용량을 측정하고 있다. Vestergaard et al.(2003)는 방사선, 비방사선, 부분적 생산용량 측정 등의 방법을 도입하였고 Kerstens et al.(2006)는 과잉남획에 대응한 정책적 시나리오를 분석하고 있다. 반면에 Felthoven(2002), Kirkley et al.(2002), Kirkley et al.(2004)는 어업의 생산용량 측정에 비모수적 방법뿐만 아니라 모수적 방법을 동시에 사용하고 있다. Felthoven and Morrison Paul(2004)은 대부분 기존연구가 산출물 구성을 일정한 것으로 가정하나 확률적 변경함수를 사용하여 산출물 구성의 변화를 고려한 어업의 생산용량 산출물 수준을 측정하였다.

여기서 산출접근 생산용량의 이론모형을 소개하고자 한다. 생산함수가 $y^f = F(x)$로 정의하자. 기술에 관한 정의는 이미 언급된 바와 같고 산출거리함수는 다음과 같이 표현된다. 즉,

$$D_o(x,\ y) = \inf\{\theta > 0 : y/\theta \in T\} \quad\cdots\cdots\cdots\cdots\cdots\cdots\cdots\cdots\cdots\cdots (8.1)$$

산출거리함수에 따르면 실제 산출(y)와 최대산출(y^f)은 상이하게 되고 거리함수는 정의에 의하여 다음과 같이 측정된다. 즉,

$$D_o(x,\ y) = y/F(x) = y/y^f \quad\cdots\cdots\cdots\cdots\cdots\cdots\cdots\cdots\cdots\cdots\cdots\cdots (8.2)$$

Johansen(1968, p.50)에 의하면 생산용량은 가변요소의 이용이 제한을 받지 않을 때 현재 장비와 시설로 단위 시간당 생산가능한 최대산출량을 의미한다. 이 정의에 따라서 투입요소를 가변요소와 고정요소로 분리하면 $x = (x_v,\ x_f)$로 표현할 수 있다. 이를 세분하여 다음과 같이 각각 표현한다.

$$x_v,\ (v = 1,\ \cdots,\ V)$$
$$x_f,\ (f = 1,\ \cdots,\ F)$$

이제 가변투입물 사용의 제한을 받지 않고 고정투입요소에 의존한 생산용량의

프런티어를 도출할 수 있다. 이 프런티어 상에 위치한 산출량을 생산용량 산출량이라 하면 이는 y_c로 표현된다. y_c를 기준으로 실제 산출량의 거리함수는 다음의 비율로 정의된다. 즉,

$$\hat{D}_o(x_f,\ y) = y/y_c = \frac{y}{y^f}\ \cdot\ \frac{y^f}{y_c} = D_o(x,\ y)\ \cdot\ \frac{y^f}{y_c} \quad\cdots\cdots\cdots\cdots\cdots (8.3)$$

따라서 생산용량이용률은 기술비효율을 제외한 생산프런티어에서 생산용량 프런티어의 상대적 비율로 정의되고 위 식을 이용하면 다음과 같이 표현된다. 즉,

$$CU(x,\ y) = \frac{y^f}{y_c} = \frac{\hat{D}_o(x_f,\ y)}{D_o(x,\ y)} \quad\cdots\cdots\cdots\cdots\cdots\cdots\cdots (8.4)$$

그러므로 생산용량이용률은 기술효율 산출량과 생산용량 산출량의 상대적 비율로 표현되고 이는 각각의 생산프런티어에서 측정한 거리함수의 상대적 비율로 정의됨을 확인할 수 있다.

앞서 언급하였듯이 생산용량은 가변요소의 제한을 받지 않고 현존 고정 자본스톡을 가지고 생산가능한 최대 생산함수의 변경을 추정하는 것이다. 그러한 생산함수는 가변투입물의 제한없이 주어진 자본스톡에 대하여 관측된 최대산출량을 보여준다. 그런데 주어진 투입물로 실제 생산한 산출량보다 기술적으로 더 향상시킬 수 있는 생산프런티어 상의 효율적인 산출량이 존재한다. 생산의 효율성은 생산프런티어 상의 점과 내부의 점 간의 비교를 통하여 측정할 수 있다. 따라서 실제산출량(y), 기술효율산출량(y^f), 생산용량산출량(y_c)이 있다고 하면 이는 [그림 8.1]과 같이 표현할 수 있다.

F_{te}는 기술효율적인 생산변경을 보여준다. 여기서 가변투입물과 고정투입물이 동일하게 포함되어 있고 생산변경 내에 실제 산출량이 위치할 경우 생산변경 상에 위치한 점은 기술효율생산량(y^f)이 된다. 다음으로 F_c는 가변투입물 사용에 제한을 받지 않을 때 고정투입물만을 사용하여 현존 시설을 최대한 이용하여 달성가능한 최대산출량을 보여주는 생산변경이다. 따라서 이 곡선 상에서 생산용량 산출량(y_c)을 얻게 된다.

이제 기술효율을 측정하는 프로그램과 생산용량을 측정하기 위한 선형프로그램을 각각 제시하면 다음과 같다.

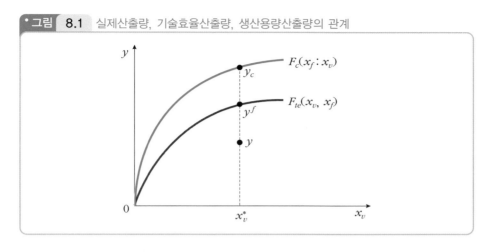

• 그림 8.1 실제산출량, 기술효율산출량, 생산용량산출량의 관계

$$\{D_o(x,\ y)\}^{-1} = Max\ \theta$$

$$s.t.: \sum_{k=1}^{K} z_k y_{km} \geq \theta y_{km}\,,\ \ m=1,\ \cdots,\ M,$$

$$\sum_{k=1}^{K} z_k x_{kv} \leq x_{kv}\,,\ \ v=1,\ \cdots V,$$

$$\sum_{k=1}^{K} z_k x_{kf} \leq x_{kf},\ f=1,\ \cdots,\ F,$$

$$z_k \geq 0,\ \ k=1,\ \cdots,\ K \quad\cdots\cdots\cdots\cdots\cdots\cdots\cdots\cdots\cdots\cdots\cdots (8.5)$$

$$\{\hat{D}_o(x,\ y)\}^{-1} = Max\ \phi$$

$$s.t.: \sum_{k=1}^{K} z_k y_{km} \geq \phi y_{km}\,,\ \ m=1,\ \cdots,\ M,$$

$$\sum_{k=1}^{K} z_k x_{kf} \leq x_{kf},\ f=1,\ \cdots,\ F,$$

$$z_k \geq 0,\ \ k=1,\ \cdots,\ K \quad\cdots\cdots\cdots\cdots\cdots\cdots\cdots\cdots\cdots\cdots\cdots (8.6)$$

식(8.5)는 일반적으로 방사선거리함수를 측정하는 프로그램으로 프런티어 상에 효율적인 산출량을 얻을 수 있다. 식(8.6)은 Johansen의 정의에 따라서 가변요소에 대한 제약을 제거함으로써 고정요소만에 의한 산출효율을 측정한다. 이를 통하여 가변투입물의 제약이 없는 상태에서 고정시설 하에 달성가능한 최대 산출량을 도출한다. 이 최대산출량이 생산용량 산출량이다. 그러므로 도출한 효율과 생산용량을 연계하면 다음과 같이 다시 표현할 수 있다.

$$\hat{D}_o(x_f,\ y) = y/y_c = \frac{y}{y^f} \cdot \frac{y^f}{y_c} = \frac{y}{\theta y} \cdot \frac{\theta y}{\phi y} = 1/\phi \ \cdots\cdots\cdots\cdots\cdots \ (8.7)$$

생산용량 프런티어에서 측정한 거리함수는 앞에서 본 것과 같이 효율을 측정하는 일반 거리함수와 생산용량을 곱한 것임을 다시 확인할 수 있다.

제 2 절   비용접근 생산용량

비용의 최소화는 최대생산용량과 관련되어 언급된다. 비용최소화와 최대 생산용량의 이용에 관한 개념은 첫째, 생산 기술적인 관점에서 현존하는 생산용량을 완전히 사용했을 때 달성 가능한 최대산출량으로 측정하는 것과 둘째, 경제적 관점에서 평균비용의 최저점에서 생산되는 최적산출량으로 분류된다. 즉, Cassels(1937)은 경제적으로 의미가 있는 생산용량 산출량은 기업의 장기평균비용 최소점이 이에 해당된다고 주장한 바 있다. 반면에 Johansen(1968)에 의하면 "생산용량은 가변적인 투입물의 이용이 제한을 받지 않는다고 가정할 때 현존 장비와 시설을 가지고 달성 가능한 최대산출량 수준이다."라고 정의한다.

비용최소화를 통한 생산용량의 측정은 Cassels(1937)처럼 경제적인 접근방법을 따른다. 즉, 평균비용의 최소화를 통하여 최대생산용량을 측정한다. 그런데 Klein(1960), Segerson and Squires(1990) 등은 단기비용곡선이 장기평균비용곡선과 접하는 점의 산출량이 잠재적 생산용량 산출량이 되어야 한다고 주장한다. 이들에 의하면 장기평균비용이 체감하거나 체증하는 구간에서 두 곡선의 접점이 존재할 경우 장기평균비용의 최소화가 달성되지 못한다. 반면 Bernt and Morrison(1981)은 단기평균비용이 최소화되는 점이 비용접근의 생산용량에 부합한다고 주장한다. 이들과 유사하게 Morrison(1985)은 일반 비용함수를 이용하여 최소비용과 실제총비용의 비율로서 생산용량을 측정하였고 Segerson and Squires(1993)는 고정투입요소의 실제가격과 잠재가격의 상대적 비율에 기초하여 생산용량을 측정하였다. Prior(2003)는 단기와 장기의 총비용을 도출하고 이들 간의 상대적 비를 생산용량으로 간주하였다. 그런데 Coelli et al.(2002)은 경제적 생산용량 접근법을 도입하여 복합 산출물의 결합률이 일정한 상태에서 단기이윤을 극대화하는 점을 기준으로 한 생산용량을 추가로 시도하였다. 특히 이들은 생산용량을 구성하는 요소로 기술비효율을 포함한다는 점이 선행연구와 상이하다. Ray et al.(2006)은 투입물과 산출물을 중심으로 생산용량을 직접 측정하는 물리적 접근방법에 추가적으로 가변비용 제약을 포함하는 간접측정을 시도하였다. 국내적으로는 강상목(2013), 강상목·성신제(2013)는 각각 단기와 장기비용최소화를 통한 생산용량의 측정을 각각 시도하였으므로 이들의 내용을 중심으로 비용최소화의 생산용량을 단기와 장기로 구분하여 이론모형을 소개하고자 한다.

1. 단기비용 생산용량

생산단위가 투입물 벡터 $x \in R_+^N$를 사용하여 산출물 벡터 $y \in R_+^M$를 생산한다고 가정하자. 산출물이 투입물로부터 생산될 때 투입-산출물 벡터 (x, y)는 생산가능하다. 이 때 생산가능한 모든 투입-산출물 벡터는 다음과 같은 생산가능집합을 구성한다.

$$T = \{(x, y) : x \ can \ produce \ y\}$$
$$x = (x_1, x_2, \cdots, x_n) \in R_+^n, \ y = (y_1, y_2, \cdots, y_m) \in R_+^m \ \cdots\cdots (8.8)$$

투입-산출물 벡터를 (x_j, y_j)로 가정하자$(j = 1, \cdots, J)$. 이 때 모든 투입-산출 벡터는 생산가능하다. 생산가능집합이 볼록집합이고 모든 투입물과 산출물이 자유처분가능하다는 가정 하에서 우리는 가변규모(variable returns to scale) 하에서 생산가능집합을 정의하면 다음과 같다.

$$L_V(y) = \{x : x \geq \sum_{j=1}^{J} \lambda_j x_j; \ y \leq \sum_{j=1}^{J} \lambda_j y_j; \ \sum_{j=1}^{J} \lambda_j = 1; \ \lambda_j \geq 0 (j = 1, 2, \cdots, J)\}$$
$$\cdots\cdots\cdots\cdots\cdots\cdots\cdots\cdots\cdots\cdots\cdots\cdots\cdots\cdots\cdots\cdots (8.9)$$

여기서 y는 주어진 실제산출량 수준을 말하고 가변규모를 만족시키는 각 투입물과 산출물 제약 하에서 임의의 $(x, y) \in L_v(y)$가 성립한다. 만약 규모일정불변(CRS)을 가정하면 $(x, y) \in L_C(y)$이고 어떤 $\delta \geq 0$에 대하여 $(\delta x, \delta y) \in L_C(y)$가 성립한다. 따라서 CRS 생산 가능집합은 다음과 같이 표현된다.

$$L_C(y) = \{x : x \geq \sum_{j=1}^{J} \lambda_j x_j; \; y \leq \sum_{j=1}^{J} \lambda_j y_j; \; \lambda_j \geq 0 \, (j=1, 2, \cdots, J)\} \quad (8.10)$$

이러한 생산 가능집합은 투입물조건 집합으로서 경제적 최적화에 적합하다.

먼저 단기비용함수를 구하는 과정을 살펴보고자 한다. 단기비용함수는 기계나 장비, 토지 등 고정요소가 일정한 상태에서 노동과 원재료, 에너지 등의 가변요소를 변화시킬 때 단기비용은 정의될 수 있다. 일정 투입물 가격 벡터 p_o에서 어떤 산출물 $y \in L$을 생산하는 단기총비용의 최소화는 다음과 같이 정의할 수 있다.

$$SRTC(w, \, y) = \min \{w \cdot x : (x_v, \, \bar{x}_f) \in L(y)\} \quad \cdots\cdots\cdots\cdots (8.11)$$

여기서 투입물 x는 가변요소인 x_v와 불변의 고정요소인 x_f로 구성된다. $L(y)$는 투입물 기술집합이고 w는 투입물 가격 벡터이다.

이러한 단기총비용(SRTC)을 최소화하는 것은 다음과 같은 계획식으로 구할 수 있다. 즉,

$$SRTC(w, \, y) = \min_{y, \, x_v, \, \lambda} (w \cdot x_v + FC) \quad \cdots\cdots\cdots\cdots\cdots\cdots (8.12)$$

$$\sum_{j=1}^{N} \lambda_j \cdot y_j \geq y$$

$$\sum_{j=1}^{N} \lambda_j \cdot x_{v(j)} \leq x_v$$

$$\sum_{j=1}^{N} \lambda_j \cdot x_{f(j)} \leq x_f$$

$$\sum_{j=1}^{N} \lambda_j = 1, \; \lambda_j \geq 0$$

여기서 자본스톡(기계와 시설설비)과 토지면적 등과 같이 단기에 변화하기 어려운 변수는 고정비용(fixed cost: FC)으로 둔 상태에서 산출량, 가변투입요소를 조절하여 단기총비용을 최소화하게 된다. $x_{v(j)}$, $x_{f(j)}$는 각각 j 생산자$(j=1, \cdots N)$의 가변투입요소와 j 생산자의 고정투입요소를 말한다. 이 때 λ는 최대산출물과 최소투입물을 형성하는 밀도벡터로서 일종의 가중치이다. λ는 프런티어를 연결하여 총비용곡선을 형성하는 역할을 한다. 이러한 단기총비용이 도출되면 이를 기초로 단기평균비용은 산출량 수준으로 나눠주면 된다. 단기평균비용(SRAC)을 최소화하는 추정은 VRS 하에서 다음과 같은 구체적인 계획식으로 추정할 수 있다.[2] 즉,

$$SRAC(w, \ y) = \min_{y, \ L, \ \lambda} \frac{w_L L}{y} + \frac{FC}{y} \quad \cdots\cdots\cdots\cdots\cdots\cdots\cdots \ (8.13)$$

$$\sum_{j=1}^{N} \lambda_j \cdot y_j \geq y$$

$$\sum_{j=1}^{N} \lambda_j \cdot L_j \leq L$$

$$\sum_{j=1}^{N} \lambda_j \cdot K_j \leq K$$

$$\sum_{j=1}^{N} \lambda_j \cdot N_j \leq N$$

$$\sum_{j=1}^{N} \lambda_j = 1, \ \lambda_j \geq 0$$

단기평균비용은 단기의 가변비용과 단기고정비용을 산출량으로 나눈 것으로 정의된다. 여기서 가변요소는 노동(L)이고 고정요소는 자본스톡(K)과 토지(N)로 둔다. w_L은 노동의 투입가격이고 FC(fixed cost)는 고정비용으로 자본과 토지의 비용을 포함한다.[3] 단기에 자본스톡과 토지면적 등은 고정요소이므로 일정하게 두고 가변요소인 노동과 에너지 등을 변화 가능하도록 함으로써 단기평균비용의 최소값을 도출하게 된다. 이는 단기비용최소화 계획프로그램에서 투입요소를 변화 가능하도록 설정하고 이에 따른 SRAC의 최소화를 시도한다.

식(8.13)에서 단기평균비용이 최소가 되는 점에서 얻은 최적산출량과 실제 산출량을 비교하면 단기 생산용량의 이용률(SCU: short-run capacity utilization)은 도출될 수 있다. 즉,

$$SCU = \frac{y_0}{y^*},$$

$$SCU \leq 1, \ or \ SCU \geq 1 \quad \cdots\cdots\cdots\cdots\cdots\cdots\cdots\cdots \ (8.14)$$

SCU≤1은 $y \leq y^*$를 의미하고 SCU≥1은 $y \geq y^*$를 말한다. 전자일 경우 산출량을 증가시키기 위하여 가변투입물을 증가시키는 것이 단위 산출당 평균비용을 줄

---

2) VRS를 가정하는 이유는 평균비용은 산출량 증가에 따라서 일정한 것이 아니라 체감 혹은 체증하기 때문이다. VRS 가정 하에서 단기비용최소화는 산출량 y가 관측된 산출벡터의 자유처분, 볼록집합 내에 위치할 때만 추정이 가능하다.

3) 자본비용은 부가가치에서 임금을 차감하여 도출할 수도 있고 자본스톡에서 감가상각비와 이자비용 등을 시장가격으로 환산하여 도출하여 적용할 수도 있다. 토지의 비용은 시장의 임대료를 이용하여 추정할 수 있다.

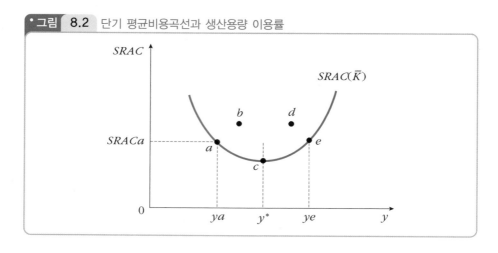

• 그림 8.2 단기 평균비용곡선과 생산용량 이용률

이는데 유리하고 그 반대일 경우는 가변투입물을 감소시키면 단위 산출당 평균비용을 절감할 수 있다.

단기평균비용 곡선의 최소점과 생산용량 이용률은 그림을 통하여 보다 명확히 이해할 수 있다. 개별 생산자들은 [그림 8.2]와 같은 각각의 단기평균비용 곡선을 하나씩 갖는다. [그림 8.2]에서 보듯이 c점이 한 기업의 단기평균비용을 최소화하는 점이고 그 때 결정되는 산출량 수준이 생산용량 산출량을 의미한다. c점의 좌측은 평균비용이 체감하는 상태이고 그 우측은 평균비용이 체증하는 영역이 된다. 만약 a점 혹은 b점에서 조업을 한다면 SCU<1이 되고 e점 혹은 d점에서 조업하면 SCU>1이 된다. 다만 a와 e점은 평균비용곡선 상에 위치하지만 b와 d점은 평균비용곡선 내부에 위치한다.[4] 그러나 SCU는 평균비용의 최소점(c)을 기준으로 측정하므로 동일하게 적용된다.

2. 장기비용 생산용량

기본 가정으로 생산단위가 투입물 벡터 $x \in R_+^N$를 사용하여 산출물 벡터 $y \in R_+^M$를 생산한다고 가정한다. 이 때 투입물과 산출물을 가지고 생산가능한 투입–산출물 벡터 (x, y)를 표시할 수 있다. 즉, 생산가능한 모든 투입–산출물 벡터는 다음과 같은 생산가능집합으로 표현할 수 있다.

---

4) 이들의 차이점은 내부점에 위치할 경우 비용에 비효율이 존재한다는 차이가 있지만 여기서 초점은 비용효율의 측정에 있지 않다.

$$T = \{(x, \ y) : x \ can \ produce \ y\}$$

$$x = (x_1, \ x_2, \ \cdots, \ x_n) \in R_+^n, \ y = (y_1, \ y_2, \ \cdots, \ y_m) \in R_+^m \ \cdots\cdots \ (8.15)$$

한 생산단위의 투입-산출물 벡터를 $(x_j, \ y_j)$로 가정한다$(j=1, \cdots, J)$. 그 투입-산출 벡터는 생산가능집합 내에서 생산가능하다. 생산 가능집합이 볼록집합이고 모든 투입물과 산출물이 자유처분가능하다고 전제할 경우 가변규모(VRS:variable returns to scale) 하에서 생산 가능집합을 정의하면 다음과 같다.

$$L_V(y) = \{x : x \geq \sum_{j=1}^{J} \lambda_j x_j; \ y \leq \sum_{j=1}^{J} \lambda_j y_j; \ \sum_{j=1}^{J} \lambda_j = 1; \ \lambda_j \geq 0 \, (j=1, \ 2, \ \cdots, \ J)\}$$
$$\cdots\cdots\cdots\cdots\cdots\cdots\cdots\cdots\cdots\cdots\cdots\cdots\cdots\cdots\cdots\cdots\cdots\cdots \ (8.16)$$

여기서 y는 주어진 실제산출량 수준을 말하고 가변규모를 만족시키는 각 투입물과 산출물 제약 하에서 임의의 $(x, \ y) \in L_v(y)$가 성립한다. 만약 규모일정불변(CRS:constant returns to scale)을 가정하면 $(x, \ y) \in L_C(y)$이고 어떤 $\delta \geq 0$에 대하여 $(\delta x, \delta y) \in L_C(y)$가 성립한다. 따라서 CRS 생산가능집합은 다음과 같이 표현된다.

$$L_C(y) = \{x : x \geq \sum_{j=1}^{J} \lambda_j x_j; \ y \leq \sum_{j=1}^{J} \lambda_j y_j; \ \lambda_j \geq 0 \, (j=1, \ 2, \ \cdots, \ J)\} \ \cdots \ (8.17)$$

장기에는 모든 요소가 가변적이기에 노동(L), 자본스톡(K)과 토지(N)가 모두 조정가능하다. 이들을 이용하여 장기비용최소화 계획프로그램에서 투입요소가 변화 가능하도록 설정하고 장기평균비용(LRAC)의 최소화를 시도한다.

그런데 장기에는 모든 투입요소가 변화될 수 있으므로 장기비용함수(LRTC)는 다음과 같이 정의된다. 즉,

$$LRTC(w, \ y) = \min \{w \cdot x : (x) \in L(y)\} \ \cdots\cdots\cdots\cdots\cdots\cdots\cdots \ (8.18)$$

여기서 $L(y)$는 투입물 기술집합이고 w는 투입물 가격벡터이다. 장기비용함수에서는 주어진 산출량 생산에 있어서 모든 투입물이 가변적으로 조정이 가능하다. 이러한 장기비용함수에 기초한 장기평균비용은 주어진 산출량을 가지고 장기 총비용을 나눈 것이다. 장기비용함수의 최저점에서 규모일정불변일 경우에는 그 산출물 수준에서 장기평균비용은 일정하다. 또한 산출물 수준에 따라서 장기평균 비용이 변화하는 경우일 때에도 규모일정불변이나 가변규모 하의 비용최저점에

서는 장기평균비용의 최소화를 동시에 달성하게 된다(Varian, 2014, p.408). 즉, 장기비용의 최저점에서는 규모일정불변과 가변규모가 일치하게 된다. 이는 다음과 같이 증명이 될 수 있다. 이를 확인하기 위하여 투입물가격이 각각 주어질 때 일정한 산출물 y를 규모일정불변(CRS) 하에서 장기평균비용을 최소화하는 프로그램은 다음과 같이 표시될 수 있다. 즉,

$$LRTC(w, y) = \min_{y, x, \lambda}(wx) \quad \cdots\cdots\cdots\cdots\cdots\cdots\cdots\cdots\cdots \quad (8.19)$$

$$s.t.: \sum_{j=1}^{N} \lambda_j \cdot y_j \geq y_0$$

$$\sum_{j=1}^{N} \lambda_j \cdot x_j \leq x_0$$

$$\lambda_j \geq 0$$

여기서 임의의 생산자의 실제 투입물과 산출물 벡터를 (x, y)라고 할 때 규모일정불변 하에서 장기총비용을 최소화하는 것을 보여준다.[5] 이 때 최적해에서 $\sum \lambda_j = k$, $\sum \lambda_j^* x_j = x^*$로 두자. 즉, 장기평균비용을 최소화하는 최적해로부터 구한 밀도벡터의 합의 값이 임의의 수, k라고 두고 그 때 달성한 최소투입물을 x^*로 둔다. 이는 $wx^* = C(w, y)$가 CRS 규모 하에서 주어진 투입물가격 w에서 y를 생산하는 최소 장기평균비용을 의미하고 이의 양변을 k로 나누면 다음이 성립한다. 즉,

$$\frac{1}{k} wx^* = \frac{1}{k} C(w, y) = C(w, \frac{1}{k}y) = C(w, \overline{y}) \quad \cdots\cdots\cdots\cdots \quad (8.20)$$

이 식에서 $y/k = \overline{y}$, $\mu_j = \lambda_j^*/k$로 두자. 이 식을 이용하여 가변규모와 불변규모의 비용최소값이 동일한지를 확인하는 것이 필요하다. 먼저 VRS하의 장기비용을 최소화하는 문제는 다음과 같이 표시된다.

$$LRTC(w, y) = \min_{y, x, \lambda}(wx) \quad \cdots\cdots\cdots\cdots\cdots\cdots\cdots\cdots\cdots \quad (8.21)$$

$$s.t.: \sum_{j=1}^{N} \lambda_j \cdot y_j \geq \overline{y}$$

$$\sum_{j=1}^{N} \lambda_j \cdot x_j \leq x$$

---

5) y와 x는 실제 산출량, 실제 투입량으로서 여기서 편의상 각각 y_0, x_0로 둔다.

$$\sum_{j=1}^{N} \lambda_j = 1$$

$$\lambda_j \geq 0$$

여기서 도출된 최소비용이 $w\bar{x}$라고 두자. 식(8.19)에서 도출한 x^*와 μ_j가 식(8.21)에서도 최적해를 갖게 된다는 것을 보여줄 수 있다. 즉, 이미 식(8.19)에서 비용최소점이 도출되었기 때문에 x^*와 μ_j가 식(8.21)에서 최적해를 갖는다는 것은 식(8.21)의 최소비용점이 식(8.19)의 최소점보다 작거나 같을 수 있다. 즉,

$$w\bar{x} \leq wx^* \quad \cdots\cdots\cdots\cdots\cdots\cdots\cdots\cdots\cdots\cdots\cdots\cdots\cdots\cdots\cdots\cdots\cdots\cdots \text{(8.22)}$$

동시에 이를 다시 CRS 기술 하에서 장기비용을 최소화하는 문제를 설정하면 wx^*는 다음과 같은 계획식에서 도출된다.

$$LRTC(w,\ y) = \min_{y,\ x,\ \lambda}(wx) \quad \cdots\cdots\cdots\cdots\cdots\cdots\cdots\cdots\cdots\cdots\cdots\cdots\cdots\cdots \text{(8.23)}$$

$$s.t.:\ \sum_{j=1}^{N} \lambda_j \cdot y_j \geq \bar{y}$$

$$\sum_{j=1}^{N} \lambda_j \cdot x_j \leq x$$

$$\lambda_j \geq 0,\ (j=1,\ \cdots,\ J)$$

따라서 식(8.23)에서 도출된 최소비용은 식(8.21)에 비하면 덜 제약된 조건 하에서 도출되었으므로 정반대의 관계가 성립한다. 즉,

$$wx^* \leq w\bar{x} \quad \cdots\cdots\cdots\cdots\cdots\cdots\cdots\cdots\cdots\cdots\cdots\cdots\cdots\cdots\cdots\cdots\cdots \text{(8.24)}$$

위의 식(8.22)와 식(8.24)의 부등호를 동시에 만족하는 것은 두 값이 일치하는 점에서만 가능하다. 즉, $wx^* = w\bar{x}$ 따라서 $\bar{y}$ 산출량 수준에서 장기평균비용은 CRS와 VRS 하에서 동일하다. 이는 장기평균비용이 최소점에 도달한 산출량 수준을 의미하고 그 산출량 수준은 효율적인 생산규모 수준이 된다. 이러한 관계는 [그림 8.3]에서 알 수 있듯이 장기총비용곡선이 최소화되는 점은 한 점에서 일치하고 $\bar{y}$의 좌측과 우측에서는 일치하지 않는다.

그런데 앞서 정의하였듯이 $\bar{y} = y/k$이므로 장기 생산용량의 이용률(LCU)은 다음과 같이 표시할 수 있다.

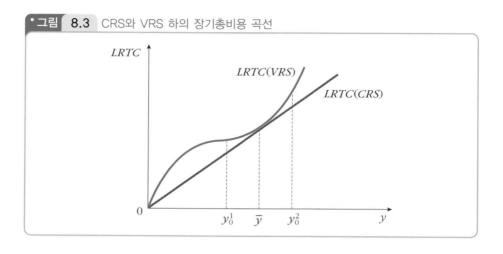

그림 8.3 CRS와 VRS 하의 장기총비용 곡선

$$LCU = \frac{y}{\bar{y}} = k \quad \cdots\cdots\cdots\cdots\cdots\cdots\cdots\cdots\cdots\cdots\cdots\cdots \quad (8.25)$$

실제 생산용량 산출량을 얻기 위해서는 CRS하의 장기평균비용 최소화 프로그램을 실행해야 하고 λ의 최적값에 기초하여 이를 다음과 같이 추정할 수 있다.

$$\bar{y} = \frac{y_0}{\sum_j \lambda_j^*} \quad \cdots\cdots\cdots\cdots\cdots\cdots\cdots\cdots\cdots\cdots\cdots \quad (8.26)$$

생산용량 이용률은 실제 산출량과 최적 산출량의 크기에 따라서 1보다 크거나 1보다 작게 된다. 1보다 크면 과잉조업이 발생한 것이고 1보다 작으면 과소생산으로 생산시설의 규모가 미치지 못함을 의미한다.

이러한 장기총비용과 장기평균비용의 관계에 기초할 경우 자본스톡(기계와 시설설비) 및 토지면적 등의 변수들도 장기에는 모두 가변적이므로 고정비용이 존재하지 않는다. 모든 투입요소를 가변적으로 둔 상태에서 장기평균비용을 최소화하는 문제를 설정하면 장기평균비용 최소점과 최적 산출량 및 생산용량의 이용률 등을 측정할 수 있다. 이러한 장기평균비용(LRAC)을 최소화하는 추정은 다음과 같은 구체적인 계획식으로 표현할 수 있다.[6] 즉,

---

6) 장기비용최소화는 CRS와 VRS에 관계없이 모든 투입물의 제약조건을 만족하는 최적투입물과 그 때의 장기총비용, 장기평균비용을 추정하게 된다.

$$LRAC(w, y) = \min_{y, L, K, N, \lambda} \frac{w_L L + w_K K + w_N N}{y} \quad \text{(8.27)}$$

$$\sum_{j=1}^{N} \lambda_j \cdot y_j \geq y$$

$$\sum_{j=1}^{N} \lambda_j \cdot L_j \leq L$$

$$\sum_{j=1}^{N} \lambda_j \cdot K_j \leq K$$

$$\sum_{j=1}^{N} \lambda_j \cdot N_j \leq N$$

$$\lambda_j \geq 0$$

여기서 투입물과 산출물의 제약 하에서 노동과 자본 등의 변수를 변화시켜서 장기평균비용을 최소화하는 선형프로그램을 보여준다. 장기평균비용의 최소점과 생산용량의 측정을 알기 쉽게 표현하면 [그림 8.4]와 같다. 장기평균비용은 LRAC(VRS)와 같이 여러 개의 단기평균비용곡선을 포락한 곡선이다. A점은 단기평균비용 곡선의 최저점이고 B점은 장기평균비용의 최저점이자 동시에 K^*수준의 단기평균비용 곡선의 최저점이기도 하다. 만약 단기평균비용 곡선이 SRAC(K_0) 상태에서 y_a 산출량 수준에 있다면 단기에 비용을 최소화하기 위해서는 A점으로 이동해야 할 것이다. 이 때 고정투입물은 조정할 수 없으므로 노동 등 가변투입물을 조정하여 이동해야 할 것이다. 그러나 단기평균비용의 최소점인 A점의 산출량도 장기평균비용 곡선에서 보면 평균비용이 높다. 이는 생산시설의 규모를 확장함으로서 가능하다. 즉, 임의의 실제 산출량 수준에서 B점으로 이동하려면 자본 및 토지 등을 포함한 모든 투입요소를 확장해야 한다. 반대로 장기평균비용의 최소점 B의 우측에 위치한 점에서는 생산규모가 과잉이므로 투입요소를 축소해야 할 것이다. 이와 같이 이론상으로 장기평균비용곡선은 임의의 고정된 설비 하에서 도출되는 단기평균비용곡선을 포락한 선으로 설명이 된다. 그러나 식(8.27)과 같이 실제 장기평균비용곡선의 최저점을 구하는 문제는 시설이 조정가능한 상태에서 도출되는 장기평균비용이 최소화되는 점을 찾는 것이다. 특히 B점에서는 LRAC(VRS)와 LRAC(CRS)가 일치한다. 즉, LRAC(VRS)와 LRAC(CRS)가 일치하는 점이 바로 장기 최소평균비용을 만족시키는 점이다. 이를 이용하면 장기평균비용의 최소점을 얻을 수 있다.

• 그림 8.4 장기평균비용의 최소화

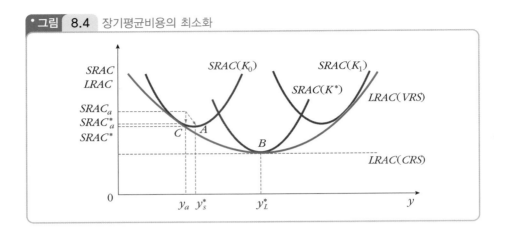

나아가 장기평균비용을 최소화하는 점의 산출량과 실제 산출량을 비교하면 장기 생산용량의 이용률(LCU: long-run capacity utilization)을 얻는다. 즉,

$$LCU = \frac{y}{y_L^*} = k$$

$$LCU \leq 1, \ or \ LCU \geq 1 \ \cdots\cdots\cdots\cdots\cdots\cdots\cdots\cdots\cdots\cdots \ (8.28)$$

$LCU \leq 1$은 $y \leq y_L^*$로서 규모경제 상태이고 $LCU \geq 1$은 $y \geq y_L^*$로서 규모비경제 상태를 의미한다. $LCU < 1$이면 투입요소를 확대하여 산출량을 증가시키는 것이 바람직하다. 그 반대일 경우는 투입요소를 줄여야 평균비용을 절감할 수 있다. 이처럼 규모불변인 $LCU = 1$을 기준으로 비용체감, 비용불변, 비용체증 구간에 위치한 것과 최소 평균비용에서 벗어난 정도를 확인할 수 있다.

제3절 생산용량과 이윤극대화

산출접근 생산용량에서 확인하였듯이 생산용량산출량을 기준으로 한 생산효율은 기술효율과 생산용량이용률로 구분된다. 산출접근 생산용량에 이윤극대화를 추가로 도입하면 산출접근 생산용량은 좀더 세분화가 가능하다. 먼저 지금까지 측정한 산출접근 생산용량, 비용접근 생산용량, 이윤접근 생산용량 등을 포함하여 기존의 선행연구에서 제시한 생산용량의 측정방법을 알기 쉽게 표현하면 [그림 8.5]와 같다.

Klein(1960)은 최적 용량과 관련된 산출수준은 단기 평균비용과 장기평균비용이 접하는 점이라고 주장하였다. Berndt and Morrison(1981)은 단기평균비용의 최소점이 최적 생산용량으로 간주하였고 장기에 규모일정불변일 때 Klein의 측정점과 그들의 최적 생산용량이 일치할 것이라고 주장한다. Gold(1955)와 Johansen(1968), Färe et al.(1989)이 제시한 산출접근의 생산용량은 가장 우측에 나타나고 있다. 추가적으로 도입하려는 단기이윤을 극대화하는 생산용량은 이들의 가운데 지점에 위치하고 있다. 비용접근 생산용량은 투입요소가격과 비용은 고려하지만 산출가격이 최소평균비용과 일치하지 않기 때문에 기업들이 단기최대이윤점에서 조업하지는 못할 것이다. 여기서 단기이윤이 최대가 되는 생산점까지 산출을 확장하는 이윤극대의 생산용량을 도입하고자 한다.

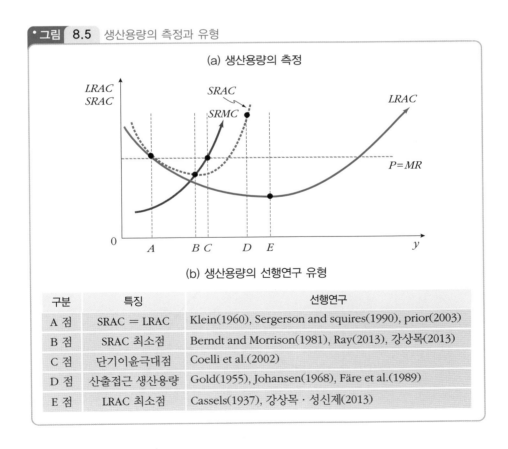

• 그림 8.5 생산용량의 측정과 유형

(a) 생산용량의 측정

(b) 생산용량의 선행연구 유형

구분	특징	선행연구
A 점	SRAC = LRAC	Klein(1960), Sergerson and squires(1990), prior(2003)
B 점	SRAC 최소점	Berndt and Morrison(1981), Ray(2013), 강상목(2013)
C 점	단기이윤극대점	Coelli et al.(2002)
D 점	산출접근 생산용량	Gold(1955), Johansen(1968), Färe et al.(1989)
E 점	LRAC 최소점	Cassels(1937), 강상목 · 성신제(2013)

우선 투입물 벡터를 단기에 가변요소와 고정요소로 구분하자. 즉, $K*1$투입물 벡터 x를 K_v*1 가변투입물벡터와 K_f*1의 고정투입물벡터로 구분한다. 즉 $x=(x_v, x_f)$로서 가변투입물은 변화시키지만 고정투입물은 변화시킬 수 없다고 가정한다. 생산단위는 외생적으로 주어지는 산출물과 투입물의 가격을 갖는다. 산출물가격은 p의 $M*1$벡터가 존재하고 투입요소가격은 가변투입물 가격w_v의 K_v*1 벡터와 고정투입물 가격w_f의 K_f*1벡터가 있다. 즉, 투입물 가격벡터 $w=(w_v, w_f)$로 주어진다. 이 때 관측된 단기이윤(π)은 다음과 같이 표시된다.

$$\pi = p \cdot y - w_v \cdot x_v \quad\text{...} \quad (8.29)$$

그런데 생산단위가 단기이윤을 극대화할 때 단기이윤 극대화는 다음과 같이 정의된다. 즉,

$$\pi^* = p \cdot y^* - w_v \cdot x_v^* \quad\text{...} \quad (8.30)$$

여기서 y^*와 x_v^*는 단기이윤을 극대화하는 산출물과 가변투입물 벡터수준이다. 특히 생산용량과 관련한 이윤극대화에서는 생산용량의 과소 이용의 결과로 이윤의 일부가 상실될 수 있다는 것을 확인하는 것이다.

기존의 생산용량에 단기이윤 극대 생산량 수준을 포함시켜서 살펴보면 [그림 8.6]과 같다. y_1과 y_2 산출물이 있다고 할 때 기술효율 생산프런티어와 생산용량

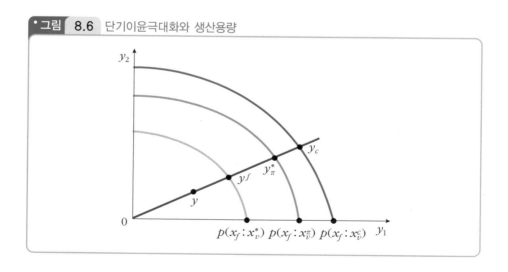

그림 8.6 단기이윤극대화와 생산용량

프런티어 중간에 단기이윤 극대를 가능하게 하는 생산프런티어가 있다. 여기서 논의를 단순화하기 위하여 이윤극대화 산출량 수준이 기술효율 프런티어 상의 한 점과 생산용량 프런티어 상의 한 점의 일직선 상에 있다고 가정하고 같은 선상에 단기이윤극대 산출량 수준을 표시하였다.[7] 이 경우 실제 점에서 각각의 프런티어 상의 점으로 나아갈 때 $y^f \rightarrow y_\pi \rightarrow y_c$로 표시가 될 수 있다.

이를 가변투입물로 표현하면 $x_v \rightarrow x_v^* \rightarrow x_v^\pi \rightarrow x_v^c$로 표시된다. y^f는 기술효율 생산량, y_π는 이윤극대화 산출량, y_c는 생산용량 산출량 등이다. x_v는 실제 가변투입물, x_v^*는 이윤극대화 수준의 가변투입물, x_v^c는 생산용량의 가변투입물을 가리킨다. 따라서 y/y_c를 이윤극대 산출량과 연계시키면 다음과 같이 분해가 가능하다.

$$\frac{y}{y_c} = \frac{y}{y^f} \cdot \frac{y^f}{y_c^\pi} \frac{y_c^\pi}{y_c} \quad\text{.. (8.31)}$$

이처럼 이론적으로 세 가지 요소로 분해가 가능하다. 이를 구체적으로 측정하기 위해서는 세 가지 다른 선형프로그램을 실행해야 한다. 이는 기술효율, 이윤극대화, 생산용량을 구하는 선형 프로그램이다.

첫째, 기술효율은 다음과 같은 기본적인 선형프로그램을 사용할 수 있다.

$$Max\ \theta$$
$$s.t.: \sum_{k=1}^{K} z_k y_{km} \geq \theta y_m, \ m = 1, \cdots, M,$$
$$\sum_{k=1}^{K} z_k x_{kv} \leq x_v, \ v = 1, \cdots, V,$$
$$\sum_{k=1}^{K} z_k x_{kf} \leq x_f, \ f = 1, \cdots, F,$$
$$\sum_{k=1}^{K} z_k = 1, \ z_k \geq 0, \ k = 1, \cdots, K \quad\text{.............................. (8.32)}$$

여기서 z_k는 밀도벡터로서 가중치이고 가변규모의 기술효율을 측정한다. 역시 가변투입물과 고정투입물을 구분하고 있으나 모두 제약조건으로 사용되고 있어서 전통적 기술효율과 동일하다.

둘째, 단기이윤 극대화의 선형프로그램을 통하여 그 때의 최적 산출량을 도출

<hr>

7) Coelli et al.(2002)는 이윤극대 산출량 수준이 같은 일직선 상이 아닌 다른 점에서 이윤이 극대되는 점을 같은 일직선상에 점으로 이동시킬 경우 그 점을 rec(ray economic capacity)의 산출량으로 제시하고 있다.

한다. 이 프로그램은 가변투입물과 고정투입물이 동시에 제약조건으로 사용된다.

$$Max \ p \cdot y - w_v \cdot x_v$$

$$s.t.: \sum_{k=1}^{K} z_k y_{km} \geq y_m, \ m = 1, \cdots, M,$$

$$\sum_{k=1}^{K} z_k x_{kv} \leq x_v, \ v = 1, \cdots, V,$$

$$\sum_{k=1}^{K} z_k x_{kf} \leq x_f, \ f = 1, \cdots, F,$$

$$\sum_{k=1}^{K} z_k = 1, \ z_k \geq 0, \ k = 1, \cdots, K \ \cdots\cdots\cdots\cdots\cdots\cdots\cdots (8.33)$$

여기서 p는 산출물가격벡터이고 w_v는 가변투입물가격벡터이며 가변규모 하의 이윤극대화를 설정하고 있다. 이 선형프로그램은 Färe et al.(1994)의 장기이윤극대화와 비슷한 형태이지만 차이점은 고정투입물의 가격과 수량이 목적함수에서 제외되었다는 점이다. 따라서 이는 단기이윤 극대화의 문제로 볼 수 있다.[8]

셋째, 산출접근 생산용량에 기초한 생산용량 효율을 구하는 선형프로그램을 설정한다. 즉,

$$Max \ \phi$$

$$s.t.: \sum_{k=1}^{K} z_k y_{km} \geq \phi y_m, \ m = 1, \cdots, M,$$

$$\sum_{k=1}^{K} z_k x_{kf} \leq x_f, \ f = 1, \cdots, F,$$

$$\sum_{k=1}^{K} z_k = 1, \ z_k \geq 0, \ k = 1, \cdots, K \ \cdots\cdots\cdots\cdots\cdots\cdots\cdots (8.34)$$

---

[8] Coelli et al.(2002)는 이윤극대화가 상이한 산출수준이 존재할 경우 항상 기술효율 산출수준, 생산용량 산출수준과 동일한 일직선 상에 위치하지 않을 수 있기 때문에 이를 같은 일직선 상에서 찾는 이윤극대화 방법을 방사선 경제 생산용량 척도(the ray economic capacity measure)라고 정의하고 다음과 같은 이윤극대화의 문제로 설정하였다. βy는 다른 선형프로그램에서 유지된 산출물 결합비율을 그대로 유지하는 것이다. 또한 이 이윤극대 산출량이 결국 같은 일직선상에 위치하므로 이를 도입하여 생산용량을 분해하였다.

$$Max \ p \cdot \beta y_m - w_v \cdot x_v^{rec}$$

$$s.t.: \sum_{k=1}^{K} z_k y_{km} \geq \beta y_m, \ m = 1, \cdots, M,$$

$$\sum_{k=1}^{K} z_k x_{kv} \leq x_v^{rec}, \ v = 1, \cdots V,$$

$$\sum_{k=1}^{K} z_k x_{kf} \leq x_f, \ f = 1, \cdots, F,$$

$$\sum_{k=1}^{K} z_k = 1, \ z_k \geq 0, \ k = 1, \cdots, K$$

이는 가변규모 하에서 고정투입물에 대한 제약을 고려한 생산용량의 효율(ϕ)을 측정한다. 이는 일종의 방사선 생산용량 효율로서 가변투입물이 무한이 확대될 때 달성가능한 최대 산출량(y_c)을 찾는다. 이는 생산용량 프런티어 상에 위치하는 한 점이 될 것이다.

제 9 장

모수적 효율성과 생산성

확률변경분석(SFA: stochastic frontier analysis)은 생산함수의 프런티어를 일정한 함수에 의존해서 추정하여 생산효율을 측정하는 방법이다. 이는 자료포락분석의 선형계획에 의존하는 수학적 방법이 아니라 함수추정을 통한 계량적 접근방법을 사용한다. 비모수적 접근인 자료포락분석은 확률오차(random error)를 기술비효율 오차(technical inefficiency error)에서 분리하지 않고 모두 기술비효율 오차로 간주하기 때문에 기술효율의 추정의 정확도에 한계점이 제기되어 왔다. 이 문제점을 극복할 수 있는 추정방법이 SFA이고 확률오차를 기술비효율 추정에서 제거해 내는 추정방법이라 할 수 있다.

Aigner and Chu(1968)는 확정프런티어에 기술비효율오차를 포함한 모형을 처음 제시하였다. 이어서 오차항에 확률오차와 기술비효율오차를 포함시킨 연구로서 Aigner et al.(1977), Meeusen et al.(1977), Battese and Corra(1977) 등은 확률오차를 모형에 명시적으로 고려한 확률적 변경모형을 제안하였고 Schmidt and Lovell(1979), Stevenson(1980), Førsund et al.(1980), Jondrow et al.(1982), Green(1990) 등이 이를 발전시켰다.

Førsund et al.(1980)은 당시 기존의 SFA모형의 주된 약점으로 복합오차항을 확률오차와 기술비효율오차로 분해하는 것이 쉽지 않기 때문에 기술효율을 측정

하는 어려움을 지적하였다. 이들은 샘플에서 비효율 평균을 얻어서 측정하는 것이 최선이라고 간주하였다. Jondrow et al.(1982)는 복합오차항에 대한 기술비효율오차의 조건분포의 평균이나 최빈값(mode)이 기술비효율 추정을 제공할 수 있다고 제시하였다. Jondrow et al.(1982)이 제안한 방법에 따라서 기술비효율의 생산자 개별 효율성을 얻을 수 있게 되었다.

Aigner et al.(1977)은 기술비효율오차의 분포를 반정규분포와 지수분포 등으로 가정한 모형을 소개하였고 Meeusen et al.(1977)도 기술비효율 오차의 지수분포모형을 제시하였다. Stevenson(1980)은 기술비효율 분포를 반정규 혹은 지수분포로 하게 되면 기술비효율오차가 0인 관측치가 가장 많게 되고 기술비효율 오차가 증가할수록 관측치가 감소하는 형태를 갖게되므로 현실적으로 적용하는데 문제가 있을 수 있다고 지적하고 이의 대안으로 기술비효율오차의 절단정규분포와 감마분포를 제시하였다. Greene(1990)은 Stevenson(1980)의 감마분포는 모수값이 정수로 제약적이므로 일반적인 경우의 감마분포를 시도하였다.

한편, 효율성은 횡단자료뿐만 아니라 패널자료에 대해서도 측정이 가능하다. 그러나 횡단자료는 효율성의 부분적인 결과만을 제공해주는 반면에 패널자료는 시계열적으로 효율성의 보다 완전한 결과를 제공해 줄 수 있다. Pitt and Lee(1981)는 횡단의 최대우도추정법(maximum likelihood estimation techniques)을 패널자료로 확장하여 적용하였고 Schmidt and Sickles(1984)는 패널자료의 효율측정에 고정효과와 확률효과모형의 적용을 시도하였다. 충분히 긴 패널자료의 중요한 이점은 그 자료를 가지고 개별생산자의 일관된 효율추정치를 얻을 수 있다는 점이다. 반면에 Jondrow et al.(1982)의 방법은 횡단자료에서 일관된 추정치를 제공하지 못한다는 점이다.

초기의 패널자료모형에서는 대부분 시간불변 기술비효율을 가정하였다. 그러나 패널기간이 길어질수록 이 가정은 맞지 않게 되었고 결과적으로 Cornwell et al.(1990), Kumbhakar(1990), Battese and Coelli(1992) 등은 시간의 변화에 따른 기술비효율오차가 변화하는 모형을 제안하였다. 효율이 생산자와 시간에 따라서 변화한다면 효율변화의 결정요인들을 찾아보는 것도 하나의 주된 과제가 된다. 따라서 1단계로 기술비효율을 측정하고 2단계에서 설명변수들에 대한 기술비효율의 회귀식을 추정하는 연구들이 등장하였다. 이러한 2단계 기술효율 모형으로는 Kumbhakar et al.(1991), Reifschneider and Stenvenson(1991), Huang and

Liu(1994), Battese and Coelli(1995) 등을 들 수 있다. 이러한 접근을 한 연구에서는 기술비효율오차의 평균이나 분산을 종속변수로 두고 결정요인을 찾고자 하였다.

이상과 같은 SFA모형의 발전과정은 이하에서 살펴보게될 SFA효율성을 이해하는데 도움이 된다. 이상을 요약해보면 기술비효율오차와 확률오차의 분리, 개별 생산자의 기술효율 측정, 기술비효율오차의 분포유형, 기술비효율의 측정방법, 시간에 따른 기술비효율의 변화, 기술비효율의 설명변수모형 등이 주된 핵심주제가 된 것을 알 수 있다. 이하에서는 기술비효율의 측정방법으로 전통적인 OLS와 패널회귀에 의한 방법과 최대우도추정(MLE:maximum likelihood estimation)을 소개하고 기술비효율오차의 분포형태로 반정규분포, 절단정규분포, 지수분포,감마분포 등을 살펴볼 것이다. 이와 같은 논의는 생산함수에 적용될 뿐만 아니라 비용, 이윤함수에도 적용되므로 이들에 적용한 비용, 이윤 확률변경함수모형도 설명할 것이다.

제1절 모수적 효율성

확률변경모형을 이용하면 생산함수를 이용하여 기술효율을 측정할 수 있다. 생산단위(기업, 지역, 국가 등)가 같은 기술에 따라서 생산을 한다고 가정된다. 주어진 투입물 수준에서 최대산출물을 생산한다면 생산변경에 위치한다. 이 때 비효율은 그 생산단위의 내부의 구조적 문제 혹은 시장불완전성이나 기타 요인으로 발생하게 된다. 이들 때문에 생산단위가 최대생산물을 달성하는 것이 어렵게 되고 생산변경 내부에서 생산하는 원인이 된다. 확률변경분석은 일정한 생산함수를 사용한다. 이 접근의 장점은 통계적 추론을 할 수 있다는 장점을 갖는다. 따라서 효율성의 존재나 생산변경의 추정된 파라미터의 전반에 관한 것 뿐만 아니라 생산함수의 설정에 대한 가설검정을 할 수 있다.

횡단추정과 패널추정기법 간의 차이점은 횡단자료를 가지고는 특정기간에 개별 생산단위의 성과를 측정하지만 패널자료에 의하면 그 성과의 시간적 변화를 추정할 수 있다. 즉, Battese and Coelli(1995)에 의하면 횡단자료를 이용할 경우 기술비효율과 무관한 생산단위의 특별한 효과를 분리해 낼 수 없다는 문제가 있다. 그러나 패널자료는 이러한 문제를 해결할 수 있고 단일 횡단자료보다는 더 많은 정보를 내포하게 된다. 그러므로 횡단자료에서 사용되는 강한 가정을 완화할 수 있고 보다 통계적 특징을 고려한 기술효율을 추정할 수 있다는 장점이 있다.

생산변경함수의 모형은 일반적으로 다음과 같이 표현할 수 있다.

$$y_i = f(x_i;\beta) \cdot TE_i \quad\text{(9.1)}$$

y_i는 생산단위(i)의 산출물($i=1, \cdots, M$), x_i는 투입물 벡터($i=1, \cdots N$), $f(x_i;\beta)$는 생산변경이고 β는 추정되어야할 계수이다. TE_i는 생산단위 i의 기술효율이라 두자. 기술효율은 다음과 같이 정의된다. 즉,

$$TE_i = \frac{y_i}{f(x_i;\beta)} \quad\text{(9.2)}$$

이 기술효율은 관측된 실제 산출물과 최대 달성가능한 산출물, $f(x_i;\beta)$의 상대적 비율로 표시된다. 만약 기술효율이 1이면 최대산출물을 달성한 것으로 효율적이고 1보다 작으면 관측된 산출물이 최대산출물보다 작으므로 기술비효율이 존재한다. 여기서 $f(x_i;\beta)$는 결정적인 부문으로 간주되어 최대산출물을 의미한다. 실제 산출물이 $f(x_i;\beta)$에 미치지 못할 경우 기술비효율로 인한 것임을 의미한다. 다시 말하면 생산자의 통제하에 있지 않는 확률오차는 무시된다는 것을 말한다. 만약 생산이 확률오차나 임의의 충격에 영향을 받는다는 사실을 포함하려면 확률변경생산함수는 다음과 같이 표현되어야 한다 즉,

$$y_i = f(x_i;\beta) \cdot \exp(v_i) \cdot TE_i \quad\text{(9.3)}$$

여기서 $f(x_i;\beta) \cdot exp(v_i)$는 확률적 변경을 의미한다. 이는 모든 생산자에게 공통적인 결정부분, $f(x_i;\beta)$과 생산단위의 임의충격 효과를 포착하는 특정적 부분 $exp(v_i)$으로 구성되어 있다. 만약 생산변경이 확률적인 것을 나타내려면 기술효율은 다음과 같이 표시할 수 있다. 즉,

$$TE_i = \frac{y_i}{f(x_i;\beta) \cdot \exp(v_i)} \quad\text{(9.4)}$$

만약 기술효율이 1이면 생산변경의 최대가능값을 보여주는 것이고 1보다 작으

면 임의 충격부분과 결합된 기술비효율을 보여주는 것이다. 특히 임의 충격은 생산단위에 따라서 변화하는 것이 허용된다. 기술효율은 결정적 모형에 기초하여 측정될 수도 있고 확률적 모형에 기초하여 측정될 수도 있다. 그렇지만 확률변경 모형이 생산과정 상에 일어나는 임의충격 효과(확률오차)를 포함하기에 결정적 변경보다는 더 선호된다. 확률변경생산함수를 그림으로 표현하면 [그림 9-1A]와 같다. 생산함수의 결정적 부분을 $f(x)$라 두면 $f(x)$는 확률오차와 기술비효율오차에 따라서 변화하게 된다. 먼저 확률오차는 생산변경의 결정적 부분의 위와 아래에 대칭적으로 분포할 수 있다. 즉, 결정적 부분보다 관측치가 더 클 경우 확률오차는 양(+)으로 결정부분 위에 위치하고 반대로 관측치가 결정적 부분보다 작을 때는 아래에 위치한다.

이 $f(x)+v$에 기술비효율 오차를 추가하게 되면 복합오차가 모두 고려된 생산변경함수가 된다. 그런데 관측치가 최대생산량을 이루는 결정적 생산변경곡선 상의 점보다는 항상 적거나 같게 생산된다. 즉, 기술비효율오차는 확률오차를 제외할 경우 생산프런티어와 실제관측치의 차이이므로 기술비효율오차는 생산프런티어 보다 항상 아래에 위치한다. 다시 말하면 기술비효율오차는 $f(x)+v$와 실제 y_i의 차이라고 간주한다.[1] 그러므로 $f(x)+v$에 기술비효율오차를 추가하면 실제산

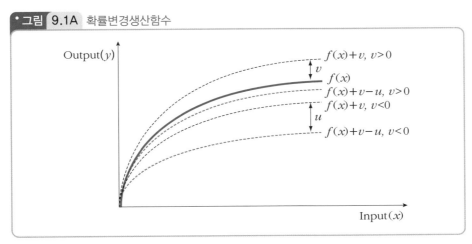

•그림 **9.1A** 확률변경생산함수

출처: Ray(2014)

---

1) 기술비효율오차가 결정적 생산프런티어보다 아래에 위치하므로 양(+)이 아닌 음(−)의 부호가 필요하다. 즉,
$$u = lnf(x) + v - ln(y_i) \rightarrow ln(y_i) = lnf(x) + v - u$$
$$-u = ln(y_i) - (lnf(x) + v)$$

출량이 되는데 실제산출량은 확률오차가 양(+) 혹은 음(−)에 따라서 두 개의 형태로 나타날 수 있다. 즉, $f(x)+v-u$, $v>0$의 경우와 $f(x)+v-u$, $v<0$의 경우이다. 여기서는 단순히 결정적 산출량을 기준으로 확률변경산출량이 확률오차와 기술비효율오차를 고려하면 어떻게 수정되는가를 설명하는 데 초점을 두었다.

지금까지 i)결정적 생산변경 $f(x)$만 고려한 경우 ii) $f(x)$에 확률오차만 고려할 경우, iii) $f(x)$에 확률오차와 기술비효율오차를 모두 고려한 경우를 나누어서 설명하였다. 또한 기술비효율오차는 항상 $f(x)$의 아래에 위치하지만 확률오차는 양(+)과 음(−)이 되는 경우를 반영하여 설명하였다. 그러나 확률오차에 기술비효율오차를 함께 고려하게 되면 실제 관측치는 항상 프런티어 상에 위치하거나 그 아래 내부에 위치하게 되므로 이를 보다 명확하게 구분하면 항상 기술비효율오차는 $f(x)$의 아래에 위치하고 확률오차가 양(+) 혹은 음(−)에 따라서 프런티어에서 그 위치가 결정된다. 이를 간단히 표현하면 [그림 9-1B]와 같다. 이는 확률오차가 양(+)일 경우의 A점과 확률오차가 음(−)일 경우의 B점을 보여주고 있다.

첫째, 확률오차가 양(+)일 경우 A점의 기술비효율은 AA′의 거리만큼 크지만 확률오차만큼 차감되어서 A점에 위치한 것이다. 즉, 양(+)의 확률오차가 반영되지 않으면 A점의 위치는 프런티어에서 보다 아래에 위치하게 된다.

둘째, 확률오차가 음(−)일 경우 B점의 기술비효율은 BB′만큼 작지만 음(−)의 확률오차가 추가되어서 B점에 위치한 것이다. 즉, 음(−)의 확률오차가 반영되지 않으면 B점의 위치는 지금보다 프런티어에 더 가까이 위치하게 된다.

•그림 9.1B 확률변경생산함수

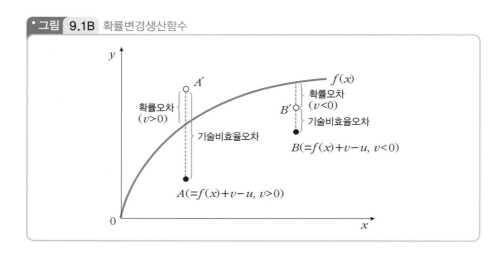

결국 생산프런티어에 존재하는 모든 점들은 확률오차와 기술비효율오차 부분을 함께 포함하고 있으므로 이 가운데서 확률오차 부분을 제외하고 순수하게 기술비효율오차를 분리하여 효율을 측정하고자 하는 것이 확률변경함수 접근법이다. 이어서 횡단확률변경과 패널확률변경 모형을 설명하고 기술비효율 오차의 분포유형과 최대우도추정, 비용확률변경, 이윤확률변경 모형 등을 설명할 것이다.

1. 횡단확률변경모형

1) 횡단확률변경모형

변경함수를 추정하는 계량경제적 접근은 오차항의 두 가지 오차를 포함하는 모수적 기술을 사용한다. 생산변경 $f(x_i;\beta)$이 Cobb-Douglas 형태라고 가정할 경우 확률변경 생산함수는 모형은 다음과 같이 로그 형태로 표현할 수 있다.

$$\ln y_i = \beta_0 + \beta \ln x_i + \varepsilon_i \quad i = 1, \cdots, N \quad\cdots\cdots\cdots\cdots\cdots\cdots\cdots (9.5)$$

여기서 ε_i는 다음과 같이 두 가지 오차항을 갖는다. 즉,

$$\varepsilon_i = v_i - u_i \quad\cdots\cdots\cdots\cdots\cdots\cdots\cdots\cdots\cdots\cdots\cdots\cdots\cdots (9.6)$$

v_i는 확률오차로서 통계적 잡음으로 임의교란항을 의미하고 u_i는 기술적 비효율 오차항을 의미한다. 이러한 요소들의 특징을 부여하는데 필요한 가정은 다음과 같다. v_i는 대칭적 분포를 가진다. 특히 오차항은 독립적이고 동일한 분포를 갖는다고 가정된다, 즉, $iid \sim N(0, \sigma_v^2)$이다. 반면 u_i는 v_i와 독립적으로 분포하고 0보다 큰 값을 갖는다. 즉, 기술비효율 오차항은 단일측면(one-sided)의 정규분포인 $iid \sim N^+(0, \sigma_u^2)$를 따른다. 따라서 $u_i > 0$이므로 이 조건에 따라서 생산단위는 생산변경 상에 위치한 최대산출물 수준에서 생산할 수는 없고 그 내부에서 생산하게 된다는 사실을 의미한다. 생산변경에서 벗어난 생산점은 부분적으로 생산단위가 운영하는 요소들의 결과이지만 생산변경 그 자체가 임의적으로 생산단위에 따라서 그리고 시간에 걸쳐서 변화할 수 있다. 이로 인하여 생산변경은 양(+)이될 수도 음(+)이 될 수도 있는 임의적 교란항인 v_i로 확률적임을 의미한다.

기술비효율오차항이 비음(≥0)이라는 가정이 주어지면 그 분포는 비정규분포가 되고 전체 오차항은 비대칭적이고 비정규분포 형태가 된다 이것은 최소자승법

의 추정치(the least squares estimation)가 적절하지 않다는 것을 의미한다. v_i와 u_i 가 x_i와 독립적으로 분포한다고 가정하면 $E(\varepsilon_i) = -E(u_i) \leq 0$이므로 식(9.5)의 OLS 추정은 절편만 제외하고 일관된 추정치를 제시한다. 나아가 OLS는 생산단위의 기술효율의 추정치는 제공하지 않는다. 그러나 $u_i > 0$이고 $\varepsilon_i = v_i - u_i$가 음으로 기울어 분포한다면 자료에 기술비효율의 존재를 보여주는 것이다. 이는 기술비효율의 존재에 대한 검정이 직접적으로 OLS추정치의 추정된 잔차분포의 왜도(skewness)에 기초하여 이루어질 수 있음을 말한다. Schmit and Lin(1984)은 회귀잔차의 정규성에 대한 많은 테스트가 있으나 확률오차항의 정규분포와 기술비효율오차의 반정규분포의 합에 관한 왜도 즉, 좌우비대칭의 문제를 언급하였다. 따라서 OLS잔차의 좌우비대칭(왜도)이 심각한가의 여부를 테스트할 것을 제안하였다. Schmit and Lin(1984)는 다음과 같은 검정통계량을 제시하였다.[2]

$$b_1^{1/2} = \frac{m_3}{m_2^{3/2}} \quad \cdots\cdots\cdots\cdots\cdots\cdots\cdots\cdots\cdots\cdots\cdots\cdots\cdots\cdots\cdots\cdots\cdots\cdots\cdots \quad (9.7)$$

여기서 m_2와 m_3는 잔차의 실제 분포의 2차와 3차 적률(the second and third moments)을 말한다.[3] v_i가 대칭적으로 분포하므로 m_3는 단순히 u_i분포의 3번째 적률이다. $m_3 < 0$이면 OLS는 음으로 치우쳐 있고 기술비효율이 존재한다. 만약 $u_i > 0$이면 $\varepsilon_i = v_i - u_i$는 음으로 치우쳐 있다.[4] OLS잔차가 양(+)으로 치우치면 ($m_3 > 0$) 그 모형이 잘못 특정되었다는 것을 의미한다. Coelli(1995)는 이와는 다른 대안적인 검정통계량을 제시한다. 즉,

$$b_1^{1/2} = \frac{m_3}{(6m_2^3/N)^{1/2}} \quad \cdots\cdots\cdots\cdots\cdots\cdots\cdots\cdots\cdots\cdots\cdots\cdots\cdots\cdots\cdots\cdots \quad (9.8)$$

여기서 N은 관측치의 수를 말한다. OLS잔차의 0의 왜도에 대한 귀무가설 하에서 $m_3 = 0$는 평균 0와 분산 $6m_2^3/N$을 갖는 정규확률변수처럼 비대칭적으로 분포한다. 이는 검정통계량이 비대칭적으로 분포한다는 것을 의미한다. 이처럼 두 가지 테스트의 이점은 OLS잔차에 기초하여 쉽게 결과를 얻을 수 있다는 점이다. 그

---

2) 이 검정통계량의 분포는 D'Agostino and Pearson(1973)에서 언급된다.
3) 여기서 확률변수의 2차샘플 적률과 3차 적률은 각각 다음과 같다.
$\sum(x-\bar{x})^2/n$, $\sum(x-\bar{x})^3/n$
4) m_3가 음(−)이면 $b_1^{1/2}$가 음을 의미하고 m_3가 양(+)이면 그 반대를 의미한다.

러나 이는 비대칭적 이론에 기초하고 있으므로 샘플 수가 작은 경우에는 맞지 않는다는 단점을 갖는다. Coelli(1995)는 적절한 샘플크기와 좋은 추정력을 갖는 Monte Carlo실험을 제안한 바 있다. 그러나 일반적으로 ML추정을 따르므로 차후에 이에 기초하여 설명할 것이다.

요컨대 오차항 분포의 비대칭성은 이 모형의 핵심적인 특징이다. 비대칭의 정도는 다음의 파라미터로 설명된다. 즉,

$$\lambda = \frac{\sigma_u}{\sigma_v} \quad\text{...} \quad (9.9)$$

λ값이 클수록 비대칭은 크게 나타난다. 만약 λ가 0이라면 기술비효율은 없고 대칭적인 오차항만이 존재한다. 이 때 v_i만에 의해서 설명되고 전체 오차항은 정규분포를 이루게 된다. $\lambda=0$라는 귀무가설을 검정하려면 Wald 통계량이나 λ의 최대우도값에 기초한 우도비 검정을 사용할 수 있다. Coelli(1995)는 대립가설 $\gamma>0$에 대한 귀무가설 $\gamma=0$을 제시한다 즉,

$$\gamma = \frac{\sigma_u^2}{\sigma_v^2 + \sigma_u^2} \quad\text{...} \quad (9.10)$$

$\gamma=0$이면 생산변경은 기술비효율오차는 없고 확률오차에 의한 것임을 말한다. 반면 $\gamma=1$이면 오차는 모두 기술비효율오차로 인한 것임을 의미한다.

귀무가설 $H_0 : \gamma=0$ 가 사실이면 검정통계량은 표준 정규확률변수로서 대칭적으로 분포한다. 그러나 $\gamma>0$이면 검정은 단일측면 검정으로 수행되고 우도비 검정통계는 다음과 같다.

$$LR = -2[\log(L_o) - \log(L_1)] \quad\text{.......................................} \quad (9.11)$$

여기서 $\log(L_o)$는 귀무가설 하의 우도값이고 $\log(L_1)$은 대립가설 하의 우도값이 된다. 검정통계량은 제약변수의 수와 동일한 자유도를 갖는 x^2(chi-square)확률변수과 같이 점근적 분포를 이룬다.

2) 추정방법
확률변경모형을 추정하려면 특히 통계적 잡음의 정규분포와 기술비효율의 단

측 정규분포 등의 여러 가지 강한 가정을 해야 한다. 또한 비효율성이 설명변수와 독립적이라는 가정도 맞지 않을 수 있다. Schmidt and Sickles(1984)가 언급했듯이 만약 생산단위가 기술비효율 수준을 알고 있다면 이 정보는 생산단위의 투입물 선택에 영향을 줄 수도 있다. 이러한 문제는 패널자료를 사용하면 해결될 수도 있다. 초기의 패널자료에 관한 선행연구들은 절편과 오차항의 비효율요소가 시간불변이라 가정하였다 따라서 횡단효과인 $\alpha_i = \alpha - u_i$는 분포가정이 없이도 추정되고 비효율의 척도로 전환될 수 있다고 간주하였다. 이 시간불변 가정을 통하여 단일 횡단 분석의 경우에 필요한 많은 강한 가정들에 대하여 대체가 될 수 있었다. 그러나 최근 패널자료에 관한 선행연구는 기술비효율의 시간불변 가정을 완화하여 시간가변을 사용한다.

확률변경모형을 추정하는 주요한 방법으로 두 가지를 들 수 있다. 하나는 수정된 최소자승법(COLS: the corrected ordinary least squares)이고 다른 하나는 최대우도함수를 이용하는 것이다. 여기서는 수정된 최소자승법을 설명하고 최대우도함수추정은 횡단모형 뿐만 아니라 패널모형에서도 모두 적용가능하다. 최대우도함수추정은 오차의 분포유형에서 함께 제시할 것이다.

2.1) 수정된 최소자승법(corrected OLS)

수정된 최소자승법(COLS)의 확률변경을 추정하기 위하여 오차항(ε_i)의 분포의 평균이 0이라는 가정만 제외하고 고전적인 회귀분석의 모든 가정들이 적용된다. OLS 추정치는 β의 최적의 선형불편 추정치가 될 것이다. 그런데 문제는 절편항 β_o에서 발생한다. 이 절편항의 OLS추정치는 일관되지 않는다. 이를 보여주기 위하여 오직 절편항만 가지는 단순한 모형, $y_i = \beta_o + \varepsilon_i$를 가정하자. 절편 β_o의 OLS 추정치는 y의 평균이 된다. 그러나 기술비효율 요인이 존재하면 이는 부풀려져서 y 평균은 절편항 β_o에 기술비효율 오차가 추가된다. 즉, $\beta_o + \mu_\varepsilon$가 되어 오차항의 평균($\mu_\varepsilon$)이 추가되어야 한다. 따라서 절편항의 편의가 기술비효율오차로 인하여 발생한다. Winsten(1957)은 수정OLS를 통하여 생산변경을 추정하고자 했다. 첫단계로 OLS를 사용하여 기울기 파라미터의 일치불편추정량과 일정하나 편의를 가진 절편추정량을 얻는다. 다음 단계로 그 추정된 절편값은 OLS잔차의 최대값을 기준으로 상향조정한다. 수정된 OLS절편값은 모든 값에 일관되게 $\beta_o + \max_i \hat{\mu}_i$로 추정된다. 여기서 두 번째 항은 관측치 i에 대한 OLS잔차를 의미한다. 이처럼 기

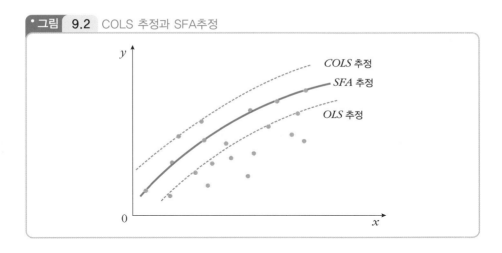

존의 OLS추정치의 절편에 확률오차의 최대값을 추가하여 프런티어를 형성하는 COLS추정을 그림으로 표현하면 [그림 9.2]와 같다.

Afriat(1972)와 Richmond(1974)는 COLS 절차를 제안하였다.[5) COLS는 오차항의 기댓값과 함께 절편항을 수정하는 것을 의미한다. 이 때 반정규분포의 경우에 오차항(ε_i)의 평균은 다음과 같다.

$$\mu_\varepsilon = \sigma_u (2/\pi)^{1/2} \qquad (9.12)$$

여기서 σ_u는 기술비효율항의 표준편차이다. OLS절편 추정치는 $\beta_o + \mu_\varepsilon$이고 σ_u는 그것의 추정치에 의하여 대체된다. 기술비효율항의 분산은 다음과 같다.

$$\hat{\sigma}_u^2 = \left[(\pi/2)^{1/2} \left(\frac{\pi}{\pi-4} \right) \hat{m}_3 \right]^{2/3} \qquad (9.13)$$

$$\hat{\sigma}_v^2 = \hat{m}_2 - (1 - \frac{2}{\pi}) \cdot \hat{\sigma}_u^2 \qquad (9.14)$$

파라미터 $\hat{m}_2$, $\hat{m}_3$는 OLS잔차의 2차와 3차 적률(moment)값이다. 요약하면 기술비효율항의 표준편차(σ_u)는 OLS의 절편 추정치를 COLS추정치로 전환하기 위하여 사용된다. 추정할 최종 모형은 다음과 같다.

---

5) 이 절차는 2단계 COLS절차와 유사하다. 그러나 Afriat(1972)와 Richmond(1974)는 교란항이 지수나 반정규분포와 같이 단측분포를 하는 것으로 가정하였다.

$$\ln y_i = (\beta_0 + \mu_\varepsilon) + \beta \ln x_i + \varepsilon_i \quad \cdots\cdots\cdots\cdots\cdots\cdots\cdots\cdots \text{(9.15)}$$

이 식에서 절편에 오차항의 평균만큼을 추가해 주는 것이다. COLS모형에서 처럼 OLS 잔차는 각 단위의 기술비효율의 일관된 추정치($-\hat{u}_2' = \hat{u}_i - \mu_\varepsilon$)를 제공 한다.

COLS 방법의 문제점은 첫째, 이 방법에 의한 추정치가 통계적으로 의미가 없는 값을 가질 수도 있다는 점이다. OLS추정치의 m_3가 양(+)이 될 경우 식(9.13)의 괄호안의 값이 음이 될 경우 음의 표준편차를 가질 수도 있다. Olson(1980)에 의하면 확률오차의 분산이 음(−)이 되는 경우도 있을 수 있다.

둘째, 추정된 생산변경은 OLS절편을 수정한 것이므로 OLS회귀추정식과 평행 한다. 이는 최대성과(best practice)의 생산기술의 구조가 중심적 추이의 생산기술 구조와 같은 것이라는 의미이다. 이는 COLS방법이 한계점을 갖는 주된 요인이 다. 왜냐하면 최대성과기술의 구조에서 평균에 위치한 생산자는 최대성과를 보이 는 생산자보다 비효율적이므로 이들의 생산기술과는 차이가 날 수 있기 때문이다.

이러한 문제점으로 최근에는 대부분 COLS방법을 따르기 보다는 이후에 소개 할 ML추정방법을 통하여 효율성을 측정하고 있다.

2.2) SFA 효율측정

Battese and Coelli(1988)는 기술효율에 대하여 비효율수준이 0일 때 해당하는 평균생산물에 대한 비효율수준 하에서 평균생산물의 비율로 정의한다. 이 정의는 다음과 같이 표시된다. 즉,

$$TE_i = \frac{E(y_i^* \mid u_i, \ x_i)}{E(y_i^* \mid u_i = 0, \ x_i)} \quad \cdots\cdots\cdots\cdots\cdots\cdots\cdots\cdots \text{(9.16)}$$

여기서 y_i^*는 생산단위 i의 생산물이다. 이 값은 0~1 사이의 값을 갖는다 왜냐 하면 비효율 하의 생산수준은 항상 효율생산수준보다 낮기 때문이다. 모형이 지 수함수형태로 표시될 때 생산함수는 $exp(y_i) = exp(\beta_o + \beta x_i + v_i - u_i)$가 되므로 효율 성은 다음과 같이 유도된다. 즉,

$$TE_i = \frac{y_i}{f(x_i;\beta) \cdot \exp(v_i)} = \frac{f(x_i;\beta) \cdot \exp(v_i) \cdot \exp(-u_i)}{f(x_i;\beta) \cdot \exp(v_i)} = \exp(-u_i) \quad \text{(9.17)}$$

그러므로 효율성은 비효율이 없는 생산변경 상의 산출물 수준에 대한 비효율이 존재하는 산출물 수준의 비율로 정의된다. 효율의 측정은 Jondrow et al. (1982)이 제시한 바 있는데 복합 오차항이 주어진 상태에서 비효율항의 분포에 기초하여 도출한다($u_i|\varepsilon_i$). 이 분포는 ε_i가 u_i에 대하여 만들어 내는 모든 정보를 포함한다. 따라서 u_i의 점추정치로서 분포의 기댓값을 사용한다. Jondrow et al. (1982)은 다음의 4가지 조건, i) v_i가 $iid \sim (0,\ \sigma_v^2)$ ii) x_i와 v_i가 독립적이고 iii) u_i가 x_i, v_i와 독립이며 iv) u_i가 단일측면 정규분포(절단정규분포 혹은 반정규분포)를 보이는 한 $u_i|\varepsilon_i$의 분포는 $N(\mu_i^*,\ \sigma_*^2)$의 정규확률변수임을 보였다. 여기서 $\mu_i^* = \sigma_u^2 \cdot \varepsilon_i$ $(\sigma_u^2 + \sigma_v^2)^{-1}$, $\sigma_*^2 = \sigma_u^2 \cdot \sigma_v^2 (\sigma_u^2 + \sigma_v^2)^{-1}$이다. 그러므로 기술효율의 점추정치는 다음과 같다. 즉,

$$TE_i = E[\exp(-u_i)|\varepsilon_i] = \frac{[1 - \Phi(\sigma_* - \mu_i^*/\sigma_*)]}{[1 - \Phi(-\mu_i^*/\sigma_*)]} \cdot \exp\left[-\mu_i^* + \frac{1}{2}\sigma_*^2\right] \quad (9.18)$$

여기서 $\Phi(\cdot)$는 표준정규누적밀도함수이다 이 절차를 수행하려면 μ_i^*, σ_*^2추정이 필요하고 기술비효율과 확률오차의 분산과 복합오차의 추정 등이 필요하다. 식(9.18)은 기술비효율오차항이 절단정규분포를 한다고 가정할 때의 수식이다. 반면 반정규분포를 가정하면($\mu_i^*=0$), 기술효율의 점추정치는 다음과 같이 보다 단순한 형태를 보인다. 즉,

$$TE_i = E[\exp(-u_i)|\varepsilon_i] = 2[1 - \Phi(\sigma_*)] \cdot \exp\left[\frac{1}{2}\sigma_*^2\right] \quad \cdots\cdots\cdots (9.19)$$

Kumbhakar and Löthgren(1998)은 추정비효율과 신뢰구간이 샘플크기에 따라서 민감하게 반응하는 것을 확인하였다. 이러한 알려지지 않은 파라미터들에 대한 불확실성은 관측치의 수가 증가하면 줄어드는 것으로 나타났다. Green(1990)의 경우 개별효율값에 따른 생산단위의 순위는 비효율항의 분포에 민감하지는 않았다. 기술비효율오차항이 반정규분포를 따른다는 가정은 적절하고 다루기가 쉽기 때문에 실증작업에서 널리 이용된다.

2. 오차항의 분포유형과 최대우도추정

기술비효율오차의 분포가정을 포함한 SFA모형을 처음 측정한 것은 Aigner et

al.(1977)이다. 그는 u_i에 대한 반정규분포가정을 하였고 단일오차항을 가정하였기에 추정이 쉬웠다. 이러한 반정규분포 가정은 u_i의 다양한 분포를 반영하지 못하기에 v_i와 u_i를 포함한 절단정규분포, 지수분포, 감마분포 등으로 발전되어 왔다. 여기서 4가지 분포유형을 Kumbhakar and Lovell(2000)가 제시한 것을 기초로 소개한다.

확률오차에서 기술비효율오차를 분리해 내기 위해서는 각 생산단위의 오차항(ε)의 추정에서 출발해야 하고 두 오차 항의 분포가정이 필요하다. u_i가 투입물과 독립적으로 분포한다는 가정 하에서 OLS추정을 통하여 절편항을 제외한 모든 생산기술파라미터 추정을 할 수 있다. 그러나 절편항의 일관성있는 추정과 각 생산단위의 기술효율 추정을 하려면 추가적인 가정과 추정기법이 필요하다.

여기서 절편항과 기술비효율오차를 추정할 수 있는 ML방법(a maximum likelihood method)을 소개한다. 이는 2단계 추정절차를 통하여 수행된다. 첫째, OLS추정으로 파라미터의 기울기를 추정하고 둘째, ML추정으로 절편항과 두 오차항의 분산을 추정한다. ML추정의 두 번째 단계에서 오차항에 대한 분포가정을 한다. 최종적으로 기술효율을 추정한다.

1) 기술비효율오차의 반정규분포

확률변경생산함수가 다음과 같다고 하자.

$$\ln y_i = \beta_0 + \beta \ln x_i + \varepsilon_i \quad i = 1, \cdots, N \quad \cdots\cdots\cdots\cdots (9.20)$$

여기서 오차항은 확률오차와 기술비효율오차로 구성된다. 앞서 언급한 것과 같이 기술비효율오차항에 대한 반정규분포모형을 전제하기에 다음과 같은 분포가정을 한다.

첫째, $v_i \sim iid\ N(0, \sigma_v^2)$

둘째, $u_i \sim iid\ N^+(0, \sigma_u^2)$이고 u는 비음(≥ 0)의 반정규분포한다.

셋째, v_i와 u_i는 서로 독립적으로 분포하고 설병변수와도 독립적으로 분포한다.

v_i가 독립분포를 한다는 가정은 전통적인 가정을 그대로 적용한 것이고 SFA접근에서 일관되게 유지될 것이다. u_i에 대한 분포가정은 증가하는 기술비효율오차가 점차 체감하게 되면 기술비효율의 값은 결국 0이 될 것이라는 가정에 기초한 것이다. 상대적으로 이러한 분포가정 하에서 v와 u의 합의 분포를 얻는 것이 상대

적으로 쉽기 때문에 편리성에 기초하여 이렇게 가정한다. 셋째 가정의 경우에 두 오차항이 독립적으로 분포한다는 것은 별 문제가 없지만 설명변수와도 독립적이라는 가정은 문제가 될 수도 있다. 왜냐하면 생산자는 자신들의 기술효율에 대하여 무엇인가 알고 있다면 이 정보가 투입물 선택에 영향을 미치기 때문이다. 그런데 v_i와 u_i가 x_i와 독립적으로 분포한다고 가정하기에 식(9.20)의 추정계수는 일관된 추정치를 보여주지만 β_0는 그렇지 못하다. 왜냐하면 확률오차의 기댓값 $E(v)=$ 0이므로 $E(\varepsilon)=-E(u_i)\leq0$이다. 또한 OLS추정을 하면 u_i를 고려하지 못하기에 기술효율을 얻을 수가 없다.

복합오차는 확률오차와 기술비효율오차로 혼합되어 있어서 직접 v와 u를 측정할 수 없기 때문에 먼저 복합오차를 계산한 연후 복합오차항에서 u의 정보를 분리한다. 이를 위하여 복합오차항이 주어진 상태에서 u_i의 조건분포를 확인하여 u의 값을 얻게 된다.

먼저 $u>0$ 의 확률밀도함수의 정규분포는 다음과 같다.

$$f(u) = \frac{\sqrt{2}}{\sqrt{\pi}\cdot\sigma_u} \cdot \exp\left\{-\frac{u^2}{2\sigma_u^2}\right\} \quad\cdots\cdots\cdots\cdots\cdots\cdots\cdots\cdots\cdots\cdots (9.21)$$

이의 분포함수는 [그림 9.3]과 같이 표시할 수 있다. 이 반정규분포는 기술비효율 오차의 표준편차의 값이 달라짐에 따라서 변화하는데 그 값이 커질수록 평퍼짐한 형태를 보인다. 특히 기술비효율오차는 0 이상의 값을 가지기에 양(+)의 값에 대해서만 정의되고 있다.

한편 확률오차 v의 확률밀도함수는 다음과 같이 정의된다.

•그림 9.3 기술비효율 오차항의 반정규분포

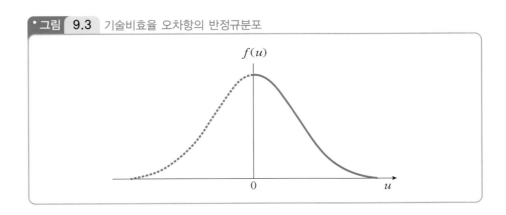

$$f(v) = \frac{1}{\sqrt{2\pi} \cdot \sigma_u} \cdot \exp\left\{-\frac{v^2}{2\sigma_v^2}\right\} \quad\cdots\cdots\cdots\cdots\cdots\cdots\cdots\cdots\cdots\cdots \text{(9.22)}$$

이는 평균값이 0이고 분산이 σ_v^2인 정규분포를 따르는 확률밀도함수이다. 독립성 가정하에서 u와 v의 결합밀도함수는 개별 확률밀도함수를 결합한 것이 된다. 즉,

$$f(u,\, v) = \frac{1}{\pi \cdot \sigma_u \cdot \sigma_v} \cdot \exp\left\{-\frac{u^2}{2\sigma_u^2} - \frac{v^2}{2\sigma_v^2}\right\} \quad\cdots\cdots\cdots\cdots\cdots \text{(9.23)}$$

$\varepsilon = v - u$이므로 u와 ε의 결합확률밀도함수는 다음과 같이 표시된다.

$$f(u,\, \varepsilon) = \frac{1}{\pi \cdot \sigma_u \cdot \sigma_v} \cdot \exp\left\{-\frac{u^2}{2\sigma_u^2} - \frac{(\varepsilon + u)^2}{2\sigma_v^2}\right\} \quad\cdots\cdots\cdots \text{(9.24)}$$

그러므로 ε의 확률밀도함수는 $f(u,\, \varepsilon)$에서 u를 통합하여 계산할 수 있다. 즉,

$$
\begin{aligned}
f(\varepsilon) &= \int_0^\infty f(u,\, \varepsilon)\, du \\
&= \frac{2}{\sqrt{2\pi} \cdot \sigma}\left\{1 - \Phi\left(\frac{\varepsilon\lambda}{\sigma}\right)\right\} \cdot \exp\left\{-\frac{\varepsilon^2}{2\sigma^2}\right\} \\
&= \frac{2}{\sigma} \cdot \phi\left(\frac{\varepsilon}{\sigma}\right) \cdot \Phi\left(-\frac{\varepsilon\lambda}{\sigma}\right) \quad\cdots\cdots\cdots\cdots\cdots\cdots\cdots\cdots \text{(9.25)}
\end{aligned}
$$

여기서 $\sigma^2 = \sigma_u^2 + \sigma_v^2$이고 $\lambda = \sigma_u/\sigma_v$이다. Φ는 표준정규누적분포함수이고 ϕ는 표준정규분포의 확률밀도함수이다. 만약 λ가 0에 가까워지거나 σ_v^2이 무한이 양(+)으로 크거나, σ_u^2가 0으로 접근하면 복합오차항이 확률오차에 의해 구성되어 있음을 의미하고 반대로 λ가 무한히 커지거나, σ_u^2가 무한이 양(+)으로 커지는데 반하여 σ_v^2가 0에 가까워지면 u_i가 복합오차항의 대부분을 차지하고 있음을 의미한다. 정규-반정규분포의 복합오차항의 분포는 σ_u와 σ_v를 포함하고 있다. [그림 9.4]는 복합오차항의 확률밀도분포함수를 보여주고 있다.

복합오차항의 확률밀도함수는 u_i의 확률분포함수로 인하여 음(−)의 방향으로 분포형태가 기울어져 있음을 알 수 있다. 물론 $u = 0$이라면 오차항은 확률오차만으로 구성되어 원점을 기준으로 대칭되는 분포를 보일 것이다. σ와 λ의 값은 추정계

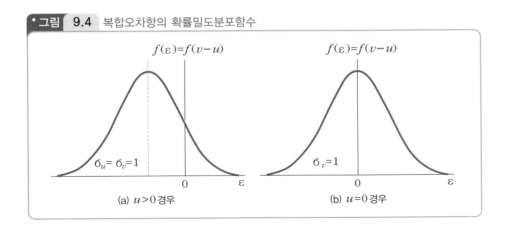

• 그림　9.4　복합오차항의 확률밀도분포함수

$$f(\varepsilon)=f(v-u)$$

$$f(\varepsilon)=f(v-u)$$

$$\sigma_u=\sigma_v=1$$

$$\sigma_v=1$$

(a) $u>0$ 경우

(b) $u=0$ 경우

수 β의 추정식에 따라서 추정되고 $\lambda=0$라는 가설이 통계적 가설검정을 통하여 확인되는 작업이 필요하다. Battese and Coelli(1995)는 우도비 검정을 통하여 이 통계적 가설검정을 제시한 바 있다. $f(\varepsilon)$의 확률밀도함수는 이처럼 비대칭적으로 분포하고 다음과 같은 평균과 분산을 갖는다.

$$E(\varepsilon)=-E(u)=-\sigma_u\sqrt{\frac{2}{\pi}}$$

$$V(\varepsilon)=\frac{\pi-2}{\pi}\sigma_u^2+\sigma_v^2 \quad\cdots\cdots\cdots\cdots\cdots\cdots\cdots\cdots\cdots\cdots\cdots\cdots\quad (9.26)$$

식(9.25)을 이용하면 복합오차항의 로그우도값을 다음과 같이 표시할 수 있다.

$$\ln L=cons\tan t-N\ln\sigma+\sum_i\ln\Phi\left(-\frac{\varepsilon_i\lambda}{\sigma}\right)-\frac{1}{2\sigma^2}\sum_i\varepsilon_i^2 \quad\cdots\cdots\quad (9.27)$$

이 반정규분포의 최우추정량은 식(9.27)을 최대화시키는 β_0, β, σ, λ 등의 값을 제공한다. 이 최우추정량은 일치성과 점근적인 효율성을 갖는다. 즉, 이 추정치는 관측치의 수 N이 무한대로 감에 따라서 이러한 추정치들이 일치하게 된다. 그 다음은 각 생산단위의 기술효율을 추정한다. 복합오차항 $\varepsilon_i>0$면 $E(v_i)=0$이므로 u_i는 크지는 않다. 즉, u_i는 상대적으로 효율적인 반면에 $\varepsilon_i<0$면 u_i가 클 가능성이 높고 효율적이지 못하게 된다. 중요한 것은 복합오차항에서 u_i의 정보를 분리해 내는 것이다. 이를 해결하기 위하여 복합오차항이 주어진 상태에서 u_i의 조건분

포를 확인해 볼 수 있다. Jondrow et al.(1982)는 $u_i \sim N^+(0, \sigma_u^2)$에 관한 조건분포 확률밀도함수를 다음과 같이 정의한다. 즉,

$$f(u \mid \varepsilon) = \frac{f(u, \varepsilon)}{f(\varepsilon)}$$

$$= \frac{1}{\sqrt{2\pi} \cdot \sigma_*} \cdot \exp\left\{-\frac{(u - \mu_*)^2}{2\sigma_*^2}\right\} / \left\{1 - \Phi\left(\frac{-\mu_*}{\sigma_*}\right)\right\} \quad\cdots\cdots\cdots\cdots (9.28)$$

여기서 μ_*와 σ_*^2은 다음을 의미한다. 즉,

$$\mu_* = \frac{-\sigma_u^2 \cdot \varepsilon}{(\sigma_u^2 + \sigma_v^2)}$$

$$\sigma_*^2 = \frac{\sigma_u^2 \cdot \sigma_v^2}{(\sigma_u^2 + \sigma_v^2)} \quad\cdots\cdots\cdots\cdots\cdots\cdots\cdots\cdots\cdots\cdots\cdots\cdots\cdots (9.29)$$

$f(u \mid \varepsilon)$는 $N^+(\mu^*, \sigma_*^2)$로 분포하므로 이 분포의 평균이나 형태는 u_i의 점추정치로 추정할 수 있다. 이러한 조건분포 확률밀도함수를 이용하면 조건분포의 비효율오차의 평균을 유도할 수 있다. 즉,

$$E(u_i \mid \varepsilon_i) = \mu_i^* + \sigma_* \left[\frac{\phi(-\mu_i^*/\sigma_*)}{1 - \Phi(-\mu_i^*/\sigma_*)}\right]$$

$$= \sigma_* \left[\frac{\phi(\varepsilon_i \lambda / \sigma)}{1 - \Phi(\varepsilon_i \lambda / \sigma)} - \frac{\varepsilon_i \lambda}{\sigma}\right] \quad\cdots\cdots\cdots\cdots\cdots\cdots (9.30)$$

한편 복합오차에 대한 비효율성인 u의 최빈값 $M(u \mid \varepsilon)$은 u와 v의 결합확률밀도함수를 u와 v에 대하여 최대화시킴으로써 유도할 수 있다. 이러한 반정규분포 u의 최빈값(mode)은 다음과 같다. 즉,

$$M(u_i \mid \varepsilon_i) = -\varepsilon_i \left(\frac{\sigma_u^2}{\sigma^2}\right), \quad \varepsilon_i \leq 0$$

$$or\ 0, \quad \varepsilon_i > 0 \quad\cdots\cdots\cdots\cdots\cdots\cdots\cdots\cdots\cdots (9.31)$$

그런데 식(9.31)이 최대우도추정치로서 더 정확한 개념을 가짐에도 식(9.30)의 조건분포의 비효율의 기대치가 더 빈번하게 이용되고 있다. 일단 u_i의 점추정치를 얻으면 각 생산단위의 기술효율 추정치는 다음과 같이 도출된다.

$$TE_i = \exp(-\hat{u}_i) \quad \cdots\cdots\cdots\cdots\cdots\cdots\cdots\cdots\cdots\cdots\cdots\cdots\cdots\cdots\cdots \quad (9.32)$$

여기서 $\hat{u}_i$는 $E(u_i|\varepsilon_i)$ 혹은 $M(u_i|\varepsilon_i)$를 의미한다.

한편 Jondrow et al.(1982)과는 다르게 Battese and Coelli(1988)는 기술효율에 대한 대안적 점 추정치를 제시하는데 이는 다음과 같다.

$$TE_i = E[\exp(-u_i)|\varepsilon_i] = \frac{[1-\Phi(\sigma_* - \mu_i^*/\sigma_*)]}{[1-\Phi(-\mu_i^*/\sigma_*)]} \cdot \exp\left[-\mu_i^* + \frac{1}{2}\sigma_*^2\right] \cdots (9.33)$$

그런데 식(9.32)와 식(9.33)의 점추정치는 다를 수 있다. 왜냐하면 점추정치의 기댓값을 지수화한 것과 점추정치의 지수를 기댓값으로 도출한 것은 상이하기 때문이다. 즉,

$$TE_i = \exp[-E(u_i)|\varepsilon_i] \neq E[\exp(-u_i)|\varepsilon_i] \quad \cdots\cdots\cdots\cdots\cdots\cdots \quad (9.34)$$

u_i가 0에 가깝지 않을 때에는 대체로 Battese and Coelli(1988)의 기술효율이 선호된다.

2) 기술비효율오차의 절단정규분포(the truncated normal model)

반정규분포는 기술비효율의 평균이 분포의 정중앙에 위치하기 때문에 비효율이 전혀없는 생산단위의 빈도가 가장 많다는 가정을 전제한다. 그러나 현실에서 비효율적인 생산단위가 거의 대부분일 경우 이러한 분포가정은 현실을 제대로 반영해 주지 못하게 된다. 따라서 Stevenson(1980)은 비효율적인 생산단위의 빈도가 다양하게 발생할 수 있는 기술비효율의 분포로 절단정규분포를 제시하였다. u가 반정규분포에서 절단정규분포로 전환될 경우 u의 분포형태가 다음과 같이 수정된다. 물론 확률오차는 항상 정규분포형태를 따른다고 가정한다.

첫째, $v_i \sim iid\ N(0, \sigma_v^2)$

둘째, $u_i \sim iid\ N^+(\mu, \sigma_u^2)$이고 u는 비음의 절단정규분포한다.

셋째, v_i와 u_i는 서로 독립적으로 분포하고 설병변수와도 독립적으로 분포한다.

여기서 알 수 있듯이 기술비효율 오차의 평균이 0이 아니고 임의의 μ가 됨으로써 0을 기준으로 좌우대칭이 되는 분포가 아니라 임의의 실수에 대하여 좌우 대칭이 되는 분포가 절단정규분포이다. 단 u가 0보다 크므로 0 이상의 분포곡선의 영역만이 의미를 가지게 된다. 따라서 절단정규분포는 반정규분포를 일반화한 것이

라고 볼 수 있다. 그러므로 절단정규분포는 μ가 가능하도록 다소 유동적인 형태를 제공해 준다.

확률오차의 분포함수는 항상 정규분포로 동일하므로 확률오차의 밀도함수는 생략한다. Stevenson(1980)에 의한 u의 절단정규의 확률밀도함수는 다음과 같다.

$$f(u) = \frac{1}{\sqrt{2\pi} \cdot \sigma_u \Phi(-\mu/\sigma_u)} \cdot \exp\left\{-\frac{(u-\mu)^2}{2\sigma_u^2}\right\} \quad\cdots\cdots\cdots\cdots (9.35)$$

μ는 정규분포로 u의 평균이고 0에서 절단된다. Φ는 표준정규누적분포함수이고 $f(u)$는 비음의 μ를 중심으로 정규분포하는 확률밀도함수이다. 그러므로 $\mu=0$가 되면 반정규분포가 된다. 정규분포와 대조적으로 절단정규분포는 μ와 σ_u에 의존하는 형태를 보인다. σ_u가 일정하다고 가정할 때 μ가 음(−), 양(+)의 값을 가지는 기술비효율의 절단정규분포는 [그림 9.5]와 같다.

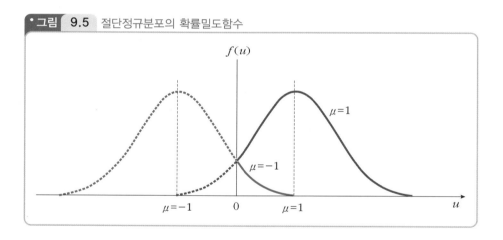

•그림 9.5 절단정규분포의 확률밀도함수

여기서 보는 바와 같이 μ가 양(+)의 값에 위치할 때 효율적인 생산단위는 오히려 소수이고 조금 비효율적 생산단위가 가장 많이 분포하고 아주 비효율적인 생산단위는 점차 감소하는 경우를 반영하는 분포형태가 된다. 반대로 μ가 음(−)의 값을 가질 경우 최빈값은 효율적인 생산단위가 가장 많은 형태의 분포를 가정하는 셈이다.

u와 v의 결합확률밀도 함수는 두 변수 각각의 확률밀도함수를 통합한 것이다. 즉,

$$f(u,\ v) = \frac{1}{2\pi\sigma_u\sigma_v\Phi(-\mu/\sigma_u)} \cdot \exp\left\{-\frac{(u-\mu)^2}{2\sigma_u^2} - \frac{v^2}{2\sigma_v^2}\right\} \ \cdots\cdots \ (9.36)$$

다음으로 u와 ε의 결합확률밀도함수는 다음과 같다.

$$f(u,\ \varepsilon) = \frac{1}{2\pi\sigma_u\sigma_v\Phi(-\mu/\sigma_u)} \cdot \exp\left\{-\frac{(u-\mu)^2}{2\sigma_u^2} - \frac{(\varepsilon+u)^2}{2\sigma_v^2}\right\} \ \cdots \ (9.37)$$

ε의 확률밀도함수는 $f(u,\ \varepsilon)$에서 u를 통합하여 계산할 수 있다. 즉,

$$
\begin{aligned}
f(\varepsilon) &= \int_0^\infty f(u,\ \varepsilon)\,du \\
&= \frac{1}{\sqrt{2\pi}\cdot\sigma\,\Phi(-\mu/\sigma_u)} \cdot \Phi\left(\frac{\mu}{\sigma\lambda} - \frac{\varepsilon\lambda}{\sigma}\right) \cdot \exp\left\{-\frac{(\varepsilon+\mu)^2}{2\sigma^2}\right\} \\
&= \frac{1}{\sigma} \cdot \phi\left(\frac{\varepsilon+\mu}{\sigma}\right) \cdot \Phi\left(\frac{\mu}{\sigma\lambda} - \frac{\varepsilon\lambda}{\sigma}\right) \cdot \left[\Phi\left(-\frac{\mu}{\sigma_u}\right)\right]^{-1} \ \cdots\cdots\cdots \ (9.38)
\end{aligned}
$$

특히 $\mu=0$이면 식(9.38)은 반정규분포의 확률오차의 확률밀도함수와 동일해진다. 여기서 반정규분포와 마찬가지로 $\sigma^2 = \sigma_u^2 + \sigma_v^2$이고 $\lambda = \sigma_u/\sigma_v$이다. Φ는 표준정규누적분포함수이고 ϕ는 표준정규분포의 확률밀도함수이다. 만약 λ가 0에 가까워지거나 σ_v^2가 양(+)으로 크거나, σ_u^2가 0으로 접근하면 복합오차항이 확률오차에 의해 구성되어 있음을 의미하고 반대로 λ가 무한히 커지거나, σ_u^2가 양(+)으로 커지는데 반하여 σ_v^2가 0에 가까워지면 u_i가 복합오차항의 대부분을 차지하고 있음을 의미한다. $f(\varepsilon)$는 0을 기준으로 u가 존재할 때 대부분 비대칭으로 분포한다.

식(9.38)의 복합오차의 확률밀도함수로부터 이를 로그 취하면 절단정규분포의 로그우도함수 식을 얻을 수 있다. 즉,

$$\ln L = -\frac{N}{2}\ln 2\pi - N\ln\sigma - N\ln\Phi\left(-\frac{\mu}{\sigma_u}\right) + \sum_i \ln\Phi\left(\frac{\mu}{\sigma\lambda} - \frac{\varepsilon\lambda}{\sigma}\right) - \frac{1}{2\sigma^2}\sum_i(\varepsilon_i+\mu)^2$$
$$\cdots\cdots\cdots\cdots\cdots\cdots\cdots\cdots\cdots\cdots\cdots\cdots\cdots\cdots\cdots\cdots\cdots\cdots\cdots\cdots\cdots \ (9.39)$$

여기서 $\sigma_u = \lambda\sigma/\sqrt{1+\lambda^2}$이다. 로그우도값은 파라미터조정을 통하여 최대화되고 최대우도값을 얻게 된다. 즉, 로그우도값을 최대화하는 β, σ, λ, μ값을 구하면 된다. 다음의 순서는 각 생산단위의 기술효율을 추정한다. 기술효율을 추정하려면

복합오차항에서 u_i의 정보를 분리해 내야한다. 이를 위하여 복합오차항이 주어진 상태에서 u_i의 조건분포를 확인해 볼 수 있다. 절단정규분포의 기술비효율의 분포함수는 다음과 같다.

$$f(u \mid \varepsilon) = \frac{f(u, \varepsilon)}{f(\varepsilon)}$$

$$= \frac{1}{\sqrt{2\pi} \cdot \sigma_* \{1 - \Phi(-\widetilde{\mu}/\sigma_*)\}} \cdot \exp\left\{-\frac{(u-\widetilde{\mu})^2}{2\sigma_*^2}\right\} \quad \cdots\cdots\cdots\cdots (9.40)$$

식(9.40)에서 $f(u \mid \varepsilon)$는 $N^+(\widetilde{\mu}_i, \sigma_*^2)$분포한다. 그리고 $\widetilde{\mu}_i = (-\sigma_u^2 \varepsilon + \mu \sigma_v^2)/\sigma^2$ 이고 $\sigma_*^2 = \sigma_u^2 \sigma_v^2/\sigma^2$이다. $f(u \mid \varepsilon)$의 평균은 각 생산단위의 기술효율을 추정하는데 사용되므로 그 기대평균은 다음과 같다.

$$E(u_i \mid \varepsilon_i) = \widetilde{\mu}_i + \sigma_* \left[\frac{\phi(\widetilde{\mu}_i/\sigma_*)}{1 - \Phi(-\widetilde{\mu}_i/\sigma_*)}\right] \quad \cdots\cdots\cdots\cdots\cdots\cdots (9.41)$$

또한 절단정규분포의 u의 최빈값(mode)은 다음과 같다. 즉,

$$M(u_i \mid \varepsilon_i) = \widetilde{\mu}_i, \ \widetilde{\mu}_i \geq 0$$
$$or \ 0, \ \widetilde{\mu}_i < 0 \quad \cdots\cdots\cdots\cdots\cdots\cdots\cdots\cdots (9.42)$$

기술효율의 점추정치는 $E(u_i \mid \varepsilon_i)$ 혹은 $M(u_i \mid \varepsilon_i)$를 Battese and Coelli(1988)의 기술효율 추정식에 대입하면 얻을 수 있다. 즉,

$$TE_i = E[\exp(-u_i) \mid \varepsilon_i] = \frac{[1 - \Phi(\sigma_* - \widetilde{\mu}_i/\sigma_*)]}{[1 - \Phi(-\widetilde{\mu}_i/\sigma_*)]} \cdot \exp\left[-\widetilde{\mu}_i + \frac{1}{2}\sigma_*^2\right] \cdots (9.43)$$

$\mu = 0$일 때, 기술효율은 반정규분포의 기술효율과 동일하다. 반정규분포 혹은 절단정규분포로 추정하더라도 이 추정치는 불편추정치가 되지만 다음의 두 추정값은 일치하지는 않는다.

$$TE_i = \exp[-E(u_i) \mid \varepsilon_i] \neq E[\exp(-u_i) \mid \varepsilon_i] \quad \cdots\cdots\cdots\cdots (9.44)$$

u_i가 0에 가깝지 않을 때에는 대체로 Battese and Coelli(1988)의 기술효율이 선호된다.

3) 기술비효율오차의 지수분포

Aigner, Lovell, and Schmidt(1977)은 기술비효율의 반정규분포를 제시하였을 뿐만 아니라 확률오차는 정규분포를 따르고 기술비효율 오차는 모수 θ를 갖는 지수분포를 제시하였다. 두 확률분포에서는 기술비효율이 0인 생산단위의 빈도가 가장 높다는 가정에 기초하고 있다. 이는 대부분의 생산단위가 비효율적이고 효율적인 생산단위는 소수에 불과한 현실에 처한 자료에는 적합하지 않을 수 있는 가정이다. 이런 점에서는 반정규분포와 동일하지만 지수분포에서 비효율적인 생산단위의 분포가 점차적으로 감소하는 것이 아니라 급속히 줄어드는 형태를 가정한다.

확률변경생산함수가 반정규분포나 절단정규분포와 동일하게 콥–더글러스 형태라고 가정하자. 즉,

$$\ln y_i = \beta_0 + \beta \ln x_i + \varepsilon_i, \ i = 1, \cdots, N \quad\text{(9.45)}$$

복합오차항은 확률오차와 기술비효율오차로 구성되어 있고 이 때 확률오차항은 정규분포를 하고 기술비효율 오차는 지수분포를 가정한다. 또한 이전 분포와 마찬가지로 동일하게 확률오차와 기술비효율오차는 각각 독립분포를 하고 설명변수와도 독립적이라고 가정한다. 즉, 기술비효율오차만 지수분포를 한다는 가정 이외에 다른 가정은 모두 다른 분포가정과 동일하다. 따라서 확률오차의 분포는 정규분포를 하므로 이전의 두 분포와 동일한 확률밀도분포를 가지지만 기술비효율의 분포는 지수분포를 하므로 Schmidt(1976)를 따라서 다음과 같은 확률밀도함수를 제시할 수 있다.[6]

$$f(u) = \frac{1}{\sigma_u} \cdot \exp\left(-\frac{u}{\sigma_u}\right) \quad\text{(9.46)}$$

이 지수분포는 σ_u의 값에 따라서 u_i의 조금씩 다른 유형의 분포를 보여준다. [그림9.6]은 기술비효율 오차의 지수분포를 보여준다.

---

6) 원래 지수분포는 $f(u) = \theta e^{-\theta u}$, $\theta > 0$로 표시할 수 있고 θ의 값에 따라서 분포의 형태가 조금씩 변화하게 된다. $\theta = 1/\sigma_u$로 간주된다.

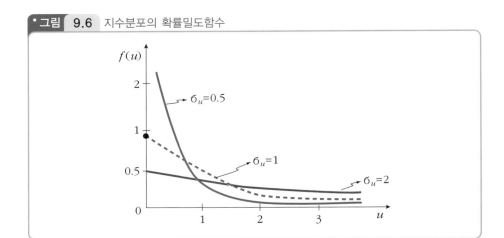

그림 9.6 지수분포의 확률밀도함수

한편, u와 v는 독립적으로 분포한다고 가정했으므로 u와 v의 결합확률밀도함수는 개별 밀도함수의 결합형태로 표시된다. 즉,

$$f(u, v) = \frac{1}{\sqrt{2\pi}\, \sigma_u \sigma_v} \cdot \exp\left\{ -\frac{u}{\sigma_u} - \frac{v^2}{2\sigma_v^2} \right\} \quad \cdots\cdots\cdots\cdots\cdots\cdots (9.47)$$

또한 u와 ε의 결합확률밀도함수는 다음과 같다.

$$f(u, \varepsilon) = \frac{1}{\sqrt{2\pi}\, \sigma_u \sigma_v} \cdot \exp\left\{ -\frac{u}{\sigma_u} - \frac{(\varepsilon + u)^2}{2\sigma_v^2} \right\} \quad \cdots\cdots\cdots\cdots (9.48)$$

u와 v를 모두 포함한 ε의 확률밀도함수는 다음과 같다.

$$f(\varepsilon) = \int_0^\infty f(u, \varepsilon)\, du$$

$$= \frac{1}{\sigma_u} \cdot \Phi\left(-\frac{\varepsilon}{\sigma_v} - \frac{\sigma_v}{\sigma_u} \right) \cdot \exp\left\{ \frac{\varepsilon}{\sigma_u} + \frac{\sigma_v^2}{2\sigma_u^2} \right\} \quad \cdots\cdots\cdots\cdots (9.49)$$

여기서 Φ는 표준정규 누적분포함수이고 $f(\varepsilon)$는 비대칭적으로 분포하며 그 기대평균과 분산은 다음과 같다.

$$E(\varepsilon) = -E(u) = -\sigma_u$$

$$V(\varepsilon) = \sigma_u^2 + \sigma_v^2 \quad \cdots\cdots\cdots\cdots\cdots\cdots\cdots\cdots\cdots\cdots\cdots\cdots\cdots\cdots\cdots\cdots (9.50)$$

지수분포의 형태는 두 오차의 표준편차 σ_u와 σ_v에 의하여 달라진다. 지수분포는 대체로 최빈값이 음($-$)이 되는 음($-$)으로 치우친 분포형태를 취하게 된다. 반면에 두 오차의 표준편차의 비(σ_v/σ_u)가 증가하면 그 분포형태가 점차 정규분포에 가까워진다.

ε의 확률밀도함수를 로그취하여 도출한 로그우도함수는 다음과 같다.

$$\ln L = cons \tan t - N \ln \sigma_u + N \left(\frac{\sigma_v^2}{2\sigma_u^2} \right) + \sum_i \ln \Phi(-A) + \sum_i \frac{\varepsilon_i}{\sigma_u} \quad \cdots \text{ (9.51)}$$

여기서 $A = -\widetilde{\mu}_i/\sigma_v,\ \widetilde{\mu} = -\varepsilon - (\sigma_v^2/\sigma_u)$이다. 지수분포의 최우추정치는 식(9.51)을 최대화시키는 파라미터 β, σ들의 값을 제공한다.

이제 다음으로 각 생산단위에 대한 기술효율의 추정이 필요하다. 기술효율을 추정하려면 복합오차항에서 u_i의 정보를 분리해야 한다. 즉, 복합오차항이 주어진 상태에서 u_i의 조건분포함수를 제시하면 다음과 같다.

$$f(u \mid \varepsilon) = \frac{f(u,\ \varepsilon)}{f(\varepsilon)}$$
$$= \frac{1}{\sqrt{2\pi} \cdot \sigma_v \Phi(-\widetilde{\mu}/\sigma_v)} \cdot \exp\left\{ -\frac{(u-\widetilde{\mu})^2}{2\sigma^2} \right\} \quad \cdots\cdots\cdots\cdots \text{ (9.52)}$$

식(9.52)에서 $f(u \mid \varepsilon)$는 $N^+(\widetilde{\mu}_i,\ \sigma_v^2)$로 분포한다. $f(u \mid \varepsilon)$의 평균은 각 생산단위의 기술효율을 추정하는데 사용되고 그 기대평균은 다음과 같다.

$$E(u_i \mid \varepsilon_i) = \widetilde{\mu}_i + \sigma_v \left[\frac{\phi(-\widetilde{\mu}_i/\sigma_v)}{\Phi(\widetilde{\mu}_i/\sigma_v)} \right] \quad \cdots\cdots\cdots\cdots\cdots\cdots\cdots\cdots \text{ (9.53)}$$

또한 지수분포의 u의 최빈값은 다음과 같다. 즉,

$$M(u_i \mid \varepsilon_i) = \widetilde{\mu}_i,\ \widetilde{\mu}_i \geq 0$$
$$or\ 0,\ \widetilde{\mu}_i < 0 \quad \cdots\cdots\cdots\cdots\cdots\cdots\cdots \text{ (9.54)}$$

식(9.53)과 식(9.54)를 기술효율의 점추정치에 대입하고 계산하면 기술효율을 도출할 수 있다.

4) 기술비효율오차의 감마분포

기술비효율의 지수분포 모형도 u가 감마분포를 한다고 가정하면 일반화된다. Stevenson(1980)과 Greene(1990)은 정규감마분포를 소개하였다. 감마분포에서도 확률오차의 분포는 정규분포로 다른 분포모형에서 처럼 동일하고 기술비효율오차는 감마분포를 가정한다. 마찬가지로 u_i와 v_i는 서로 독립적이고 설명변수와도 독립적이다. 따라서 기술비효율오차가 감마분포를 한다는 사실 이외에 다른 가정은 이전 분포와 모두 동일하다. 즉, $f(v)$는 정규분포로 다른 분포모형과 동일하다. 기술비효율오차의 확률밀도함수 $f(u)$의 감마분포는 다음과 같이 표시된다.[7]

$$f(u) = \frac{u^p}{\Gamma(p+1)\sigma_u^{p+1}} \exp\left(-\frac{u}{\sigma_u}\right), \ u \geq 0, \ 1/\sigma_u > 0, \ p > -1 \ \cdots \ (9.55)$$

분포의 규모와 형태를 결정하는 요소인 규모파라미터 $1/\sigma_u$와 형태파라미터 P에 따라서 확률밀도함수는 변화한다. 감마분포의 형태는 [그림 9.7]과 같다. P가 커지면 이 분포는 대칭에 가까워지고 그 반대이면 이 분포의 치우친 왜도는 증가한다. 형태파라미터 P가 0이면 감마분포는 앞서 지수분포모형에서 제시한 지수분포식이 된다. $-1 < P < 1$의 경우 감마분포는 지수분포의 형태를 띤다. 그 때 분포의 대부분은 0에 가까이 집중적으로 분포한다. $P > 0$일 때 P가 증가함에 따라서

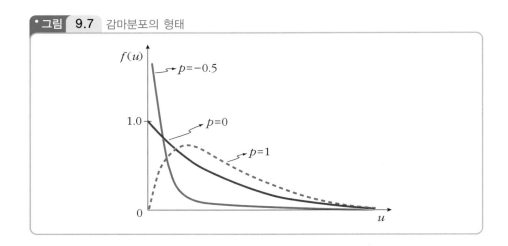

● 그림 9.7 감마분포의 형태

---

7) Greene(1990)은 $1/\sigma_u$을 θ로 간주하여 제시한다. 즉,

$$f(u) = \frac{u^{p-1}}{\Gamma(p)}\theta^p \exp(-\theta u), \ u \geq 0, \ 1/\sigma_u > 0, \ p > 0$$

그 분포는 0에서 멀어지는 한 점에 집중되는 형태가 된다. 감마분포를 결정하는 또 하나의 파라미터는 σ_u이다. 이는 감마분포의 펑퍼짐한 규모를 결정한다. [그림 9.7]은 $\sigma_u=1$이고 $P<0$, $P=0$, $P>0$일 때 감마분포의 유형을 보여주고 있다.

한편 u와 v의 결합확률밀도함수는 다음과 같이 표시된다.

$$f(u, v) = \frac{u^p}{\Gamma(p+1)\sigma_u^{p+1}\sqrt{2\pi}\sigma_v} \exp\left\{-\frac{u}{\sigma_u} - \frac{v^2}{2\sigma_v^2}\right\} \quad \cdots\cdots (9.56)$$

그리고 u와 $\varepsilon=v-u$의 결합확률밀도함수는 다음과 같다.

$$f(u, \varepsilon) = \frac{u^p}{\Gamma(p+1)\sigma_u^{p+1}\sqrt{2\pi}\sigma_v} \exp\left\{-\frac{u}{\sigma_u} - \frac{(\varepsilon+u)^2}{2\sigma_v^2}\right\} \quad \cdots (9.57)$$

나아가 복합오차항의 확률밀도함수는 다음과 같이 표시된다.

$$f(\varepsilon) = \int_0^\infty f(u, \varepsilon)\, du$$
$$= \frac{\sigma_v^p}{\Gamma(p+1)\sigma_u^{p+1}\sqrt{2\pi}} \exp\left\{\frac{\varepsilon}{\sigma_u} + \frac{\sigma_v^2}{2\sigma_u^2}\right\} \cdot$$
$$\int_w^\infty (t-w)^p \exp\left\{-\frac{t^2}{2}\right\} dt \quad \cdots\cdots\cdots\cdots\cdots (9.58)$$

여기서 $w=(\varepsilon/\sigma_v)+(\sigma_v/\sigma_u)$이고 $f(\varepsilon)$는 u의 감마분포로 인하여 비대칭적으로 분포하며 다음과 같은 평균과 분산을 갖는다.

$$E(\varepsilon) = -E(u) = -(P+1)\sigma_u$$
$$V(\varepsilon) = (P+1)\sigma_u^2 + \sigma_v^2 \quad \cdots\cdots\cdots\cdots\cdots (9.59)$$

여기서 $P=0$이면 지수분포의 평균 및 분산과 동일하다.

한편 식(9.58)의 적분항에서 $P=0$이면 이는 지수분포의 복합오차의 확률밀도함수와 동일해 진다. Stevenson(1980)는 $P=1$과 $P=2$를 갖는 정규감마분포를 제시하였다. 그러나 Beckers and Hammond(1987)는 P의 정수값은 감마분포를 제한할 수 있다고 보았다. 따라서 그들은 P의 값을 정수값(integer values)으로 제한하지 않는 복합오차항의 확률밀도함수를 제시했는데 이는 다음과 같다.

$$f(\varepsilon) = \frac{1}{\Gamma(p+1)\sigma_u^{p+1}\sqrt{2\pi} \cdot \sigma_v} \exp\left\{-\frac{\varepsilon^2}{2\sigma_v^2}\right\} \cdot$$

$$\int_o^\infty u^p \exp\left\{-\frac{u}{\sigma_u} - \frac{u\varepsilon}{\sigma_v^2} - \frac{u^2}{2\sigma_v^2}\right\} du \quad\cdots\cdots\cdots\cdots\cdots \quad (9.60)$$

여기서 적분항을 다음과 같이 두자.

$$\int_o^\infty u^p \exp\left\{-\frac{u}{\sigma_u} - \frac{u\varepsilon}{\sigma_v^2} - \frac{u^2}{2\sigma_v^2}\right\} du = J(P, \ \sigma_u, \ \sigma_v, \ \varepsilon) \quad\cdots\cdots \quad (9.61)$$

그러면 식(9.61)은 이전 분포의 로그우도식과 비슷한 형태로 표시할 수 있다. 즉,

$$\ln L = cons\tan t - N\ln \Gamma(p+1) - (p+1)N\ln \sigma_u - N\ln \sigma_v$$

$$- \frac{1}{2\sigma_v^2}\sum_i \varepsilon_i^2 + \sum_i \ln J_i(P, \ \sigma_u, \ \sigma_v, \ \varepsilon)$$

$$= cons\tan t - N\ln \Gamma(p+1) - (p+1)N\ln \sigma_u + N\left(\frac{\sigma_v^2}{2\sigma_u^2}\right)$$

$$+ \sum_i \frac{\varepsilon_i}{\sigma_u} + \sum_i \ln \Phi\left(-\frac{(\varepsilon_i + \sigma_v^2/\sigma_u)}{\sigma_v}\right) + \sum_i \ln b(p, \ \varepsilon_i) \quad\cdots \quad (9.62)$$

여기서 $b(P, \ \varepsilon_i) = E(z^P | z > 0, \ \varepsilon_i)$, $Z \approx N[-(\varepsilon_i + \sigma_v^2/\sigma_u), \sigma_v^2]$이다. 만약 $P=0$이면 감마로그우도값은 지수로그우도값이 된다.

감마분포에서 기술효율을 추정하기 위하여 $f(u|\varepsilon)$의 조건분포함수는 다음과 같다.

$$f(u|\varepsilon) = \frac{f(u, \ \varepsilon)}{f(\varepsilon)}$$

$$= \frac{u^p \exp\left\{-\frac{u}{\sigma_u} - \frac{u\varepsilon}{\sigma_v^2} - \frac{u^2}{2\sigma_v^2}\right\}}{J(P, \ \sigma_u, \ \sigma_v, \ \varepsilon)} \quad\cdots\cdots\cdots\cdots\cdots\cdots\cdots\cdots\cdots\cdots \quad (9.63)$$

이로부터 기술비효율의 기대평균은 다음과 같이 유도된다.

$$E(u_i|\varepsilon_i) = \left[\frac{b(p+1, \ \varepsilon_i)}{b(p, \ \varepsilon_i)}\right] \quad\cdots\cdots\cdots\cdots\cdots\cdots\cdots\cdots\cdots\cdots\cdots\cdots \quad (9.64)$$

3. 패널 SFA모형

지금까지는 횡단자료에 기초한 문제를 다루었기에 기술비효율오차가 투입물과 독립적이고 확률오차, 즉 통계적 잡음과도 독립적이라고 가정하였다. 패널자료를 사용하게 되면 이러한 가정을 완화할 수 있다. 또한 패널자료에서는 관측치 수가 증가함에 따라서 관측치의 일관된 효율수준의 추정이 가능해 진다. 횡단확률변경모형에서는 SFA함수추정에 COLS와 MLE를 이용할 수 있었다. 패널확률변경모형에서는 첫째, 횡단확률변경모형에서와 같이 기술비효율오차의 확률분포를 가정하여 우도함수를 MLE로 추정하거나 둘째, 비효율성의 확률분포를 가정하지 않고 전통적 패널모형으로 고정효과와 확률효과의 가정에 따라서 추정할 수 있다. 이는 횡단자료내(within)추정법과 일반최소자승법(GLS: generalized least square)을 이용하며 비효율수준이 보다 정확하게 측정될 수 있음을 말한다. 패널모형의 일반적인 유형은 다음과 같다.

$$y_{it} = \beta_0 + \beta x_{it} + v_{it} - u_{it},\ i=1,\ \cdots,\ N;\ t=1,\ \cdots,\ T \cdots\cdots\cdots\cdots (9.65)$$

이를 추정하기에 앞서서 비효율의 시간차원에 관한 구별이 필요하다. 첫째, 기술비효율 오차항 u는 시간에 걸쳐 불변으로 일정한 경우, 둘째, 시간변화에 따라서 u가 변화하는 경우로 나눌 수 있다. 이를 차례대로 설명하고자 한다.

1) 시간불변 효율성
시간불변 효율성 모형은 다음과 같이 표현한다.

$$y_{it} = \beta_0 + \beta x_{it} + v_{it} - u_i,\ i=1,\ \cdots,\ N;\ t=1,\ \cdots,\ T \cdots\cdots\cdots\cdots (9.66)$$

$\beta_i = \beta_o - u_i$로 정의하면 $\beta_i \leq \beta_o$이다. $u_i = 0$일 때 $\beta_i = \beta_o$가 된다. β_i가 낮으면 생산단위의 효율성이 낮다. 기본적인 패널모형은 다음과 같이 표시된다.

$$y_{it} = \beta_i + \beta x_{it} + v_{it} \cdots\cdots\cdots\cdots\cdots\cdots\cdots\cdots\cdots\cdots\cdots\cdots\cdots\cdots\cdots\cdots (9.67)$$

v_{it}는 $iid \sim (0,\ \sigma_v^2)$이고 투입물 x와 독립적이다. 이 가정은 파라미터 벡터 β에 대한 고정효과의 횡단자료내(within) 추정과 확률효과의 일반최소자승추정(GLS: general least square)의 일관성을 위하여 필요하다. 파라미터 추정치는 고정효과모

형과 확률효과모형 하에서 각각 식(9.67)의 OLS추정에서부터 도출된다. 고정효과모형은 u_i가 고정된 값을 갖는다고 가정하고 확률효과모형은 u_i를 확률변수로 가정한다. 이하에서는 고정효과와 확률효과모형을 차례로 설명한다.

1.1) 고정효과 모형

고정효과모형은 비효율 수준 u_i(와 절편)을 추정되어야할 단순한 파라미터로서 고정된 것으로 다룬다. 이 모형에서 비효율의 분포가정은 하지 않고 설명변수와 기술비효율오차, 확률오차의 상관관계에 관한 어떤 가정도 하지 않는다. 즉, 설명변수와 기술비효율오차가 상관된 경우에도 적용될 수 있다. 그러나 확률오차 v_{it}는 외생적으로 주어진 것으로 간주한다. 모든 생산단위 관측치에 대하여 결합된 식(9.67)에 최소자승추정을 적용하여 within추정을 한다. 횡단(N)과 시계열(T)가 무한대로 가면 일관되게 추정된다. 일단 within추정이 가능하면 절편항의 추정은 가능하다. 그러므로 생산단위의 개별 기술비효율오차는 다음과 같이 추정된다.

$$\hat{u}_i = \hat{\beta}_i^* - \hat{\beta}_i \ where \ \hat{\beta}_i^* = \max \hat{\beta}_i \quad \cdots\cdots\cdots\cdots\cdots\cdots\cdots\cdots\cdots\cdots (9.68)$$

식(9.68)은 생산변경이 표본 내 최대성과를 보인 생산단위에 대하여 표준화되는 것을 의미한다. 이 조건은 모든 $\hat{u}_i \geq 0$가 됨을 의미한다. 이제 개별생산단위의 기술효율은 다음과 같이 구한다.

$$TE_i = \exp\{-\hat{u}_i\} \quad \cdots\cdots\cdots\cdots\cdots\cdots\cdots\cdots\cdots\cdots\cdots\cdots (9.69)$$

한편, $\hat{\beta}_i$가 일관성을 갖기 위한 필요조건은 시계열 T가 매우 커야하는 반면에 단측비효율항 u_i에서 β_o를 정확하게 표준화하고 일관되게 분리하기 위해서는 대규모 생산단위 N이 필요하다. N이 작으면 생산단위 간에 비교는 가능하지만 절대적인 기준으로 비교되지는 않는다. 고정효과모형에서는 적어도 한 생산단위는 100% 기술적으로 효율적으로 가정되지만 다른 생산단위들의 효율은 효율적인 생산단위에 상대적으로 측정된다. 고정효과모형은 횡단자료에 기초한 COLS모형과 유사하다.

고정효과(u_i)는 시간불변 기술효율에서 생산단위 간에 걸친 변화와 생산단위에 따라서 변화하는 모든 현상을 잡아내지만 각 개별 생산단위에 대해서는 시간불변을 유지한다. 불행히도 이것 때문에 다른 효과가 이 모형에 설명변수로 포함되어야 할 것인지가 결정되어야 한다. 이는 확률효과(random effect)모형에서 식(9.66)를 추정하면 해결될 수 있다.

1.2) 확률효과 모형(random effects model)

확률효과모형에서 기술비효율오차 u_i는 단측의 iid의 확률변수로서 간주된다. 모든 t 기간에 대하여 설명변수 x_{it}와 상관되지 않는다고 가정한다. 또한 확률오차 v_{it}와도 상관되지 않는다고 가정한다. 지금까지 그 오차에 대한 어떠한 분포 가정도 하지 않는다. 이제 $\beta_o^* = \beta_o - \mu (\mu = E(u_i))$를 정의하여 좀 다르게 식(9.67)을 표현하고자 한다. 즉,

$$y_{it} = \beta_0^* + \beta x_{it} + v_{it} - u_i^* \ \ where \ \ u_i^* = u_i - \mu \ \ \cdots\cdots\cdots\cdots\cdots (9.70)$$

여기서 u_i가 고정이 아닌 확률적이라는 가정은 설명변수의 일부가 시간불변이 되도록 한다. 이 확률효과모형은 패널자료에서 단측오차요소에 정확히 맞춘 형태라 할 수 있고 기본적인 두 단계일반최소자승법(GLS)으로 추정가능하다. 첫 단계는 모든 파라미터를 추정한다. 두 오차의 공분산이 함께 추정된다. 두 번째 단계는 β_o^*와 β파라미터가 재추정된다. $E(u_i)$가 양(+)으로 일정하기 때문에 β_o^*는 관측치 i에 의존하지 않는다. 따라서 하나의 절편이 추정된다. 일단 이들이 추정되면 $\hat{u}_i^*$는 실제 산출량과 추정량 간의 잔차로 측정된다. 즉,

$$\hat{u}_i^* = \frac{1}{T} \sum_t (y_{it} - \hat{\beta}_0^* - \hat{\beta} x_{it}) \ \ where \ \ \hat{\beta}_0^* = \beta_0 - \mu \ \ \cdots\cdots\cdots\cdots\cdots (9.71)$$

이를 기초로 $\hat{u}_i$는 다음과 같이 유도된다.

$$\hat{u}_i = \max(\hat{u}_i^*) - \hat{u}_i^* \ \ \cdots\cdots\cdots\cdots\cdots\cdots\cdots\cdots\cdots (9.72)$$

이 추정치는 표본수 N과 시계열 T가 무한대로 가면 일정한 값을 갖는다. 개별 생산단위의 기술효율은 고정효과모형과 같이 다음에서 추정된다.

$$TE_{it} = \exp(-\hat{u}_i) \ \ \cdots\cdots\cdots\cdots\cdots\cdots\cdots\cdots\cdots\cdots\cdots (9.73)$$

따라서 생산단위의 일정한 기술효율을 추정하려면 확률효과패널모형을 사용하는 것이 좋다.

확률효과모형의 추정치에 나타나는 공분산(covariance) 행렬은 두 오차항의 분산에 의해 결정된다. 이러한 두 분산이 알려져 있다고 가정하는 비현실적인 경우 GLS추정은 N이 무한대로 가면 일치성을 갖는다. 두 분산이 알려져 있지 않은 현실적 가정에서는 만약 두 분산의 일치추정량에 기초한다면 GLS추정은 N이 무한대로 가면 여전히 일치성을 갖는다. GLS추정의 이점은 시간불변의 투입변수를 포함시키면 고정효과의 within 추정보다도 더 효과적인 추정치를 얻을 수 있다는 점이다. 그러나 GLS 추정의 강점은 설명변수와 기술비효율 오차의 직교성(orthogonality) 즉, 두 변수 간에 상관이 없다는 점에 있다. 또한 효율 관점에서 장점은 T가 무한대로 가면 사라지고 두 추정모형의 효율성 차이는 줄어든다. 이 때문에 Schmidt and Sickles(1984)는 확률효과모형의 경우 상관성(correlation)이 실증적으로 기각되는 짧은 패널자료에 보다 더 적합하다고 지적한다.

일반적으로 고정효과와 확률효과의 주요한 차이를 정리하면 〈표 9.1〉과 같다.

표 9.1 고정효과와 확률효과의 주요 차이

	u 분포 가정	설명변수 관계가정	확률오차와 상관	추정법	자료적합도	비고
고정효과	없음	상관가능	없음	within추정(횡단자료내 변동)	횡단이 작고 시계열이 긴 자료	
확률효과	없음	없음	없음	GLS추정	횡단이 크고 시계열짧은 자료	

한편, Hausman and Taylor(1981)는 오차항이 설명변수와 상관되지 않는다는 가설을 검정하였다. 상관관계가 없다는 귀무가설이 채택되면 확률효과가 선택된다. 그렇지 않다면 고정효과가 적합하다. Hausman test는 확률효과 추정을 특징으로 하는 직교성(orthogonality)의 검정이다. 이 검정통계량은 다음과 같다.

$$H = (\hat{\beta}_R - \hat{\beta}_F)(\sum \hat{\beta}_F - \sum \hat{\beta}_R)^{-1}(\hat{\beta}_R - \hat{\beta}_F)' \quad \cdots\cdots\cdots\cdots\cdots\cdots\cdots\cdots (9.74)$$

여기서 $\hat{\beta}_R$, $\hat{\beta}_F$는 확률과 고정효과모형에서 추정된 파라미터벡터이고 우변의 중간항은 각 공분산 행렬이다. 확률효과추정이 적절하다는 귀무가설 하에 검정통계량은 설명변수와 동일한 자유도를 갖는 x^2의 점근적 분포를 한다. H검정통계량의 값이 크면 고정효과를 지지하는 것으로 간주된다. Hausman and Taylor(1981)는 비효율오차항이 설명변수와 상관되지 않는다는 비슷한 가설검정을 제시한 바 있다.

1.3) 패널모형의 최대우도추정(maximum likelihood estimation)

패널자료 사용의 주된 장점은 횡단분석에서 오차항과 설명변수가 독립이어야 한다거나 비효율오차와 통계적 잡음에 관한 분포가정 등 강한 가정을 완화시켜준 다는 점이다. 패널자료에서는 이러한 가정을 유지하는 것도 가능하고 다른 대안 으로 최대우도추정을 선택하여 추정할 수도 있다. 패널자료의 이점은 동일한 생 산단위에 대하여 반복된 관측치를 통하여 효율수준을 보다 정확하게 추정할 수 있다는 점이다. 따라서 Battese and Coelli(1988)가 제시한 기술효율은 횡단분석 에서 제시한 동일한 가정 하에서 패널자료의 기술효율로 일반화되어 적용된다. 조건부 기술효율 오차항($u_i | \varepsilon$)의 조건 하에서 비효율오차의 평균과 분산을 μ_i^*와 σ_*^2라 두자. Kumbhakar and Lovell(2000)은 이들 두 조건분포의 평균과 분산을 다음과 같이 각각 표시한다.

$$\mu_i^* = -\frac{T\sigma_u^2 \overline{\varepsilon}_i}{\sigma_v^2 + T\sigma_u^2} \quad\cdots\cdots\cdots\cdots\cdots\cdots\cdots\cdots\cdots\cdots\cdots\cdots\cdots\cdots\cdots\cdots\cdots\cdots\cdots \text{(9.75)}$$

$$\sigma_*^2 = \frac{\sigma_u^2 \sigma_v^2}{\sigma_v^2 + T\sigma_u^2}$$

단, 여기서 $\overline{\varepsilon}_i = (1/T)\sum_i \varepsilon_{it}$이다. 이러한 추정의 이점은 식(9.68)에서 처럼 최대 화없이 직접 절편항이 추정될 수 있다는 점이다. 따라서 표본에 최대성과의 생산 단위가 더 이상 100% 효율로 표준화될 필요가 없다. 패널자료의 시간불변기술효 율도 횡단자료의 기술효율과 동일한 과정으로 유도된다. 물론 기술비효율오차의 분포형태에 따라서 차이를 보인다.

2) 시간가변 효율성

효율성이 시간변화에 따라서 불변이라는 가정은 분석기간이 길 경우 적합하지 않을 수 있다. 장기적으로 효율성은 시간에 걸쳐서 변화할 수도 있기 때문이다. 시간가변 효율성도 전통적 패널자료모형으로 추정하는 방법도 있고 u_i의 확률분 포를 가정하여 최대우도추정을 통하여 추정하는 방법도 있다. 이들의 주된 차이 는 비효율성에 대한 시간가변함수의 형태가 상이하여 이에 따른 비효율성이 달라진다는 점이다.

시간불변효율의 가정을 변화시켜서 시간가변적인 효율을 반영한 모형은 다음과 같다.

$$y_{it} = \alpha_{it} + \beta x_{it} + v_{it} \ where \ \alpha_{it} = \alpha_t - u_{it} \ \cdots\cdots\cdots\cdots (9.76)$$

여기서 $u_{it} > 0$이다. α_{it}를 추정할 수 있다고 할 때 기술비효율은 다음과 같이 추정된다. 즉,

$$\hat{u}_{it} = \max(\hat{\alpha}_{it}) - \hat{\alpha}_{it} \ \cdots\cdots\cdots\cdots\cdots\cdots\cdots (9.77)$$

여기서 주된 문제는 절편 α_{it}를 추정하기 위하여 약간의 제약이 필요하다. Cornwell et al.(1990)는 절편이 다음과 같이 관측치벡터 w_t에 의존하는 모형을 소개한다. 즉,

$$\alpha_{it} = \delta_i w_t \ \cdots\cdots\cdots\cdots\cdots\cdots\cdots\cdots\cdots\cdots (9.78)$$

여기서 δ_i는 고정되어 있다. Cornwell and Schmidt(1996)는 이렇게 둠으로써 각 관측치마다 다른 성장률을 갖는 생산성성장모형과 같이 해석될 수 있다고 한다. 식(9.78)을 시간미분하면 생산단위마다 성장률을 얻을 수 있다. 이러한 구조 속에서 식(9.76)의 생산함수의 모형을 일반화하여 표시하면 다음과 같다.

$$y_{it} = \delta_i w_{it} + \beta x_{it} + v_{it} \ \cdots\cdots\cdots\cdots\cdots\cdots (9.79)$$

추정절차는 within 추정치 $\hat{\beta}$를 추정하고 이어서 OLS를 적용하여 잔여분 $(y_{it} - \hat{\beta}x_{it})$회귀를 통하여 δ_i을 추정한다. 나아가 $\hat{\delta}_i w_{it}$에서 $\hat{\delta}_{it}$를 얻는다. 마지막으로 비효율성에 관한 식(9.77)이 추정된다. Cornwell et al.(1990)는 고정과 확률효과모형을 사용했는데 시간불변 설명변수는 고정효과모형에 포함될 수 없으므로 시간가변 기술효율모형으로 GLS확률효과추정을 사용했다. 그러나 GLS추정은 기술비효율이 설명변수와 상관되어 있을 때 일관성이 없다. 따라서 이들은 도구변수(instrumental variables)를 사용하여 기술비효율과 설명변수 간의 상관성과 시간불변 설명변수의 사용문제를 해결하였다. Lee and Schmidt(1993)는 기술비효율오차 u_{it}를 다음과 같이 제시하였다.

$$u_{it} = \left(\sum_{t=1}^{T} \beta_t d_t \right) u_i \quad\text{..} \quad (9.80)$$

여기서 d_t는 시간더미변수이고 그 계수들 중의 하나는 1과 같이 설정된다. 이러한 기술변화의 형태는 일시적 패턴의 u_{it}가 모든 생산단위에 동일하게 제약을 주지 않는다. 시간가변의 기술효율은 고정과 확률효과 모형으로 추정될 수 있다. 여기서 계수 β_t는 u_i의 계수로 간주된다. 이 모형은 T–1의 추가적인 파라미터를 추정해야 하므로 단기 패널에 적합하다. 일단 β_t와 u_i가 추정되면 $\hat{u}_{it}$는 다음과 같이 표시된다. 즉,

$$\hat{u}_{it} = \max(\hat{\beta}_t \hat{u}_i) - (\hat{\beta}_t \hat{u}_i) \quad\text{.....................................} \quad (9.81)$$

이로부터 기술효율은 다음과 같이 계측된다.

$$TE_{it} = \exp(-\hat{u}_{it}) \quad\text{...} \quad (9.82)$$

비효율오차항이 독립적으로 분포하면 최대우도기법을 사용하여 시간가변 기술효율을 추정할 수 있다. 시간더미를 추가한 기술효율은 다음과 같이 표시된다.

$$u_{it} = \beta_t u_i \quad\text{..} \quad (9.83)$$

여기서 β_t는 시간변화의 파라미터이고 u_i는 생산단위 비효율성의 차이를 보여준다. Kumbhakar(1990)는 u_{it}에 대하여 β_t를 다음과 같은 시간의 파라미터 함수로 대체하여 표현하였다.

$$u_{it} = \frac{u_i}{(1 + \exp(\delta_1 t + \delta_2 t^2))} \quad\text{...} \quad (9.84)$$

Battese and Coelli(1992)도 다음과 같은 시간가변 기술효율 오차항을 제안하고 있다. 즉,

$$u_{it} = \exp(-\delta(t - T)) \cdot u_i \quad\text{....................................} \quad (9.85)$$

이 두 가지 시간가변 모형은 최대우도함수를 사용하여 추정된다. Kumbhakar(1990)는 추정이 필요한 δ_1, δ_2를 제시하고 있는데 이들의 부호와 크기가 식(9.84)

의 분모를 결정하며 증가 내지 감소하거나 오목 내지 볼록한 형태가 결정된다. 파라미터 β_i는 0과 1사이에서 변화한다. 시간불변 기술효율의 귀무가설의 검정은 $H_0 : \delta_1 = \delta_2 = 0$라는 가설을 설정한다. 귀무가설이 성립하면 식(9.84)에서 $\gamma = \delta = 0$가 되고 β_i는 1/2의 일정한 값을 갖는다.

반면 Battese and Coelli(1992)는 하나의 파라미터 δ만을 추정한다. $\beta_t = \exp(-\delta(t-T))$는 양의 값을 가질 수 있다. 2차 미분값이 항상 양(+)이고 $\delta > 0$이면 이는 감소형이 되고 만약 $\delta < 0$이면 이는 증가형이 된다.[8] 이 때 시간불변 기술효율의 귀무가설인 $H_0 : \delta = 0$를 검정하면 된다.

Kumbhakar and Hjalmarssan(1993)은 기술비효율오차를 다음과 같이 표시하기도 한다. 즉,

$$u_{it} = a_i + \xi_{it} \quad\cdots\cdots\cdots\cdots\cdots\cdots\cdots\cdots\cdots\cdots\cdots\cdots\cdots\cdots\cdots\cdots (9.86)$$

여기서 a_i는 누락된 시간불변 변수로 인하여 생기는 관측치의 이질성을 잡아내는 관측치 특정 요소이다. ξ_{it}는 반정규분포를 갖는 관측치의 시간특정 요소이다. 이 모형의 추정은 2단계로 진행된다.

첫째, 고정효과나 확률효과모형을 사용하여 식(9.84)에 있는 변수만 제외하고 생산모형의 모든 파라미터를 추정한다.

둘째, ξ_{it}와 v_{it}에 대한 분포가정을 한다. 일단계 파라미터 추정이 주어진 전제하에 고정효과 $(\beta_0 + a_i)$와 ξ_{it} 및 v_{it}를 우도비를 통하여 추정한다.

4. 패널 SFA와 결정요인 모형

패널자료체계를 통하여 관측되지 않는 생략된 변수들을 수정하는 것이 가능하다. 이들 변수들은 각 개별 관측치에 특별한 특징을 포함하고 있다. 이러한 관측되지 않는 생략된 변수들이 포함된 변수들과 상관되어 있다면 추정계수가 편의를 가질 수도 있다. 패널자료방법을 사용하게 되면 횡단방법이 가진 여러 한계를 해결할 수 있다. 횡단자료의 상이한 관측치 간의 차이는 물적 자본이나 인적 자본의 차이로 완전히 설명되지는 않는다. 어떤 면에서 초기 상태가 비교 대상이 되는 관측치 간에 상당히 다른 총생산량을 결정할 수도 있다. 상이한 관측치들에 대한 횡

---

8) 식(9.85)의 β_t 파라미터를 1, 2차 미분하면 다음과 같다. 즉,
$\partial\beta/\partial t = \exp(-\delta(t-T))\cdot(-\delta)$, $\partial^2\beta/\partial t^2 = \exp(-\delta(t-T))\cdot\delta^2$

단자료의 회귀분석은 선호와 기술의 차이를 설명하기 위한 여러 가지 설명변수를 필요로 한다. 그러나 이러한 차이들이 잘 측정되지 않고 관측되지 않는다. 패널 자료 접근방법은 개별적 효과에 대하여 통제함으로써 이러한 문제들을 해결할 수 있다. 패널자료접근을 통하여 우리는 자료 속에 횡단과 시계열 변화를 분석하고 횡단분석에 포함된 공통의 기술에 대한 가정의 타당성을 살펴볼 수가 있다.

Kumbhakar et al.(1991), Reifschneider and Stevenson(1991), Huang and Liu(1994) 등이 확률변경생산함수와 기술비효율오차를 추정하고 기술비효율오차의 결정요인을 동시에 추정하는 시도를 한 바 있다. 특히 Battese and Coellli (1995)는 기술비효율 오치항을 설명하는 설명변수를 포함하여 패널자료를 사용하는 SFA기술비효율 모형을 제시한 바 있다. 이 확률적 기술비효율의 모형을 통하여 시간더미 등으로 추정되는 기술변화와 시간가변 기술비효율을 함께 측정할 수 있다. 여기서는 2단계 접근을 사용하여 생산함수와 기술비효율 요인을 동시에 추정한다. 1단계에서는 확률변경생산함수와 기술비효율오차를 추정하고 2단계에서는 추정된 기술비효율오차를 위한 회귀모형을 제시한다. 이는 확률프런티어에서 동일하게 분포하는 비효율오차란 가정을 무시한다.

분석을 위하여 패널자료에 대한 확률변경생산함수를 다음과 같이 가정하자.

$$y_{it} = \exp(x_{it}\beta + v_{it} - u_{it}) \quad\text{(9.87)}$$

여기서 다른 변수들의 정의는 이전과 동일하다. v_{it}는 $iid \sim N(0, \sigma_v^2)$으로 분포하고 u_{it}와 독립이다. u_{it}는 비음의 확률변수로서 생산의 기술비효율 오차항이다. u_{it}는 절단정규분포를 하고 그 평균과 분산은 각각 $z_{it} \cdot \delta$ 와 σ_u^2이다. z_{it}는 시간에 따른 관측치의 기술비효율 설명변수 (1 * m벡터)이다. δ는 추정되어야 할 계수이다 (m * 1벡터). 식(9.87)은 전통적인 생산함수 관점에서 패널자료를 위한 확률변경 생산함수를 보여준다. 그러나 전통적 확률변경생산함수와는 다르게 기술비효율 오차를 설명하는 설명변수와 추정되어야 할 파라미터의 함수로 가정되어야 한다. 만약 추정된 δ가 0이라면 기술비효율오차는 그 설명변수와는 관계가 없고 일반적인 패널자료의 확률변경생산함수가 된다.

기술비효율오차를 분리해서 자세히 보면 다음과 같이 표현된다.

$$u_{it} = z_{it}\delta + w_{it} \quad\text{(9.88)}$$

여기서 u_{it}는 기술비효율오차로서 독립적이지만 동일하게 분포하지는 않는다고 가정한다. z_{it}는 기술비효율오차의 설명변수이고 δ는 추정되어야 할 계수이다.

기술비효율오차 u_{it}는 $u_{it} \sim iidN^+(z_{it} \cdot \delta,\ \sigma_u^2)$의 절단정규분포를 한다. 그런데 $u_{it} \geq 0$ 여야 하므로 $w_{it} \geq -z_{it} \cdot \delta$가 되어야 한다.[9] 따라서 기술비효율오차의 확률오차 w_{it}는 평균이 0이고 분산이 σ_w^2으로서 절단정규분포를 가정한다. 즉, $w_{it} \sim iidN(0,\ \sigma_w^2)$의 절단정규분포를 한다. 또한 식(9.88)에서 u_{it}의 설명변수에 초점을 주었기에 실제 추정식에서는 추정 파라미터 δ의 절편항을 포함시키지는 않았다. 실제 추정에서는 그 절편항을 포함할 수도 있고 제외할 수도 있을 것이다. 확률변경과 기술비효율 모형의 파라미터를 동시에 추정하는 경우에도 최대우도추정접근법을 사용한다. 여기서 우도함수도 확률오차와 기술비효율오차의 분산을 고려하여야 한다. 즉, 전체의 분산 $\sigma^2 = \sigma_v^2 + \sigma_u^2$이고 $\gamma = \sigma_u^2/\sigma^2$로 정의한다. 따라서 기술효율의 정의는 다음과 같다. 즉,

$$TE_{it} = \exp(-u_{it}) = \exp(-z_{it} \cdot \delta - w_{it}) \cdots\cdots\cdots\cdots\cdots\cdots\cdots (9.89)$$

식(9.89)의 기술효율의 기대치는 전체 모형의 가정이 주어졌을 때 일종의 조건기대치에 근거하여 추정된다.

패널자료의 본질을 보다 잘 이용하기 위해서 Kumbhakar and Hjialmasson(1995)와 Wang(2003)은 식(9.88)의 비효율모형 속에 개별적인 특성효과를 통합할 것을 제안한다. 이렇게 확장하면 within 추정치를 얻을 수 있다. Kumbhakar(1991)는 특별한 특징을 고려하기 위하여 더미변수의 추가를 제안한다.

5. 외생적 비효율 결정요소와 이분산

전통적으로 선형회귀모형에서는 확률오차의 동분산(homoskedasticity)을 가정한다. 즉, 오차의 분산이 일정하다고 가정한다. 그러나 때로는 확률오차가 관측치의 규모와 관련된 특징과 연계되어 양(+)의 분산을 갖는 이분산(heteroskedasticity)을 보일 수도 있다. 즉, 관측치의 규모가 커질수록 오차의 분산도 확대되는 현상을 보이는 경우가 있다. 사실 확률오차의 이분산은 추정파라미터는 불편이고 일관되기 때문에 영향은 그렇게 심각하지는 않을 수도 있다. 그러나 이분산의 문제는 확

---

9) 이는 기술비효율효과가 $+u$여야 하기 때문이다.

률변경함수에서 심각한 영향을 미칠 수 있다. 기술비효율오차의 원인이 생산자의 규모에 따라서 변화한다면 양(+)의 기술비효율오차항도 이분산일 수도 있다. 따라서 복합오차항의 이분산을 확인할 필요가 있다.

Aigner et al.(1977) 등 전통적 SFA모형에서는 v_i와 u_i의 동분산을 가정하고 그 분산들이 모두 일정하다고 가정한다. 그런데 Caudill and Ford(1993), Caudill et al.(1995), Hadri(1999)는 확률변수가 이분산인 모형을 제기하였다. 이분산은 추정치의 일관성에는 영향을 주지 않으나 비효율에는 영향을 미친다. 특히 Wang and Schmidt(2002)는 확률변경함수에서 이분산을 무시하면 비일관된 추정을 초래할 수도 있다고 주장한다. Kumbhakar and Lovell(2000)은 이분산을 무시할 경우의 결과를 설명하고 있다. 특히 v_i와 u_i가 이분산을 가정할 때 다음과 같은 결과를 주장한다.

첫째, v_i의 이분산을 무시하면 절편항을 제외한 확률변경파라미터(β)는 여전히 일관된 추정치를 제공한다. 그러나 절편항은 편의가 발생하고 기술비효율 추정도 편의가 있다.

둘째, u_i의 이분산을 무시하면 확률변경파라미터(β)뿐만 아니라 기술효율 추정도 왜곡을 초래할 수 있다.

확률변경모형에서 중요한 주제 중의 하나는 기술비효율 분포에 영향을 미치는 외생변수를 포함시키는 문제이다. 생산과정의 투입물이나 산출물도 아니면서 생산단위의 성과에 영향을 미치는 이러한 외생변수들은 다양한 방법으로 통합되고 있다. 즉, 이 외생변수들은 변경함수나 비효율분포를 이동시키거나 확대 내지 이들을 동시에 일으킬 수 있다. 또한 통제할 수는 없지만 관측가능한 u_i와 v_i의 이분산이 있을 경우 변경함수의 추정에 영향을 미칠 수 있다. 특히 v_i의 이분산은 프런티어 추정파라미터 계수에는 거의 영향을 미치지 않지만 비효율추정에는 영향을 줄 수 있다.

Kumbhakar and Lovell(2000)이 보여주듯이 이분산의 존재는 횡단자료뿐만 아니라 패널자료에도 적용이 가능하다. 기존 연구의 대부분은 2단계 접근을 통하여 외생적 효과를 통합하는 형태를 따랐다. 첫 단계에서 외생적 요소를 통제하지 않으면서 비효율을 추정하고 그 다음 단계로 외생적 요소를 가지고 기술비효율을 설명한다. 그런데 Wang and Schmidt(2002)는 이런 방법이 기술비효율 추정에 심각한 왜곡을 초래할 수 있다고 주장한다. 여기서는 이들을 동시에 추정하는 모형을 중심으로 소개한다.

비효율모형의 외생적 영향에 관한 논란의 중심은 분포의 위치에 관한 것이다. Kumbhakar et al.(1991), Battese and Coelli(1995) 등은 사전적으로 절단정규분포를 따르는 기술비효율 분포의 평균을 파라미터로 취하였다. 즉, 기술비효율의 평균이 임의의 외생변수들에 의하여 영향을 받는 것으로 가정하였다. 이 모형은 다음과 같이 표시할 수 있다.

$$u_i \sim N^+(\mu_i, \sigma_u^2) \quad\text{·· (9.90)}$$
$$\mu_i = z_i\,\delta$$

여기서 u_i는 절단정규분포를 하는 기술비효율오차이고 z_i는 기술비효율에 영향을 미치는 외생적 변수벡터이다.[10] δ는 추정해야 할 파라미터 벡터이다. z_i는 투입물 변수와 상호작용을 내포하고 있을 수도 있다. 따라서 기술비효율이 투입물 사용에 미치는 영향이 없다는 가설검정을 필요로 한다.

한편, 기술비효율에 대한 외생적 결정요소들의 효과를 파악하는 또 다른 방법은 기술비효율 분포를 확장해 보는 것이다. 즉, u_i와 v_i 혹은 이들 각각에 있어서 이분산을 도입한 모형을 직접 사용하는 것이다. Caudill and Ford(1993), Caudill et al.(1995), Hadri(1999)는 다음과 같이 사전적으로 절단정규분포를 따르는 기술비효율의 분산을 매개변수화하는 모형을 설정하였다. 즉,

$$u_i \sim N^+(0, \sigma_{ui}^2)$$
$$\sigma_{ui}^2 = \exp(z_i\,\Psi) \quad\text{·· (9.91)}$$

여기서 기술비효율의 분산이 매개변수로서 외생변수의 영향으로 변화하는 형태를 가정하고 있다. z_i는 외생변수이고 Ψ는 추정해야 할 파라미터 벡터이다.

Hadri(1999)는 기술비효율의 이분산에 확률오차의 이분산을 적용하여 기술비효율과 동일한 이분산 모형을 제시하였다. 즉,

$$v_i \sim N(0, \sigma_{vi}^2)$$
$$\sigma_{vi}^2 = \exp(h_i\,\omega) \quad\text{·· (9.92)}$$

---

10) 외생적 변수의 파라미터식은 절편항을 포함할 수도 있다.

여기서 확률오차의 분산이 매개변수이고 외생변수의 영향에 따라서 변화하는 이분산을 갖는다. b_i는 확률오차의 분산을 설명하는 외생변수이고 ω는 추정해야 할 파라미터이다. 외생변수(b_i)는 확률오차에 영향을 미치는 변수로 확률오차와 기술비효율오차의 발생원인이 상이하므로 대체로 기술비효율 오차의 설명변수로서 확률오차의 설명변수와 필연적으로 동일하지는 않다. 이러한 이분산의 모형들은 횡단자료와 패널자료 모두에 적용가능하다. Wang and Schmidt(2002)는 동일한 양의 단조증가하는 규모함수인 $h(z_i, \delta)$로 기술비효율의 평균와 분산을 확장하는 모형을 제시하기도 하였다. 이는 z_i가 기술비효율 오차의 평균과 분산에 모두 영향을 미치는 형태로 규모함수를 포함한 것이다. 즉,

$$u_i^* \sim N^+(\mu,\ \sigma_u^2)$$
$$u_i = h(z_i,\ \delta) \cdot u_i^* \ \dotfill \ (9.93)$$

u_i^*는 절단정규분포의 기본형이고 u_i는 이 기본형에 규모함수인 $h(z_i, \delta)$를 곱하여 외생변수인 z_i에 따라서 u_i가 변화하는 형태로 기술비효율오차의 이분산을 반영하였다.

6. 확률변경비용모형

1) 횡단변경비용 모형

비용변경모형은 생산변경과 같이 단일 방정식 모형으로 다룰 수 있다. 이 경우에 비용변경을 설명하는 파라미터의 추정뿐만 아니라 비용효율에 대한 생산자의 특별한 추정결과도 얻을 수 있다. 그러나 투입물 자료나 투입비용비중 자료가 이용가능하면 그리고 Shephard Lemma가 적용되면 비용변경은 연립방정식 모형의 요소로 다룰 수 있다. 이 때 기술효율의 규모 및 비용과 투입할당 효율의 생산자 특별 추정치를 얻을 수도 있다. 여기서는 확률변경의 비용함수를 소개하는 데 초점을 두기에 단일 방정식 비용변경 모형을 중심으로 설명할 것이다.

비용변경에 필요한 자료는 투입물가격, 산출물 가격, 총비용에 관한 횡단자료이다. 비용변경은 다음과 같이 표시된다. 즉,

$$E_i \geq C(y_i,\ w_i : \beta),\quad i = 1,\ \cdots,\ I \ \dotfill \ (9.94)$$

여기서 $E_i = wx$로서 총비용이고 우변의 C(·)는 최소비용이다. β는 추정되야 할 파라미터이다. 비용함수에서 투입물벡터 x_i는 반드시 필요한 것은 아니다. 그러나 투입물벡터가 없으면 비용효율을 투입물의 기술효율과 할당효율로 분해할 수는 없다. 비용효율을 CE_i로 두면 이는 다음과 같이 정의된다.

$$CE_i = \frac{\text{최소비용}}{\text{실제비용}} = \frac{C(y, w : \beta)}{E_i} \quad \cdots\cdots\cdots\cdots\cdots\cdots \quad (9.95)$$

실제비용보다 최소비용이 작거나 같으므로 비용효율은 1보다 작거나 같다. 1이면 효율적이나 1보다 작으면 비효율적이다. 최소비용을 초과하는 실제비용은 비용비효율을 가져온다. 그런데 여기서 확률오차를 고려하지 않고 있는데 이를 고려하고 비용비효율을 고려하면 실제 비용(E_i)은 다음과 같이 표시된다.

$$E_i = C(y_i, w_i : \beta) \cdot \exp(v_i) \cdot \exp(u_i) \quad \cdots\cdots\cdots\cdots\cdots \quad (9.96)$$

$\exp(v_i)$는 확률오차이고 $\exp(u_i)$는 비용비효율오차이다. 이를 이용하여 비용효율을 다시 정의하면 다음과 같이 표현된다. 즉,

$$CE_i = \frac{C(y_i, w_i : \beta) \cdot \exp(v_i)}{C(y_i, w_i : \beta) \cdot \exp(v_i) \cdot \exp(u_i)} = \exp(-u_i) \quad \cdots\cdots\cdots \quad (9.97)$$

이제 확률오차를 고려하기에 분자의 최소비용에는 확률오차가 부가되고 분모의 실제비용에는 확률오차와 비용비효율오차가 모두 포함된다. 결국 비용효율은 비용비효율 오차로서 정의된다.

단일 방정식의 확률변경 비용함수의 추정을 위해서는 최대우도법과 적률접근 방법을 사용할 수 있다.[11] 단일방정식 비용 변경함수가 로그 선형의 콥-더글러스 함수형태라고 가정하면 식(9.94)는 다음과 같은 구체적 함수 형태로 표현할 수 있다.

$$\ln E_i \geq \beta_0 + \beta_y \ln y_i + \sum_n \beta_n \ln w_{ni} + v_i$$

$$= \beta_0 + \beta_y \ln y_i + \sum_n \beta_n \ln w_{ni} + v_i + u_i \quad \cdots\cdots\cdots\cdots\cdots \quad (9.98)$$

---

11) 적률 추정법은 Kumbhakar and Lovell(2000)을 참조바란다.

v_i는 양측 확률오차이고 u_i는 비음의 비용비효율오차이다. 전체 오차 $\varepsilon_i = v_i + u_i$로 구성된다. 규모일정불변의 비용변경은 투입물가격에 선형 동질적이야 하므로 $C(y, \lambda w) = \lambda C(y, w)$, $\lambda > 0$가 성립하고 파라미터 제약조건으로 $\beta_k = 1 - \sum_{n \neq k} \beta_n$이 추정식에 부과되어야 한다. 이것이 부과되면 규모일정불변의 비용변경은 다음과 같이 변형된다. 즉

$$\ln\left(\frac{E_i}{w_{ki}}\right) = \beta_0 + \beta_y \ln y_i + \sum_{n \neq k} \beta_n \ln\left(\frac{w_{ni}}{w_{ki}}\right) + v_i + u_i \quad \cdots\cdots\cdots\cdots (9.99)$$

이 비용변경함수는 동차성제약(homogeneity restriction)과 비용비효율 오차의 부호만 제외하고 생산의 확률변경함수와 그 형태는 동일하다. β와 오차항의 두 구성요소를 추정하기 위해서는 최대우도추정을 사용한다. 여기서는 최대우도추정법을 사용하여 식(9.99)에 제시된 콥-더글러스 비용변경을 소개한다. 이에 따른 반정규분포의 분포가정을 하면 다음과 같다.

(i) $v_i \sim iid\ N(0, \sigma_v^2)$

(ii) $u_i \sim iid\ N^+(0, \sigma_u^2)$

(iii) v_i와 u_i는 서로 독립적으로 분포하고 설명변수와도 독립적이다.

$0 \leq u$와 v의 밀도함수가 주어질 때 오차항 $\varepsilon = v + u$의 한계밀도 함수는 다음과 같다.

$$\begin{aligned}
f(\varepsilon) &= \int_0^\infty f(u, \varepsilon)\,du \\
&= \int_0^\infty \frac{2}{2\pi\sigma_u\sigma_v} \cdot \exp\left\{\frac{-u^2}{2\sigma_u^2} - \frac{(\varepsilon-u)^2}{2\sigma_v^2}\right\} du \\
&= \frac{2}{\sqrt{2\pi} \cdot \sigma}\left\{1 - \Phi\left(\frac{-\varepsilon\lambda}{\sigma}\right)\right\} \cdot \exp\left\{-\frac{\varepsilon^2}{2\sigma^2}\right\} \\
&= \frac{2}{\sigma} \cdot \phi\left(\frac{\varepsilon}{\sigma}\right) \cdot \Phi\left(\frac{\varepsilon\lambda}{\sigma}\right) \quad \cdots\cdots\cdots\cdots\cdots\cdots\cdots\cdots (9.100)
\end{aligned}$$

여기서 $\sigma = (\sigma_u^2 + \sigma_v^2)^{1/2}$, $\lambda = \sigma_u/\sigma_v$이고 $\Phi(\cdot)$와 $\phi(\cdot)$는 표준정규누적분포와 밀도함수이다. σ_u가 0으로 가거나 σ_v가 무한대로 가면 λ는 0에 가까워진다. λ에 대한 가설검정도 가능하다.

한계밀도함수는 다음과 같은 평균과 분산을 갖는 비대칭적 분포를 한다. 즉,

$$E(\varepsilon) = E(u) = \sigma_u \sqrt{\frac{2}{\pi}}$$

$$V(\varepsilon) = \frac{\pi - 2}{\pi} \sigma_u^2 + \sigma_v^2 \quad \cdots\cdots\cdots\cdots\cdots\cdots\cdots\cdots\cdots\cdots\cdots\cdots \quad (9.101)$$

식(9.100)을 이용하면 로그우도함수가 다음과 같이 유도된다. 즉,

$$\ln L = cons \tan t - N \ln \sigma + \sum_i \ln \Phi \left(\frac{\varepsilon_i \lambda}{\sigma} \right) - \frac{1}{2\sigma^2} \sum_i \varepsilon_i^2 \quad \cdots\cdots \quad (9.102)$$

로그우도함수는 파라미터 관점에서 모든 파라미터의 최대우도추정치가 되도록 최대화된다.

그 다음에 개별 관측치의 비용효율을 추정하는데 필요한 u_i를 포함하는 $\varepsilon_i = v_i + u_i$를 추정해야 한다. $\varepsilon_i < 0$이면 $E(v_i) = 0$이므로 u_i는 크지 않게 되고 이는 비용효율적이다. 반면 $\varepsilon_i > 0$면 u_i값이 크고 비용비효율적이 된다. 필요한 것은 ε_i가 u_i에 대하여 갖고 있는 정보를 파악한 상태에서 u_i의 조건분포를 추정하는 것이다. $u_i \sim N^+(0, \sigma_u^2)$일 때 비용효율을 위한 u의 조건확률밀도함수 $f(u | \varepsilon)$는 다음과 같다.

$$f(u | \varepsilon) = \frac{f(u, \varepsilon)}{f(\varepsilon)}$$

$$= \frac{1}{\sqrt{2\pi} \cdot \sigma_*} \cdot \exp\left\{ -\frac{(u - \mu_*)^2}{2\sigma_*^2} \right\} / \left\{ 1 - \Phi\left(\frac{-\mu_*}{\sigma_*} \right) \right\} \quad \cdots\cdots\cdots \quad (9.103)$$

여기서 μ_*와 σ_*^2은 다음과 같이 정의된다. 즉,

$$\mu_* = \frac{\sigma_u^2 \cdot \varepsilon}{(\sigma_u^2 + \sigma_v^2)}$$

$$\sigma_*^2 = \frac{\sigma_u^2 \cdot \sigma_v^2}{(\sigma_u^2 + \sigma_v^2)}$$

$f(u | \varepsilon)$는 $N^+(\mu_*, \sigma_*^2)$로 분포하고 생산함수의 추정에서 제시한 비효율 오차의 기댓값과 동일하게 계산된다. 또한 비용효율도 생산함수와 동일한 공식에 의하여 효율이 측정된다. 언급했듯이 우도값은 생산효율에서 사용했던 ε를 $-\varepsilon$로 대체함으로서 계산된다. 이처럼 최대우도추정에서 분포가정이나 효율의 정의 등은 비용함수에서 그대로 적용된다.

2) 패널 확률변경비용모형

횡단자료에서 자료의 한계로 다음과 같은 가정을 전제로 비용효율을 추정한다.

첫째, 확률변경비용함수에서 ML추정과 오차의 분해 등은 오차항에 대한 강한 분포가정을 하고 있다.

둘째, ML추정을 할 때, 비용비효율 오차는 산출물, 투입가격 등 설명변수와 독립적이라는 가정을 필요로 한다. 그러나 비용비효율의 원인이 큰 규모로 인한 것이란 점이 논란이 되고 있다. 비효율의 원인이 그것에 있다면 독립성 가정에 문제가 제기될 수 있다.

이러한 문제에 대하여 패널 자료를 사용하면 이 문제를 극복할 수 있다. 분포와 독립성 가정에도 불구하고 ML추정은 비용효율에서도 여전히 널리 적용되고 있다. 그러나 패널접근에서는 고정효과와 확률효과가 이용가능하고 ML기법보다 어느 정도 이점을 갖는다.

패널분석에서 관측치의 횡단뿐만 아니라 시계열 자료를 필요로 한다. 패널자료가 균형을 유지할 필요는 없다. 우선 비용효율이 시간불변이라고 가정하자. 이때 비용변경모형은 다음과 같이 표현된다.

$$\ln E_{it} = \beta_0 + \beta_y \ln y_{it} + \sum_n \beta_n \ln w_{nit} + v_{it} + u_i \quad \cdots\cdots\cdots\cdots\cdots (9.104)$$

이 식에서 v_{it}는 확률오차이고 u_i는 시간불변 비용비효율 오차이다. $\sum_n \beta_n = 1$로 두면 투입가격에서 비용변경의 1차동차가 성립한다. $v_{it} \sim iid(0, \sigma_v^2)$이고 설명변수와 상관되지 않고 시간에 가변적이다. 만약 식(9.104)에서 u_i에 대하여 어떤 분포가정이나 독립성 가정을 하지 않으면 이는 고정효과접근으로 추정하는 것이 된다. 고정효과모형에 따라서 식(9.104)를 다시 표현하면 다음과 같다.

$$\ln E_{it} = \beta_{0i} + \beta_y \ln y_{it} + \sum_n \beta_n \ln w_{nit} + v_{it} \quad \cdots\cdots\cdots\cdots\cdots (9.105)$$

식(9.105)에서 $\beta_{0i} = \beta_0 + u_i$를 의미하고 이는 생산단위의 특정절편에 해당된다. 모형은 최소자승 더미변수(least square dummy variables: LSDV)방법으로 추정가능하다. 추정 후 비용변경의 절편은 다음과 같은 표준화 과정을 거친다. 즉,

$$\hat{\beta}_0 = \max_i(\hat{\beta}_{0i}) \quad\cdots\cdots\cdots\cdots\cdots\cdots\cdots\cdots\cdots\cdots\cdots\cdots\cdots (9.106)$$

이에 기초하여 u_i는 다음과 같이 추정한다.

$$\hat{u}_i = \hat{\beta}_0 - \hat{\beta}_{0i} = \max_i(\hat{\beta}_{0i}) - \hat{\beta}_{0i} \quad\cdots\cdots\cdots\cdots\cdots\cdots\cdots (9.107)$$

최종적으로 개별 생산단위의 비용효율은 다음과 같다.

$$CE_i = \exp(-\hat{u}_i) \quad\cdots\cdots\cdots\cdots\cdots\cdots\cdots\cdots\cdots\cdots\cdots\cdots\cdots (9.108)$$

고정효과모형에서 적어도 한 생산자가 $CE_i = 1$을 보이면 나머지 생산자들은 1보다 작은 비용효율 값을 갖는다. 비용효율은 횡단관측치가 커질수록, 시간이 길어질수록 일관성을 갖도록 추정된다.

다른 한편 비용효율의 추정은 확률효과모형으로 추정할 수도 있다. u_i가 일정한 평균과 분산을 갖고 확률적으로 분포한다고 가정하자. 하지만 v_{it} 및 설명변수와는 상관이 없다고 가정한다. v_{it}는 0의 기댓값과 일정한 분산을 가정한다. 시간불변 설명변수를 사용하여 확률효과모형으로 식(9.104)를 다시 제시하면 다음과 같다.

$$\ln E_{it} = \beta_0^* + \beta_y \ln y_{it} + \sum_n \beta_n \ln w_{nit} + v_{it} + u_i^* \quad\cdots\cdots\cdots\cdots (9.109)$$

식(9.109)에서 β_0^*는 다음과 같이 정의되고 추정된다.

$$\beta_0^* = \{\beta_0 + E(u_i)\}$$
$$E(u_i^*) = E\{u_i - E(u_i)\} \quad\cdots\cdots\cdots\cdots\cdots\cdots\cdots\cdots\cdots\cdots\cdots (9.110)$$

확률효과모형은 GLS로 추정된다. 식(9.109)가 추정된 후에 u_i^*의 추정은 회귀잔여분으로부터 다음을 통하여 계산된다. 즉,

$$\hat{u}_i^* = (1/T) \sum_t (\ln E_{it} - \hat{\beta}_0^* - \hat{\beta}_y \ln y_{it} - \sum_n \hat{\beta}_n \ln w_{nit}) \quad\cdots\cdots (9.111)$$

u_i의 추정치는 다음의 표준화를 통하여 얻는다.

$$\hat{u}_i = \hat{u}_i^* - \min_i(\hat{u}_i^*) \geq 0 \quad\cdots\cdots\cdots\cdots\cdots\cdots\cdots\cdots\cdots\cdots\cdots \quad (9.112)$$

최종적으로 비용효율은 다음과 같이 추정된다.

$$CE_i = \exp(-\hat{u}_i) \quad\cdots\cdots\cdots\cdots\cdots\cdots\cdots\cdots\cdots\cdots\cdots\cdots \quad (9.113)$$

이 비용효율의 추정치도 횡단관측치가 커질수록, 시간이 길어질수록 일관성을 갖도록 추정된다.

GLS추정치는 확률효과(u_i)가 설명변수와 상관되어 있지 않다는 가정에 의존하는 반면에 고정효과추정은 이에 의존하지 않는다. 그러나 GLS는 시간불변 설명변수를 포함시키는 것이 가능하기 때문에 독립성 가정을 검정하는 것이 바람직하다. Hausman and Taylor(1981)방법이 사용될 수 있다. 만약 독립성 가정이 보장되고 v와 u에 대한 분포가정을 하려하면 식(9.104)의 파라미터의 추정은 동일하게 MLE를 이용할 수 있다. MLE는 분포가정을 이용하기 때문에 고정효과와 확률효과보다 효율적인 파라미터 추정이 가능하다.

패널자료가 길수록 비용효율이 시간불변이라는 가정이 유지되기는 어려워진다. 이 때 3가지 추정방법인 고정효과, 확률효과, MLE접근이 시간가변비용효율을 추정하는데 사용된다. 이 경우 고정효과와 확률효과의 경우에는 비용비효율 생산자에 대한 절편을 낮추기보다는 높여주는 변화가 필요하고 MLE추정시에는 ε의 부호를 변화시키는 것이 필요하다.

7. 확률변경이윤모형

1) 횡단확률변경이윤모형

이윤은 비용보다 넓은 개념이다. 이윤은 비용과 수입에 관한 생산의 투입물과 산출물 벡터의 효과를 동시에 고려하기 때문이다. Berger and Mester(1997)에 따르면 이윤함수는 시장지배력을 고려하느냐의 여부에 따라서 표준이윤함수(standard profit function)와 대안이윤함수(alternative profit function)로 구별될 수 있다. 표준이윤함수는 산출물과 투입물이 완전히 경쟁적이라고 가정한다. 산출물가격(p)과 투입물가격(w)이 주어졌다고 할 때 투입물과 산출물을 조정함으로써 이윤을 극대화한다. 반면에 대안이윤함수에서는 불완전경쟁 하에서 산출물가격은 조정이 가능한 것으로 간주한다. 따라서 산출물과 투입요소가격은 주어진 것으로 간주하고 산출물가격과 투입물을 조정하여 최대이윤을 도출한다.

먼저 표준이윤함수를 구성하는 자료는 투입물가격, 산출물 가격, 이윤에 관한 횡단자료이다. 이윤변경은 다음과 같이 표시된다. 즉,

$$\Pi(p, \ w) \geq \Pi^a(p_i, \ w_i : \beta), \ i = 1, \ \cdots, \ I \ \cdots\cdots\cdots\cdots\cdots\cdots \quad (9.114)$$

여기서 좌변은 최대이윤이고 $py^* - wx^*$로 정의된다. 우변의 Π^a는 실제이윤으로 $py - wx$로 정의되고 β는 추정되어야 할 파라미터이다. 이윤효율을 PE_i로 두면 이는 다음과 같이 정의된다.

$$PE_i = \frac{\text{최대이윤}}{\text{실제이윤}} = \frac{\Pi(p, \ w)}{\Pi^a(p_i, \ w_i : \beta)} \ \cdots\cdots\cdots\cdots\cdots\cdots\cdots \quad (9.115)$$

실제이윤은 최대이윤보다 적거나 같으므로 이윤효율은 1보다 크거나 같다.[12] 1 이면 효율적이나 1보다 크면 비효율적이다. 실제이윤이 최대이윤에 이르지 못하면 이윤비효율을 가져온다. 최대이윤에 이르지 못하는 것은 이윤비효율이 작용하기 때문이다. 이윤비효율 오차와 확률 오차를 함께 고려하게 되면 실제이윤은 다음과 같이 정의된다.

$$\Pi^a = \Pi(p, \ w) \cdot \exp(v_i) \cdot \exp(u_i) \ \cdots\cdots\cdots\cdots\cdots\cdots\cdots \quad (9.116)$$

$\exp(v_i)$는 확률오차이고 $\exp(u_i)$는 이윤비효율오차이다. 확률오차를 실제이윤에 고려하면 최대이윤에도 동시에 포함해야 할 것이다. 오차항을 고려하여 실제이윤과 최대이윤을 이윤효율의 정의에 대입하면 다음과 같은 식을 얻는다. 즉,

$$PE_i = \frac{\Pi(p, \ w) \cdot \exp(v_i)}{\Pi(p, \ w) \cdot \exp(v_i) \cdot \exp(u_i)} = \exp(-u_i) \ \cdots\cdots\cdots\cdots \quad (9.117)$$

이제 확률오차를 고려하기에 분자의 최대이윤에 확률오차가 부가되고 분모의 실제이윤에는 확률오차와 이윤비효율오차가 모두 포함된다. 결국 이윤효율은 이윤비효율 오차로 정의된다.

단일 방정식의 확률변경 이윤함수의 추정을 위해서는 최대우도법과 적률접근

---

12) 이는 Farrell의 효율로 측정된 것이다.

방법을 사용할 수 있다. 단일방정식 이윤 변경함수가 로그 선형의 콥-더글러스 함수형태라고 가정하면 식(9.116)은 다음과 같은 구체적 함수 형태로 표현할 수 있다.

$$\ln \Pi_i^a = \beta_0 + \beta_m \sum_m \ln p_{mi} + \sum_n \beta_n \ln w_{ni} + v_i - u_i \cdots\cdots\cdots\cdots (9.118)$$

v_i는 양측 확률오차이고 u_i는 비음(≥ 0)의 이윤비효율오차이다. p_{mi}는 산출물가격이고 w_{ni}는 투입요소의 가격이다. 전체 오차항은 $\varepsilon_i = v_i - u_i$로 구성된다. 이러한 이윤효율의 정의에서 가격의 외생적 특성으로 생산단위의 시장지배력이 없다고 가정한다. 그러나 생산물가격을 주어진 것으로 간주하는 대신에 조정할 수 있는 불완전한 경쟁을 가정하고 산출물벡터만이 주어진 것으로 간주하게 되면 이는 대안이윤함수가 된다. 따라서 대안이윤함수의 변경이 로그선형의 콥-더글러스 함수라고 하면 다음과 같이 표시된다.

$$\ln \Pi_i^a = \beta_0 + \beta_m \sum_m \ln y_{mi} + \sum_n \beta_n \ln w_{ni} + v_i - u_i \cdots\cdots\cdots\cdots (9.119)$$

이 대안적 이윤변경은 종속변수가 실제이윤이라는 것을 제외하고는 설명변수가 산출물벡터와 투입요소가격 벡터로 동일하다. 그러므로 유의해야할 점은 대안적 이윤변경함수의 추정에서는 산출물과 투입요소가격이 주어진 것으로 간주하고 산출물가격(p)과 투입량을 조정함으로써 이윤을 극대화한다.

이 대안이윤함수는 가격에서 완경경쟁이 의심될 경우이거나 포함된 생산단위 간에 생산질의 차이가 존재하는 경우라면 적용가능성이 높다. 식(9.118)과 식(9.119)에서 β와 오차항의 두 구성요소를 추정하기 위해서는 최대우도추정을 사용한다.

2) 패널변경 이윤모형

패널접근에서 고정효과와 확률효과가 이용가능하고 ML기법보다 어느 정도 이점을 갖는다. 그러나 분포와 독립성 가정에도 불구하고 ML추정은 이윤효율에서도 적용되고 있다. Battese and Coelli(1988)에 따르면 패널자료는 일관성있는 효율 추정을 해주는 반면에 횡단자료를 가지고는 일관된 추정치를 얻기가 어렵다. Schmidt and Sickles(1984)가 지적하듯이 비용과 마찬가지로 이윤에서 패널 자료를 사용하면 기술비효율오차에 대한 분포가정이 없이도 고정효과와 확률효과가 이용가능하다. 그러나 이들 모형은 효율이 시간에 걸쳐서 일정하다는 가정을 부여한 바 있다. 고정효과 모형에서 모형이 OLS로 추정된 것이므로 기술비효율오차는 개별 생산단위에 특별하게 일정한 것으로 간주된다. 만약 가장 높은 고정효과를 갖는다면 그 생산단위가 표본 내에서 가장 효율적으로 간주된다. 효율은 개별 생산단위의 고정효과와 최대생산단위의 값 간의 거리로 측정한다. 즉,

$$PE_i = \exp\{-(\hat{\alpha}_i^* - \hat{\alpha}_i)\} \quad \cdots\cdots\cdots\cdots\cdots\cdots\cdots\cdots\cdots\cdots\cdots\cdots\cdots\cdots\cdots (9.120)$$

여기서 α_i는 고정효과를 말한다. 그와 반대로 확률효과는 명시적으로 효율의 확률적 성격을 고려한다. 확률효과의 약점은 설명변수가 개별효과와 상관되어 있다면 GLS추정 자체가 일관성을 가질 수 없다는 점이다. 확률효과에서 기술비효율오차는 확률오차의 일부를 구성하게 되고 이윤효율은 다음과 같이 계산된다.

$$PE_i = \exp\{-(\ln \varepsilon_i^* - \ln \varepsilon_i)\}, \quad \ln \varepsilon_i = \frac{1}{T}\sum_{i=1}^{T} \ln \varepsilon_{it} \quad \cdots\cdots\cdots\cdots (9.121)$$

여기서 $\ln\varepsilon_{it}$는 GLS로 추정한 확률효과 추정치의 잔차이다. 패널분석에서는 자료가 균형을 유지할 필요는 없지만 관측치의 횡단뿐만 아니라 시계열 자료를 포함한다. 이윤효율이 시간불변이라고 할 때 표준 이윤함수에 기초한 로그 선형의 콥-더글러스 이윤변경모형은 다음과 같이 표현된다.

$$\ln \Pi_{it}^a = \beta_0 + \beta_m \sum_m \ln p_{mit} + \sum_n \beta_n \ln w_{nit} + v_{it} - u_i \quad \cdots\cdots\cdots\cdots (9.122)$$

이 식에서 v_{it}는 확률오차이고 u_i는 시간불변 이윤비효율 오차이다. $v_{it} \sim iid(0, \sigma_v^2)$이고 설명변수와 상관되지 않고 시간에 가변적이다. 만약 식(9.122)에서 u_i에 대하여 어떤 분포가정이나 독립성 가정을 하지 않으면 이는 고정효과접근으로 추정하는 것이다. 고정효과모형에 따라서 식(9.122)를 다시 표현하면 다음과 같다.

$$\ln \Pi_{it}^a = \beta_{0i} + \beta_m \sum_m \ln p_{mit} + \sum_n \beta_n \ln w_{nit} + v_{it} \quad \cdots\cdots\cdots\cdots (9.123)$$

식(9.123)에서 $\beta_{0i} = \beta_0 - u_i$를 의미하고 이는 생산단위의 특정절편에 해당된다.

추정 후 이윤변경의 절편은 다음과 같은 표준화 과정을 거친다. 즉.

$$\hat{\beta}_0 = \max_i(\hat{\beta}_{0i})$$ ·· (9.124)

이에 기초하여 u_i는 다음과 같이 추정한다.

$$\hat{u}_i = \hat{\beta}_0 - \hat{\beta}_{0i} = \max_i(\hat{\beta}_{0i}) - \hat{\beta}_{0i}$$ ································· (9.125)

최종적으로 개별 생산단위의 비용효율은 다음과 같다.

$$PE_i = \exp(-\hat{u}_i)$$ ·· (9.126)

고정효과모형에서 적어도 한 생산자가 $PE_i = 1$을 보이면 나머지 생산자들은 1보다 큰 이윤효율 값을 갖는다.[13) 이윤효율은 횡단관측치가 커질수록, 시간이 길어질수록 일관성을 갖도록 추정된다.

다른 한편 이윤효율의 추정은 확률효과모형으로 추정할 수도 있다. u_i가 일정한 평균과 분산을 갖고 확률적으로 분포한다고 가정하자. 하지만 v_{it} 및 설명변수와는 상관이 없다고 가정한다. v_{it}는 0의 기댓값과 일정한 분산을 갖는다고 가정하자. 시간불변 설명변수를 사용하여 확률효과모형으로 식(9.122)를 다시 제시하면 다음과 같다.

$$\ln \Pi_{it}^a = \beta_{0i} + \beta_m \sum_m \ln p_{mit} + \sum_n \beta_n \ln w_{nit} + v_{it} - u_i^*$$ ············ (9.127)

식(9.127)에서 β_0^*는 다음과 같이 정의되고 추정된다.

$$\beta_0^* = \{\beta_0 - E(u_i)\}$$
$$E(u_i^*) = E\{u_i - E(u_i)\}$$ ··· (9.128)

식(9.127)이 추정된 후에 u_i^*의 추정은 회귀 잔여분으로부터 계산된다. 즉,

$$\hat{u}_i^* = (1/T) \sum_t (\ln \Pi_{it}^a - \hat{\beta}_0^* - \hat{\beta}_m \ln p_{mit} - \sum_n \hat{\beta}_n \ln w_{nit})$$ ······· (9.129)

u_i의 추정치는 다음의 표준화를 통하여 얻는다.

---

13) 여기서 이윤효율은 최대이윤/실제이윤이다.

$$\hat{u}_i = \max(\hat{u}_i^*) - \hat{u}_i^* \geq 0 \quad \cdots\cdots\cdots\cdots\cdots\cdots\cdots\cdots\cdots\cdots\cdots\cdots\cdots \quad (9.130)$$

최종적으로 이윤효율은 다음과 같이 추정된다.

$$PE_i = \exp(-\hat{u}_i) \quad \cdots\cdots\cdots\cdots\cdots\cdots\cdots\cdots\cdots\cdots\cdots\cdots\cdots \quad (9.131)$$

이 이윤효율의 추정치도 비용효율과 동일하게 횡단관측치가 커질수록, 시간이 길어질수록 일관성을 갖도록 추정된다. 패널자료가 길수록 이윤효율에 대한 시간 불변 가정은 맞지 않는다. 이 경우 고정효과, 확률효과, MLE접근이 시간가변비용 효율의 추정에도 역시 사용된다.

제2절 모수적 생산성

1. SFA 생산함수와 생산성 변화

모수적 생산성으로 확률적 변경생산함수에 기초한 생산성은 기술비효율오차 를 확률오차에서 분리하여 생산성 변화를 측정한다. 즉, 확률적 변경 생산함수접 근을 이용한 생산성변화는 기술진보(technical progress)와 효율변화(efficiency change)로 분해된다. 이러한 생산성의 분해는 정책적으로 많은 시사점을 줄 수 있 다. 생산성의 기술변화와 효율변화에 초점을 둘 경우 확률변경함수는 다음과 같 이 정의할 수 있다.

$$y_{it} = f(x_{it}, \ t)\exp(-u_{it}) \quad \cdots\cdots\cdots\cdots\cdots\cdots\cdots\cdots\cdots\cdots\cdots \quad (9.132)$$

여기서 확률오차는 생산성의 요소가 아니므로 편의상 제외하였다. y_{it}는 t기의 i 생산단위의 산출물이고 $f(\cdot)$는 생산프런티어이다. x_{it}는 t기 i 생산단위의 투입물 벡터, t는 기술변화의 대리변수로 사용되는 시간변수이다. u는 비음(≥ 0)의 산출 지향 기술비효율이다. 시간변수의 관점에서 생산프런티어 $f(\cdot)$를 로그취하고 미 분하면 다음을 얻는다. 즉,

$$\frac{d\ln y_{it}}{dt} = \frac{d\ln f(x_{it},\ t)}{dt} + \sum_j \frac{d\ln f(x_{it},\ t)}{dx_j} \cdot \frac{dx_j}{dt} - \frac{du}{dt} \ \cdots \ (9.133)$$

우변의 첫항은 시간변화에 따른 프런티어의 산출탄력성이다. 두 번째항은 투입물 j 변화에 대한 산출물의 탄력성과 시간변화에 따른 투입물 변화의 곱으로 표시되어 있는데 투입물 변화에 대한 산출물의 탄력성은 다음과 같이 표시된다.

$$\varepsilon_j = \frac{d\ln f(x_{it},\ t)}{dx_j} \ \cdots\cdots\cdots\cdots\cdots\cdots\cdots\cdots\cdots\cdots\cdots\cdots \ (9.134)$$

따라서 두 번째 항은 시간변화에 따른 산출탄력성으로 가중된 투입물 성장을 의미한다. 식(9.133)을 성장률로 간단히 표현하면 다음과 같다.

$$\dot{y} = TP + \sum_j \varepsilon_j \dot{x}_j - \frac{du}{dt} \ \cdots\cdots\cdots\cdots\cdots\cdots\cdots\cdots\cdots\cdots \ (9.135)$$

여기서 산출물 변화는 기술변화, 요소투입물변화, 효율변화로 분해된다. 따라서 총요소생산성(TFP)변화는 기술변화(TP)와 효율변화로 분해된다.

2. 생산성변화의 추정

생산성변화를 추정하기 위하여 초월대수확률변경함수를 다음과 같이 가정하자.

$$\begin{aligned}
\ln y_{it} = {} & \beta_0 + \sum_j \beta_j \ln x_{jit} + \beta_t\, t \\
& + \frac{1}{2}\sum_j \sum_b \beta_{jb} \ln x_{jit} \ln x_{bit} + \frac{1}{2}\beta_{tt}\, t^2 \\
& + \sum_j \beta_{jt}\, t \ln x_{jt} + v_{it} - u_{it} \ \cdots\cdots\cdots\cdots\cdots\cdots\cdots \ (9.136)
\end{aligned}$$

여기서 x_{jit}는 j번째 투입물변수, t는 기술변화를 의미하는 시간변수, β는 추정해야 할 파라미터, v_{it}와 u_{it}는 각각 확률오차와 기술비효율오차를 의미한다. 개별 생산단위의 기술효율은 전체오차가 주어진 상태에서 측정한 기술비효율오차의 조건부 기대치로 정의된다. 즉,

$$TE_{it} = E(\exp(-u_{it}) \mid e_{it}) \quad \cdots\cdots\cdots\cdots\cdots\cdots\cdots\cdots\cdots\cdots\cdots \quad (9.137)$$

여기서 $e_{it} = v_{it} - u_{it}$이다. 이러한 효율은 t기 뿐만 아니라 $t+1$기도 존재하므로 효율변화는 두 기간의 기술효율의 상대적 비로 표시된다. 즉,

$$EC = \frac{TE_{i(t+1)}}{TE_{it}} \quad \cdots\cdots\cdots\cdots\cdots\cdots\cdots\cdots\cdots\cdots\cdots \quad (9.138)$$

EC(efficiency change)는 효율변화로서 t기와 $t+1$기 효율의 비로 표시된다. 반면에 기술변화는 식(9.136)에서 기술변화를 의미하는 시간변수 t에 대하여 미분하면 도출할 수 있다. 즉,

$$TP_{it} = \frac{d \ln f(x_{it},\ t)}{dt} = \beta_t + \beta_{tt} t + \sum_j \beta_{jt} \ln x_{jt} \quad \cdots\cdots\cdots\cdots \quad (9.139)$$

여기서 시간변수 t는 투입변수와 상호작용하기에 비중립적인 기술변화를 가져온다. 기술변화가 비중립적이라면 상이한 다른 투입물벡터에 따라서 변화할 수 있다, 그러므로 기술변화는 인접한 두 기간 간에 기술변화의 기하평균으로 표현할 수 있다. 실제 기술변화는 각 년도의 생산함수를 각각 미분한 것을 산술평균하고 로그취한 것이다. 이를 다시 지수함수로 원위치시켜야 하므로 최종적으로는 다음과 같이 표시된다. 즉,

$$TP = \exp\left\{ \frac{1}{2}\left(\frac{d \ln y_{it}}{dt} + \frac{d \ln y_{i(t+1)}}{d(t+1)} \right) \right\} \quad \cdots\cdots\cdots\cdots\cdots \quad (9.140)$$

그러므로 기술변화는 효율변화와 마찬가지로 시간과 생산단위에 따라서 변화한다. 최종적으로 식(9.138)과 식(9.140)을 결합하면 생산성변화가 된다.

나아가 투입요소 x_{jit}와 x_{bit}에 대한 생산탄력성은 다음과 같이 유도된다.

$$\varepsilon_j = \frac{d \ln y}{d \ln x_{jit}} = \beta_j + \sum_b \beta_{jb} \ln x_{bit} + \beta_{jt} t$$

$$e_b = \frac{d \ln y}{d \ln x_{jit}} = \beta_b + \sum_b \beta_{jb} \ln x_{jit} + \beta_{bt} t \quad \cdots\cdots\cdots\cdots \quad (9.141)$$

이 탄력성은 투입물이 1% 변화할 때 산출물의 %변화를 보여준다. 이 탄력성은

규모경제를 측정하는데 사용된다. 즉 규모의 탄력성은 다음과 같다. 즉,

$$\varepsilon = \sum_i \varepsilon_i, \ \ i=j, \ b \ \cdots\cdots\cdots\cdots\cdots\cdots\cdots\cdots\cdots\cdots\cdots\cdots\cdots\cdots\cdots\cdots (9.142)$$

규모의 탄력성(ε)은 투입물결합이 증가함에 따라서 산출이 변화하는 정도를 측정한다. 이 값을 기준으로 규모경제의 상태를 확인할 수 있다. 즉, 만약 규모탄력성이 1이면 규모일정불변이고 규모탄력성이 1보다 크면 규모체증, 1보다 작으면 규모체감이 된다.

3. 생산성의 4가지 요소분해

총요소생산성의 측정은 크게 성장회계분석을 통한 방법과 생산변경함수를 통하여 측정하는 모수적 방법 및 비모수적 방법이 있다. 성장회계방법은 기술효율성을 고려하지 못하는 단점이 있고 비모수적 방법은 측정오차를 기술비효율 요인으로 간주하는 결함이 있다. 여기서는 기술효율성을 고려하고 이를 확률오차와 구별할 수 있는 모수적 접근방법인 확률변경생산함수를 통하여 총요소생산성을 측정하고자 한다.

총요소생산성의 내부적 분해를 시도하는 이유는 생산성 성장의 내부적 요인이 상이한 정도를 파악함으로써 생산성 향상을 위한 방향을 모색하는데 효과적일 수 있다. Kumbhakar(2000), Kim and Han(2001) 등은 총요소생산성을 기술진보, 기술효율성 변화, 규모효율변화, 배분효율변화 등 4가지 요소로 분해하였다. 국내적으로 생산성변화를 내부적으로 분해한 연구로는 한광호·김상호(1999), 허광숙·김정렬(2007), 강상목·이주병(2008) 등이 있다. 한광호·김상호(1999)는 모수적 방법에 의존하여 한국 제조업 중 9개 업종을 대상으로 총요소생산성 변화를 측정한 바 있고 허광숙·김정렬(2007)은 확률적 변경생산함수를 철강기업에 적용하여 기술효율성을 측정하고 그 요인을 분석하였으며 강상목·이주병(2008)은 항만물류산업에 대하여 생산성분해모형을 적용하였다. 이들에 기초한 총요소생산성 분해모형을 이하에서 소개한다.

일반적으로 총요소생산성은 다음과 같이 산출량과 투입량의 상대적 비율로 정의될 수 있다.

$$TFP = \frac{y}{x} \quad \cdots\cdots\cdots\cdots\cdots\cdots\cdots\cdots\cdots\cdots\cdots\cdots\cdots\cdots\cdots \quad (9.143)$$

식(9.143)에서 TFP(total factor productivity)는 총요소생산성, y는 산출량, x는 투입량을 의미한다. 이 식의 양변을 로그형태로 취하고 시간 t로 미분하면 성장률의 형태로 다음과 같이 표시할 수 있다.

$$\dot{TFP} = \dot{y} - \dot{x} \quad \cdots\cdots\cdots\cdots\cdots\cdots\cdots\cdots\cdots\cdots\cdots\cdots\cdots \quad (9.144)$$

단, $\dot{TFP} = d\ln TFP/dt$, $\dot{y} = d\ln y/dt$, $\dot{x} = d\ln x/dt$

식(9.144)에서 총요소생산성 변화율은 산출량 변화율에서 투입요소 변화율을 차감하여 도출한다. 이러한 기술효율성을 고려한 확률변경 생산함수는 다음과 같다.

$$y_{it} = f(x_{it},\ t) \cdot \exp(-u_{it}),\ i = 1, 2, \cdots, N,\ t = 1, 2, \cdots, T \quad \cdots \quad (9.145)$$

여기서 y_{it}는 i 생산단위의 t기 산출량, $f(\cdot)$는 생산함수, x_{it}는 투입물 벡터, t는 기술진보의 대리변수인 시간변수를 의미한다. $u(\geq 0)$는 생산의 기술비효율로서 시간에 따라 변화한다.

산출량은 투입요소와 시간변수에 따라서 변화하므로 생산함수를 로그형태로 취하고 시간에 대하여 전미분하면 다음과 같다.

$$\frac{d\ln y}{dt} = \frac{d\ln f(x,\ t)}{dt} + \sum_{j=1}^{J} \frac{d\ln f(x,\ t)}{dx_j} \cdot \frac{dx_j}{dt} - \frac{du}{dt} \quad \cdots \quad (9.146)$$

여기서 우변의 첫째 항은 생산변경함수의 시간에 대한 미분이므로 생산의 기술진보이고 둘째 항은 시간에 따른 요소투입량의 변화에 따른 산출량의 변화를 의미한다. 투입요소 벡터는 여러 투입요소로 구성되므로 그 합으로 표시되고 투입요소의 탄력성($\varepsilon_j = \dfrac{d\ln f(x,\ t)}{d\ln x_j}$)을 적용하면 다음과 같이 간단히 표현할 수 있다.[14] 즉,

---

14) 생산함수에 대한 투입요소벡터의 미분에 요소탄력성을 적용하면 식(9.146)의 두 번째항은 다음과 같이 유도된다.

$$\sum_{j=1}^{J} \frac{d\ln f(x,\ t)}{dx_j} \cdot \frac{dx_j}{dt} = \sum_{j=1}^{J} \frac{d\ln f(x,\ t)}{d\ln x_j} \cdot \frac{d\ln x_j}{dt} = \sum_{j}^{J} \varepsilon_j \dot{x}_j$$

$$\dot{y} = TC + \sum_j^J \varepsilon_j \dot{x}_j - \dot{u} = TC + \sum_j^J \varepsilon_j \dot{x}_j + EC \quad\cdots\cdots\cdots\cdots\cdots\cdots\cdots (9.147)$$

$$단,\ \dot{y} = \frac{d \ln y}{dt},\ TC = \frac{d \ln f(x,\ t)}{dt},\ \dot{x}_j = \frac{d \ln x_j}{dt},\ EC = -\frac{du}{dt}$$

식(9.147)은 산출량증가율이 우변과 같이 기술진보, 요소투입의 변화, 효율변화로 분해될 수 있음을 보여준다. $\dfrac{du}{dt}$가 음(−)이면 기술적 비효율성은 시간에 따라 감소함을 시사한다. $-\dfrac{du}{dt}$는 기술적 효율변화 EC를 의미한다.[15) 따라서 총산출량의 변화는 기술진보, 요소투입의 변화, 기술효율의 변화에 영향을 받는다.[16)

식(9.144)에서 정의된 것과 같이 산출량 변화율에서 투입요소 변화율을 차감하여 도출하는 총요소생산성 변화율을 좀더 구체적으로 표시하면 다음과 같다.

$$\dot{TFP} = \dot{y} - \sum_j^J S_j \dot{x}_j \quad\cdots\cdots\cdots\cdots\cdots\cdots\cdots\cdots\cdots\cdots (9.148)$$

여기서 S_j는 생산요소의 투입비용이 총비용에서 차지하는 비중을 말한다. 식(9.147)을 식(9.148)에 대입하고 규모에 대한 보수와 생산요소 j의 생산탄력성이 전체탄력성에서 차지하는 비중(δ_j) 등의 요소를 고려하여 정리하면 다음과 같이 표시된다.

$$\begin{aligned}
\dot{TFP} &= TC + EC + \sum_j^J \varepsilon_j \dot{x}_j - \sum_j^J S_j \dot{x}_j \\
&= TC + EC + \sum_j^J \delta_j RTS \cdot \dot{x}_j - \sum_j^J S_j \dot{x}_j \\
&= TC + EC + (RTS-1)\sum_j^J \delta_j \cdot \dot{x}_j + \sum_j^J (\delta_j - S_j)\dot{x}_j \quad\cdots\cdots (9.149)
\end{aligned}$$

$$단,\ RTS = \sum_j^J \varepsilon_j,\ \delta_j = \frac{f_j x_j}{\sum_j^J f_j x_j} = \frac{\varepsilon_j}{\sum_j^J \varepsilon_j} = \frac{\varepsilon_j}{RTS}$$

여기서 ε_j는 생산요소 j의 생산탄력성, RTS는 규모에 대한 보수를 의미한다.[17)

---

15) u가 기술비효율성을 의미하므로 기술효율성은 음(−)의 부호가 붙는다. 기술효율성은 $TE_{it} = \mathrm{epx}(-u_{it})$이고, $\ln TE = -u$, $\dfrac{d \ln TE}{dt} = -\dfrac{du}{dt}$가 된다.

16) 이와 달리 전통적 성장회계식은 산출량 성장률이 기술진보와 총요소투입변화로 구성된다.

δ_j는 생산요소 j의 전체생산 탄력성에서 차지하는 비중으로서 ε_j/RTS를 의미한다. 식(9.149)의 총요소생산성 변화는 결과적으로 우변의 기술진보(TC), 효율변화(EC), 규모효율변화(SEC: $(RTS-1)\sum_{j}^{J}\delta_j\dot{x}_j$), 배분효율변화(AEC: $\sum_{j}^{J}(\delta_j-s_j)\dot{x}_j$) 로 분해된다. 규모비효율은 생산규모가 적정규모에서 벗어나기 때문에 발생하고 배분비효율은 생산요소의 가격이 기술적 한계대체율과 일치하지 않기 때문에 발생하게 된다. 만약 규모비효율과 배분비효율이 없다면 총요소생산성은 기술진보와 효율변화로 구성된다. 또한 기술비효율도 존재하지 않는다면 총요소생산성은 기술진보와 일치하게 된다.

이와 같은 총요소생산성의 4가지 분해요소를 기초로 초월대수의 확률변경생산함수를 추정한다.

$$\ln y_{it} = \alpha_0 + \sum_{j}^{J}\alpha_j \ln x_{jit} + \alpha_t\, t + \beta_{tt}\, t^2 + \sum_{j}^{J}\sum_{k}^{K}\beta_{jk}\ln x_{kit}\ln x_{jit}$$
$$+ \sum_{j}^{J}\beta_{tj}\, t\ln x_{jit} + v_{it} - u_{it} \quad\cdots\cdots\cdots\cdots\cdots\cdots\cdots\cdots \text{(9.150)}$$
단, $i=1, \cdots, N, t=1, \cdots, T, j, k = L, K,$

여기서 y는 산출물, x는 투입물, t는 시간변수를 말한다. 하첨자 i, t는 생산단위와 시간을 말하고 j와 k는 생산요소인 노동과 자본을 의미한다. v는 $N(0, \sigma_v^2)$인 정규분포의 오차항이고 u는 기술비효율오차이다. Aigner, Lovell and Schmidt (1977)는 독립적이고 균등한 분포를 하는 즉, $iid \sim N(0, \sigma_v^2)$인 확률오차 v와 같이 기술비효율 오차항 u도 v와 독립적이고 반정규분포 즉, $iid \sim N(0, \sigma_u^2)$를 가정한다.

이러한 기술비효율 오차에 시간의 변화를 고려할 경우 Battese and Coelli(1992) 모형에 따라서 기술비효율 오차항 u_{it}는 다음과 같이 가정한다.

$$u_{it} = \exp\{-\eta(t-T)\}u_i \quad\cdots\cdots\cdots\cdots\cdots\cdots\cdots\cdots \text{(9.151)}$$

여기서 η는 기술적 비효율성의 변화율을 반영한 파라미터로 양(+)의 값을 가지면 기술비효율성이 시간변화에 따라 감소하고 반면, 음(−)의 값을 가지면 시간변화에 따라 증가한다.[18] 따라서 u_{it}는 시간에 따라 변화하는 기술효율성 변화를 보

---

17) RTS=1은 규모불변, RTS>1 체증규모, RTS<1 체감규모를 의미한다.
18) 반대로 기술효율성은 η가 양(+)일 경우 시간변화에 따라 증가하고 음(−)일 경우 감소함을 의미한다.

302 효율성 · 생산성 · 성과분석

여준다. 식(9.151)에서 $t=T$일 경우 $u_{it}=u_i$가 성립한다.[19] Aigner, Lovell and Schmidt(1977)는 대수우도함수(log-likelihood function)를 정의하고 총분산, $\sigma^2 = \sigma_u^2 + \sigma_v^2$ 와 $\lambda = \sigma_u/\sigma_v$로 표현한 바 있다. Battes and Corra(1977)는 $\lambda = \sigma_u/\sigma_v$가 비음의 모든 값이 될 수 있기 때문에 0과 1사이의 값을 갖게 되는 $\Upsilon = \sigma_u^2/\sigma^2$를 사용하였다. Υ의 값에 따라서 기술적 비효율성의 값이 영향을 받고 1에 가까울수록 기술비효율은 증가한다.

한편, t시점에서 기술효율성(TE_{it})은 실제생산량과 기술비효율성이 없는 생산가능량 간의 비율로 정의된다. 즉,

$$TE_{it} = \frac{f(x_{it,\,t}\ t)\exp(-u_{it})}{f(x_{it,\,t}\ t)} = \exp(-u_{it}) \quad\cdots\cdots\cdots\cdots\cdots\cdots \text{(9.152)}$$

노동과 자본의 투입요소에 대한 산출물 탄력성은 다음과 같이 정의된다.

$$\varepsilon_j = \frac{d\ln f}{d\ln x_j} = \alpha_j + \sum_{j \ne k} \beta_{jk}\ln x_k + 2\beta_{jj}\ln x_j + \beta_{tj}\,t \quad\cdots\cdots\cdots \text{(9.153)}$$

다음으로 기술진보(TC)는 다음과 같이 구할 수 있다.

$$TC = \frac{d\ln f}{dt} = \alpha_t + 2\beta_{tt}\,t + \sum_{j=1}^{J} + \beta_{tj}\ln x_j \quad\cdots\cdots\cdots\cdots\cdots \text{(9.154)}$$

생산요소의 투입수준에 따라서 투입물의 산출탄력성과 규모에 대한 보수는 달라지게 된다. 산출탄력성과 기술진보는 식(9.150)의 추정계수에 기초하여 평균탄력성을 적용하여 추정한다. 이처럼 생산함수의 추정을 통하여 총요소생산성을 구성하는 4개의 요소에 대한 추정을 도출할 수 있다.

---

19) 파라미터 η의 크기에 따라 기술비효율은 시간에 따라 변화하나 분석기간 동안 관측치의 순위는 변동이 없고 관측치가 연속된 기간 동안 관측치 간에 상대적으로 효율적이거나 비효율적인 격차의 변화는 반영하지 못한다.

제 **10** 장

모수적 효율성과 생산성의 응용

제1절 모수적 효율성의 응용

1. 확률적 거리함수 모형

　DEA접근과 다르게 표준적인 SFA모형이 갖는 한계점 중의 하나는 생산함수 접근에서 하나의 산출물을 갖는 경우만을 허용한다는 점이다. 이러한 한계점도 다수의 투입물과 다수의 산출물을 갖는 상황을 모형화할 수도 있다. 이는 두 가지 가능한 방법이 존재한다. 하나는 비용함수를 이용하는 것이다. 비용함수접근을 하려면 투입물과 산출물 대신에 비용, 투입물가격, 산출물 등이 필요하다. 또 하나의 방법은 거리함수나 효율함수를 사용하는 것이다. 즉, 다수의 투입물, 다수의 산출물 자료를 가질 때 거리함수를 확률변경함수에 도입하면 가능할 수 있다. 만약 Farrell 효율이나 거리함수를 사용하고자 할 때 투입물거리함수와 산출물거리함수 등 역의 관계를 갖는 거리함수를 사용할 수 있다. 여기서 투입물거리함수, $D_i(x, y)$를 사용하여 설명하고자 한다. 알다시피 거리함수가 1의 값을 가지면 효율적이고 1보다 큰 값을 가지면 비효율적으로 간주된다. $D_i(x, y)$는 x에 대하여 1차동차임이 다음과 같이 표현된다.

$$D_i(y, \rho x) = \max\{\lambda > 0 : (\rho x/\lambda) \in T\}$$
$$= \max\{\rho \lambda/\rho > 0 : x/(\lambda/\rho) \in T\}$$
$$= \rho \max\{\lambda/\rho > 0 : x, (\lambda/\rho) \in T\}$$
$$= \rho D_i(y, x) \cdots\cdots\cdots\cdots\cdots\cdots\cdots\cdots\cdots\cdots\cdots\cdots\cdots (10.1)$$

이 거리함수를 SFA의 기술비효율 요소 u와 연결시키면 다음과 같이 확률적 거리함수를 정의할 수 있다. 즉,

$$D_i(y, x) = e^u \cdots\cdots\cdots\cdots\cdots\cdots\cdots\cdots\cdots\cdots\cdots\cdots\cdots\cdots\cdots\cdots (10.2)$$

여기서 만약 거리함수가 1이면 $u=0$이어야 하고 거리함수가 1보다 크면 $u>0$이여야 한다. 그러므로 u를 효율의 측정에 사용할 수 있다. 식(10.2)의 양변을 로그 취하면 다음과 같은 값을 얻는다.

$$\ln D_i(y, x) = u \cdots\cdots\cdots\cdots\cdots\cdots\cdots\cdots\cdots\cdots\cdots\cdots\cdots\cdots\cdots (10.3)$$

그런데 거리함수와 Farrell의 효율의 값은 역의 관계를 가지므로 식(10.3)은 다음과 같이 변형된다.[1]

$$\ln FE_i = \ln \frac{1}{D_i} = -\ln D_i(y, x) = -u \cdots\cdots\cdots\cdots\cdots\cdots\cdots (10.4)$$

동차성의 성격을 이용하면 거리함수를 다음과 같이 표현할 수 있다. 즉,

$$x_n D_i(y, \frac{x}{x_n}) = D_i(y, x) \cdots\cdots\cdots\cdots\cdots\cdots\cdots\cdots\cdots\cdots\cdots (10.5)$$

식(10.5)의 양변을 로그취하면 다음과 같이 변형된다.

$$\ln x_n + \ln D_i(y, \frac{x}{x_n}) = \ln D_i(y, x)$$

혹은

$$-\ln x_n = \ln D_i(y, \frac{x}{x_n}) - \ln D_i(y, x)$$

---

1) Farrell의 효율은 $FE_i = e^{-u}$이다.

$$= \ln D_i(y, \frac{x}{x_n}) - u \quad \cdots\cdots\cdots\cdots\cdots\cdots\cdots\cdots\cdots\cdots\cdots\cdots (10.6)$$

식(10.6)을 확률적 모형으로 전환하기 위하여 임의오차 v를 추가하고 u도 확률변수로 두면 다음과 같은 투입물 접근의 확률변경모형을 얻게 된다.[2] 즉,

$$-\ln x_n = \ln D_i(y, \frac{x}{x_n}) + v - u$$

혹은

$$\ln \frac{1}{x_n} = \ln D_i(y, \frac{x}{x_n}) + v - u \quad \cdots\cdots\cdots\cdots\cdots\cdots\cdots\cdots\cdots (10.7)$$

물론 여기서 v와 u는 독립적으로 정규분포하고 $v \sim N(0, \sigma_v^2)$, $u \sim N^+(0, \sigma_u^2)$가 된다고 가정한다. 즉, u는 반정규분포로 $u \geq 0$이다. 이 모형은 확률변경생산모형으로서 다수의 투입물과 다수의 산출물을 포함하여 추정할 수 있다. 만약 거리함수 (D_i)를 위한 보다 모수적인 함수 형태를 구체화한다면 이는 추정가능한 확률적 거리함수가 될 것이다. 또한 실제 같은 자료를 가지고 확률적 변경생산함수를 추정하는 경우와 거리함수를 도입하여 추정할 경우에 그 차이는 매우 작다. 왜냐하면 동일한 기술구조 하에서 동일한 생산단위에 대하여 같은 투입물과 산출물에 대하여 측정되기 때문이다.

한편, 투입물거리함수와 마찬가지로 산출물거리함수를 확률변경함수와 결합하더라도 같은 형태의 모형을 유도할 수 있다. 단지 차이점은 이제 모든 산출물을 하나의 산출물로 나누어주고 그 산출물을 설명변수로 좌변에 위치한 종속변수의 자리에 두게 된다는 점이다. 산출거리함수는 산출물에 대하여 동차함수이다. 즉,

$$D_o(x, \mu y) = \min\{\theta > 0 : (x, \mu y/\theta) \in T\}$$
$$= \min\{\mu\theta/\mu > 0 : (x, y/(\theta/\mu) \in T\}$$
$$= \mu\{\theta/\mu > 0 : (x, y/(\theta/\mu) \in T\}$$
$$= \mu D_o(x, y) \quad \cdots\cdots\cdots\cdots\cdots\cdots\cdots\cdots\cdots\cdots\cdots (10.8)$$

이러한 동차성의 성격을 이용하면 투입물거리함수와 동일하게 다음과 같이 표시가 가능하다.

---

2) 강상목(2006)은 외자유치의 성과를 측정하기 위하여 콥－더글러스의 확률변경거리함수를 이용하였다.

$$y_m D_o(x, \frac{y}{y_m}) = D_o(x, y) \quad \cdots\cdots\cdots\cdots\cdots\cdots\cdots\cdots\cdots\cdots (10.9)$$

양변에 로그를 취하면

$$\ln y_m + \ln D_o(x, \frac{y}{y_m}) = \ln D_o(x, y) \quad \cdots\cdots\cdots\cdots\cdots\cdots\cdots (10.10)$$

결과적으로 추정방정식은 투입물 거리함수와 동일하게 유도된다. 다만 산출물 중의 하나를 가지고 다른 모든 산출물이 표준화된다는 것만 다르다. 그러므로 추정가능한 방정식은 다음과 같은 형태가 된다.

$$\ln y_m = -\ln D_o(x, \frac{y}{y_m}) + v - u \quad \cdots\cdots\cdots\cdots\cdots\cdots\cdots (10.11)$$

여기서 y/y_m는 $(y_1/y_m, y_2/y_m, \cdots, y_{m-1}/y_m, 1)$의 형태가 될 것이다.

한편, $\ln D_i(y, \frac{x}{x_n})$, $\ln D_o(x, \frac{y}{y_m})$를 각각 추정하기 위하여 초월대수함수를 사용한다. 다음의 초월대수함수에서 마지막 투입물 x_n은 생략한다. 왜냐하면 $x_n/x_n = 1$이고 $\ln 1 = 0$이기 때문이다.

$$
\begin{aligned}
-\ln x_n = &\, \alpha_0 + \sum_{i=1}^{n-1} \alpha_i \ln \frac{x_i}{x_n} + \sum_{j=1}^{m} \beta_j \ln y_j \\
&+ 1/2 \sum_{i=1}^{n-1} \sum_{j=1}^{n-1} \alpha_{ij} \ln \frac{x_i}{x_n} \ln \frac{x_j}{x_n} \\
&+ 1/2 \sum_{i=1}^{m} \sum_{j=1}^{m} \beta_{ij} \ln y_i \ln y_j \\
&+ 1/2 \sum_{i=1}^{n-1} \sum_{j=1}^{m} \delta_{ij} \ln \frac{x_i}{x_n} \ln y_j + v - u \quad \cdots\cdots\cdots (10.12)
\end{aligned}
$$

식(10.12)에서 α_i는 $n-1$개만을 추정해야 한다. 그리고 $\alpha_n = 1 - \sum_{i=1}^{n-1} \alpha_i$를 사용한다. 다른 파라미터에 대한 초월대수의 제약은 그대로 적용된다. MLE추정을 할 경우 그 추정치가 유일하기 때문에 파라미터가 나머지 잔여치로 측정되므로 문제가 되지는 않는다. 산출거리함수의 초월대수의 근사추정치도 다음과 같이 표시된다. 즉,

$$-\ln y_m = \alpha_0 + \sum_{i=1}^{n} \alpha_i \ln x_i + \sum_{j=1}^{m-1} \beta_j \ln \frac{y_j}{y_m}$$

$$+ 1/2 \sum_{i=1}^{n} \sum_{j=1}^{n} \alpha_{ij} \ln x_i \ln x_j$$

$$+ 1/2 \sum_{i=1}^{m-1} \sum_{j=1}^{m-1} \beta_{ij} \ln \frac{y_i}{y_m} y_i \ln \frac{y_j}{y_m}$$

$$+ 1/2 \sum_{i=1}^{n} \sum_{j=1}^{m-1} \delta_{ij} \ln x_i \ln \frac{y_j}{y_m} + v - u \quad \cdots\cdots\cdots\cdots\cdots (10.13)$$

이와 같은 초월대수의 확률변경거리함수는 생산함수 뿐만 아니라 비용함수에도 사용이 가능하다.

2. 확률적 거리함수의 적용

제한된 자원을 효율적으로 사용하는 것은 생산자에게 중요한 문제이다. 투입물을 늘리지 않고 더 이상 산출물을 늘릴 수 없을 때, 또는 산출물을 줄이지 않고 더 이상 투입물을 줄일 수 없는 경우를 효율적이라고 한다(Koopmans, 1951). 확률변경함수에 거리함수를 결합하여 도출하는 투입물 효율은 생산활동에서 노동과 자본스톡 뿐만 아니라 에너지 투입량도 포함될 수 있다. 이 때 산출물로서 바람직한 산출물뿐만 아니라 오염물을 포함할 수 있다. 가령, 최근 에너지의 효율적 이용이 문제가 되므로 이 모형을 통하여 에너지 투입량을 기준으로 효율을 측정할 수 있다. 나아가 에너지 투입모형을 변형하면 에너지원단위효율을 측정하는 모형도 가능하다. 이 에너지원단위모형은 지금까지 단순히 에너지를 GDP로 각각 나누어서 정의한 에너지원단위로 표시하는 것과는 차별성을 갖는다.

전통적 생산함수와 구별되는 생산변경함수의 특징은 주어진 산출량에서 최소투입량을 초과한 실제 투입량의 존재를 받아들인다. 그 때 최소투입물에 대한 실제 투입량의 비율은 고려된 요소투입물의 기술효율성을 보여준다. 확률변경거리함수는 다수의 투입물과 다수의 산출물을 포함하고 확률오차와 생산의 기술비효율오차를 구별할 수 있는 모수적 접근방법이다.[3] 이는 프런티어에 관한 특정한 함수를 전제로 하며 다수투입물과 다수산출물의 문제를 해결하기 위해서는 거리함수를 도입한다. 먼저 기술 T집합하에 산출벡터 $y \in R^m_+$를 생산할 수 있는 투입벡

---

3) 전통적 확률변경함수는 하나의 산출물을 종속변수로 사용한다는 점에서 다수의 산출물을 포함하는 확률변경거리함수와 명확히 구분된다.

터 $x \in R_+^n$들의 집합 $L(x, y)$을 식(10.14)처럼 표시할 수 있다.

$$L(x, y) = \{x \in R_+^n \mid x로\ y를\ 생산할\ 수\ 있음\} \quad \cdots\cdots\cdots\cdots\cdots \quad (10.14)$$

여기서 x는 투입물, y는 산출량을 의미한다. T는 주어진 투입물로 산출물을 생산하는 투입물 기술집합이다. Farrell(1957)에 따라서 투입거리함수를 식(10.15)과 같이 정의할 수 있고, 기술효율은 식(10.16)과 같이 정의할 수 있다.

$$D_I(x, y) = \max\{\theta \mid (x/\theta, y) \in L(x, y)\} \quad \cdots\cdots\cdots\cdots\cdots \quad (10.15)$$

$$TE = \{(x, y) \in R_+ \mid D_I(x, y) \geq 1\} \quad \cdots\cdots\cdots\cdots\cdots\cdots \quad (10.16)$$

여기서 $D_I(x, y)$는 x에 대하여 비감소함수이고 일차동차함수이며 y에 대하여 증가함수이다. 투입벡터 x가 등생산량곡선 안에 있으면 DMUs가 비효율이 존재함을 의미하므로 $D_I(x, y) > 1$이고, 투입벡터 x가 등생산량곡선 상에 있으면 DMUs가 효율적이므로 $D_I(x, y) = 1$이다(Färe and Primont, 1995).[4] 따라서 투입거리함수를 다음과 같이 표시한다.

$$D_I(x, y) = \exp(u) = 1$$
$$\text{or} \quad D_I(x, y) = \exp(u) > 1$$
$$\quad\quad where\ u = 0,\ u > 0 \quad \cdots\cdots\cdots\cdots\cdots \quad (10.17)$$

여기서 u는 기술비효율오차이다. 식(10.17)의 양변에 로그를 취하면 식(10.18)이 된다. 즉,

$$\log(D_I(x, y)) = u$$
$$\Rightarrow \log(\theta) = \log \frac{1}{D_I(x, y)} = -u$$
$$\Rightarrow \theta = \exp(-u) \quad \cdots\cdots\cdots\cdots\cdots\cdots\cdots \quad (10.18)$$

임의의 x_n번째 투입물을 선택하여 투입에 대한 1차동차의 성질을 이용하면 식(10.19)을 얻을 수 있다.

---

4) 1차동차함수의 성질은 다음과 같다.

$f(jx_1, jx_2, \cdots, jx_n) = j \cdot f(x_1, x_2, \cdots, x_n)$

$$D_I\!\left(\frac{x}{x_n},\ y\right)=\frac{1}{x_n}D_I(x,\ y) \quad\cdots\cdots\cdots\cdots\cdots\cdots\cdots\cdots\cdots\cdots\ (10.19)$$

식(10.19)를 양변에 로그를 취하고 식(10.18)을 적용하면 식(10.20)이 도출된다.

$$\log\!\left\{D_I\!\left(\frac{x}{x_n},\ y\right)\right\}=\log\{D_I(x,\ y)\}-\log(x_n) \quad\cdots\cdots\cdots\cdots\ (10.20)$$

$$\Rightarrow\ -\log(x_n)=\log\!\left\{D_I\!\left(\frac{x}{x_n},\ y\right)\right\}-\log\{D_I(x,\ y)\}$$

$$\Rightarrow\ -\log(x_n)=\log\!\left\{D_I\!\left(\frac{x}{x_n},\ y\right)\right\}-u$$

식(10.20)에 확률 오차항을 추가하면 식(10.21)이 된다.

$$-\log(x_n)=\log\!\left\{D_I\!\left(\frac{x}{x_n},\ y\right)\right\}+v-u \quad\cdots\cdots\cdots\cdots\cdots\cdots\cdots\ (10.21)$$

기술적 비효율 오차(u)에 대해서는 확률변경함수에서 일반적으로 가정하듯이 u는 양($+$)이고 $N(0,\ \sigma_u^2)$인 반정규분포를 한다고 가정한다. 복합오차 $\varepsilon=v-u$ 하에서 u의 조건분포에 기초한 투입물효율은 다음과 같이 기대치를 구할 수 있다.

$$TE=E[\exp(-u)\,|\,(v-u)] \quad\cdots\cdots\cdots\cdots\cdots\cdots\cdots\cdots\cdots\cdots\cdots\ (10.22)$$

한편 모수적 접근에서는 생산함수의 형태를 가정해야 한다. 거리함수의 함수형은 유연하고 계산이 쉽고 동차성을 부여할 수 있는 것이 바람직하다. 콥-더글러스형은 탄력성 및 규모특성이 제약적이므로 여기서 초월대수 거리함수를 제시하면 다음과 같다.

$$\ln D_{kt}=\alpha_0+\sum_{r=1}^{m}\alpha_r\ln y_{rkt}+\frac{1}{2}\sum_{q=1}^{m}\sum_{r=1}^{m}\alpha_{qr}\ln y_{qkr}\ln y_{rkt}+\sum_{n=1}^{n}\beta_i\ln x_{ikt}$$

$$+\frac{1}{2}\sum_{b=1}^{n}\sum_{i=1}^{n}\beta_{bi}\ln x_{bkt}\ln x_{ikt}+\sum_{i=1}^{n}\sum_{r=1}^{m}\phi_{ir}\ln x_{bkt}\ln y_{rkt}+\sum_{i=1}^{n}\mu_i\ln x_{ikt}t$$

$$+\sum_{r=1}^{m}\sigma_r\ln y_{rkt}t+\lambda_1 t+\frac{1}{2}\lambda_{11}t^2+v_{i,\ t},\ k=1,\ 2,\cdots,\ n\ ;\ t=1,\ 2,\cdots,\ T\cdots\ (10.23)$$

이는 n 투입요소와 m개의 산출물로 구성된 초월대수의 투입거리함수이다. 여기서 v는 측정오차와 통계적 오차를 의미하는 확률오차이다. 이는 독립적이고 동일하게 즉, $iid \sim N(0, \sigma_v^2)$로 분포한다. 생산이 프런티어 상에서 이루어질 때 투입효율은 1의 값을 갖게 된다. 식(10.23)에서 좌변의 투입효율이 1의 값을 가질 때 좌변은 모든 관측치에 대하여 $\ln D = \ln(1) = 0$이 된다. Färe and Primont(1995)와 같이 좌변의 효율이 0이 되는 문제를 피하기 위해서 투입물의 1차동차함수의 특성을 부여할 수 있다. 산출에 대하여 일차동차함수이려면 다음 식을 만족하여야 한다.

$$\sum_{r=1}^{m}\alpha_r = 1, \ \sum_{r=1}^{m}\alpha_{qr} = \sum_{i=1}^{n}\beta_{hi} = \sum_{i=1}^{n}\phi_{ir} = 0 \ \cdots\cdots\cdots\cdots\cdots\cdots\cdots\cdots\cdots (10.24)$$

Lovell et al.(1994)처럼 초월대수투입거리함수의 투입에 대한 선형동차성조건을 적용하기 위해서는 투입물 중 하나인 n번째 투입물을 사용하여 투입거리함수와 다른 투입물을 나눠주면 다음과 같다.

$$\ln(D_{kt}/x_{nkt}) = \alpha_0 + \sum_{r=1}^{m}\alpha_r \ln y_{rkt} + \frac{1}{2}\sum_{q=1}^{m}\sum_{r=1}^{m}\alpha_{qr}\ln y_{qkt}\ln y_{rkt} + \sum_{n=1}^{n-1}\beta_i \ln x_{ikt}/x_{nkt}$$

$$+ \frac{1}{2}\sum_{b=1}^{n-1}\sum_{i=1}^{n-1}\beta_{hi}\ln x_{bkt}/x_{nkt} \cdot \ln x_{ikt}/x_{nkt} + \sum_{i=1}^{n-1}\sum_{r=1}^{m}\phi_{ir}\ln x_{bkt}/x_{nkt} \cdot \ln y_{rkt}$$

$$+ \sum_{i=1}^{n-1}\mu_i \ln x_{ikt}/x_{nkt} \cdot t + \sum_{r=1}^{m}\sigma_r \ln y_{rkt}t + \lambda_1 t + \frac{1}{2}\lambda_{11}t^2 + v_{i,t}$$

$$k = 1, 2, \cdots, K \ ; \ t = 1, 2, \cdots, T \ \cdots\cdots\cdots\cdots\cdots\cdots\cdots\cdots (10.25)$$

여기서 Coelli et al.(2005)에 따라서 $\ln D$를 기술비효율의 오차항인 u로 대체하면 다음과 같은 투입량에 대한 함수를 얻는다.[5] 즉, 식(10.25)의 $\ln D_{kt}$를 우변으로 이항하면 식(10.26)과 같다.

$$-\ln(x_{nkt}) = \alpha_0 + \sum_{r=1}^{m}\alpha_r \ln y_{rkt} + \frac{1}{2}\sum_{q=1}^{m}\sum_{r=1}^{m}\alpha_{qr}\ln y_{qkt}\ln y_{rkt} + \sum_{n=1}^{n-1}\beta_i \ln(x_{ikt}/x_{nkt})$$

$$+ \frac{1}{2}\sum_{b=1}^{n-1}\sum_{i=1}^{n-1}\beta_{hi}\ln(x_{bkt}/x_{nkt})\ln(x_{ikt}/x_{nkt}) + \sum_{i=1}^{n-1}\sum_{r=1}^{m}\phi_{ir}\ln(x_{bkt}/x_{nkt})\ln y_{rkt}$$

$$+ \sum_{i=1}^{n-1}\mu_i \ln(x_{ikt}/x_{nkt})t + \sum_{r=1}^{m}\sigma_r \ln y_{rkt}t + \lambda_1 t + \frac{1}{2}\lambda_{11}t^2 + v_{it} - u_{it}$$

---

5) $-\ln D(y, x) = -u$의 양변을 다시 지수를 취하면 좌변은 Farrell의 효율이 된다. 즉, $FE(y, x) = e^{-u}$가 되고 e^{-u}는 Farrell(1957)의 투입효율이다.

$$k=1, 2, \cdots, K \; ; \; t=1, 2, \cdots, T \cdots\cdots\cdots\cdots\cdots\cdots\cdots\cdots\cdots (10.26)$$

한편 기술비효율 오차 u에 대한 분포는 Aigner, Lovell, and Schmidt(1977)와 같이 단측 정규분포(non-negative one side distribution)를 가정한다. 즉, 확률오차 v가 $iid \sim N(0, \sigma_u^2)$로서 독립적이고 균등한 분포를 하는 것과 같이 기술비효율 오차항 u도 v와 독립적으로 균등분포하고 0에서 절단된 분포함수인 $iid \sim N(0, \sigma_u^2)$를 가정한다. u는 기술적 비효율성에 수반되는 투입물의 과다투입의 정도를 나타내는 것으로 항상 양(+)의 값을 갖는 것으로 가정한다. 따라서 Aigner, Lovell, and Schmidt(1977)은 복합오차에 대하여 $\sigma^2 = \sigma_u^2 + \sigma_v^2$과 $\lambda = \sigma_u/\sigma_v$으로 표현한 바 있다. Battes and Corra(1977)는 $\lambda = \sigma_u/\sigma_v$가 비음의 모든 값이 될 수 있다고 판단하여 0과 1사이의 값을 갖게 되는 임의오차의 분산에 대한 기술비효율의 오차항의 분산의 비율인 $\gamma = \sigma_u^2 + \sigma_v^2$를 사용하였다. 기술적 비효율성은 γ의 값이 1에 가까울수록 증가한다. 반대로 0에 가까울수록 전체오차는 기술비효율오차가 아닌 확률오차에 의한 것임을 의미한다. 특히 패널자료를 사용할 경우 기술비효율 오차에 시간의 변화를 고려해야 하므로 가령, 기술비효율 오차가 시간가변적인 Battese and Coelli(1992) 모형에 따라서 기술비효율 오차항은 식(10.27)과 같이 둘 수 있다.

$$u_{i,t} = \exp\{-\eta(t-T)\} \cdot u_i \cdots\cdots\cdots\cdots\cdots\cdots\cdots\cdots\cdots (10.27)$$

식(10.27)에서 η는 시간에 따라 변화하는 기술비효율성 오차의 변화를 의미하고 u_i는 시간이 고려되지 않은 기술비효율성 오차를 의미한다. η는 기술적 비효율성의 변화율을 반영한 파라미터로 양(+)의 값을 가지면 기술비효율성이 시간변화에 따라 감소하고 반면, 음(-)의 값을 가지면 시간변화에 따라 증가한다. 따라서 시간변수 t를 포함할 경우 시간에 따른 효율성을 측정할 수 있다. $t=T$일 경우 $u_{i,t} = u_i$가 된다.

3. 확률변경함수와 규모효율

규모탄력성과 규모효율은 생산함수의 어떤 점에서 두 가지 중요한 척도이다. 규모탄력성은 투입량의 변화에 따른 산출량의 비례적인 변화의 비율로 정의된다. 규모탄력성이 1보다 크거나 작으면 생산기술은 체증 내지 체감의 규모경제가 된다. 규모가 체증할 때 평균생산성은 투입량 증가와 함께 증가한다. 그러나 다수의 투입물이 존재하는 경우에 평균생산성이 일반적으로 정의되지는 않지만 복합투입물의 한 단위 투입물당 생산성을 의미하는 ray average productivity(RAP)는 규모탄력성이 1을 초과할 때 투입규모 증가와 함께 증가한다. Banker et al.(1984)에 의하면 규모효율은 생산성이 가장 생산적인 규모크기(the most productive scale size: MPSS)가 될 때로 정의한다. 따라서 규모효율은 실제 투입물규모의 RAP를 MPSS가 달성된 때와 비교하여 상대적으로 측정하는 것이다. 규모효율은 1보다 작거나 같다. 그러나 규모탄력성은 1보다 크거나 작다.

그러므로 규모효율을 측정하려면 생산성의 척도를 알아야 하고 MPSS를 확인하는 방법을 알아야 한다. 먼저 단일 투입물과 단일 산출물을 포함하는 생산함수를 가정하자. $y=f(x)$는 오목하고 2차미분이 가능한 생산함수이다. 주어진 투입물 수준 x_0에 대한 규모탄력성은 다음과 같다.

$$\varepsilon(x_0) = \frac{d\ln f(x)}{d\ln x} = \frac{x_0 f'(x_0)}{f(x_0)} \quad\cdots\cdots\cdots\cdots\cdots\cdots\cdots\cdots\cdots (10.28)$$

한편, 평균 생산성(AP)을 가지고 생산성을 측정한다. 즉,

$$AP(x_0) = \frac{f(x_0)}{x_0} \quad\cdots\cdots\cdots\cdots\cdots\cdots\cdots\cdots\cdots\cdots\cdots (10.29)$$

MPSS는 $AP(x_0)$가 최대가 되는 점이므로 식(10.29)를 미분하여 0으로 두면 그 조건을 얻는다. 즉,

$$x_0 f'(x_0) - f(x_0) = 0 \rightarrow x_0 f'(x_0) = f(x_0) \quad\cdots\cdots\cdots\cdots\cdots (10.30)$$

그러므로 MPSS에서 규모탄력성은 식(10.28)에서 1이 된다. 이처럼 규모효율을 측정하려면 규모탄력성을 1로 설정하고 MPSS에 대하여 해를 구하면 그 조건을 얻는다. 주어진 투입물 수준 x_o에서 규모효율은 상대적인 평균생산성으로 측정된다. 즉,

$$SE(x) = \frac{AP(x_0)}{AP(x_*)} = \frac{f(x_0)/f(x_*)}{x_0/x_*} \leq 1 \quad\cdots\cdots\cdots\cdots\cdots\cdots (10.31)$$

규모효율과 규모탄력성은 규모일정불변이 유지되는 MPSS에서만이 일치될 수

있다. 그 외 점에서는 규모탄력성의 크기에 관계없이 규모효율은 1보다 작다. 따라서 규모탄력성의 크기는 규모효율의 수준에 대하여 그 어떤 수준을 보여줄 수가 없다.

이러한 절차는 다수 투입물의 경우에도 일반화되어 적용될 수 있다. 다수투입물의 경우 투입물 결합을 바꾸지 않고 투입물 묶음(input bundle)에서 방사선 변화를 고려하는 것은 가능하다. 관측된 투입물 묶음 x^0가 복합투입물의 한 단위라고 간주하자. 그러면 x 투입물 묶음은 다음과 같이 표현될 수 있다.

$$x = bx^0, \ b \geq 0 \quad \cdots\cdots\cdots\cdots\cdots\cdots\cdots\cdots\cdots\cdots\cdots\cdots \ (10.32)$$

여기서 x는 복합투입물의 b단위에 해당한다. 투입물 묶음에서 ray average productivity는 $RAP(x^0) = f(x^0)$이고 x에서 RAP는 다음과 같다.

$$RAP(x) = \frac{F(bx^0)}{b} \quad \cdots\cdots\cdots\cdots\cdots\cdots\cdots\cdots\cdots\cdots\cdots \ (10.33)$$

MPSS에서 $x^* = b^* x^0$가 된다고 할 때 이 투입물 혼합에 대한 RAP는 최대가 된다. x^0투입물 묶음에서 규모효율은

$$SE(x^0) = \frac{RAP(x^0)}{RAP(x^*)} = \frac{f(x^0)}{f(b^*x^0)/b^*} = \frac{b^* f(x^0)}{f(b^*x^0)} \quad \cdots\cdots\cdots\cdots\cdots \ (10.34)$$

규모효율을 측정하기 위하여 가장 생산적인 투입물 규모 b^*를 결정해야 한다. 단일 투입물의 경우처럼 규모탄력성이 1이 되도록 하면 될 것이다. 그러므로 최적 투입물 규모는 다음과 같다.

$$\varepsilon(x^*) = \sum_{i=1}^{n} \frac{d\ln y}{d\ln x} = 1 \quad \cdots\cdots\cdots\cdots\cdots\cdots\cdots\cdots\cdots\cdots \ (10.35)$$

이론적으로 규모탄력성을 1로 두고 MPSS의 해를 구하는 것은 간단하다. 그런데 가장 유연한 함수도 해가 존재하지 않을 수 있다. Ray(1998)는 초월대수 함수의 해를 구하여 관련된 규모효율을 측정하고자 하였다. 초월대수 확률변경생산함수가 다음과 같다고 하자.

$$\ln y_i = \beta_0 + \sum_i^n \beta_i \ln x_i + \frac{1}{2} \sum_i^n \sum_i^n \beta_{ij} \ln x_i \ln x_j + v_i - u_i \quad \cdots\cdots\cdots\cdots \quad (10.36)$$

여기서 탄력성은 다음과 같이 정의된다.

$$\varepsilon(x^0) = \sum_{i=1}^n \left(\beta_j + \sum_{j=1}^n \beta_{ij} \ln x_j \right) \quad \cdots\cdots\cdots\cdots\cdots\cdots\cdots\cdots\cdots\cdots \quad (10.37)$$

이는 x^0에서 측정된 규모탄력성이다. 이어서 Ray(1998)는 규모효율의 측정이 다음과 같이 유도된다고 제시하였다. 즉,

$$SE(x^0) = \exp\left\{ \frac{(1-\varepsilon^0)^2}{2\beta} \right\} \quad \cdots\cdots\cdots\cdots\cdots\cdots\cdots\cdots\cdots\cdots \quad (10.38)$$

여기서 규모탄력성 ε^0와 추정된 β가 있으면 규모효율의 값을 얻을 수 있다. β는 다음과 같이 추정된 계수들의 합이다. 즉,

$$\beta = \sum_i^n \sum_j^n \beta_{ij} \quad \cdots\cdots\cdots\cdots\cdots\cdots\cdots\cdots\cdots\cdots\cdots\cdots\cdots \quad (10.39)$$

만약 생산함수가 투입물에 대하여 오목할 경우 β는 0보다 작을 것이고 규모효율은 1보다 작거나 같을 것이다.[6)]

4. 확률변경비용함수 접근의 환경효율

확률변경모형은 Aigner, Lovell, and Schmidt(1977), Meeusen and van den Broeck(1977), Battese and Corra(1977)에 의해 처음 소개 되었고, Schmidt and Lovell(1979)에 의해 비용함수 접근법으로 발전되었다.

먼저 투입물 가격을 $w = (w_1, \cdots, w_N)$, 투입물을 $x = (x_1, \cdots, x_N)$라고 가정하자. 생산자는 산출물을 최소가격에서 생산하려고 시도한다. 이러한 투입물 집합을 통하여 비용프런티어를 얻는다. 즉, 최소비용은 $c(y, w) = \min\{wx \mid wx \in T(y)\}$로 정의된다.[7)] 그런데 대부분의 생산은 이러한 비용변경에서 생산되지 못하고 변경 위의 내부에서 생산된다. 앞서 소개되었듯이 실제비용과 최소비용의 차

---

6) Coelli et al.(2005)는 초월대수 함수의 파라미터가 오목성의 특성과 일치하지 않을 경우 inequality constraints로 해결가능하다고 언급한다.

이를 비용 효율성 $CE(y, x, w) = c(y, w)/wx$으로 나타낸다. 이를 확률변경비용모형의 수식으로 나타내면 다음과 같다.

$$C_i = c(y_i, w_i ; \beta)\exp(v_i + u_i) \cdots\cdots\cdots\cdots\cdots\cdots\cdots\cdots (10.40)$$

여기서 $C_i = w_i x_i$는 생산단위 i의 총비용, y_i는 생산단위 i의 산출량, w_i는 생산단위 i의 투입 가격, c는 비용함수이다. β는 비용함수의 추정계수, v_i는 $(-\infty, \infty)$의 범위에서 $N(0, \sigma_v^2)$인 확률오차이다. u_i는 $[0, \infty]$의 범위를 갖는 생산단위 i의 기술비효율오차를 나타낸다. u_i의 부호는 비용함수 형태로서 최소배출량보다 위에 위치하므로 생산함수와는 다르게 양(+)이 되는 반면에 생산함수의 경우 기술비효율오차는 항상 생산변경의 아래에 위치하기 때문에 음(−)으로 표시된다.

이러한 확률변경 비용함수 접근법을 환경과 연계하여 환경효율성을 정의할 수 있다. 환경효율성(environmental efficiency: EE)의 정의는 다음과 같다.

$$EE = \min\{\psi \mid (\psi Z) \in T\} \cdots\cdots\cdots\cdots\cdots\cdots\cdots\cdots (10.41)$$
$$= \min\{\psi \mid (\psi Z) \geq Z^*\}$$
$$= \min\{\psi \mid \psi \geq Z^*/Z\}$$
$$= Z^*/Z$$

여기서 ψ는 환경효율의 값이고 $0 \leq \psi \leq 1$의 값을 갖는다. 즉, 환경효율성은 0~1 사이의 값을 갖는다. Z는 실제 오염배출량이며 T는 생산물과 오염물의 생산가능집합을 나타낸다. 환경효율성은 [그림 10.1]과 같이 환경오염 배출량 Z가 최소 오염배출량을 달성하고 있는지 여부를 보여줄 것이다.

오염배출량은 음(−)의 산출물로 최소화해야 할 대상이기에 [그림 10.1]에서 보는 바와 같이 생산함수가 아닌 비용함수와 같은 형태이고 최소오염배출량이 실제 오염배출량을 포락하고 있다. 즉, 생산량의 증가에 따른 오염배출량 곡선이 마치 비용곡선과 비슷한 형태를 하고 있다.

Herrala and Goel(2012)이 시도한 것과 같이 SFA 형태의 비용함수를 이용하여 환경효율을 측정해 볼 수 있다. 가령, 음(−)의 산출물로서 최소화해야 할 오염물을 추정하는 비용함수를 사용한다면 오염물을 비용과 같이 종속변수로 두고 최소

---

7) $T(y)$는 주어진 y를 생산하는 기술집합이다.

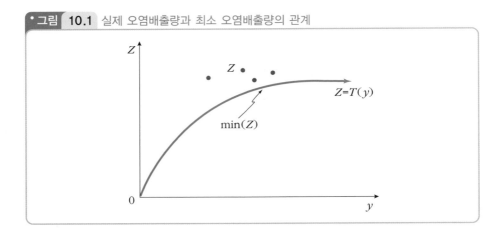

• 그림 10.1 실제 오염배출량과 최소 오염배출량의 관계

배출량을 추정해 볼 수 있을 것이다. 이의 설명변수로는 생산량을 둘 수 있다. 그러므로 확률변경 비용함수에 기초한 오염배출량의 추정식은 다음과 같이 둘 수 있다.

$$\ln(Z_i) = \beta_0 + \beta_1 \ln(y_i) + v_i + u_i \quad \cdots\cdots\cdots\cdots\cdots\cdots\cdots\cdots\cdots\cdots\cdots\cdots (10.42)$$

여기서 Z_i는 음(−)의 산출물로 최소화되어야 하는 오염물이다. y_i는 산출물이다. v_i는 확률오차로 y_i, u_i와 독립적이고 $N(0, \sigma_v^2)$인 정규분포를 한다. 오염물의 비효율오차인 u_i는 환경효율과 관련된다. 즉, 환경효율성 내지 오염물의 효율성은 다음과 같이 표시할 수 있다. 즉,

$$EE = \exp(-u_i) = \min(Z)/Z \quad \cdots\cdots\cdots\cdots\cdots\cdots\cdots\cdots\cdots\cdots\cdots (10.43)$$

그러므로 u_i는 환경비효율오차를 의미하고 항상 양(+)의 값을 가지며 v_i와 독립적이다. u_i가 존재하지 않는다면 환경효율은 항상 효율적이고 오염물 배출은 최소배출량을 달성한다는 것을 의미한다. 그런데 복합오차항(composite error: $v_i + u_i$)을 추정할 때 u_i의 분포를 가정해야 하는 경우에는 비효율 오차항의 분포가정을 하고 확률밀도함수를 이용하여 확률변경비용함수를 최우추정법을 사용하여 추정할 수 있다.

5. 확률변경함수의 에너지와 환경효율

효율성이란 최소자원 또는 최소비용으로 산출물을 생산할 수 있는 정도를 말한다. 언급하였듯이 투입물을 늘리지 않고 더 이상 산출물을 늘릴 수 없을 때, 또는 산출물을 줄이지 않고 더 이상 투입물을 줄일 수 없는 경우를 효율적이라고 한다(Koopmans, 1951). 환경효율의 향상은 화석연료사용을 줄이고 오염물 배출을 줄임으로써 이루어낼 수 있다. 특히 지속가능한 성장을 추구하려면 화석에너지사용을 줄이고 에너지 효율 향상과 이를 통한 오염물과 온실가스저감이 중요하다. 에너지–환경모형을 이용하면 에너지와 환경효율을 동시에 측정하고 화석연료의 변화가 환경효율에 미치는 영향도 확인이 가능하다. 즉, 일정 화석연료를 줄일 경우 생산함수에서 온실가스가 감소하는 정도를 측정해 볼 수가 있다.

환경효율은 유해한 오염물로서 최소로 줄이는 것이 필요하기에 최소오염량/실제오염량으로 측정된다. 이러한 정의에 따라 결과를 얻는 방법에는 두 가지가 있다. 첫째 오염물을 투입물로 두고 최소화하는 함수를 설정하는 것이고 둘째, 오염물을 산출물로 둘 경우에는 일종의 비용함수와 같이 간주하여 처리하는 방법이 있다. 따라서 회귀모형에 관한 기존 연구는 대부분 산출물과 오염물을 동시에 사용할 경우 오염물은 투입물로 간주하였다.

여기서는 두 번째 방법, 즉, 오염물을 산출물로 두는 비용함수의 형태를 따라서 환경효율모형을 제시한다. 특히 환경효율의 측정을 위하여 확률변경함수를 사용한다. 특히 효율성은 기존의 화석에너지 혹은 비화석에너지 자체의 에너지 효율성과 오염물의 환경효율성으로 구분이 될 수 있다. 따라서 화석에너지의 효율성과 환경효율성을 동시에 측정하는 모형을 도입하고자 한다. 전체 환경효율성(OEE) = 오염물의 효율성(EE_Z) * 화석에너지효율성(EE_{ff})으로 정의한다.

먼저 환경효율은 다음과 같이 정의한다.

$$EE_Z = \min\{\theta : \theta \cdot Z \in T(y, Z)\}$$
$$= \min\{\theta : \theta \cdot Z \geq Z^*\}$$
$$= \min\{\theta : \theta \geq Z^*/Z\}$$
$$= Z^*/Z \quad\cdots\cdots\cdots\cdots\cdots\cdots\cdots\cdots\cdots\cdots\cdots\cdots\cdots\cdots (10.44)$$

한편, Herrala and Goel(2012)가 정의한 것과 같은 논리로 y는 오염물 Z가 최소화되는 생산가능집합 T에 기초한 산출량 수준으로 간주한다. 그러나 이들과는 다르게 정책에 의해 규제되어 결정되는 환경효율이 아니라 프런티어 상에서 최소 오염물과 실제오염물의 비율로 정의한다. 그리고 기준이 되는 모형은 다음과 같이 오염물이 일반 산출물과 일반 투입물에 의해 결정되는 생산기술구조를 전제한다. 즉,

$$Z \geq T(y, \ x) \quad\cdots\cdots\cdots\cdots\cdots\cdots\cdots\cdots\cdots\cdots\cdots\cdots\cdots\cdots \quad (10.45)$$

여기서 오염물 Z는 산출물(y)과 투입물(x)에 의해서 결정되는 함수를 의미한다. 즉, x를 사용하여 y를 생산하되 오염물 Z를 동시에 생산하는 함수를 의미한다. 특히 Z는 가능한 y를 생산하면서 최소화해야 한다. 따라서 이를 일종의 비용함수와 같은 형태로 간주하여 오염물을 최소화하는 것을 의도한다. 이에 맞추어 $min(Z) = T(y, x)$의 함수를 추정할 것이다.

그러므로 식(10.44)와 식(10.45)를 결합하면 확률변경함수에 기초한 오염물의 환경효율은 다음과 같이 정의된다. 즉,

$$\exp(-u_{it}) = \min(Z_{it})/Z_{it} \quad\cdots\cdots\cdots\cdots\cdots\cdots\cdots\cdots\cdots\cdots \quad (10.46)$$

확률오차와 환경비효율오차를 포함한 확률변경비용함수 형태를 제시하면 다음과 같다. 즉,

$$Z_{it} = T(y_{it}, x_{it} : \beta) \cdot \exp(v_{it}) \cdot \exp(u_{it}) \quad\cdots\cdots\cdots\cdots\cdots\cdots \quad (10.47)$$

여기서 종속변수인 오염물 Z는 산출물(y), 투입물(x), 확률오차(v), 오염물의 비효율오차에 의하여 결정된다. 식(10.47)을 로그형태의 구체적인 초월대수 확률변경 비용함수로 표현하면 다음과 같다. 즉,

$$\begin{aligned}
\ln(Z_{it}) = {} & \beta_0 + \beta_1 \ln y_{it} + \beta_2 \ln K_{it} + \beta_3 \ln L_{it} + \beta_4 \ln ff_{it} + \beta_5 \ln nf_{it} \\
& + 1/2\beta_6 \ln^2 y_{it} + 1/2\beta_7 \ln^2 K_{it} + 1/2\beta_8 \ln^2 L_{it} + 1/2\beta_9 \ln^2 ff_{it} + 1/2\beta_{10} \ln^2 nf_{it} \\
& + \beta_{11} \ln y_{it} \cdot \ln K_{it} + \beta_{12} \ln y_{it} \cdot \ln L_{it} + \beta_{13} \ln y_{it} \cdot \ln ff_{it} + \beta_{14} \ln y_{it} \cdot \ln nf_{it} \\
& + \beta_{15} \ln K_{it} \cdot \ln L_{it} + \beta_{16} \ln K_{it} \cdot \ln ff_{it} + \beta_{17} \ln K_{it} \cdot \ln nf_{it} \\
& + \beta_{18} \ln L_{it} \cdot \ln ff_{it} + \beta_{19} \ln L_{it} \cdot \ln nf_{it} + \beta_{20} \ln ff_{it} \cdot \ln nf_{it}
\end{aligned}$$

$$+ v_{it} + u_{it} \quad \cdots\cdots\cdots\cdots\cdots\cdots\cdots\cdots\cdots\cdots\cdots\cdots\cdots\cdots\cdots\cdots\cdots\cdots\cdots\cdots \quad (10.48)$$

여기서 투입물이 자본스톡, 노동, 화석에너지, 비화석에너지 등 4가지로 구분된다고 가정한 경우의 확률변경 비용함수이다. 언급한 바와 같이 오염물은 최소화해야 하기 때문에 비용함수의 형태를 사용한다. 따라서 오염물비효율 오차항인 u의 부호가 생산함수와 다르게 양(+)의 부호를 보인다.

식(10.48)을 추정하면 식(10.46)에서 오염물의 환경효율을 측정할 수 있다. 우선적으로 화석에너지와 환경효율 간의 관계를 분석하고자 한다. 화석에너지의 효율적인 투입을 동시에 달성하려면 오염물 관련 화석에너지 사용량이 효율적이어야 하므로 화석에너지 투입물 효율은 다음과 같이 정의된다.

$$EE_{ff} = \min\{\delta : \delta \cdot ff \in T(y, Z)\} \quad \cdots\cdots\cdots\cdots\cdots\cdots\cdots\cdots\cdots \quad (10.49)$$

이러한 정의에 따라서 화석에너지 효율도 다음과 같이 도출된다. 즉,

$$EE_{ff} = \min(ff_{it}) / ff_{it} \quad \cdots\cdots\cdots\cdots\cdots\cdots\cdots\cdots\cdots\cdots\cdots\cdots\cdots \quad (10.50)$$

그러므로 전체적인 환경효율성(OEE)이 효율적이라고 간주할 수 있으려면 오염물의 효율성과 화석에너지 효율성이 동시에 달성되어야 하므로 화석에너지 투입물과 오염물의 효율성이 동시에 이루어져야 한다. 즉 식(10.48)에서 화석에너지 투입물에 $\delta \cdot ff$를 대입하고 오염물이 효율적이 되는 조건인 $u_{it}=0$으로 두면 두 가지가 모두 효율적이 되고 전체 환경효율성은 효율성이 성립한다. 따라서 전체 환경효율성을 만족하는 오염물에 대한 확률변경함수는 다음과 같이 표시된다.

$$\ln(Z_{it}) = \beta_0 + \beta_1 \ln y_{it} + \beta_2 \ln K_{it} + \beta_3 \ln L_{it} + \beta_4 \ln \delta \cdot ff_{it} + \beta_5 \ln nf_{it}$$
$$+ 1/2\beta_6 \ln^2 y_{it} + 1/2\beta_7 \ln^2 K_{it} + 1/2\beta_8 \ln^2 L_{it} + 1/2\beta_9 \ln^2 \delta \cdot ff_{it} + 1/2\beta_{10} \ln^2$$
$$nf_{it} + \beta_{11} \ln y_{it} \cdot \ln K_{it} + \beta_{12} \ln y_{it} \cdot \ln L_{it} + \beta_{13} \ln y_{it} \cdot \ln \delta \cdot ff_{it} + \beta_{14} \ln y_{it} \cdot$$
$$\ln nf_{it} + \beta_{15} \ln K_{it} \cdot \ln L_{it} + \beta_{16} \ln K_{it} \cdot \ln \delta \cdot ff_{it} + \beta_{17} \ln K_{it} \cdot \ln nf_{it}$$
$$+ \beta_{18} \ln L_{it} \cdot \ln \delta \cdot ff_{it} + \beta_{19} \ln L_{it} \cdot \ln nf_{it} + \beta_{20} \ln \delta \cdot ff_{it} \cdot \ln nf_{it}$$
$$+ v_{it} \quad \cdots\cdots\cdots\cdots\cdots\cdots\cdots\cdots\cdots\cdots\cdots\cdots\cdots\cdots\cdots\cdots\cdots \quad (10.51)$$

따라서 식(10.48)이 전체환경효율성을 만족하려면 식(10.51)과 동일하면 가능

하다. 그러므로 다음 조건이 만족되면 전체 환경효율성은 이루어진다. 즉,

$$\frac{1}{2}\beta_9 \ln^2\delta + (\beta_4 + \beta_{13} \ln y_{it} + \beta_{16} \ln K_{it} + \beta_{18} \ln L_{it} + \beta_{20} \ln nf_{it})$$

$$\cdot \ln \delta - u_{it} = 0 \quad \cdots\cdots\cdots\cdots\cdots\cdots\cdots\cdots\cdots\cdots\cdots\cdots\cdots\cdots\cdots (10.52)$$

이는 $\ln \delta$로 표시된 2차항이므로 근의 공식을 적용하면 δ의 값을 얻을 수 있다. 이를 위하여 $\ln \delta$의 1차항의 계수를 b라 두고 근의 값을 구할 것이다. 즉,

$$\beta_4 + \beta_{13} \ln y_{it} + \beta_{16} \ln K_{it} + \beta_{18} \ln L_{it} + \beta_{20} \ln nf_{it} = b \quad \cdots\cdots (10.53)$$

이에 따른 근의 값은 다음과 같다. 즉,

$$\ln \delta = \frac{-b \pm \sqrt{b^2 + 2\beta_9(-u_{it})}}{\beta_9} \quad \cdots\cdots\cdots\cdots\cdots\cdots\cdots\cdots\cdots\cdots\cdots (10.54)$$

그러므로 식(10.48)의 함수식을 추정하고 도출한 계수를 이용하여 식(10.54)에 대입하면 δ값을 도출할 수 있다. 이 δ값이 화석에너지의 효율성이 된다. $\exp(-u)$는 오염물의 환경효율이다. 그리고 $\ln \delta$의 추정계수 b는 화석에너지 투입의 관점에서 오염물탄력성의 합과 동일하다. 즉,

$$b = \sum_i \partial\ln Z / \partial \ln ff \quad \cdots\cdots\cdots\cdots\cdots\cdots\cdots\cdots\cdots\cdots\cdots\cdots\cdots (10.55)$$

이는 화석에너지의 변화가 오염물에 미치는 영향을 보여주는 것을 의미한다. 화석에너지를 증가시킬 때 어느 정도 오염물이 영향을 받는지를 확인할 수 있다.

결과적으로 전체 환경효율성은 오염물의 환경효율성과 화석에너지 효율성으로 구성되므로 이는 다음과 같이 측정한다.

$$OEE = EE_Z \cdot EE_{ff} = \theta \cdot \delta \quad \cdots\cdots\cdots\cdots\cdots\cdots\cdots\cdots\cdots\cdots\cdots (10.56)$$

앞서 제시한 것처럼 오염물의 환경효율과 화석에너지의 효율성은 각각 θ와 δ로 각각 표시된다. 나아가 화석에너지를 비화석에너지로 일정량을 대체할 경우에 환경효율성에 미치는 영향도 이를 통하여 확인할 수 있다. 특히 일정량의 대체가 오염물을 어느 정도 저감시키는지도 측정이 가능하다.

6. 예산제약 하의 이윤효율성

제6장에서 비모수적 접근에 기초한 지출예산 제약 하의 이윤효율성 모형을 제시한 바 있다. 여기서는 모수적 접근에 의한 예산제약 하의 이윤효율성 모형을 제시하고자 한다. 물론 이윤효율은 프런티어가 존재할 경우 프런티어 내부에 위치한 점에서 실현되는 실제 이윤과 프런티어 상에서 달성되는 최대 이윤 간의 상대적 비율로 정의된다. 모수적 이윤효율성은 일정한 이윤함수를 설정하고 프런티어를 추정한다는 점이 실제 자료에 기초하여 프런티어를 형성하는 비모수적 이윤효율성과 다른 점이다. 여기서 생산단위가 예산제약으로 잃게되는 이윤손실을 추정하고 예산제약이 없는 경우 개별 은행의 실제 이윤이 최대이윤과의 차이를 살펴볼 수 있다. 이를 위하여 예산제약이 없는 상태에서 최대이윤을 추정하고 예산제약 하에서 달성가능한 최대 이윤을 추정하는 것이 필요하다. 이주병(2015)은 모수적 접근으로 한국은행 산업을 대상으로 예대율규제를 적용하여 은행의 이윤의 변화를 확인하고자 시도하였다.

여기서는 이와 같이 확률변경함수를 활용하여 예산제약이 없는 경우와 있는 경우의 이윤효율성을 추정하는 모형에 대해서 설명하고자 한다. 확률변경함수 모형에서 이윤효율성을 분석하기 위해서 산출물 가격(p), 투입요소 가격(w), 확률오차(v), 이윤비효율오차(u)로 구성된 이윤함수를 제시하면 다음과 같다.

$$\Pi = \Pi(p, w, v, u)$$
$$= \Pi(p, w)\exp(v-u) \quad\cdots\cdots\cdots\cdots\cdots\cdots\cdots\cdots\cdots\cdots (10.57)$$

π(profit): 이윤
p(output price): 산출물 가격
w(input price): 투입요소 가격
v: 확률오차
u: 이윤비효율오차

이윤함수는 기본적으로 산출물가격과 투입요소 가격이 그 설명변수가 된다. 오차항은 확률오차와 이윤비효율오차로 구분할 수 있다. Kumbhakar and Lovell(2002)은 이윤효율성을 다음과 같이 정의한다.

$$PE = \frac{\Pi_0}{\Pi^*} = \frac{\Pi_0(p, \ w)\exp(v-u)}{\Pi^*(p, \ w)\exp(v)} = \exp(-u) \ \cdots\cdots\cdots\cdots \ (10.58)$$

PE: 이윤효율성

Π^*: 최대 이윤

Π_0: 실제 이윤

여기서 이윤효율은 1보다 작거나 같고 1일 때 효율적이다. 식(10.57)과 같은 이윤함수를 구체화시켜서 테일러변환(Taylor's expansion)에 따라 2차항을 포함한 초월대수확률변경이윤함수로 표시하면 다음과 같다.

$$\ln \Pi = \beta_0 + \sum_{i=1}^{m} \beta_i \ln p_i + \sum_{b=1}^{n} \beta_b \ln w_b$$
$$+ \frac{1}{2} \sum_{i=1}^{m} \sum_{j=1}^{m} \delta_{ij} \ln p_i \ln p_j + \frac{1}{2} \sum_{b=1}^{n} \sum_{k=1}^{n} \delta_{bk} \ln w_b \ln w_k$$
$$+ \sum_{i=1}^{m} \sum_{b=1}^{n} \phi_{ib} \ln p_i \ln w_b + \sum_{r=1}^{p} \beta_r \ln z_r + v - u \ \cdots\cdots\cdots\cdots\cdots \ (10.59)$$

$p_i, \ p_j$: 산출물 가격($i, j = 1 \sim m$)

$w_b, \ w_k$: 투입물 가격($b, \ k = 1 \sim n$)

z_r: 고정투입요소($r = 1 \sim p$)

v: 확률오차

u: 비효율오차

v는 대칭적 분포를 가지고 독립적이고 동일한 분포를 갖는다고 가정된다, 즉, $iid \sim N(0, \ \sigma_v^2)$이다. 반면 u는 v와 독립적으로 분포하고 0보다 큰 값을 갖는다. 즉, 기술비효율 오차항은 단일측면(one-sided)의 정규분포인 $iid \sim N^+(0, \ \sigma_u^2)$를 따른다.

한편, 예산제약이 있는 경우 이윤함수는 그 예산제약의 제한을 받으므로 이를 이윤함수에 포함시킬 수 있다. 즉, 예산제약 하의 이윤함수는 다음과 같이 표시할 수 있다.

$$\ln \Pi = \beta_0 + \sum_{i=1}^{m} \beta_i \ln p_i + \sum_{b=1}^{n} \beta_b \ln w_b$$
$$+ \frac{1}{2} \sum_{i=1}^{m} \sum_{j=1}^{m} \delta_{ij} \ln p_i \ln p_j + \frac{1}{2} \sum_{b=1}^{n} \sum_{k=1}^{n} \delta_{bk} \ln w_b \ln w_k$$

$$+ \sum_{i=1}^{m} \sum_{b=1}^{n} \phi_{ib} \ln p_i \ln w_b + \sum_{r=1}^{p} \beta_r \ln z_r + \sum_{i=1}^{m} \beta_i \ln b_i + v - u \quad \cdots\cdots\cdots (10.60)$$

p_i, p_j: 산출물 가격($i, j=1\sim m$)

w_b, w_k: 투입물 가격($b, k=1\sim n$)

z_r: 고정생산요소($r=1\sim p$)

b_i: 예산제약

v: 확률오차

u: 비효율오차

여기서 예산제약변수(b_i)가 포함되면 이윤함수는 제한을 받게 되고 이로 인한 최대이윤은 축소되어 추정될 것이다. 축소의 정도는 예산제약의 수준에 의존하게 된다. 따라서 예산제약의 수준이 변화할 때 이윤이 변화하는 정도를 측정하려면 예산제약율(＝신예산제약/기존예산제약)을 Φ라 할 때 이를 예산제약수준에 곱해주면 예산제약율 변화에 따른 이윤의 변화분을 추정할 수 있다. 추가적으로 이러한 예산제약율을 포함한 이윤극대화 모형을 제시하면 다음과 같다. 즉,

$$\ln \Pi = \beta_0 + \sum_{i=1}^{m} \beta_i \ln p_i + \sum_{b=1}^{n} \beta_b \ln w_b$$

$$+ \frac{1}{2} \sum_{i=1}^{m} \sum_{j=1}^{m} \delta_{ij} \ln p_i \ln p_j + \frac{1}{2} \sum_{b=1}^{n} \sum_{k=1}^{n} \delta_{bk} \ln w_b \ln w_k$$

$$+ \sum_{i=1}^{m} \sum_{b=1}^{n} \phi_{ib} \ln p_i \ln w_b + \sum_{r=1}^{p} \beta_r \ln z_r + \sum_{i=1}^{m} \beta_i \ln \Phi b_i + v - u \quad \cdots\cdots (10.61)$$

p_i, p_j: 산출물 가격($i, j=1\sim m$)

w_b, w_k: 투입물 가격($b, k=1\sim n$)

Φ: 예산제약율

b_i: 예산제약

v: 확률오차

u: 비효율 오차

이는 예산제약과 관련한 추가적인 규제를 예산제약율로 나타낸 것이라고 할 수 있다.[8] 비슷한 규제가 예산제약으로 나타날 때 이를 변화시킴에 따른 이윤의

---

8) 가령, 은행의 경우 정부가 시행하는 예대율 규제가 이윤효율에 얼마나 영향을 미치는지 알기 위해서 예대율 규제에 변화를 줄 수 있을 것이다. 예대율이 1일 경우 예수금과 대출금이 같은 상황이다. 반면 예대율이 1보다 작을 경우 대출금이 예수금 보다 작은 상황이고 은행의 재무적 건전성은 향상되나 이윤 창출의 기회는 줄어들 것이다. 반

변화를 살펴볼 수 있다. 기존의 이윤효율을 전체이윤효율(OPE: overall profit efficiency)로 둘 경우 비모수적 접근의 예산제약 하의 이윤효율을 분해한 것과 마찬가지로 전체이윤효율은 내부적으로 예산제약 하의 이윤을 기준으로 재무적 이윤효율(FPE)과 제약 하의 이윤효율(CPE)로 구분할 수 있다. 즉,

$$OPE = \frac{\Pi_v}{\Pi_v^*(p, \ w_v, \ x_f)} = \frac{\Pi_v}{\Pi_v^*(p, \ w_v, \ x_{kf}, \ b_k)} \cdot \frac{\Pi_v^*(p, \ w_v, \ x_{kf}, \ b_k)}{\Pi_v^*(p, \ w, \ x_f)}$$
$$= CPE \cdot FPE \ \cdots\cdots\cdots\cdots\cdots\cdots\cdots\cdots\cdots\cdots\cdots\cdots\cdots\cdots\cdots \ (10.62)$$

이러한 분해는 비모수적 접근과 모수적 접근이 동일하다. 그러나 두 접근법에 따른 이윤효율의 값은 추정방법이 다르므로 서로 상이하게 나타날 것이다.

7. 메타프런티어 효율성

확률변경함수는 계량경제 기법을 사용하여 프런티어와 생산기술을 측정하는 접근방법으로 실제 표본집단의 자료를 기초로 이를 측정하는 자료포락분석과는 상이하다. 확률변경함수에 기초한 메타프런티어 측정은 이질적인 기술구조를 가진 집단이 존재할 때 같은 집단 내에서는 같은 기술을 적용할 수 있으나 동종의 업종이나 같은 유형의 제품을 생산하지만 상이한 기술을 가진 집단을 비교할 때 메타프런티어를 사용할 수 있다. 가령, 지역이 상이하지만 동종의 제품을 생산하는 기업들을 비교하는 경우는 지역 내에 생산기술과 지역을 포괄하는 기술로 메타프런티어 기술을 통하여 효율성을 비교할 수 있다.

모수적 접근방법으로 메타프런티어 모형을 시도한 연구는 Battese and Rao(2002), Battese, Rao, and O'Donnell(2004), Chen, Huang, and Yang(2008)를 들 수 있다. 국내적으로는 강상목(2011)이 한국과 일본의 동남권과 큐슈권의 제조업을 대상으로 메타프런티어를 측정하고 기술효율과 기술격차를 비교한 바 있다. 여기서 지역의 확률변경함수에서 나아가 지역 전체를 포괄하는 메타확률변경함수를 추정하는 모형을 제시한다. 메타프런티어는 개별 지역의 프런티어를 모두 포함하게 된다.

대로 예대율이 1보다 클 경우 대출금이 예수금 보다 큰 상황이고 은행의 재무적 건전성은 다소 약해지지만 이윤은 증대할 것이다. 예대율에 대한 제약은 정부의 정책에 따라 변화할 수 있다. 비슷하게 다른 규제에 대해서도 이와 같은 분석이 가능할 것이다.

먼저 j지역에서 t시점에 i 생산단위가 생산활동을 하고 각 지역은 기술수준이 상이하다고 가정하자. 각 지역 내에 상이한 생산단위들이 확률변경함수에 적합한 생산활동을 한다고 가정할 때 이러한 함수는 다음과 같이 표시할 수 있다.

$$y_{it(j)} = f(x_{it(j)}\beta_j) \cdot e^{v_{it(j)} - u_{it(j)}}$$
$$i = 1, 2, \cdots, N_j, \ t = 1, \ 2, \ \cdots, \ T, \ j = 1, \ 2, \ \cdots, \ R \ \cdots\cdots\cdots\cdots\cdots (10.63)$$

여기서 $y_{it}(j)$는 j지역 t시점 i 생산단위의 산출량을 말하고 $x_{it}(j)$는 투입물을 의미한다. β_j는 $x_{it}(j)$의 추정해야 할 계수이다. $v_{it}(j)$는 임의오차로 $iid-N(0, \ \sigma_{vj}^2)$으로 가정한다. $\mu_{it}(j)$는 기술비효율오차로 $v_{it}(j)$와 독립적이고 0에서 절단된 정규분포를 하는 $iid-N(\mu_{itj}, \ \sigma_{uj}^2)$를 가정한다. 식(10.63)의 생산함수를 지수함수 형태로 표시하면 다음과 같다.

$$y_{it(j)} = f(x_{it(j)}\beta_j) \cdot e^{v_{it(j)} - u_{it(j)}} \equiv e^{x_{it} \cdot \beta_{(j)} + v_{it(j)} - u_{it(j)}} \ \cdots\cdots\cdots\cdots\cdots (10.64)$$

여기서 j지역의 확률변경함수를 지수함수 형태로 표시한 것이다. 이 함수의 추정계수의 최소자승추정치나 최우추정치를 얻기 위하여 생산단위의 투입물과 산출물이 사용된다. 만약 식(10.64)에 기술비효율 오차항이 없다면 이 때 프런티어 상에 위치한 확률오차만 고려한 지역 산출량은 다음과 같이 표시된다.

$$y^*_{it(j)} = f(x_{it(j)}\beta_j) \cdot e^{v_{it(j)}} \equiv e^{x_{it} \cdot \beta_{(j)} + v_{it(j)}} \ \cdots\cdots\cdots\cdots\cdots\cdots (10.65)$$

이처럼 j지역의 실제산출량과 지역프런티어 산출량이 정의되면 j지역의 기술효율은 이미 알려져 있듯이 다음과 같이 정의된다. 즉,

$$TE_{it(j)} = \frac{y_{it(j)}}{y^*_{it(j)}} = \frac{e^{x_{it} \cdot \beta_{(j)} + v_{it(j)} - u_{it(j)}}}{e^{x_{it} \cdot \beta_{(j)} + v_{it(j)}}} = e^{-u_{it(j)}} \ \cdots\cdots\cdots\cdots\cdots (10.66)$$

여기서 j지역 기술효율은 기술비효율오차가 없는 지역프런티어 산출량에 대한 기술비효율이 존재하는 실제산출량의 비율로 정의된다. 특히 $u_{it}(j)$는 기술비효율 오차항으로 기술효율과는 역의 관계를 갖는다.

한편, 개별 지역에 대한 프런티어 상의 산출량과 동일하게 지역 전체에 대한 메타프런티어 상에 위치한 메타산출량은 다음과 같은 형태로 표시된다. 즉,

$$y_{it}^* = f(x_{it(j)}\beta^*) \cdot e^{\nu_{it(j)}} = e^{x_{it} \cdot \beta^* + \nu_{it(j)}}$$

$$i = 1, 2, \cdots, N, \ t = 1, 2, \cdots, T \ \cdots\cdots\cdots\cdots\cdots\cdots\cdots\cdots\cdots\cdots\cdots (10.67)$$

여기서 y_{it}^*는 메타프런티어 상의 산출량이고 β^*는 메타확률변경함수의 파라미터 벡터이다. 이 때 메타프런티어가 지역프런티어를 포함하므로 다음의 관계를 갖는다.

$$y_{it}^* = e^{x_{it} \cdot \beta^* + \nu_{it(j)}} \geq y_{it(j)}^* = e^{x_{it} \cdot \beta_{(j)} + \nu_{it(j)}} \ \cdots\cdots\cdots\cdots\cdots\cdots\cdots\cdots (10.68)$$

이 식의 양변을 로그취하고 정리하면 다음의 관계를 얻는다. 즉,

$$x_{it}\beta^* \geq x_{it}\beta_{(j)} \ \cdots\cdots\cdots\cdots\cdots\cdots\cdots\cdots\cdots\cdots\cdots\cdots\cdots\cdots\cdots (10.69)$$

이 식의 좌변의 메타프런티어 추정치는 그 추정치가 포함된 모든 지역과 연도에 대하여 개별지역의 추정치보다 작지 않다는 것을 의미한다. 그런데 메타 프런티어는 상이한 지역의 프런티어를 포락하는 부분으로 구성된 이산적 함수가 아니라 하나의 연속함수이다. 이런 점에서 DEA의 메타 프런티어와 상이하다.

결정적 메타프런티어의 식(10.69)는 개별지역의 결정적 프런티어를 포락한 것으로 간주될 수 있다. 그러나 이 메타프런티어는 포함된 모든 지역들의 확률변경함수들에 대한 결정적 변경 이하로 떨어지지 않는다. Battese and Rao(2002)는 상이한 개별 프런티어와 메타프런티어를 설명하고 있는데 이들의 정의를 따른다. 이 때 메타기술효율은 메타프런티어 상에 위치한 산출량과 실제 산출량을 비교하면 도출이 가능하다. 즉, 메타기술효율은 다음과 같이 지역의 실제 산출량을 메타 산출량으로 나눈 것으로 정의된다.

$$TE_{it}^* = \frac{y_{it(j)}}{y_{it}^*} = \frac{y_{it(j)}}{y_{it(j)}^*} \cdot \frac{y_{it(j)}^*}{y_{it}^*} \ \cdots\cdots\cdots\cdots\cdots\cdots\cdots\cdots\cdots\cdots\cdots (10.70)$$

여기서 메타기술효율은 첫번째 항의 지역의 기술효율과 두 번째 항인 메타기술비중(metatechnology ratio: MR)으로 구분할 수 있다. 즉, 메타기술비중은 지역 프런티어의 최대산출량을 메타 산출량으로 나눈 것으로서 메타프런티어에 대한 지역프런티어의 비중을 말한다. 따라서 이러한 관계를 구체적으로 다시 표시하면

다음과 같다.

$$TE_{it}^* = \frac{y_{it(j)}}{e^{x_{it} \cdot \beta^* + V_{it(j)}}} = \frac{e^{x_{it} \cdot \beta_{(j)} + v_{it(j)} - u_{it(j)}}}{e^{x_{it} \cdot \beta^* + v_{it(j)}}}$$

$$= e^{-u_{it(j)}} \times \frac{e^{x_{it} \cdot \beta_{(j)}}}{e^{x_{it} \cdot \beta^*}} = TE_{it(j)} \times MR_{it} \quad \cdots\cdots\cdots\cdots\cdots \quad (10.71)$$

여기서 볼 수 있듯이 메타기술효율은 임의오차와 기술비효율오차를 모두 포함하고 있는 실제 산출량을 기술비효율오차가 없는 메타프런티어 산출량으로 나눈 것이다. 그러므로 좌변의 메타기술효율은 결국 우변의 지역기술효율과 메타기술비중의 곱으로 표시된다. 이를 메타기술비중의 관점에서 알기 쉽게 표시하면 다음과 같이 지역기술효율과 메타기술효율의 상대적 비로 표시된다.

$$MR_{it} = \frac{e^{x_{it} \cdot \beta_{(j)}}}{e^{x_{it} \cdot \beta^*}} = \frac{TE_{it}^*}{TE_{it(j)}} \quad \cdots\cdots\cdots\cdots\cdots\cdots \quad (10.72)$$

여기서 메타기술비중은 식(10.69)에서 양변을 $x_{it}\beta^*$로 나누어주면 1보다 작은 값을 갖게 된다. 따라서 메타기술효율은 지역의 기술효율에 1 혹은 1보다 작은 메타기술비중을 곱하므로 개별기술효율보다 메타기술효율은 더 작은 값을 갖는다. 이러한 메타확률변경함수는 모든 기간의 모든 지역에 대한 생산단위의 투입물과 산출물을 사용하여 추정이 가능하다.

이처럼 개별 지역프런티어를 포락하는 메타프런티어는 [그림 10.2]와 같이 나

• 그림 10.2 메타프런티어 함수

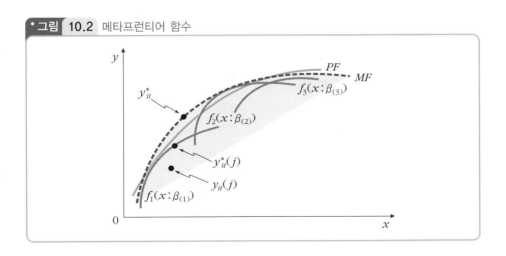

타낼 수 있다. 개별 지역의 프런티어, $f(\cdot)$를 포락하는 MF가 메타프런티어 (metafrontier)에 해당하고 개별 지역의 생산단위는 그 영역 내에 위치하게 된다. 가령 $f_i(\cdot)$에서 지역의 개별 산출량은 $y_{it}(j)$로 표시되고 지역프런티어의 최대 산출량은 $y_{it}^*(j)$로 각각 표시된다. 반면 메타프런티어 상의 최대산출량은 MF 상의 y_{it}^*로 표시된다. 그러므로 메타프런티어 함수는 개별 지역의 확률변경함수의 결정적인 부분보다 작지 않은 값을 갖는다.

그런데 그림에서 보는 바와 같이 단순히 지역별 자료를 합친 통합프런티어 (pooling frontier: PF)가 추정된 개별 지역의 프런티어를 모두 포락하는 것을 보장하지는 못한다. 두 지역 자료를 합친 통합프런티어는 개별 지역프런티어를 포락하는 메타프런티어보다 과대 내지 과소 추정되는 문제를 가지고 있다. 즉, 개별 지역을 합친 통합프런티어가 개별 지역프런티어를 포락하지 못하고 갭이 발생할 수가 있다. 이러한 문제를 해결하기 위해서는 Battese, Rao, and O'Donnell (2004)이 제시한 방법 중의 하나로서 개별 지역프런티어를 포락하도록 메타프런티어 상의 값이 지역프런티어 상의 값보다 크다는 제약 하에서 추정함수의 모든 생산단위의 투입물 벡터의 평균을 최소화하는 최적해를 통하여 메타프런티어를 측정할 수 있다.

이의 과정을 구체적으로 설명하면 다음과 같다. 지역의 확률변경함수의 파라미터에 대한 추정치($\hat{\beta}_{(j)}$)가 주어질 경우 β^* 파라미터는 다음과 같은 최적화 문제를 해결하면 추정될 수 있다.

$$\min \ L \equiv \sum_{t=1}^{T} \sum_{i=1}^{N} |(\ln f(x_{it}, \beta^*) - \ln f(x_{it}, \hat{\beta}_j)|$$
$$s.t. \ \ln f(x_{it}, \beta^*) \geq \ln f(x_{it}, \hat{\beta}_j) \quad \cdots\cdots\cdots\cdots\cdots\cdots\cdots\cdots\cdots\cdots (10.73)$$

여기서 사용하는 편차는 $f(x_{it}, \beta^*)/f(x_{it}, \hat{\beta}_{(j)})$의 로그값으로 메타프런티어와 j지역 프런티어 간에 방사선 거리를 의미한다. 이는 j지역 개별 생산단위에 대한 실제 투입물벡터로 추정이 가능하다. 따라서 식(10.73)이 의미하는 것은 메타 확률변경함수는 메타프런티어와 지역프런티어 간에 로그방사선거리의 합을 최소화하는 것이다.

만약 함수 $f(x_{it}, \beta^*)$가 파라미터가 로그선형이라고 가정하면 식(10.73)의 최적화문제는 다음과 같은 선형프로그램으로 단순화된다.

$$\min \ L \equiv \sum_{t=1}^{T} \sum_{i=1}^{N} |(f(x_{it}, \beta^*) - f(x_{it}, \widehat{\beta}_j)|$$
$$s.t. \ \ f(x_{it}, \beta^*) \geq f(x_{it}, \widehat{\beta}_j) \quad \cdots\cdots\cdots\cdots\cdots\cdots\cdots\cdots\cdots\cdots\cdots \ (10.74)$$

그런데 $\widehat{\beta}_{(j)}$는 j 지역 확률프런티어에서 추정된 계수이고 이는 식(10.74)에서 고정되어 있기 때문에 다음과 같이 단순화하여 표시할 수 있다. 즉,

$$L^* \equiv \min \ L \equiv \sum_{t=1}^{T} \sum_{i=1}^{N} f(x_{it}, \beta^*) = \bar{x} \cdot \beta^*$$
$$s.t. \ \ x_{it} \, \beta^* \geq x_{it} \, \widehat{\beta}_j \quad \cdots\cdots\cdots\cdots\cdots\cdots\cdots\cdots\cdots\cdots\cdots \ (10.75)$$

그러므로 식(10.74)는 선형 제약조건하에서 $L^* \equiv \bar{x} \cdot \beta^*$를 최소화하는 문제로 단순화된다. 이는 지역에 대한 확률프런티어 추정치, $\widehat{\beta}_j$, $j=1, 2, \cdots, R$가 선형프로그램 문제에 대하여 고정된 것으로 가정하기 때문에 성립한다. 여기서 $\bar{x}$는 모든 기간과 모든 관측치에 대한 x_{it} 벡터의 요소의 산술평균이다. 이 최소화 문제는 선형프로그램을 이용하면 추정계수의 값을 얻을 수 있다.

한편, 지역과 메타프런티어 추정을 위한 확률변경함수의 구체적인 형태로서 초월대수 생산함수(translog production function)를 사용한다. 콥-더글러스 생산함수가 투입물의 대체탄력성 등 생산기술에 관한 엄격한 제약조건을 부과하기에 실제 추정 모형으로는 초월대수에 기초한 확률적 생산변경함수가 제약이 적은 이점이 있기 때문이다. 초월대수의 확률적 변경함수는 다음과 같이 표시된다.

$$\ln y_{it} = \beta_0 + \sum_{m=1}^{M} \beta_m \ln x_{mit} + \sum_{m=1}^{M} \beta_{mm} (\ln x_{it})^2 + \beta_t \, t + \beta_{tt} \, t^2$$
$$+ \sum_{m=1}^{M} \sum_{k=1}^{K} \beta_{mk} \ln x_{mit} \ln x_{kit} + \sum_{m=1}^{M} \beta_{tm} t \ln x_{mit} + v_{it} - u_{it}$$
$$i=1, \cdots, N, \ t=1, \cdots, T, \ m, \ k=L, K \quad \cdots\cdots\cdots\cdots\cdots \ (10.76)$$

여기서 하첨자 i는 생산단위를 의미하므로 y_{it}는 t기의 i 생산단위의 산출물, x_{it}는 투입물을 말한다. m과 k는 생산요소를 의미한다. 물론 초월대수의 확률변경함수는 횡단자료 뿐만 아니라 패널자료를 적용하는 것이 가능하다. 이를 이용하여 생산변경함수를 추정하고 그 추정계수와 기술효율성을 추정한다.

8. 2단계 비용효율

여기서 확률변경비용함수와 비용비효율모형을 동시에 추정할 수 있는 이론모형을 도입한다. 2단계 비용효율에서는 비용함수뿐만 아니라 비용비효율에 대해서 설명변수를 고려한 비용비효율 모형을 동시에 추정하는 것이다. 이는 Kumbhakar, Ghosh, and McGukin(1991)과 Reifschneider and Stevenson (1991)이 기술비효율 오차(u_i)를 기업에 특정 변수들과 임의오차의 명시적 함수로 표현한 확률변경함수를 제안하면서 제기되었다. 나아가 Battese and Coelli(1995)는 할당효율이 부가된 것을 제외하고 Kumbhakar, Ghosh, and McGukin(1991)가 제시한 것과 거의 유사한 모형을 만들었다. 여기서 Battese and Coelli(1995)의 모형을 비용효율과 그 결정요인에 적용한다.[9] 패널자료를 위한 확률변경함수는 다음과 같이 표현된다.

$$TC_{it} = x_{it}\beta + \exp(v_{it} + u_{it}), \quad i = 1, \cdots, N, \ t = 1, \cdots, T \ \cdots\cdots\cdots (10.77)$$

여기서 TC_{it}는 i번째 생산단위의 t기 관측한 총비용을 말하고 x_{it}는 i번째 생산단위의 t기의 산출물과 투입요소 가격을 포함한 $(1*k)$벡터의 설명변수를 의미한다. β는 추정되어야 할 $(k*1)$벡터의 파라미터이다. v_{it}는 확률오차로 u_{it}와 독립적이고 $iid \sim N(0, \sigma_v^2)$로 분포한다. u_{it}는 비용의 비효율오차로서 v_{it}와 독립분포하고 절단정규분포(truncated normal distribution)를 하는 것으로 가정한다. 즉, $iid \sim N(b_{it} *\delta, \sigma_u^2)$으로 그 평균은 $b_{it}\delta$이고 분산은 σ_u^2이다. 이 비용비효율의 평균을 식 (10.77)의 총비용과 동시에 추정을 시도한다.[10] 따라서 b_{it}는 시간에 걸쳐서 변화하는 비용비효율을 설명하는 설명변수이다. δ는 추정되어야 할 비용비효율의 설명변수의 추정계수이다.

식(10.77)은 전통적인 비용함수의 관점에서 본 확률변경비용함수를 보여준다. 그러나 전통적 비용함수와는 다르게 비용비효율 오차인 u_{it}가 일련의 설명변수 (b_{it})와 추정되어야 할 파라미터(δ)의 함수로 가정된다는 점에서 상이하다. 이 비용비효율오차를 위한 모형도 역시 확률적이라고 가정되기 때문에 비용비효율을 설명하는 변수들과 확률오차로 구성된다. 만약 모든 δ 변수들이 0이 된다면 비용비

---

9) 강상목(2014)은 이를 한국의 54개 병원을 대상으로 분석한 바 있다.

10) half normal distribution은 $iid \sim N(0, \sigma_u^2)$으로 그 평균이 0이지만 여기서는 truncated normal distribution을 사용하고 그 평균을 다시 생산단위의 다른 관련 설명변수로 추정하게 된다.

효율오차는 설명변수(h_{it})와 관계가 없고 최초에 Aigner, Lovell and Schmidt(1977) 이 설명한 반정규분포가 된다.[11]

비용비효율 오차 u_{it}를 분리해서 좀더 구체적으로 표현하면 다음과 같다. 즉,

$$u_{it} = h_{it}\delta + z_{it} \quad\text{...} \quad (10.78)$$

여기서 비용비효율 오차의 확률오차 z_{it}는 역시 평균이 0이고 분산이 σ_z^2의 절단 정규분포로 정의된다. 왜냐하면 $u_{it} \geq 0$여야 하므로 $z_{it} \geq -h_{it}\cdot\delta$이기 때문이다. 또한 u_{it}가 비음의 절단정규분포$\sim N(h_{it}\delta, \sigma_u^2)$를 해야 하기 때문이다. 또한 식(10.78) 에서 u_{it}의 비용비효율의 설명변수에 초점을 주었기에 실제 추정식에서는 추정 파라미터 δ의 절편항을 포함시키지 않았다. 그러나 실제 추정에서는 그 절편항을 포함할 수도 있고 제외할 수도 있을 것이다. 확률변경과 비용비효율모형의 파라미터를 동시에 추정하는 경우에도 역시 최대우도추정법을 사용한다. 여기서 우도함수도 확률오차와 비용비효율 오차의 분산을 고려하여야 한다. 즉, 전체의 분산 $\sigma^2 = \sigma_v^2 + \sigma_u^2$이고 $\Upsilon = \sigma_u^2/\sigma^2$로 정의한다. 비용효율의 정의는 다음과 같다. 즉,

$$CE_{it} = \exp(-u_{it}) = \exp(-h_{it}\delta - z_{it}) \quad\text{.............................} \quad (10.79)$$

식(10.79)의 비용효율의 기대치는 전체 모형의 가정이 주어졌을 때 일종의 조건기대치에 근거하여 추정된다.

이제 이러한 이론 모형에 기초하여 실증에 사용할 비용함수의 추정식을 구체적으로 설정하는 것이 필요하다. 먼저 추정하려는 확률변경비용함수는 다음과 같이 설정할 수 있다.

$$TC_{it} = \beta_0 + \beta_1 \ln y_{it} + \beta_2 \ln w1_{it} + \beta_3 \ln w2_{it} + \beta_4 \ln w3_{it} + \beta_5 \ln w4_{it}$$
$$+ v_{it} + u_{it} \quad\text{..} \quad (10.80)$$

식(10.80)은 식(10.78)의 양변에 로그를 취한 것으로 이를 구체적인 설명변수로 표시한 것이다. 식(10.80)에서 좌변의 로그취한 총비용을 종속변수로 둘 때 우변의 설명변수는 산출량으로서 부가가치(y), 투입요소의 가격($w1 \sim w4$)이다. 가령,

---

11) 만약 비용비효율 오차의 설명변수와 총비용의 설명변수 간에 상호작용이 h_{it}변수에 포함된다면 이는 Huang and Liu(1994)와 같은 비중립적 확률변경함수가 될 것이다.

숙련노동임금($w1$), 비숙련노동임금($w2$), 자본가격($w3$), 에너지가격($w4$) 등이다. 그리고 v_{it} 와 u_{it}는 각각 확률오차와 비용비효율 오차이다. 식(10.80)의 확률변경 비용함수는 로그를 취한 일종의 콥-더글러스 유형의 선형추정식이다. 여기서 비용비효율 오차는 다음과 같이 추정식으로 표시된다. 즉,

$$u_{it} = \delta_0 + \delta_1 \ln b(1)_{it} + \delta_2 \ln b(2)_{it} + \delta_3 \ln b(3)_{it} + \delta_4 \ln b(4)_{it} + \delta_5 \ln b(5)_{it} + z_{it} \cdots\cdots (10.81)$$

이 식의 좌변은 i번째 생산단위의 t기의 비용비효율 오차이다. 우변의 $b(1)_{it}$, $\cdots$ $b(5)_{it}$는 비용비효율을 설명하는 변수들이다. 이 설명변수들이 가져오는 비용비효율에 미치는 영향을 확인할 수 있다.

제2절 모수적 생산성 응용

1. 생산함수접근의 생산성과 이윤분해

생산함수접근의 이윤분해를 위해서는 모수적 생산성 모형에서 생산성을 위한 모형을 기초로 유도할 수 있다. 패널자료와 산출지향 기술비효율을 갖는 단일 산출의 생산함수를 다음과 같다고 하자.

$$y_{it} = f(x_{it},\ t) \cdot \exp(-u_{it}) \cdots\cdots (10.82)$$

다수의 투입물이 존재할 때 생산성 변화는 이전에 제시하였던 것과 같이 다음과 같이 정의된다.

$$\dot{TFP} = \dot{y} - \sum_j S_j \dot{x}_j \cdots\cdots (10.83)$$

여기서 $S_j = w_i x_i / \sum_i w_i x_i$이다. 식(10.82)를 전체 미분하고 식(10.84)에 대입하면 TFP변화는 다음과 같이 분해된다. 즉,

$$T\dot{F}P = TC + EC + (RTS - 1)\sum_j \delta_j \dot{x}_j + \sum_j (\delta_j - S_j)\dot{x}_j \quad \cdots\cdots\cdots\cdots \text{(10.84)}$$

여기서 기술효율이 시간불변일 경우 EC는 0이 되고 TFP변화에 영향을 주지 않는다. 이처럼 총요소생산성 변화가 기술변화, 효율변화, 규모효율변화, 할당효율변화로 분해되는 것을 보았다. 그런데 TFP변화가 양(+)이라 하더라도 이윤이 시간에 따라서 증가하는지 감소하는지 보여주지는 않는다. 이를 보다 명확히 확인하기 위해서는 이윤과 반대되는 총비용의 변화로서 이윤변화를 확인할 필요가 있다. 왜냐하면 실제이윤은 가끔 음(−)의 값을 가질 수 있기 때문이다. 이윤이 음(−)이지만 상황이 개선되어 이윤변화가 양(+)인 경우도 있고 이윤은 양(+)이지만 이윤변화는 음(−)인 경우도 있을 수 있다. 이러한 문제를 보다 명확히 보여주기 위해서는 이윤변화를 비용과 수입의 %로 표시하여 살펴볼 필요가 있다. 이윤($\pi = py - wx$)을 미분하고 총비용(C)으로 나눠주면 다음을 얻는다.

$$\frac{1}{C}\frac{d\pi}{dt} = \frac{py}{C}\{\dot{P} + \dot{y}\} - \{\sum_j S_j \dot{w}_j + \sum_j S_j x_j\} \quad \cdots\cdots\cdots\cdots\cdots \text{(10.85)}$$

여기에 $\sum_j S_j x_j$가 식(10.83)에서 "산출변화−TFP"변화이므로 이를 이 식에 대입하면 다음과 같다.

$$\frac{1}{C}\frac{d\pi}{dt} = \frac{R}{C}\dot{P} + \{\frac{R}{C} - 1\}\dot{y} - \sum_j S_j \dot{w}_j + T\dot{F}P \quad \cdots\cdots\cdots\cdots \text{(10.86)}$$

식(10.86)은 이윤변화에 대한 3가지 추가요소를 보여주는데 이들은 각각 산출변화, 산출가격변화, 투입가격변화 등이다. 식(10.86)에 생산성변화의 구성요소를 대입하여 표시하면 다음과 같다.

$$\frac{1}{C}\frac{d\pi}{dt} = \{\frac{R}{C} - 1\}\dot{y} + (RTS - 1)\sum_j S_j x_j + TC + EC + \frac{R}{C}\dot{P} - \sum_j S_j \dot{w}_j$$
$$+ \sum_j (\delta_j - S_j)\dot{x}_j \quad \cdots\cdots\cdots\cdots\cdots\cdots\cdots\cdots\cdots\cdots\cdots\cdots \text{(10.87)}$$

이윤변화의 구성요소가 이윤변화에 미치는 영향은 차례대로 다음과 같다.

첫째, 산출성장요소는 산출성장이 양(+)이고 이윤이 양(+)이면 이윤을 증가시킨다.

둘째, 규모요소는 RTS > 1이고 총투입증가율이 양(+)이면 이윤을 증가시킨다.

셋째, 기술변화는 양(+)이면 이윤을 증가시킨다.

넷째, 효율변화가 향상되면 이윤도 증가한다.

다섯째, 산출가격이 증가하면 이윤도 증가한다.

여섯째, 투입물 가격변화가 음(−)이면 이윤은 증가한다.

일곱째, 투입물할당이 향상되면 이윤도 증가한다.

2. 비용함수접근의 생산성과 이윤분해

비용최소화를 통하여 이윤을 분해할 때 투입물 기술비효율을 포함한 비용함수를 다음과 같이 가정한다.

$$C = C(y,\ w,\ t)\,e^u,\ u \geq 0 \quad \cdots\cdots\cdots\cdots\cdots\cdots\cdots\cdots\cdots \text{(10.88)}$$

이를 로그취하고 시간에 대하여 미분하면

$$\dot{C} = \sum_j \frac{d\ln C}{d\ln w_j} \cdot \dot{w}_j + \frac{d\ln C}{d\ln y} \cdot \dot{y} + \frac{d\ln C}{dt} + \frac{du}{dt}$$

$$= \sum_j S_j \dot{w}_j + \frac{1}{RTS}\dot{y} - TC - EC \quad \cdots\cdots\cdots\cdots\cdots\cdots \text{(10.89)}$$

여기서

$$\frac{1}{RTS} = \frac{d\ln C}{d\ln y},\ TC = -\frac{d\ln C}{dt},\ EC = -\frac{du}{dt},\ \sum_j \frac{d\ln C}{d\ln w_j} = \frac{w_j}{C} \cdot x_j = S_j$$

가 된다. $C = wx$를 로그취하고 미분하면

$$\dot{C} = \sum_j S_j(\dot{w}_j + \dot{x}_j) \quad \cdots\cdots\cdots\cdots\cdots\cdots\cdots\cdots\cdots\cdots\cdots \text{(10.90)}$$

식(10.83)과 식(10.84)를 결합하면 비용을 고려한 생산성변화는 다음과 같이 분해된다.

$$T\dot{F}P = \dot{y} - \sum_j S_j \dot{x}_j = \dot{y}(1 - RTS^{-1}) + TC + EC \quad \cdots\cdots\cdots\cdots \text{(10.91)}$$

이 생산성 변화는 비용함수를 추정한 후에 규모효율, 기술변화, 효율변화로 구분된다. 이 식을 이윤변화식에 대입하면 다음을 얻는다.

$$\frac{1}{C}\frac{d\pi}{dt} = \frac{R}{C}\dot{P} + \frac{R}{C}\dot{y} - \sum_j S_j \dot{w_j} + T\dot{F}P \quad\cdots\cdots\cdots\cdots\cdots (10.92)$$

그런데 $T\dot{F}P = \dot{y} - \sum_j S_j \dot{x_j}$는 추정이 가능하지만 RTS, TC, EC 등은 바로 측정이 안된다. 식(10.91)을 대입하여 식(10.92)를 다시 표시하면 다음과 같다.

$$\frac{1}{C}\frac{d\pi}{dt} = \frac{R}{C}\dot{P} + (\frac{R}{C} - 1)\dot{y} - \sum_j S_j \dot{w_j} + \dot{y}(1 - \frac{1}{RTS}) + TC + EC \quad (10.93)$$

이 식의 우변의 각 항은 산출가격변화, 산출변화, 투입가격변화, 규모변화, 기술변화, 효율변화 등으로 분해된다. 여기서 RTS, TC, EC는 비용함수로 추정되고 다른 요소들은 직접 통계자료를 가지고 측정된다. 만약 고정투입물(x_f)가 있다면 가변비용함수를 사용해서 생산성변화의 공식에 고정투입물의 증가율이 포함될 수 있다. 이 고정투입물의 변화율은 추정된 비용함수를 사용하여 측정될 수 있다.

제 11 장

모수적 생산용량

산출접근 생산용량

　생산용량 산출량을 비용을 이용한 경제적인 접근법이 아니고 산출물 접근을 통하여 측정하는 모수적 방법을 소개하고자 한다. 산출물 접근 생산용량은 투입물에 의존하여 기술적으로 최대 산출량을 기초로 도출한다. 즉, Johansen(1960)이 정의한 것과 같이 생산용량 산출량은 생산의 가변요소의 이용이 제한을 받지 않을 때 현존 시설과 장비 하에서 달성가능한 최대산출량으로 가정한 방법을 따른다.[1] 여기서 정의하는 산출접근 생산용량은 물리적이거나 기계적으로 가능한 최대생산량이라기 보다는 고정투입물 스톡이 주어진 상태에서 생산가능한 최대산출량 수준을 의미한다(Färe et al., 2000). 그러므로 생산용량은 외적으로 결정된 스톡과 통제변수가 주어진 상태에서 현존 고정 자본스톡을 가지고 생산가능한 최대 생산량을 추정하는 것이다. 제시하는 모형은 초월대수 확률변경함수를 이용하여 생산용량을 측정한 강상목(2013c)에 기초한 것이다.

　그런데 주어진 투입물로 실제 생산한 산출량보다 기술적으로 향상시킬 수 있

---

[1] 이 최대가능산출량 수준에서는 가변투입물의 한계생산물이 0임을 의미한다.

는 생산프런티어 상의 효율적인 산출량의 존재는 생산의 효율성으로 표시된다. 따라서 프런티어 상의 산출량은 기술적으로 효율적인 생산량으로 간주된다. 비슷한 방식으로 생산용량 산출량은 생산에 제약을 주는 가변투입물을 모두 제외한 상태에서 측정하거나 혹은 부분적으로 일부 가변투입물을 제외하고 나머지 선택적으로 제한을 받는 투입물을 대상으로 측정된다.[2]

이처럼 실제산출량, 효율적 산출량, 생산용량의 정의는 [그림 11.1]과 같이 표현할 수 있다. [그림 11.1]에서 가장 아래 곡선은 다른 가변 변수가 주어진 상태에서 고정된 자본에 대하여 회귀를 통하여 추정된 생산곡선을 의미한다.

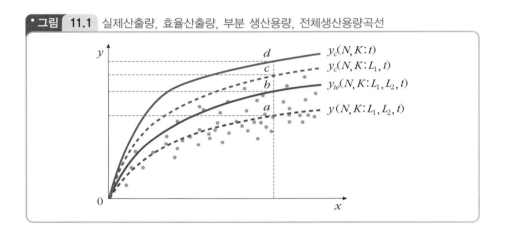

• 그림 11.1 실제산출량, 효율산출량, 부분 생산용량, 전체생산용량곡선

기술적으로 효율산출량은 실제산출량에 대하여 확률오차를 고려한 상태에서 효율적인 산출수준을 반영한 곡선에서 달성된다. 이는 y_{te} 생산곡선이 된다. 가장 위에 위치한 두 곡선은 부분생산용량, 전체생산용량으로서 주어진 고정투입요소 하에서 일부 가변투입물제거 혹은 모든 가변투입물을 제거한 상태에서 달성가능한 최대산출량을 측정한다. 그러므로 토지(N)와 자본스톡(K) 등 특정의 고정투입 요소에 대하여 c점의 부분생산용량 산출량을 b점의 기술적 효율산출량(y_{te})과 a점의 실제산출량을 비교함으로써 다양한 생산용량 이용률을 도출할 수 있다. 따라서 여기서 제시하는 고정투입물에 따라서 정의하는 생산용량 산출량은 가변투입물 사용이 제약을 받지 않을 때 생산할 수 있는 산출량을 의미한다. 생산용량 이용

---

2) 여기서 모든 가변요소의 제한을 받지 않는 생산용량 산출량을 전체생산용량(overall capacity) 산출량이라 한다면 일부 가변요소의 제한을 받는 생산용량 산출량은 부분 생산용량 산출량으로 간주할 수 있다.

률은 생산용량 산출량과 실제 산출량의 상대적 비로 측정된다.

초월대수 확률변경함수를 통하여 생산용량과 그 이용률을 측정할 수 있다. 확률변경함수는 확률오차와 기술비효율오차를 함께 설명할 수 있다. 그런데 단기의 생산용량 산출량을 추정하기 위해서는 생산용량의 정의에 따라서 고정된 투입요소에 대한 교차항을 제거함으로써 교차항의 수는 축소되어야 한다. 그러므로 토지와 자본시설 등 고정투입요소가 일정할 때 산출량을 추정하는 식은 다음과 같다.

$$
\ln y_{it} = \beta_0 + \beta_1 \ln N_{it} + \beta_2 \ln K_{it} + \beta_3 \ln L_{1it} + \beta_4 \ln L_{2it} + \beta_5 t + \frac{1}{2}\beta_6 \ln^2 L_{1it}
$$
$$
+ \frac{1}{2}\beta_7 \ln^2 L_{2it} + \frac{1}{2}\beta_8 t^2 + \beta_9 \ln L_{1it} \cdot \ln L_{2it} + \beta_{10} \ln L_{1it} \cdot t
$$
$$
+ \beta_{11} \ln L_{2it} \cdot t + v_{it},
$$
$$
i = 1, \cdots, N, \quad t = 1, \cdots, T \cdots\cdots\cdots\cdots\cdots\cdots\cdots\cdots\cdots\cdots\cdots (11.1)
$$

식(11.1)은 초월대수 생산함수에 기초하여 토지와 자본시설의 고정투입물이 존재하는 생산량을 추정하는 식을 의미한다. it는 i 기업의 t년도의 값을 각각 의미한다. L_1, L_2는 투입물로서 숙련노동과 비숙련노동을 각각 의미하고 t는 시간으로 기술진보를 대신한다. [그림 11.1]에서 확률오차를 생산량에서 분리하여 추정된 실제 산출량인 $y(B, K : L_1, L_2, t)$을 얻을 수 있다. 즉, 토지와 자본시설이 고정투입물로 주어진 상황에서 가변요소인 숙련노동(L_1)과 비숙련노동(L_2)의 투입을 통하여 생산가능한 산출량을 추정하는 식을 의미한다.

다음으로 기술적으로 효율산출량을 추정하기 위해서는 확률오차와 기술비효율성 오차를 구분하는 확률변경생산함수의 도입이 필요하다. 확률오차(v_{it})는 독립적이고 동일하게 분포한다는 가정 $N(0, \sigma_v^2)$이고 기술비효율 오차(u_{it})는 비음($\geq$ 0)의 독립적이고 동일하게 분포하는 $N(0, \sigma_u^2)$로 가정한다. 확률 변경생산함수의 기본형은 다음과 같다.

$$
\ln y_i = \ln f(x_i \beta) + (v_i - u_i), \quad i = 1, 2, \cdots, N \cdots\cdots\cdots\cdots\cdots (11.2)
$$

여기서 v_i와 u_i는 서로 독립적으로 분포하고 v_i는 표준정규분포를 하지만 u_i는 양(+)의 반정규분포를 하는 것으로 간주된다. 특히 이 두 오차의 분산은 관측치와 시간에 대하여 동일하게 분포한다.

기술적으로 효율산출량인 y_{te}를 추정하는 초월대수 확률변경생산함수는 다음과 같이 표시된다.

$$\ln y_{it} = \beta_0 + \beta_1 \ln N_{it} + \beta_2 \ln K_{it} + \beta_3 \ln L_{1it} + \beta_4 \ln L_{2it} + \beta_5 t + \frac{1}{2}\beta_6 \ln^2 L_{1it}$$
$$+ \frac{1}{2}\beta_7 \ln^2 L_{2it} + \frac{1}{2}\beta_8 t^2 + \beta_9 \ln L_{1it} \cdot \ln L_{2it} + \beta_{10} \ln L_{1it} \cdot t$$
$$+ \beta_{11} \ln L_{2it} \cdot t + v_{it} - u_{it},$$
$$i = 1, \cdots, N, \quad t = 1, \cdots, T \cdots\cdots\cdots\cdots\cdots\cdots\cdots\cdots\cdots (11.3)$$

식(11.3)은 고정투입요소인 토지와 자본스톡과 현존하는 가변투입물의 제한 속에서 생산가능한 기술적으로 효율산출량을 추정한다. 식(11.3)을 추정한 연후 오차항을 제거한 결정적 부분을 측정하면 $y_{te}(B, K{:}L_1, L_2, t)$를 얻게 된다.

나아가서 식(11.3)에서 주어진 고정투입요소 하에서 두 가변투입요소의 제한을 받는 여부에 따라서 전체 생산용량 산출량과 부분 생산용량 산출량을 각각 측정할 수 있을 것이다. 가령, 노동량 중 숙련노동이 원활하지 않은 상황에 부합하는 부분생산용량 산출량을 추정하는 초월대수 확률변경생산함수는 다음과 같다.

$$\ln y_{it} = \beta_0 + \beta_1 \ln N_{it} + \beta_2 \ln K_{it} + \beta_3 \ln L_{1it} + \beta_5 t + \frac{1}{2}\beta_6 \ln^2 L_{1it} + \frac{1}{2}\beta_8 t^2$$
$$+ \beta_{10} \ln L_{1it} \cdot \mathrm{t} + v_{it} - u_{it},$$
$$i = 1, \cdots, N, \quad t = 1, \cdots, T \cdots\cdots\cdots\cdots\cdots\cdots\cdots\cdots (11.4)$$

이러한 추정식은 상대적인 제약이 적으므로 기술적으로 효율산출량 수준보다는 증가할 것으로 기대된다. 그러므로 전통적으로 확률오차만 고려한 생산함수, 기술적으로 효율적 생산함수, 가변투입요소의 제한을 받지 않는 생산함수의 추정을 통하여 실제추정 생산량과 기술적 효율생산량, 생산용량 산출량을 각각 추정할 수 있다. 나아가 실제 추정 생산량(y'), 기술적 효율생산량(y_{te})을 생산용량 생산량(y_c)과 비교함으로써 다양한 생산용량 이용률을 측정해 볼 수 있다.

비용접근 생산용량

비모수적 방법을 이용한 비용접근 생산용량을 제8장에서 제시하였다. 여기서는 일정한 함수형태를 전제로 하는 모수적 생산용량을 제시하고자 한다. 구체적으로 비용최소점을 찾는 방법은 대략 3가지를 제시할 수 있다. 첫째, 일반적인 단기비용함수에 기초하여 도출할 수 있고 둘째, 비용비효율을 고려한 단기비용함수를 이용하는 방법과 셋째, 수리적인 선형프로그램을 사용하여 단기평균비용의 최소점을 추정할 수 있다. 이 절에서는 두 번째 방법인 비용비효율을 고려한 단기비용함수를 이용하는 방법을 소개하고자 한다. 이는 첫 번째 일반 단기비용함수를 이용하는 방법과 큰 차이는 없으나 비용비효율 오차를 포함한다는 점이 상이하다. 비용최소화를 통하여 살펴볼 수 있는 것은 평균비용 최소점, 실제평균비용, 한계비용뿐만 아니라 평균비용 최소점에서 단기 생산용량산출량과 단기생산용량이용률, 비용기준 규모효율 등을 측정할 수 있다. 특히 생산용량 산출량은 Johansen(1968)이 정의한 바와 같이 가변적인 투입물의 이용이 제한을 받지 않는다고 할 때 현존 장비와 시설로 달성가능한 최대산출량을 의미하는 것이라고 정의하면 이는 생산접근을 이용하는 것이 된다. 이러한 생산접근이 아닌 비용접근을 통하여 비용이 최소화되는 산출량 수준을 찾기 위하여 확률변경(stochastic frontier) 비용함수를 이용할 수 있다. 확률변경 비용함수를 이용할 경우, 확률오차뿐만 아니라 비용비효율 오차항을 추가로 고려하여 추정하게 된다.

고정시설이 존재하는 단기에 평균비용을 최소화하는 생산용량수준에서 운영가능한 시설을 최대한 활용하는 것이 필요하다. 단기 생산용량이용률은 평균비용 최소점의 산출량(y_c)과 실제산출량(y)의 비율로 정의된다. 이 이용률이 1보다 작으면 실제산출량이 평균비용최소점의 좌측에 있고 1보다 크면 최소점의 우측에 위치한다.

이 절에서 단기평균비용을 중심으로 평균비용최소점을 추정하고 이를 기초로 생산용량 산출량과 생산용량이용률, 규모효율 등을 추정하고 추정함수를 통하여 평균비용과 한계비용, 최소총비용 등을 측정할 수 있다. 먼저 Nerlove(1963)의 ln$y$의 제곱항을 포함한 단기평균비용을 추정하는 추정식은 다음과 같이 가정한다.[3]

$$\ln\frac{TC}{y} = \beta_0 + \beta_1\ln y + \beta_2\ln^2 y + \beta_3\ln K + \beta_4\ln w_1 + \beta_5\ln w_2 + \beta_6\ln w_3$$

$$+ \beta_7\ln w_4 + v_i + u_i \quad \cdots\cdots\cdots\cdots\cdots\cdots\cdots\cdots\cdots\cdots (11.5)$$

식(11.5)에서 좌변의 단기평균비용은 산출량(y)과 노동과 자본스톡 등 투입요소 가격의 함수로 설명된다. 단기에 고정요소인 자본의 제약을 받으므로 이를 포함하여 추정하게 된다. 단기평균비용은 체감과 체증 구간을 갖는 U자형을 갖는다고 가정할 때 산출량의 제곱항을 포함하였다. 확률오차와 비용비효율 오차는 각각 v_i와 u_i로 표현되고 이는 독립분포를 하는 것으로 가정한다.[4]

식(11.5)를 $\ln y$에 대하여 미분하여 0으로 두면 단기평균비용이 최소화되는 점을 도출할 수 있다. 즉,

$$\frac{d\ln AC}{d\ln y} = \beta_1 + 2\beta_2\ln y = 0 \quad \cdots\cdots\cdots\cdots\cdots\cdots\cdots\cdots\cdots (11.6)$$

여기서 평균비용을 최소화하는 산출량 수준을 얻을 수 있다. 즉,

$$y^* = e^{\frac{-\beta_1}{2\beta_2}} \quad \cdots\cdots\cdots\cdots\cdots\cdots\cdots\cdots\cdots\cdots\cdots\cdots (11.7)$$

식(11.7)의 산출량 수준을 식(11.5)에 다시 대입하면 최종적으로 최소평균비용인 AC^*를 추정할 수 있다.

이처럼 단기평균비용의 최소점에서 생산되는 최적산출량(y^*)을 생산용량산출량이라 정의하고 이를 실제산출량과 상대적 비로 두면 생산용량이용률을 도출할 수 있다. 즉, 단기생산용량이용률은 다음과 같이 표현된다.

$$SCU = \frac{y}{y^*}$$

$$SCU \leq 1 \ or \ SCU \geq 1 \quad \cdots\cdots\cdots\cdots\cdots\cdots\cdots\cdots\cdots\cdots (11.8)$$

단기생산용량이용률은 관측치가 단기평균비용이 체감하는 영역에 있을 수도

---

3) 평균비용이 U자형의 2차항 형태를 갖는다고 가정하기에 이와 같은 추정함수를 사용한다.
4) 물론 비용비효율을 이 함수에 기초하여 측정할 수는 있으나 여기서 비용비효율을 측정하는 것이 아니라 단기평균비용 최소점을 찾고 이를 기준으로 단기생산용량 이용률을 계측하는데 초점을 둔다. 그리고 비용효율은 총비용을 기준으로 측정하는 것이 정의상 부합한다.

있고 체증영역에 있을 수도 있다. 나아가 단기평균비용의 최소점과 실제 단기평균비용을 비교하면 이를 기준으로 비용에 기초한 규모효율을 구할 수 있다. 즉,

$$SE = \frac{AC^*}{AC} \leq 1 \quad \cdots\cdots\cdots\cdots\cdots\cdots\cdots\cdots\cdots\cdots\cdots\cdots\cdots (11.9)$$

규모효율은 항상 1보다 작고 1일 경우 가장 효율적이다. 이는 생산용량 산출량의 좌측이나 우측에 위치하거나 상관없이 항상 최소 평균비용보다 실제평균비용이 크기 때문에 1보다 작게 측정된다.

한편, 식(11.6)을 변형하면 다음과 같이 둘 수 있다.

$$\frac{d\ln AC}{d\ln y} = \frac{d\ln TC}{d\ln y} - 1 = \beta_1 + 2\beta_2 \ln y \quad \cdots\cdots\cdots\cdots\cdots\cdots (11.10)$$

이 식을 변형하면 한계비용에 관한 식으로 전환이 가능하고 이를 표현하면 다음과 같다. 즉,

$$MC = (1 + \beta_1 + 2\beta_2 \ln y)\, AC \quad \cdots\cdots\cdots\cdots\cdots\cdots\cdots\cdots (11.11)$$

그러므로 식(11.11)을 통하여 세 가지 경우를 얻을 수 있다. 첫째, 한계비용과 평균비용이 일치하는 점이고 둘째, 한계비용이 평균비용보다 작은 구간이며 셋째, 한계비용이 평균비용보다 큰 구간이 될 것이다. 즉,

첫째, MC = AC일 경우 의 조건은 $1 + \beta_1 + 2\beta_2 \ln y = 0$

둘째, MC < AC가 되려면 $\beta_1 + 2\beta_2 \ln y < 0$

셋째, MC > AC가 되려면 $\beta_1 + 2\beta_2 \ln y > 0$의 조건이 성립해야 할 것이다.

그런데 이들의 관계는 식(11.5)에서 추정한 계수와 실제 평균비용의 값을 대입하면 개별 생산단위에 대한 한계비용의 수준을 추정할 수 있고 MC와 AC의 수준을 비교하면 생산단위의 비용관계가 어느 위치에 있는지를 확인할 수 있을 것이다. 나아가 최소평균비용과 그 때의 산출량 수준을 가지고 최소총비용 수준을 도출하는 것이 가능하다.

참고문헌

● 국내문헌

강상목 · 김은순(2002), "환경규제와 기술제약: 한국 지역 제조업을 중심으로," 한국
　　자원 환경경제학회, 「자원 · 환경경제연구」, 제11권, 제3호, pp.345-377.

강상목(2003), "環境制約을 고려한 技術效率 및 生産性에 관한 研究," 「경제학연구」,
　　제5권, 제1호, pp.273-303.

강상목 · 윤영득 · 이명헌(2005), "産業의 生産性成長, 技術效率, 環境成果," 한국경제
　　학회, 「경제학연구」, 제53권, 제2호, pp.5-39.

강상목 · 김태수 · 김태구 · 이동명(2005), "기술효율, 환경효율, 규모효율과 그 결정
　　요인 분석: 한국농가의 소득계층을 중심으로," 「자원 · 환경경제연구」, 제14
　　권, 제3호, pp.595-626.

강상목 · 정영근 · 조주현(2005), "통합오염원단위 지수를 이용한 환경성과 측정," 「자
　　원 · 환경경제연구」, 제14권, 제1호, pp.135-166.

강상목 · 이영준(2005), "기술효율, 규모경제, 생산성변화: 부산지역 서비스산업을 중
　　심으로," 「한국지역개발학회지」, 제17권, 제3호, 제43집, pp.211-232.

강상목(2005), "중국환경규제와 지역별 효과분석: 환경규제, 기술효율, 생산성의 관
　　계," 「국제지역연구」, 제9권, 제3호, pp.714-734.

강상목(2006), "무역제약과 상대적 효율성," 「경제학연구」, 제54권, 제4호, pp.33-
　　59.

강상목 · 백충기(2006), "외국인직접투자 유입의 성과계측: 부산지역을 중심으로,"
　　「경제연구」, 제24권, 제4호, pp.175-195.

강상목 · 박명선(2007), "한국의 항만물류산업의 성장회계 분석," 「한국항만경제학회
　　지」, 제23집 제4호, pp.49-69.

강상목 · 이주병(2008), "항만물류산업의 총요소생산성과 그 분해요인분석," 한국항
　　만경제회, 「한국항만경제학회지」, 제24권, 제4호, pp.47-70.

강상목·이기영(2008), "주요국별 농업토지의 재배분이 생산효율에 미치는 영향," 「통계연구」, 제13권, 제2호, pp.42-70.

강상목·윤성민(2008), "한·중 제조업의 환경조정 생산성성장과 성장회계분석," 한국동북아경제학회, 「동북아 경제연구」, 제20권, 제3호, pp.155-191.

강상목·김문휘(2009), "지역 환경생산성 분석: 중국의 성(省)을 대상으로," 한국 경제 지리학회, 「한국경제지리학회지」, 제12권, 제2호, pp.215-233

강상목·조상규(2009a), "메타프론티어를 이용한 부산 전략산업의 기술효율과 기술격차 분석," 한국지역사회학회, 「지역사회연구」, 제17권, pp.49-73.

강상목·조상규(2009b), "한·일 지역간 초광역 경제권형성에 따른 제조업의 생산성 변화,"「국토연구」, 제63권, pp.225-252.

강상목·정종필·이근재·송국군(2009), "한·중 제조업의 효율성, 생산성 변화와 오염잠재가격 비교," 한국자원경제학회, 「자원·환경경제연구」, 제18권, 제2호, pp.241-277.

강상목(2010a), "한국 도시의 지속가능한 성장: 대기오염물질에 대한 환경효율성과 그 결정 요인을 중심으로,"「통계연구」, 제15권, 제2호, pp.104-128.

강상목(2010b), "한국 도시의 환경효율성과 오염물 잠재가격 비교," 한국 경제 지리학회 ,「한국경제지리학회지」, 제13권, 제3호, pp.398-415.

강상목·김문휘(2010), "메타 프론티어를 이용한 기술효율과 생산성 비교: 한·중 제조업을 대상으로,"「한국경제지리학회지」, 제13권, 제1호, pp.126-146.

강상목·오대원(2011), "중국 은행산업의 부실대출을 고려한 효율성과 생산성 변화," 현대중국학회, 「현대중국연구」, 제13집, 제1호, pp.233-269.

강상목·이근재(2011), "한·일 간 제조업의 기술효율, 기술격차 비교: 한국의 동남권과 일본 큐슈권을 중심으로," 한일경상학회, 「한일경상논집」, 제53권, pp.3-34.

강상목·정영근·이명헌(2011), "지속가능성장 모형구축과 지속가능성 계측," 한국환경정책학회, 「환경정책」, 제19권, 제2호, pp.35-66.

강상목(2011), "확률변경함수를 이용한 메타기술 계측: 한국 동남권과 일본 큐슈권의 제조업을 중심으로," 한국생산성학회, 「생산성논집」, 제25권, 제4호, pp.103-131.

강상목·김해창(2011), "생산 프론티어 접근을 통한 에너지효율 비교: OECD 국가를 중심으로," 한국자원경제학회, 「자원·환경경제연구」, 제20권, 제1호,

pp.33-63.

강상목(2012), "온실가스 감축에 대비한 에너지 효율의 계측,"「환경정책연구」, 제11
　　권, 제1호, pp.75-97.

강상목(2013a), "물류창고기업의 단기 비용최소화와 생산용량 이용률 계측," 한국생
　　산성학회,「생산성논집」, 제27권, 제2호, pp.169-192.

강상목(2013b), "물질균형접근에 기초한 생산단위의 지속가능성 계측,"「환경정책연
　　구」, 제12권, 제1호, pp.125-153.

강상목(2013c), "지방의료원의 효율산출량, 생산용량이용률과 공공서비스 확대방
　　안," 제1회 의료·경제 융합학술 심포지움, 부산대학교.

강상목·성신제(2013), "장기 비용최소화와 생산용량 이용률, 규모경제 계측," 한국
　　경제연구학회,「한국경제연구」, 제31권, 제3호, pp.41-67.

강상목·이양·박혜란(2013), "중국의 에너지규제가 생산효율과 온실가스감축에 미
　　치는 영향," 현대중국학회,「현대중국연구」, 제14집, 2호, pp.119-153.

강상목·조단(2013), "화석에너지와 CO$_2$배출량 규제 하의 경제와 환경의 효율성 분
　　석," 한국자원경제학회,「자원·환경경제연구」, 제22권, 제2호, pp.329-365.

강상목(2014a), "화석 연료와 온실가스 저감이 생산효율과 경제성장에 미치는 효과 -
　　전통적 접근과 MFA접근 비교-," 한국자원경제학회,「자원·환경경제연구」,
　　제23권, 제3호, pp.365-408.

강상목(2014b), "종합병원의 비용함수와 비용비효율 모형의 동시추정," 제2회 의료경
　　제융합학술 심포지움, 부산대학교.

강상목·공지영·성신제(2015a), "한국 여행업체 이윤극대화와 이윤효율성 계측,"
　　한국관광·레저학회,「관광·레저연구」, 제27권, 제1호, pp.155-173.

강상목·공지영·성신제(2015b), "여행업체의 지출예산 제약이 이윤효율에 미치는
　　영향," 한국관광·레저학회,「관광·레저연구」, 제27권, 제2호, pp.309-328.

김광석·홍성덕(1992),「제조업의 총요소생산성동향과 그 결정요인」, 한국개발연구
　　원.

김광욱·강상목(2007), "환경효율과 국제무역: 환경쿠즈네츠곡선과 오염피난처 가설
　　연구,"「자원·환경경제연구」, 제16권, 제3호, pp.511-544.

김광욱·박혜란·강상목(2011), "중국 29개 성의 환경성과 평가: 통합오염원 단위를
　　중심으로,"「환경정책연구」, 제10권, 제1호, pp.71-91.

김광욱·이주병·강상목(2011), "금융기관 생산 비효율의 재해석: 과소추정부분의

측정을 중심으로," 한국경제연구학회, 「한국경제연구」, 제29권, 제1호, pp.77-102.

김광욱 · 강상목(2012a), "OECD 국가의 이산화탄소 배출량 분해분석," 한국자원경제학회, 「자원 · 환경경제연구」, 제21권, 제2호, pp.211-235.

김광욱 · 강상목(2012b), "오염 배출량과 환경규제가 에너지 효율성에 미치는 효과: 중국 30개 성(省)을 대상으로," 한국동북아경제학회, 「동북아경제연구」, 제24권, 제2호, pp.287-311.

김미숙 · 강상목 · 이정전(2007), "오염물질 배출량을 고려한 도시생산성변화," 「대한국토계획학회지」, 제42권, 제2호, pp.69-83.

김상호(2001), "한국 은행산업의 생산효율성과 생산성변화," 한국경제학회, 「경제학연구」, 제49권, 제2호, pp.135-162.

김성호 · 최태성 · 이동원(2007), 「효율성분석 」, 서울경제경영.

김용덕 · 강상목(2014a), "도시가스 업체의 효율성 측정과 영향 요인 분석," 한국기업경영학회, 「기업경영연구」, 제21권, 제3호, pp.135-153.

김용덕 · 강상목(2014b), "소매 도시가스 업체의 비용 효율성과 결정요인 분석," 한국산업 경제학회, 「산업경제연구」, 제27권, 제3호, pp.1033-1052.

김은순 · 강상목 · 문한필(2004), "농가경영형태별 환경효율 비교분석," 한국 농업정책학회 · 한국축산경영학회, 「농업경영 · 정책연구」, 제31권, 제2호, pp.269-292.

김인철 · 이해춘(2003), "DEA를 이용한 외환위기 전후의 은행 효율성 비교분석," 한국 산업조직학회, 「산업조직연구」, 제11권, 제2호, pp.1-23.

김인철 · 이해춘 · 안경애(2006), "방향성 생산거리함수를 이용한 은행산업의 효율성 분석," 한국경제연구학회, 「한국경제연구」, 제17권, pp.199-229.

김종일(1995), "총요소생산성 추정에 있어서의 문제점과 제추정방법," 「계량경제학보」, 제6권, pp, 207-232.

김정인 · 오경희(2005), "한국의 환경쿠즈네츠 곡선에 관한 고찰", 통계청, 「통계연구」, 제10권, 제1호, pp.119-144.

김지욱 · 정의철(2002), "확률계수모형을 이용한 수도권지역의 환경쿠즈네츠가설에 관한 재고찰", 자원 · 환경경제학회, 「자원 · 환경경제연구」, 제11권, 제3호, pp.377-396.

모수원 · 유진하(2006), "은행의 효율성과 생산성 변화의 결정요소," 한국 산업경제학회, 「산업경제연구」, 제21권, 제5호, pp.1845-1862.

박노경 · 전영삼(2004), "국내은행 산업의 대형화와 겸업화가 은행경영에 미친 효과 분석: DEA와 system dynamics 기법 적용을 중심으로," 한국산업경제학회, 「산업경제연구」, 제17권, 제5호, pp.1613-1635.

박만희(2008), 「효율성과 생산성분석」, KSI한국학술정보.

박수남 · 박혜란 · 강상목(2014), "한국 대학의 비용 효율성 계측," 한국경제연구학회, 「한국경제연구」, 제32권, 제1호, pp.77-108.

박승록 · 이인실(2002), "우리나라 일반은행의 생산효율성과 합병효과," 한국금융학회, 「금융학회지」, 제2권, 제7호, pp.31-60.

박혜란 · 강상목(2009), "중국의 지역별 전통적 생산성과 환경조정생산성의 비교," 「환경정책연구」, 제8권, 제3호, pp.115-138.

박혜란 · 강상목(2012), "에너지 규제를 고려한 환경효율성 측정: 중국의 30개성을 대상으로," 한국환경정책학회, 「환경정책연구」, 제20권, 제3호, pp.1-25.

백충기 · 강상목(2015), "한국 해운업의 이윤, 수입, 비용비효율성 분석," 한국무역학회, 「무역학회지」, 제40권, 제1호, pp.161-184.

성신제 · 강상목(2011), "자료포락분석(DEA)과 확률변경함수(SFA)를 이용한 부산시 물류창고업체의 효율성 비교," 「물류학회지」, 제21권, 제3호, pp.157-180.

유금록(2014), 「공공부문의 효율성 측정과 평가」, 대영문화사.

이근재 · 강상목 · 정종필(2007), "도시지역 생산성 성장 및 수렴 요인분석: 기술적 catch-up, 기술발전 및 자본축적을 중심으로," 「경제학연구」, 제55권, 제2호, pp.147-176.

이명헌(2007), "거리함수접근을 이용한 Poter 가설에 대한 연구," 환경경제학회, 「자원 · 환경경제연구」, 제16권, 제1호, pp.171-197.

이명헌 · 최문찬 · 임종철 · 장지용(2008), "한국과 중국의 제조업 산업별 기술효율성, 자본과 암묵가격 비교," 「국제경제연구」, 제14권, 제1호, pp.29-47.

이연정 · 박갑제 · 강상목(2009), "시중은행과 지방은행의 효율성 · 생산성: 방향거리 함수를 중심으로," 한국경제통상학회, 「경제연구」, 제27권, 제1호, pp.47-72.

이영훈(2014), 「확률적변경모형-이론과 응용」, 서강대학교출판부.

이주병(2015), "은행의 경제적 성과와 결정요인 분석-이윤과 비용을 중심으로," 부산대학교 대학원, 박사학위논문.

이정동 · 오동현(2010), 「효율성분석이론 」, IB BOOK.

이준배(2011), 「경영효율성」, 도서출판명진.

정수관 · 강상목(2013), "DEA 비용극소화 모형을 통한 공공도서관의 효율성 분석," 「문화정책논총」, 제27집, 제2호, pp.145-163.

정영근 · 강상목 · 이준(2008), "OECD 국가의 환경-경제효율성 비교," 「자원 · 환경 경제연구」, 제17권, 제1호, pp.121-146.

조상규 · 강상목(2006), "중소기업과 대기업의 기술효율, 규모경제, 생산성 변화 및 결정요인 비교 연구: 지식기반제조업을 중심으로," 「중소기업연구」, 제28권, 제4호, 통권65호, pp.241-265.

조상규 · 강상목(2007), "한국 제조업의 총요소 생산성 변화와 그 결정요인 분석," 「국제지역연구」, 제11권, 제1호, pp.630-655.

조상규(2015), "네트워크 효율성 연구: 가치사슬과 게임이론 접근," 부산대학교 대학원, 박사학위논문.

한광호 · 김상호(1999), "한국 제조업의 총요소생산성과 기술효율성," 「한국경제연구」, 제47집, 제4호, pp.5-28.

한광호(2001), "한국제조업의 생산성 결정요인: 비모수적 맴퀴스트 생산성 지수에 의한 분석," 한국경제학회, 「경제학연구」, 제49권, 제4호, pp.37-60.

한광호(2008), "한미 제조업의 생산효율성과 총요소생산성 비교분석," 「경제연구」, 제26권, 제2호, pp.29-58.

허광숙 · 김정렬(2007), "세계 철강기업의 기술적 효율성 요인분석: 확률적 생산변경 함수모형을 중심으로," 「산업경제연구」, 제20권, 제5호, pp.1785-1801.

홍성덕 · 김정호(1996), 「제조업 총요소생산성의 장기적 변화: 1975-1993」, 한국개발연구원.

● 국외문헌

Afriat, S.(1972), "Efficiency Estimation of Production Functions," *International Economic Review*, Vol.13, pp.568-598.

Aigner, D. and S. Chu(1968), "On Estimating the Industry Production Function," *American Economic Review*, Vol.58, pp.826-839.

Aigner, D.C., Lovell, A. K., and P. Schmidt(1977), "Formulation and Estimation of Stochastic Frontier Production Function Models," *Journal of Econometrics*, Vol.6, pp.21-37.

Aiken, D.V., Färe, R., Grosskopf, S., and C. A. Jr. Pasurka(2009), "Pollution Abatement and Productivity Growth: Evidence from Germany, Japan, The Netherlands, and the United States," *Environmental Resource and Economics*, Vol.44, pp.11-28.

Akhigbe, A. and J. E. McNulty(2011), "Bank Monitoring, Profit Efficiency and the Commercial Lending Business Model," *Journal of Economics and Business*, Vol.63(6), pp.531-51.

Anderson, J. E. and J. P. Neary(1996), "A New Approach to Evaluating Trade Policy," *Review of Economic Studies*, Vol.63, pp.107-125.

Anderson, J. E. and J. P. Neary(1996), "Trade Reform with Quatas, Partial Rent Retention, and Tariffs," *Econometrica*, Vol.60, pp.57-76.

Anderson, J. E. and J. P. Neary(2003), "The Mercantilist Index of Trade Policy," *International Economic Review*, Vol.44(2), pp.627-649.

Anderson, J. E. and J. P. Neary(2005), *Measuring the Restrictiveness of International Trade Policy*, The MIT Press Cambridge, Massachusetts, London, England.

Ang, B.W. and F. Q. Zhang(1999), "Inter-regional Comparisons of Energy-related CO_2 Emissions Using the Decomposition Technique," *Energy*, Vol.24, pp.297-305.

Arcelus, F. J. and P. Arocena(2005), "Productivity Differences Across OECD Countries in The Presence of Environmental Constraints," *Journal of the Operational Research Society*, Vol.56, pp.1352-1362.

Ariff, M. and L. Can(2008), "Cost and Profit Efficiency of Chinese Banks: A Non-Parametric Analysis," *China Economic Review*, Vol.19(2), pp.260-73.

Athanassopoulos, A.D.(1995), "Goal Programming & Data Envelopment Analysis(GoDEA) for Target-based Multi-level Panning: Allocating Central Ggrants to the Greek Local Authorities," *European Journal of Operation Research*, Vol.87, pp.535-550.

Balk, B.M.(1993), "Malmquist Productivity Indexes and Fisher Ideal Indexes: Comment," *The Economic Journal*, Vol.103(418), pp.680-682.

Banker, R.D., Chang, H., and W.W. Cooper(1996), "Equivalence and Implementation of Alternative Methods for Determining Returns to Scale in Data Envelopment Analysis," *European Journal of Operation Research*, Vol.89, pp.473-481.

Banker, R.D., Charnes, A., and W. Cooper(1984), "Models for Estimation of Technical and Scale Inefficiencies in Data Envelopment Analysis," *Management Science*, Vol.30, pp.1078-1092.

Barbera, A.J. and V.D. McConnell(1990), "The Impact of Environmental Regulations on Industry Productivity: Direct and Indirect Effects," *Journal of Environmental Economics and Management*, Vol.18, pp.50-65.

Barros, C. P., Managi, S., and R. Matousek(2009), "Productivity Growth and Biased Technological Change: Credit Banks in Japan," *Journal of International Financial Markets, Institutions and Money*, Vol.19(5), pp.924-936.

Battese, G.E. and G.S. Corra(1977), "Estimation of a Production Frontier with Application to the Pastoral Zone of Eastern Australia," *Australian Journal of Agricultural Economics*, Vol.21, pp.169-179.

Battese. G.E. and T.J. Coelli(1988), "Prediction of Firm-Level Technical Efficiencies With a Generalized Frontier Production Function and Panel Data," *Journal of Econometrics*, Vol.38, pp.387-399.

Battese, G.E. and T.J. Coelli(1992), "Frontier Production Function, Technical Efficiency and Panel Data: With Application to Paddy Farmers in India," *Journal of Productivity Analysis*, Vol.3, pp.153-169.

Battese, G. E. and T. J. Coelli(1995), "A Model for Technical Inefficiency Effects in a Stochastic Frontier Production Function for Panel Data," *Empirical Economics*, Vol.20(2), pp.325-332.

Battese G.E. and S.S. Broca(1997), "Functional Forms of Stochastic Frontier

Production Functions and Models for Technical Inefficiency Effects: A Comparative Study for Wheat Farmers in Parkistan," *Journal of Productivity Analysis*, Vol.8(4), pp.395-414.

Battese, G.E. and D.S.P. Rao(2002), "Technology Gap, Efficiency, and a Stochastic Metafrontier Function," *International Journal of Business and Economics*, Vol.1, pp.87-93.

Battese, G.E., Rao, D.S.P., and C. J. O'Donnell(2004), "A Meta frontier Production Function for Estimation of Technical Efficiencies and Technology Gaps for Firms Operating Under Different Technologies," *Journal of Productivity Analysis*, Vol.21(1), pp 91-103.

Battese, G.E.(2008), "Meta-frontier Frameworks for The Study of Firm-level Efficiencies and Technology Ratios," *Empirical Economics*, Vol.34, pp.231-255.

Bear, A.K. and S.C. Sharma(1999), "Estimating Production Uncertainty in Stochastic Frontier Production Function Models," *Journal of Productivity Analysis*, Vol.12(3), pp.187-210.

Beard, T.R., Caudill, S. B., and D. M. Gropper(1997), "The Diffusion of Production Processes in the U.S. Banking Industry: A Finite Mixture Approach," *Journal of Banking & Finance*, Vol.21(5), pp.721-740.

Beckers, D.E. and C.J. Hammond(1987), "A Tractable Likelihood Function for the Normal - Gamma Stochastic Frontier Model," *Economic Letters*, Vol.24, pp.33-38.

Berg, S. A., F ø rsund, F. R., and E. S. Jansen(1992), "Malmquist Indices of Productivity Growth During the Deregulation of Norwegian Banking 1980-1989," *Scandinavian Journal of Economics*, Vol.94, pp.211-228.

Berger, A. N. and D. B. Humphrey(1991), "The Dominance of Inefficiencies Over Scale and Product Mix Economies in Banking," *Journal of Monetary Economics*, Vol.28(1), pp.117-148.

Berger, A. N. and L.J. Mester(1997), "Inside the Black Box: What Explains Differences in the Efficiencies of Financial Institutions?" *Journal of Banking & Finance*, Vol.21(7), pp.895-947.

Berndt, E.R. and C.J. Morrison(1981), "Capacity Utilization Measures: Underlying Economic Theory and An Alternative Approach," *American Economic Review*," Vol.71, pp.48-52.

Bogetoft, P., Fare, R., Grosskopf, S., Hayes, K., and L. Taylor(2009), "Dynamic Network DEA: An Illustration," *Journal of the Operations Research Society of Japan*, Vol.52, pp.147-162.

Boyd, G.A. and J.D. McClelland(1999), "The Impact of Environmental Constraints on Productivity Improvement in Integrated Paper Plants," *Journal of Environmental Economics and Management*, Vol.38, pp.121-142.

Boyd, G.A., Tolley, G., and X.B. Pang(2002), "Productivity and Efficiency of Glass Industry: Analysis of Plant Level Environmental Performance," *Environmental and Resource Economics*, Vol.23, pp.29-43.

Breustedt, G., Tiedemann, T., and U.L. Lohmann(2009), "What is My Optimal Technology? A Meta frontier Approach Using Data Envelopment Analysis for the Choice Between Conventional and Organic Farming," The International Association of Agricultural Economists Conference, Beijing, China.

Bureau, J. C., Chau,N. H., Färe, R., and S. Grosskopf(2003), "Economic Performance, Trade Restrictiveness and Efficiency," *Review of Development Economics*, Vol.7(4), pp.527-542.

Cassels, J.M.(1937), "Excess Capacity and Monopolistic Competition," *Quarterly Journal of Economics*, Vol.51, pp.426-443.

Castelli, L., Pesenti, R., and W. Ukovich(2010), "A Classification of DEA Models When the Internal Structure of the Decision Making Units is Considered," *Annals of Operations Research*, Vol.173, pp.207-235.

Casu, B., Girardone, C., and P. Molyneux(2004), "Productivity Change in European Banking: A Comparison of Parametric and Non-parametric Approaches," *Journal of Banking and Finance*, Vol.28, pp.2521-2540.

Caudill, S. B. and J.M. Ford(1993), "Biases in Frontier Estimation due to Heteroscedasticity," *Economics Letters*, Vol.41(1), pp.17-20.

Caudill, S.B., Ford, J.M., and D.M. Gropper(1995), "Frontier Estimation and Firm Specific Technical Inefficiency Measures in the Presence of Heteroscedasticity," *Journal of Business and Economic Statistics*, Vol.13, pp.105-111.

Caudill, S. B.(2003), "Estimating a Mixture of Stochastic Frontier Regression Models Via the Em Algorithm: A multiproduct Cost Function Application,"

Empirical Economics, Vol.28(3), pp.581-598.

Caves, D. W., Christensen, L. R., and E. Diewert(1982), "Economic Theory of Index Numbers and the Measurement of Input, Output, and Productivity," *Econometrica*, Vol.50(6), pp.1393-1413.

Chambers, R. G.(1989), *Applied Production Analysis: A Dual Approach*, Cambridge University Press, New York.

Chambers, R. G. and R. E. Just(1989), "Estimating Multi-output Technologies," *American Journal of Agricultural Economics*, Vol.71(4), pp.880-995.

Chambers, R., Chung, Y. and R. Fare(1998), "Profit, Directional Distance Functions, and Nerlovian Efficiency," *Journal of Optimization Theory and Applications*, Vol.98, pp.351-364.

Chambers, R. G. and R. Färe(2004). "Additive Decomposition of Profit Efficiency," *Economics Letters*, Vol.84(3), pp.32-34.

Charnes, A., Cooper,W. W., and E. Rhodes(1978), "Measuring the Efficiency of Decision Making Units," *European Journal of Operational Research*, Vol.2, pp.429-444.

Chau, N. H.(1998), "Land Reform in the Presence of Monitoring Costs and International Trade," *Review of International Economics*, Vol.6, pp.564-579.

Chau, N.H., Fare, R., and S. Grosskopf(2003), " Trade Restrictiveness and Efficiency," *International Economic Review*, Vol.44(3), pp.1079-1095.

Chavas J. P. and M. Aliber(1993), "An Analysis of Economics Efficiency in Agriculture: a Nonparametric Approach," *Journal of Agricultural and Resource Economics*, Vol.18(1), pp.1-16.

Chen, C. M.(2009), "A Network-DEA Model with New Efficiency Measures to Incorporate the Dynamic Effect in Production Networks." *European Journal of Operational Research*, Vol.194, pp.687-699.

Chen, C. M. and J. van Dalen(2010), "Measuring Dynamic Efficiency: Theories and an Integrated Methodology," *European Journal of Operational Research*, Vol.203, pp.749-760.

Chen K.H., Huang Y.J., and C.H. Yang(2009), "Analysis of Regional Productivity Growth in China: A Generalized Meta-frontier MPI Approach," *China Economic Review*, Vol.20, pp.777-792.

Chen, Y., Cook, W. D., and J. Zhu(2010), "Deriving the DEA Frontier for Two-stage Processes." *European Journal of Operational Research*, Vol.202, pp.138-142.

Chen, Y., Du, J., Sherman, H. D., and J. Zhu(2010), "DEA Model with Shared Resources and Efficiency Decomposition," *European Journal of Operational Research*, Vol.207, pp.339-349.

Chen, Y., Liang, L., and F. Yang(2006), "A DEA Game Model Approach to Supply Chain Efficiency," *Annals of Operations Research*, Vol.145, pp.5-13.

Chen, Y. and J. Zhu(2004), "Measuring Information Technology's Indirect Impact on Firm Performance. *Information Technology and Management*, Vol.5, pp.9-22.

Chen, Y.-T. and H.-J. Wang(2012), "Centered-Residuals-Based Moment Estimators and Test for Stochastic Frontier Models," *Econometric reviews*, Vol.31, pp.625-653.

Chen, Y.-Y., Schmidt P., and H.-J. Wang(2014), "Consistent Estimation of the Fixed Effects Stochastic Frontier Model," *Journal of Econometrics*, Vol.181(2), pp.65-76.

Chilingerian, J. and H. D. Sherman(2004), "Health Care Applications: From Hospitals to Physician, from Productive Efficiency to Quality Frontiers," In W. W. Cooper, L. M. Seiford, & J. Zhu(Eds.), *Handbook on Data Envelopment Analysis*, Springer, Boston.

Christensen, L. R., Jorgenson, D. W., and L. J. Lau(1971), "Conjugate Duality and the Transcendental Logarithmic Production Function," *Econometrica*, Vol.39, pp.255-6.

Christensen, L. R. and W. H. Greene(1976), "Economies of Scale in U.S. Electric Power Generation," *Journal of Political Economy*, Vol.84(4), pp.655-76.

Chung, Y.R., Färe, R., and S. Grosskopf(1997), "Productivity and Undesirable Outputs: a Directional Distance Function Approach," *Journal of Environmental Management*, Vol.51, pp.229-240.

Coelli, T.J.(1995), "Estimators and Hypothesis Tests for A Stochastic Frontier Function: A Monte Carlo Analysis," *Journal of Productivity Analysis*, Vol.6(3), pp.247-268.

Coelli, T.J., Grifell-Tatje, E., and S. Perelman(2002), "Capacity Utilization and

Profitability: A Decomposition of Short-run Profit Efficiency," *International Journal of Production Economics*, Vol.79, pp.261-278.

Coelli, T.J., Rao, D.S.P., and G.E. Battese(2005), *Introduction to Efficiency and Productivity*," Kluwer Academic Publishers.

Cook, W. D. and L. M. Seiford(2009), "Data envelopment analysis(DEA) - Thirty years on," *European Journal of Operational Research*, Vol.192 pp.1-17.

Cook, W. D., Liang, L., and J. Zhu(2010), "Measuring Performance of Two-stage Network Structures by DEA: A Review and Future Perspective," *Omega*, Vol.38, pp.423-430.

Cornwell, C., Schmidt, P., and R.C. Sickles(1990), "Production Frontiers with Cross-Sectional and Time-Series Variation in Efficiency Levels," *Journal of Econometrics*, Vol.46, pp.185-2(X).

Cornwell, C. and P. Schmidt(1992), "Models for Which the MLE and the Conditional MLE Coincide," *Empirical Economics*, Vol.17(1), pp.67-75.

Cornwell, C. and P. Schmidt(1996), "Production Frontiers and Efficiency Measurement," in L. Matyas and P. Stevestre, eds., The ecomometrics of Panel Data: *A Handbook of the Theory with Application*, Kluwer, Boston.

Cropper, M. and C. Griffith(1994), "The Interaction of Population Growth and Environmental Quality," *American Economic Association Papers and Proceeding*, pp.250-254.

Cuesta, R. A.(2000), "A Production Model With Firm-Specific Temporal Variation in Technical Inefficiency: With Application to Spanish Dairy Farms," *Journal of Productivity Analysis*, Vol.13(2), pp.139-158.

Cuesta, R. A. and J. L. Zofío(2005), "Hyperbolic Efficiency and Parametric Distance Functions: With Application to Spanish Savings Banks," *Journal of Productivity Analysis*, Vol.24(1), pp.31-48.

Cyree, K. B. and W. P. Spurlin(2012). "The Effects of Big-Bank Presence on the Profit Efficiency of Small Banks in Rural Markets," *Journal of Banking & Finance*, Vol.36(9), pp.2593-2603.

Das, A. and S. Ghosh(2009). "Financial Deregulation and Profit Efficiency: A Nonparametric Analysis of Indian Banks," *Journal of Economics and Business*, Vol.61(6), pp.509-28.

Debreu, G.(1951), "The Coefficient of Resource Utilization," *Econometrica*, Vol.19(3), pp.273-292.

Devaney, M. and W. Weber(2000), "Productivity Growth, Market Structure, and Technological Change: Evidence from the Rural Banking Sector," *Applied Financial Economics*, Vol.10, pp.587-95.

Diewert, W. E.(1974), "Functional Forms for Revenue and Factor Requirements Functions," *International Economic Review*, Vol.15(1), pp.119-30.

Domazlicky, B and W. Weber,(2004), "Does Environmental Protection Lead to Slower Productivity Growth in the Chemical Industry," *Environmental and Resource Economics*, Vol.28, pp.301-324.

Du, J., Liang, L., Chen, Y., Cook, W. D., and J. Zhu(2011), "A Bargaining Game Model for Measuring Performance of Two-stage Network Structures," *European Journal of Operational Research*, Vol.210, pp.390-397.

Etkins, P., Folke, C., and R. Costanza(1994), "Trade, Environment and Development: the Issues in Perspective," *Ecological Economics*, Vol.9(1), pp.1-12.

Färe, R., and C. A. K. Lovell(1978) "Measuring the Technical Efficiency of Production," *Journal of Economic Theory*, Vol.19, pp.150-162.

Färe, R., Grosskopf, S., and C.A.K. Lovell(1985), *The Measurement of Efficiency of Production,* Springer Science & Business Media, pp.1-216.

Färe, R., Grosskopf, S., and C. Pasurka(1986), "Effects on Relative Efficiency in Electric Power Generation Due to Environmental Controls," *Resources and Energy*, Vol.8, pp.167-184.

Färe, R., Grosskopf, S., Lovell, C.A.K., and C. Pasurka(1989), "Multilateral Productivity Comparisons When Some Outputs are Undesirable: A Non parametric Approach," *Review of Economics and Statistics*, Vol.7(1), pp.90-98.

Färe, R., Grosskopf, S., and E.C. Kokkelenberg(1989), "Measuring Plant Capacity, Utilization and Technical Change: A Non-parametric Approach," *International Economic Review*, Vol.30(3), pp.655-666.

Färe, R., Grosskopf, S., and H. Lee(1990), "A Non parametric Approach to Expenditure-Constrained Profit Maximization," *American Journal of Agricultural Economics*, Vol.72, pp.574-581.

Färe, R., Grosskopf S., and C.A.K., Lovell(1994). *Production Frontiers*, Cambridge University Press, Cambridge.

Färe, R., Grosskopf, S., Norris, M., and Z. Zhang(1994), "Productivity Growth, Technical Progress, and Efficiency Change in Industrialized Countries," *The American Economic Review*, Vol.84(1), pp.66-83.

Färe, R., and D. Primont(1995), *Multy-Output Production and Duality: Theory and Applications*, Kluwer Academic Publisher, Boston.

Färe, R., Grosskopf, S., and W.-F. Lee(1995), "Productivity in Taiwanese Manufacturing Industries," *Applied Economics*, Vol.27(3), pp.259-65.

Färe, R., and S. Grosskopf(1995), "Nonparametric Tests of Regularity, Farrell Efficiency, and Goodness-of-Fit," *Journal of Econometrics*, Vol.69, pp.415-425.

Färe, R., Grosskopf, S., and D. Tyteca(1996), "An Activity Analysis Model of The Environmental Performance of Firms-Application to Fossil Fuel Fired Electric Utilities," *Ecological Economics*, Vol.18, pp.161-175.

Färe, R. and S. Grosskopf(1996), *Intertemporal Production Frontiers: With Dynamic DEA*, Kluwer, Boston.

Färe, R., Grosskopf, S,, and M. Norris(1997), "Productivity Growth, Technical Progress, and Efficiency Change in Industrialized Countries: Reply," *The American Economic Review*, Vol.87, pp.1040-1043.

Färe, R., Grabowski, R., Grosskopf, S., and S. Kraft(1997), "Efficiency of Fixed but Allocatable Input: A Non-parametric Approach," *Economic Letters*, Vol.56, pp.187-193.

Färe, R. and S. Grosskopf(1997), "Efficiency and Productivity in Rich and Poor Countries," in Bjarne S. Jensen and Karyiu Wong(eds), *Dynamic, Economic Growth, and International Trade*, University of Michigan Press, Ann Arbor.

Färe, R., and S. Grosskopf(2000), "Network DEA," *Socio-Economic Planning Sciences*, Vol.34, pp.35-49.

Färe, R., Grosskopf, S., and J. Kirkley(2000), " Multi-Output Capacity Measures and Their Relevance for Productivity," *Bulletin of Economic Research*, Vol.52(2), pp.101-112.

Färe, R., Grosskopf, S., and C. Pasurka(2001), "Accounting for Air Pollution Emissions in Measure of State Manufacturing Productivity Growth,"

Journal of Regional Science, Vol.41(3), pp.381-409.

Färe, R. and S. Grosskopf(2003), "Nonparametric Productivity Analysis with Undesirable Outputs; Comment," *American Journal of Agricultural Economics*, Vol.85, pp.1070-1074.

Färe, R. and S. Grosskopf(2004), *New Direction: Efficiency and Productivity*, Kluwer Academic Publishers, Boston.

Färe, R., Grosskopf, S., and W. Weber(2004), "The Effect of Risk-based Capital Requirements on Profit Efficiency in Banking," *Applied Economics*, Vol.36, pp.1731-1743.

Färe, R., Grosskopf, S., Noh, D.-W., and W. Weber(2005), "Characteristics of a Polluting Technology: Theory and Practice," *Journal of Econometrics*, Vol.126(2), pp.469-492.

Färe, R., Grosskopf, S., and D. Margaritis(2006), "Productivity Growth and Convergence in the European Union," *Journal of Productivity Analysis*, Vol.25, pp.111-141.

Färe, R., Grosskopf, S., and D. Margaritis(2010), "Time Substitution With Application to Data Envelopment Analysis," *European Journal of Operational Research*, Vol.206(3), pp.686-690.

Färe, R., Grosskopf, S., and H. Fukuyama(2011), "DEA and Endogenous Technological Change," *European Journal of Operational Research*, Vol.210, pp.457-458.

Farrell, M.J.(1957), "The Measurement of Productive Efficiency," *Journal of the Royal Statistical Society. Series A(General)*, Vol.120, pp.253-281.

Felthoven, R.G.(2002), "Effects of the American Fisheries Act on Capacity, Utilization and Technical Efficiency," *Marine Resource Economics*, Vol.17, pp.181-205.

Felthoven, R.G. and C.J. Morrison Paul(2004), "Multi-Output, Nonfrontier Primal Measures of Capacity and Capacity Utilization," *American Journal of Agricultural Economics*, Vol.86(3), pp.619-633.

Førsund, F.R.(2009), "Energy in a Bathtub: Electricity Trade Between Countries with Different Generation Technologies," Memo, Oslo University.

Førsund, F.R.(2009), "Good Modelling of Bad Outputs: Pollution and Multiple-Output Production," *International Review of Environmental and Resource Economics*, Vol.3(1), pp.1-38.

Fulginiti, L.E., and R.K. Perrin(1997), "LDC Agriculture: Non-parametric Malmquist Productivity Indexes," *Journal of Development Economics*, Vol.53, pp.373-390.

Fulginiti, L.E., and R.K. Perrin(1998), "Agricultural Productivity in Developing Countries," *Agricultural Economics*, Vol.19, pp.45-51.

Garofalo, G.A. and D.M. Malhotra(1984), "Input Substitution in the Manufacturing Sector During the 1970's: A Regional Analysis," *Journal of Regional Science*, Vol.24, pp.51-63.

Golany, B., Hackman, S. T., and U. Passy(2006), "An Efficiency Measurement Framework for Multi-stage Production Systems," *Annals of Operations Research*, Vol.145, pp.51-68.

Gold, B.(1955), *Foundation of Productivity Analysis*, Pittsburgh University Press, Pittsburgh, PA.

Gollop, F.M. and M.J. Roberts(1983), "Environmental Regulation and Productivity Growth: The Case of Fossil-fueled Electric Power Generation," *Journal of Political Economy*, Vol.91(4), pp.655-674.

Gomes, E. G. and M.P.E. Lins(2007), "Modelling Undesirable Outputs With Zero Sum Gains Data Envelopment Analysis Models," *Journal of the Operational Research Society*, Vol.7, pp.1-8.

Greene, H.W.(1980), "On the Estimation of a Flexible Frontier Production Model," *Journal of Econometrics*, Vol.13(1), pp.101-115.

Greene, H.W.(1990), " A Gamma-Distribution Stochastic Frontier Models, " *Journal of Econometrics*, Vol.46, pp.141-164.

Greene, H.W.(2003), "Simulated Likelihood Estimation of the Normal-Gamma Stochastic Frontier Function," *Journal of Productivity Analysis*, Vol.19(2-3), pp.179-190.

Greene, H.W.(2004), "Distinguishing between Heterogeneity and Inefficiency: Stochastic Frontier Analysis of the World Health Organization Panel Data on National Health Care Systems," *Health Economics*, Vol.13(10), pp.959-80.

Greene H.W.(2005a), "Reconsidering Heterogeneity in Panel Data Estimators of the Stochastic Frontier Model," *Journal of Econometrics*, Vol.126, pp.269-303.

Greene W.(2005b), "Fixed and Random Effects in Stochastic Frontier Models,"

Journal of Productivity Analysis, Vol.23, pp.7-32.

Greene, H.W.(2010), "A Stochastic Frontier Model with Correction for Sample Selection," *Journal of Productivity Analysis*, Vol.34(1), pp.15-24.

Grifell-Tatjéa, E. and C.A.K. Lovell(1996), "Deregulation and Productivity Decline: the Case of Spanish Savings Banks," *European Economic Review*, Vol.40(6), pp.1281-1303.

Guzmân, I. and C. Reverte(2008), "Productivity and Efficiency Change and Shareholder Value: Evidence from the Spanish Banking Sector," *Applied Economics*, Vol.40, pp.2033-2040.

Hadri, K.(1999), "Estimation of a Doubly Heteroscedastic Stochastic Frontier Cost Function," *Journal of Business and Economic Statistics*, Vol.17, pp.359-363.

Hailu, A. and T. S. Veeman(2000), "Environmentally Sensitive Productivity Analysis of the Canadian Pulp and Paper Industry, 1959-1994: An Input Distance Function Approach," *Journal of Environmental Economics and Management*, Vol.40(3), pp.251-274.

Halkos, G.E., Tzeremes, N.G., and S.A. Kourtzidis(2014), "A Unified Classification of Two-stage DEA Models," *Surveys in Operations Research and Management Science*, Vol.19, pp.1-16.

Hamilton, C. and H. Turton(2002), "Determinants of Emissions Growth in OECD Countries," *Energy Policy*, Vol.30(1), pp.63-71.

Haper, C. and B.C. Field(1983), "Energy Substitution in U.S. Manufacturing: 1951-78," *American Economic Review*, Vol.74, pp.152-61.

Hausman, J.A.(1978), "Specification Tests in Econometrics," *Econometrica*, Vol.1251-1271.

Hausman, J.A. and W.Taylor(1981), "Panel Data and Unobservable Individual Effects," *Econometrica*, Vol.49, pp.1377-1398.

Harrala R. and R.K. Goel(2012), "Global CO_2 Efficiency: Country-wise Estimates Using a Stochastic Cost Frontier," *Energy Policy*, Vol.45, pp.762-770.

Horrace, W. C. and P. Schmidt(1996), "Confidence Statements for Efficiency Estimates from Stochastic Frontier Models," *Journal of Productivity Analysis*, Vol.7(2-3), pp.257-282.

Huang, C. J. and J.-T. Liu(1994), "Estimation of A Non-neutral Stochastic

Frontier Production Function," *Journal of Productivity Analysis*, Vol.5(2), pp.171-180.

Jeon, B. and R.C. Sickles(2004), "The Role of Environmental Factors in Growth Accounting," *Journal of Applied Econometrics*, Vol.19, pp.567-594.

Jalali-Naini, S. G., Moini, A., and M. Jahangoshai-Rezaee(2013), "Nash Bargaining Game Model for Two Parallel Stages Process Evaluation with Shared Inputs," *The International Journal of Advanced Manufacturing Technology*, Vol.67, pp.475-484.

Johansen, L.(1968), "Production Functions and the Concept of Capacity," Recherches Recentes sur la Function de Production, Collection, Economie Mathematique et Econometrie, 2, 49-72.

Jondrow, J., Lovell, C.A.K., Materov, I.S., and P. Schmidt(1982), "On the Estimation of Technical Inefficiency in the Stochastic Frontier Production Function Model," *Journal of Econometrics*, Vol.19. pp.233-238.

Jorgenson, D. W. and Z. Griliches(1967), "The Explanation of Productivity Change," *The Review of Economic Studies*, Vol.34(3), pp.249-283.

Kang, S.-M., Kim, M.-H., and H.-L. Piao(2013), "Provincial Technology and Productivity Gaps in China -Using Meta-Frontier-," *Modern Economy*, Vol.4(8), pp.556-567.

Kang, S.-M. and M.-H. Kim(2015), "Short-Run Cost Minimization and Capacity Utilization of Regional Public Hospitals in South Korea," *Modern Economy*, Vol.6(1), pp.21-29.

Kao, C. and S. N. Hwang(2008), "Efficiency Decomposition in Two-stage Data Envelopment Analysis: An Application to Non-life Insurance Companies in Taiwan," *European Journal of Operational Research*, Vol.1985, pp.418-429.

Kao, C.(2009), "Efficiency Decomposition in Network Data Envelopment Analysis: A Relational Model," *European Journal of Operational Research*, Vol.192, pp.949-962.

Kao, C. and S. N. Hwang(2010), "Efficiency Measurement for Network Systems: IT Impact on Firm Performance," *Decision Support Systems*, Vol.48, pp.437-446.

Kao, C. and S. N. Hwang(2011), "Decomposition of Technical and Scale Efficiencies in Two-stage Production Systems," *European Journal of*

Operational Research, Vol.21, pp.515-519.

Kao, C. and S. N. Hwang(2013), "Multi-period Efficiency and Malmquist Productivity Index in Two-stage Production Systems," *European Journal of Operational Research*, Vol.232, pp.512-521.

Kao, C.(2013), "Dynamic Data Envelopment Analysis: A Relational Analysis," *European Journal of Operational Research*, Vol.227, pp.325-330.

Kao, C. and S. T. Liu(2014), "Multi-period Efficiency Measurement in Data Envelopment Analysis: The Case of Taiwanese Commercial Banks," *Omega*, Vol.47, pp.90-98.

Kendrick, J.W.(1961), *Productivity Trends in the United States*, Princeton University Press.

Kim, S. and G. Han(2001), "A Decomposition of Total Factor Productivity Growth in Korean Manufacturing Industries: A Stochastic Frontier Approach," *Journal of Productivity Analysis*, Vol.16(3), pp.269-281.

Kim, M.-H.(2015), "Cost Performance of Regional Public Hospital in South Korea," Ph.D Thesis, Department of Economics, Pusan National University, Busan, Korea.

Kerstens, K., Vestergaard, N., and D. Squires(2006), "A Short-run Johansen Industry Model for Common-pool Resource: Planning a Fishery's Industrial Capacity to curb Overfishing," *European Review of Agricultural Economics*, Vol.33(3), pp.361-389.

Kirkley, J., Färe, R., Grosskopf, S., McConnell, K., Squires, D. E., and I. Strand(2001), "Assessing Capacity and Capacity Utilization in Fisheries When Data Are Limited," *North American Journal of Fisheries Management*, Vol.21, pp.482-497.

Kirkley, J., and Morrison Paul, C.J., and D. Squires(2002), "Capacity and Capacity Utilization in Common-pool Resource Industry," *Environmental and Resource Economics*, Vol.22, pp.71-97.

Kirkley, J., and Morrison Paul, C.J., and D. Squires(2004), "Deterministic and Stochastic Capacity Estimation for Fishery Capacity Reduction," *Marine Resource Economics*, Vol.19, pp.271-294.

Klein, L.R.(1960), "Some Theoretical Issues in the Measurement of Capacity," *Econometrics*, Vol.28, pp.272-286.

Koopmans, T. C.(1951), "An Analysis of Production as an Efficient Combination of Activities," in T.C. Koopmans, Ed., *Activity Analysis of Production and Allocation*, Wiley, New York.

Krugman, P.(1994), "The Myth of Asia's Miracle," *Foreign Affairs*, Vol.73, pp.62-78.

Kumar, S.(2006), "Environmentally Sensitive Productivity Growth: A Global Analysis Using Malmquist-Luenberger Index," *Ecological Economics*, Vol.56, pp.280-293.

Kumbhakar, S.C.(1987), "The Specification of Technical and Allocative Inefficiency in Stochastic Production and Profit Frontiers," *Journal of Econometrics*, Vol.34, pp.335-348.

Kumbhakar, S.C.(1988), "On the Estimation of Technical and Allocative Inefficiency Using Stochastic Frontier Functions: The Case of U.S. Class 1 Railroads," *International Economic Review*, Vol.29(4), pp.727-743.

Kumbhakar, S.C.(1990), "Production Frontiers, Panel Data and Time-Varying Technical Inefficiency," *Journal of Econometrics*, Vol.46. pp.201-11.

Kumbhakar, S.C.(1991) "The Measurement and Decomposition of Cost-Inefficiency: The Translog Cost System," *Oxford Economic Papers*, Vol.43, pp.667-83.

Kumbhakar, S.C., Ghosh, S., and J.T. McGuckin(1991), "A Generalized Production Frontier Approach for Estimating Determinants of Inefficiency in US Dairy Farms," *Journal of Business and Economic Statistics*, Vol.9, pp.279-286.

Kumbhakar, S. C. and L. Hjalmarsson(1993), "Technical Efficiency and Technical Progress in Swedish Dairy Farm," in H.Fried, C. Lovell, and S. Schmidt, eds., *The Mesurement of Productive Efficiency: Techniques and Applcations*, Oxford University Press, New York.

Kumbhakar, S. C. and L. Hjalmarsson(1995), "Decomposing Technical Change with Panel Data: An Application to the Public Sector," *The Scandinavian Journal of Economics*, Vol.97(2), pp.309-323.

Kumbhakar SC. and A. Heshmati(1995), "Efficiency Measurement in Swedish Dairy Farms: an Application of Rotating Panel Data, 1976-88," *American Journal of Agricultural Economics*, Vol.77, pp.660-674.

Kumbhakar, S. C., Hjalmarsson, L., and A. Heshmati(1996), "DEA, DFA and SFA: A Comparison," *Journal of Productivity Analysis*, Vol.7(2-3), pp.303-327.

Kumbhakar, S. C. and M. Lothgren(1998), "A Monte Carlo Analysis of Technical Inefficiency Predictors," Working Paper, Department of Economics, University of Texas.

Kumbhakar S.C. and C.A.K. Lovell(2000), *Stochastic Frontier Analysis*, Cambridge University Press, Cambridge, UK.

Kumbhakar, S. C.(2001), "Estimation of Profit Functions When Profit is not Maximum," *American Journal of Agricultural Economics*, Vol.83(1), pp.1-19.

Kumbhakar, S.C., Lozano-Vivas, A., Lovell, C.A.K., and I. Hansan(2001), "The Effects on Deregulation on the Performance of Financial Institutions: The Case of Spanish Savings Banks," *Journal of Money, Credit and Banking*, Vol.33(1), pp.101-120.

Kumbhakar, S. C.(2002), "Productivity Measurement: a Profit Function Approach," *Applied Economics Letters*, Vol.9(5), pp.331-334.

Kumbhakar, S.C. and H.-J. Wang(2006), "Estimation of Technical and Allocative Inefficiency: A Primal System Approach," *Journal of Econometrics*, Vol.134(2), pp.419-440.

Kumbhakar, S. C. and D. Wang(2007), "Economic Reforms, Efficiency and Productivity in Chinese Banking," *Journal of Regulatory Economics*, Vol.32(2), pp.105-129

Kumbhakar, S. C. and R. Bokusheva(2009), "Modelling Farm Production Decisions Under an Expenditure Constraint," *European Review of Agricultural Economics*, Vol.36(3), pp.343-367.

Kurma, S. and R. Russell(2002), "Technological Change, Technological Catch-up, and Capital Deepening: Relative Contributions to Growth and Convergence," *American Economic Review*, Vol.92(3), pp.527-548.

Lansink, A.O. and E. Silva(2003), "CO_2 and Energy Efficiency of Different Heating Technologies in the Dutch Glasshouse Industry," *Environmental and Resource Economics*, Vol.24, pp.395-07.

Lee, C.-Y.(2014), "Meta-Data Envelopment Analysis: Finding a Direction Towards Marginal Profit Maximization," *European Journal of Operational Research*, Vol.237(1), pp.207-16.

Lee, K.-J. and S.-M. Kang(2007), "Innovation Types and Productivity Growth:

Evidence from Korean Manufacturing Firms," *Global Economic Review*, Vol.36, pp.343-359.

Lee, L.-F.(1983), "A Test for Distributional Assumptions for the Stochastic Frontier Functions," *Journal of Econometrics*, Vol.22(3), pp.245-267.

Lee, H. and R.G. Chamber(1986), "Expenditure Constraints and Profit Maximization in U.S. Agriculture," *American Journal of Agriculture Economics*, Vol.68, pp.857-865.

Lee, Y. and P. Schmidt(1993), "A Production Frontier Model with Flexible Tempral Variation in Technical Inefficiency," in H. Fried, C. Lovell and S. Schmidt, eds, *The Measurement of Productive Efficiency: Tecniques and Applications*, Oxford University Press, pp.68-119.

Lewis, H. F., and T. R. Sexton(2004), "Network DEA: Efficiency Analysis of Organizations with Complex Internal Structure," *Computers and Operations Research*, Vol.31, pp.1365-1410.

Li, Y., Chen, Y., Liang, L., and J. H. Xie(2012), "DEA Models for Extended Two-stage Network Structures," *Omega*, Vol.40, pp.611-618.

Liang, L., Yang, F., Cook, W. D., and J. Zhu(2006), "DEA Models for Supply Chain Efficiency Evaluation," *Annals of Operations Research*, Vol.145(1), pp.35-49.

Liang, L., Cook, W. D.,and J. Zhu,(2008), "DEA Models for Two-Stage Processes: Game Approach and Efficiency Decomposition," *Naval Research Logistics*, Vol.55, pp.643-653.

Lin, T. Y. and S. H. Chiu(2013), "Using Independent Component Analysis and Network DEA to Improve Bank Performance Evaluation," *Economic Modelling*, Vol.32, pp.608-616.

Liu, J. S., Lu, W. M., and B. J. Y. Lin(2010), "DEA and Ranking with the Network-based Approach: A Case of R&D Performance," *Omega*, Vol.38, pp.453-464.

Lo, S.F., Sheu, H.J., and J.L. Hu(2005), "Taking CO_2 Emissions Into A Country's Productivity Change: The Asian Growth Experience," *International Journal of Sustainable Development and World*, Vol.12, pp.279-290.

Lovell, C.A.K., Richarson,S., Travers, P., and L.L. Wood(1994), "Resources and Functionings: A New View of Inequality in Australia," in W. Eichahorn, ed., *Models and Measurement of Welfare and Inequality*. Springer-

Veralg, Berlin.

Lozano, S. and E. Gutierrez(2008), "Non-parametric Frontier Approach to Modelling the Relationships among Population, GDP, Energy Consumption and CO_2 Emission," *Ecological Economics*, Vol.66, pp.687-699.

Lozano, S., Gutierrez, E., and P. Moreno(2013), "Network DEA Approach to Airports Performance Assessment Considering Undesirable Outputs," *Applied Mathematical Modelling*, Vol.37, pp.1665-1676.

Luenberger, D.(1992), "New Optimality Principles for Economic Efficiency and Equilibrium," *Journal of Optimization Theory and Applications*, Vol.75, pp.221-264.

Luenberger, D.(1995), *Microeconomic Theory*, McGraw-Hill, Boston.

Malmquist, S.(1953), "Index Numbers and Indifference Surfaces," *Trabajos de Estadistica*, Vol.4, pp.209-242.

Managi, S. and P. R. Jena(2008), "Environmental Productivity and Kuznets Curve in India," *Ecological Economics*, Vol.65, pp.432-440.

Mandal, S.K. and S. Madheswaran(2010), "Environmental Efficiency of The Indian Cement Industry," *Energy Policy*, Vol.38, pp.1108-1118.

Margaritis, D., Färe, R., and S. Grosskopf(2007). "Productivity Convergence and Policy: A Study of OECD Countries and Industries," *Journal of Productivity Analysis*, Vol.28(1-2), pp.87-105.

Meeusen, W. and J. van den Broeck(1977). "Efficiency Estimation from Cobb-Douglas Production Functions With Composed Error," *International Economics Review*, Vol.18, pp.435-444.

Morrison Paul J. C.(1985), "Primal and Dual Capacity Utilization: An Application to Productivity Measurement in the U.S. Automobile Industry," *Journal of Business and Economic Statistics*, Vol.3(4), pp.312-324.

Morrison Paul, C.J.(2000), "Thoughts on Productivity, Efficiency and Capacity Utilization Measurement for Fisheries," International Institute of Fisheries Conference IIFET X2000.

Nishimizu, M. and J. M., Page(1982), "Total Factor Productivity Growth, Technical Progress and Technical Efficiency Change: Dimensions of Productivity Change in Yugoslavia, 1965-78," *The Economic Journal*, Vol.92, pp.929-936.

Mukherjee, K.(2008a), "Energy Use Efficiency in US Manufacturing: A

Nonparametric Analysis," *Energy Economics*, Vol.30, pp.76-96.

Mukherjee, K.(2008b), "Energy Use Efficiency in the Indian Manufacturing Sector: An Interstate Analysis," *Energy Policy*, Vol.36, pp.76-96.

Mukherjee, K.(2009), "Measuring Energy Intensity in the Context of an Emerging Economy: The Case of Indian Manufacturing," *European Journal of Operational Research*, Vol.201, pp.933-941.

Nerlove, M.(1963), "Returns to scale in electric supply," in Carl F. Christ(Ed.): *Measurement in Economic Studies in Honor of Yehuda Grunfeld*, Stanford University Press, California.

O'Donnell, C.J., Battese, G.E., and D.S.P. Rao(2008), "Metafrontier Frameworks for the Study of Firm-level Efficiencies and Technology Ratios," *Empirical Economics*, Vol.34, pp.231-255.

Olson, J., Schmidt, P., and D. Waldman(1980), "A Monte Carlo Study of Estimators of Stochastic Frontier Production Functions," *Journal of Econometrics*, Vol.13, pp.67-82.

Pack, H. and J. M. Page(1994), "Accumulation, Exports and Growth in the High Performing Asian Economies," *Carnegie-Rochester Conference Series on Public Policy*, Vol.40, pp.199-236.

Park. K. H. and W. Weber(2006), "A Note on Efficiency and Productivity Growth in the Korean Banking Industry, 1992-2002," *Journal of Banking and Finance*, Vol.30, pp.2371-2386.

Picazo-Tadeo, A.J. and D. Prior(2009), "Environmental Externalities and Efficiency Measurement," *Journal of Environmental Management*, Vol.90, pp.3332-3339.

Prior, D.(2003), "Long-and Short-run Non-parametric Cost Frontier Efficiency: An Application to Spanish Savings Banks," *Journal of Banking & Finance*, Vol.27, pp.655-671.

Ray, S. C. and E. Desli(1997), "Productivity Growth, Technical Progress, and Efficiency Change in Industrialized Countries: Comment," *The American Economic Review*, Vol.87, pp.1033-1039.

Ray, S. C.(1998), "Measuring Scale Efficiency from a Translog Production Function," *Journal of Productivity Analysis*," Vol.11, pp.183-194.

Ray, S.C.(2004), *Data Envelopment Analysis: Theory and Techniques for Economics and Operations Research*, Cambridge University Press.

Ray, S.C., Mukherjee, K., and Y. Wu(2006), "Direct and Indirect Measures of Capacity Utilization: A Non-parametric Analysis of US Manufacturing," *The Manchester School*, Vol.74, pp.1463-6786.

Ray, S.C., Mukherjee, K., and L. Chen(2010), "A cost-constrained Measure of Energy-use Efficiency in U.S. Manufacturing: An Inter-state comparison Using the Census of Manufacturing Data," Working Paper, University of Connecticut.

Reifschneider, D. and R. Stevenson(1991), "Systematic Departure from the Frontier: A Framework for the Analysis of Firm Inefficiency," *International Economic Review*, Vol.32, pp.715-723.

Reimer, J. J. and S.-M. Kang(2010), "Estimation of Trade and Domestic Distortions: an Application to World Agriculture," *Journal of Productivity Analysis*, Vol.34(3), pp.257-265.

Reinhard, S., Lovell, C.A.K. and G.J. Thijssen(2000), "Environmental Efficiency with Multiple Environmentally Detremental Variables: Estimated with SFA and DEA," *European Journal of Operation Research*, Vol.121, pp.287-303.

Richmond, J.(1974), "Estimating the Efficiency of Production," *International Economic Review*, Vol.15, pp.515-521.

Romer, P.(1986), "Increasing Returns and Long-Run Growth," *Journal of Political Economy*, Vol.94, pp.1002-1037.

Romer, P.(1990), "Endogenous Technological Change," *Journal of Political Economy*, Vol.98, pp.71-102.

Romer, P.(1993), "Idea Gaps and Object Gaps in Economic Development," *Journal of Monetary Economics*, Vol.32, pp.543-573.

Ruiz, J. L. and I. Sirvent(2012), "Measuring Scale Effects in the Allocative Profit Efficiency," *Socio-economic Planning Sciences*, Vol.46(3), pp.242-6.

Sahoo, B.K., Mehdiloozad, M., and K.Tone(2014). "Cost, Revenue and Profit Efficiency Measurement in DEA: A Directional Distance Function Approach," *European Journal of Operational Research*, Vol.237(3) pp.921-31.

Sancho, F. H., Tadeo, A. P., and E. R. Martinez(2000), "Efficiency and Environmental Regulation," *Environmental and Resource Economics*, Vol.15, pp.365-378.

Schmidt. P.(1976), "On the tatistical Estimation of Parametric Frontier Production Functions," *Review of Economics and Statistics*, Vol.58(2), pp.238-39.

Schmidt. P. and C.A.K. Lovell(1979), "Estimating Technical and Allocative Inefficiency Relative to Stochastic Production and Cost Frontiers." *Journal of Econometrics*, Vol.9(3). pp.343-366.

Schmidt. P. and C.A.K. Lovell(1980). "Estimating Stochastic Production and Cost Frontiers When Technical and Allocative Inefficiency are Correlated," *Journal of Econometrics*, Vol.13, pp.83-100.

Schmidt. P. and R. Sickles(1984), "Production Frontiers and Panel Data," *Journal of Business and Economic Statistics*, Vol.2, pp.367-374.

Schmidt. P. and T.F. Lin(1984), "Simple Test of Alternative Specification in Stochastic Frontier Models," *Journal of Econometrics*, Vol.24, pp.349-361.

Schmidt, P.(1984), "Simple Tests of Alternative Specifications in Stochastic Frontier Models," *Journal of Econometrics*, Vol.24(3), pp.349-361.

Segerson, K. and D. Squires(1990), "On the Measurement of Economic Capacity Utilization for Multi Product Industry," *Journal of Economics*, Vol.75, pp.76-85.

Segerson, K. and D. Squires(1993), "Capacity Utilization Under Regulatory Constraints," *The Review of Economics and Statistics*, Vol.LXXV(1), pp.76-85.

Seiford, L. M. J. Zhu(1999), "Profitability and Marketability of the Top 55 US Commercial Banks," *Management Science*, Vol.45, pp.1270-1288.

Sexton, T. R. and H. F. Lewis(2003), "Two-stage DEA: An Application to Major League Baseball," *Journal of Productivity Analysis*, Vol.19, pp.227-249.

Shaik S. and R.K. Perrin(2001), "Agricultural Productivity and Environmental Impacts: The Role of Non-parametric Analysis," American Agricultural Economics Association Meetings.

Shephard, R.W.(1953), *Cost and Production Functions*, Princeton University Press, Princeton.

Shephard, R. W.(1970), *Theory of Cost and Production Functions*, Princeton University Press, Princeton, New Jersey.

Solow, R.M.(1957), "Technical Change and The Aggregate Production Function," *Review of Economics and Statistics*, Vol.39(3), pp.312-320.

Stevenson, R.E.(1980), "Likelihood Functions for Generalized Stochastic Frontier Estimation," *Journal af Econometrics*, Vol.13, pp.56-66.

Tasi, H. Y. and A. S. Wang(2010), "The Efficiency Analysis of Life Insurance Company in Taiwan: Two-stage Data Envelopment Analysis," *Journal of Testing and Evaluation*, Vol.38, pp.283-290.

Taskin, F. and O. Zaim(1997), "Catching up and Innovation in High and Low Income Countries," *Economics Letter*, Vol.54, pp.93-100.

Taskin, F. and O. Zaim(2001), "The Role of International Trade on Environmental Efficiency: A DEA Approach," *Economic Modelling*, Vol.18, pp.1-17.

Tulkens, H. and P. Vanden Eeckaut(1995), "Non-parametric Efficiency, Progress and Regress Measures for Panel Data: Methodological Aspects," *European Journal of Operational Research*, Vol.80, pp.474-499.

Tyteca, D.(1996), "On The Measurement of The Environmental Performance of Firms? -a Literature Review and a Productive Efficiency Perspective," *Journal of Environmental Management*, Vol.46(3), pp.281-308.

Tyteca, D.(1997), "Linear Programming Models for the Measurement of Environmental Performance of Firms-Concepts and Empirical Results," *Journal of Productivity Analysis*, Vol.8, pp.183-198.

Vlachou, A. and B.C. Field(1987), "Regional Energy Substitution: Results from a Dynamic Input Demand Model," *Southern Economic Journal*, Vol.53, pp.952-966.

Varian, H.R.(2014), *Intermediate Microeconomics*, W. W. Norton & Company.

Vestergaard N., Squires D., and J. Kirkley(2003), " Measuring Capacity and Capacity Utilization in Fisheries: The Case of the Danish Gill-net Fleet," *Fisheries Research*, Vol.60, pp357-368.

Wang, C. H., Gopal, R. D., and S. Zionts(1997), "Use of Data Envelopment Analysis in Assessing Information Technology Impact on Firm Performance," *Annals of Operations Research*, Vol.73, pp.191-213.

Wang, H.-J.(2002), "Heteroscedasticity and Non-Monotonic Efficiency Effects of a Stochastic Frontier Model," *Journal of Productivity Analysis*, Vol.18(3), pp.241-253.

Wang, H.-J. and P. Schmidt(2002), "One-Step and Two-Step Estimation of the Effects of Exogenous Variables on Technical Efficiency Levels," *Journal of Productivity Analysis*, Vol.18, pp.129-144.

Wang, H.-J.(2003), "A Stochastic Frontier Analysis of Financing Constraints on Investment: The Case of Financial Liberalization in Taiwan," *Journal of Business & Economic Statistics*, Vol.21, pp.406-419.

Wang, Q., Zhou, P., and D. Zhou(2012), "Efficiency Measurement with Carbon Dioxide Emissions: The Case of China," *Applied Energy*, Vol.90, pp.161-166.

Wang, W. S., Amsler, C., and P. Schmidt(2011), "Goodness of Fit Tests in Stochastic Frontier Models," *Journal of Productivity Analysis*, Vol.35(2), pp.95-118.

Weber, W. and B. Domazlicky(1997), "Total Factor Productivity in the Contiguous United States, 1977-1986," *Journal of Regional Science*, Vol.37, pp.213-232.

Weber, W. and B. Domazlicky(1999), "Total Factor Productivity in Manufacturing: A Regional Approach Using Linear Programming," *Regional Science and Urban Economics*, Vol.29, pp.105-122.

Weber, W. and B. Domazlicky(2001), "Productivity Growth and Pollution in State Manufacturing," *Review of Economics and Statistics*, Vol.83, pp.195-199.

Weber, W. and B .Domazlicky(2004), "Does Environmental Protection Lead to Slower Productivities Growth in the Chemical Industries?" *Environmental and Resource Economics*, Vol.28, pp.301-324.

Yu, M. M. and E. T. Lin(2008), "Efficiency and Effectiveness in Railway Performance Using a Multi-activity Network DEA Model," The *International Journal of Management Science*, Vol.36, pp.1005-1017.

Zaim, O., and F. Taskin(2000a), "Environmental Efficiency in Carbon Dioxide Emissions in The OECD: A Non-Parametric Approach," *Journal of Environmental Management*, Vol.58, pp.95-107.

Zaim, O. and F. Taskin(2000b), "A Kuznets Curve in Environmental Efficiency: An Application on OECD Countries," *Environmental and Resource Economics*, Vol.17, pp.21-36.

Zha, Y. and L. Liang(2010), "Two-stage Cooperation Model with Input Freely Distributed among the Stages," *European Journal of Operational Research*, Vol.205, pp.332-338.

Zhou, P., Ang, B.W., and K.L. Poh(2006), "Slacks-based Efficiency Measures for Modeling Environmental Performance," *Ecological Economics*, Vol.60(1), pp.111-118.

Zhou, P., Ang, B. W., and K. L. Poh(2008), "Measuring Environmental Performance under Different Environmental DEA Technologies," *Energy Economics*, Vol.30, pp.1-14.

Zhou, P., Ang, B.W., and K.L. Poh(2008), "A Survey of Data Envelopment Analysis in Energy and Environmental Studies," *European Journal of Operational Research*, Vol.189(1), pp.1-18.

Zhou, P., Poh, K.L., and B.W. Ang(2007), "A Non-Radial DEA Approach to Measuring Environmental Performance," *European Journal of Operational Research*, Vol.178, pp.1-9.

Zofio, J. L. and A. M. Prieto(2001), "Environmental Efficiency and Regulatory Standards: the Case of CO_2 Emissions from OECD Industries," *Resource and Energy Economics*, Vol.23, pp.63-83.

Zhu, J.(2000), "Multi-factor Performance Measure Model with an Application to Fortune 500 Companies," *European Journal of Operational Research*, Vol.123, pp.105-124.

Zhu, J.(2009), *Quantitative Models for Performance Evaluation and Benchmarking: Data Envelopment Analysis with Spreadsheets and DEA Excel Solver*, Springer, Springer Science Business Media, LCC, NewYork.

ㅊ

ㅌ

저자 약력

■ 강상목(姜尙穆)

현재 부산대학교 경제학과 교수이자 일반대학원 글로벌경제컨설팅계약학과 주임교수이다. 에너지관리공단, 통계청, 환경정책평가연구원, 미국의 RCF컨설팅회사에서 직장생활을 하였고 시카고대, 퍼듀대, 오레곤주립대, 코네티컷대학에서 방문학자 및 교환교수로 근무하였다. 시카고대에서 George Tolley 교수, Gale Boyd 박사와 효율과 생산성 프로젝트를 수행하였고 오레곤주립대에서 Rolf Fare, Shawna Grosskopf 교수와 효율관련 연구과제를 함께 하였다. 또한 코네티컷대학에서 Subhash Ray 교수와 효율과 생산성관련 공동과제를 함께 연구하였다. 국토연구원에서 2009년, 2011년 최우수논문, 우수논문상을 수상하였으며, Journal of Productivity Analysis 등 다수의 SSCI논문과 국내논문을 포함하여 현재 약 116편의 논문을 저자 혹은 공동저자로 게재하였다(e-mail: smkang@pusan.ac.kr, smkangz@naver.com).

효율성 · 생산성 · 성과분석

2015년 8월 25일 초판 인쇄
2015년 8월 30일 초판 1쇄 발행

저 자 강 상 목

발행인 배 효 선

발행처 도서출판 法 文 社

주 소 413-120 경기도 파주시 회동길 37-29
등 록 1957. 12. 12 / 제2-76호 (윤)
TEL (031) 955-6500~6 FAX (031) 955-6525
e-mail (영업) : bms@bobmunsa.co.kr
(편집) : edit66@bobmunsa.co.kr
홈페이지 http://www.bobmunsa.co.kr

조 판 법 문 사 전 산 실

정가 27,000원   ISBN 978-89-18-12267-0